不一样的学校
不一样的教育

深圳市沪教院福田实验学校办学之路

BUYIYANG DE XUEXIAO

BUYIYANG DE JIAOYU

- ⚜ 明明白白做校长——学校文化是校长的办学之魂
- ⚜ 明明白白做老师——传道、授业、解惑
- ⚜ 明明白白做学生——天生我材必有用
- ⚜ 明明白白做父母——亦师亦友亦家长

中国国际广播出版社

图书在版编目（CIP）数据

不一样的学校 不一样的教育：深圳市沪教院福田
实验学校办学之路 / 黄孔辰主编 . -- 北京：中国国际
广播出版社，2020.6
ISBN 978-7-5078-4694-2

Ⅰ．①不… Ⅱ．①黄… Ⅲ．①民办中学—高中—办学
经验—深圳 Ⅳ．① G637

中国版本图书馆 CIP 数据核字 (2020) 第 091964 号

不一样的学校 不一样的教育：深圳市沪教院福田实验学校办学之路

著　　者	黄孔辰
责任编辑	张娟平
封面设计	陈丽维
责任校对	吴光利

出版发行	中国国际广播出版社［010-83139469　010-83139489（传真）］
社　　址	北京市西城区天宁寺前街 2 号北院 A 座一层
	邮编：100055
网　　址	www.chirp.com.cn
经　　销	新华书店
印　　刷	廊坊市海涛印刷有限公司

开　　本	710×1000　1/16
字　　数	425 千字
印　　张	26
版　　次	2020 年 6 月 北京第一版
印　　次	2020 年 6 月 第 1 次印刷
定　　价	88.00 元

编委会主任：金　东

主　编：黄孔辰

副主编：王仁甫

编　委：闫龙利　朱丽华　王仲岳　赵立平

　　　　黄卫东　谢卫峰　邹小玲

目　录
CONTENTS

第三编　教育探索

卷一　以适合基础薄弱学生为主旨的有效教学创新研究

第一编
总　览

《中国教育报》记者　闫　瑞　张慧云：

如果不是亲眼所见，

人们很难想象，

最近几年来，

深圳市沪教院福田实验学校，

发生了什么样的巨大变化。

回到原点的改革与创新（代序）

黄孔辰

1989 年 9 月，我从上海调至深圳福田区的新沙中学任教。这是一所原城乡接合部的生源极其薄弱的初级中学。

新沙中学开办于 1987 年，地处福田区西部沙头片区，该片区有 6 个原农民村，与香港仅隔一条深圳河。大部分村民同时拥有深圳和香港的居民身份，可以自由前往香港打工。改革开放，使沙头片区成为深圳最富裕的地区之一。村里高楼林立，家家户户的物质生活十分富足，但唯独缺少的是文化——片区内最高文化水平是中师毕业，许多村民仅仅是初中或小学毕业。在这样的家庭背景下，新沙中学生源素质之低可想而知。我去该校工作的这一年，据说全市有 60 多名小学毕业生未能达到升中学的最低分数线，而沙头片区就占了三分之二之多。当时尚未实施义务教育法，村民们去区政府上访，强烈要求孩子有上中学的机会。区教育局接纳了村民的诉求，破格录取了 40 多名未能考上初中的学生进入新沙中学上学，并单独组成一个班。而这正是我调至深圳特区后接纳的第一批学生。

能否让这批在小学期间就饱受失败与挫折的学生，重新开始新的学习生活，无疑对我的教育生涯是一个极其严峻的挑战。

我想起了上海闸北八中 20 世纪 80 年代实施的"成功教育"试验，觉得非常适合新沙中学的学生。于是我从该批学生的实际出发，制订了适合这批学生的新沙中学"成功教育"研究方案，并在市、区教育部门的大力支持下，开始了为期三年的实验研究。

我在研究方案中主要采取了以下实验措施。

一是开展养成教育。通过调查和观察，我发现这些学生的共同特点是道德认知和表现差，行为习惯和学习习惯差。于是"成功教育"的第一招就是从他们所缺失的养成教育开始，从幼儿阶段应具有的好习惯开始，给他们进行行为习惯上的补课，从而为他们的初中生活先打好基础。

二是在学科教学中，针对他们基础差、跟不上初中各学科的学习进度的特点，采取了"低起点、小步子、多活动、快反馈"的教学策略。我认为与其教得那么多、那么快，结果学生什么都没学到，还不如"起点低一点、教得少一点、步子小一点、进步慢一点"，让这些学生学到一点是一点，积少成多，就会得到成功的体验，逐步恢复他们学习的自信心。

三是这些学生的许多行为问题包括学习上的问题，不能全部归咎于品德问题和学习态度问题，而是心理不成熟和心智不健全所致。为此，我专门为这批孩子开设了每周一节的"心理健康辅导课"，并开展了心理训练辅导活动。如这些孩子从小学带上来一个考试作弊的陋习，逢考必作弊，屡禁不止。在一次期中考试前，我对学生们做了有关考试的心理辅导后，提出了这样一个要求，希望全体同学在这次期中考试中务必诚信考试，目的是为了能切切实实了解自己真实的学习水平。我告诫他们每一个人，诚信考试的结果是，也许你某科成绩会不及格，但你诚信的品格和自我控制能力一定会满分。这两个满分，远远比你作弊偷来的成绩珍贵得多！那次期中考试，我特地安排了无人监考，并布置了后排的班干部注意有无同学作弊——结果反馈，全班同学诚信的品格和自我控制能力，全部得到了满分。

三年后，这批原先连初中都考不上的学生，100% 获得了初中毕业证书，100% 考上了高中。

2011 年，我有幸获聘为深圳市沪教院福田实验学校（现已改名为深圳市永源实验学校）的校长。无巧不成书，这所学校，正是原新沙中学于 2002 年撤并后改制而成的非营利民办高级中学。所以在某种意义上说，我是回到了原点——开始了回到原点的改革、创新的办学生涯。

这所学校的生源都是公办学校未能录取的学生，录取分数线同公办高中相比低了 100 分左右，可以说是义务教育失败的学生，公办学校淘汰的学生。要转变这样的学生，相比原先新沙中学的学生而言，难度大得多。

本书中发表的所有的研究报告，记载的各种论文和经验体会性的文章，以及报刊的报道，都非常具体地勾画了我回到原点以来改革创新的办学之路，以及为之付出的心血。我这里列举两个相隔 9 年的数据比较，足以作为对我和我的教师团队所做的 9 年努力最好的回报。

高考上线率	2011 年	2019 年
	27.4%	99.7%

《中国教育报》2014 年 12 月 29 日载文

不一样的学校　不一样的教育

——深圳市沪教院福田实验学校的"蜕变"之路

《中国教育报》记者　闫　瑞　张慧云

　　深圳市沪教院福田实验学校历经 12 年的磨炼，克服千难万险，终成正果，建立了自己的品牌，群众给予很高的评价。作为深圳一所非营利的民办高级中学，福田实验学校坚持只为育人、不为营利的办学目的；以学校文化引领学校的内涵发展；构筑幸福教育高地，让师生幸福生活；实施人文德育，激励学生成长信念；打造高效课堂，实施有效教学模式等诸多教育创新的亮点，无一不令人耳目一新。

　　如果不是亲眼所见，人们很难想象，最近三年来，在深圳市沪教院福田实验学校发生了什么样的巨大变化。

　　曾经，这是一所一直以来默默无闻，"好"字不沾边的生源薄弱学校。据说，曾有一年看到这所学校的高考成绩如此低下，有关领导摇着头说：这样的学校办它做啥？可是近年来，这所学校却连续获得"深圳市民办中小学规范·优质办学专项奖""深圳市教育系统先进单位""深圳市 2013 年高考先进单位""深圳市 2014 年高考超越奖"等表彰，成为深圳市民办高中的一面旗帜。

　　这一切改变，开始于 2011 年 3 月黄孔辰接任福田实验学校校长之后。

　　短短几年时间，学校面貌何以发生如此大的变化？且听这位原福田区教育部门领导、深圳市教育专家工作委员会副主任、资深专家型校长的回答。

知难而进　由弱变强

福田实验学校 12 年的发展之路，可说是步步荆棘、处处艰难。学校开办于 2002 年，是上海市教育科学研究院的实验基地。黄孔辰接任校长时，迎头而来的是长期困扰学校发展的两大难题。一是办学经费问题。学校自开办以来，收费标准在全市同类学校中一直处于最低水平。尽管公益为上，但是拿什么稳定教师、吸引生源？

为解决学生住宿、用餐的困难，以吸引更多的生源，学校创办者——身居台湾的陈清治先生以"大爱无疆"的教育情怀，贷款近 4000 万元盖了一栋 15 层的生活综合楼。即使在举债的情况下，学校 10 年来没有涨过一分学费，也从不伸手向家长要钱，成为深圳原关内收费较低的民办高中。在学校经费入不敷出的情况下，之所以能够支撑下来办学，诚如黄孔辰所说：一方面在于学校始终坚守"公益办学"的承诺，一方面在于学校善于勤俭办学——把 1 元钱当作 100 元来用。

除了资金问题，长久以来，困扰学校发展的瓶颈问题之二在于生源质量的薄弱。该校绝大多数学生为考不上公办学校的学生，学习基础较差，家庭教育严重缺失，在学校表现为纪律观念差、学习效率差、文明习惯差、叛逆心理重，这就给学校的教育工作带来了极大的挑战。黄孔辰校长不无幽默地说："给'低分生'上课是个大难题。老师最'痛苦'的事情你知道是什么吗？是自己的课讲完了，学生还没睡醒；学生最'痛苦'的事情你知道是什么吗？是自己睡醒了，老师的课还没讲完。"这话虽然有些调侃，却道出了学校相当长一段时间里教学质量在低位徘徊的原因所在。

黄孔辰并没有就此打退堂鼓。回想起自己 1989 年从上海教育学校教育科学研究所调来深圳后工作的第一个单位，就是福实的前身——新沙中学。当初这所被 6 个自然村所包围的公办初级中学，学生基本上是原村民的子弟。改革开放后的深圳特区，村民们物质生活的极度富裕和文化素质较低所造成的强烈反差，使得他们的孩子深受"读书无用论"的毒害，无心向学，学校教学质量为全市最低。初来乍到的黄孔辰受命在这所后进生成堆的学校移植、开展了"成功教育"的实验。三年后，新沙中学一跃成为深圳市先进学校，市教育部门还召开了现场表彰大会。22 年后，回到了"原点"的黄孔辰，面对着这批被公办学校淘汰的学生，骤然产生了一种"老骥伏枥，志在千里"

的使命感——一定要把福实办成"不一样的学校",一定要让学生享受到"不一样的教育"。学校董事长金东先生和校长达成了这样一个共识:一定要让这些学生能够重新找到自信,重树对学习的兴趣,让无数的学生满怀失落与沮丧踏入福实的校门,最终却以一副精神饱满的成功者的姿态踏出校门。在这里,一定要让"低进高出"不再仅仅是梦想。

三年来,所有的心血没有白费,梦想终于成为现实:福田实验学校的教育教学质量直线上升,高考上线率由 2011 年的 27.4%,上升到 2014 年的84.6%,涨幅高达 208.9%。在生源和教师都没有改变的情况下,福实创造了震惊教育界的奇迹,这不能不说是个奇迹。

不断上升的办学质量,使福田实验学校得到了社会的高度认同,从而有了生存之根、发展之本。

文化重构　内涵发展

2011 年,福田实验学校获评为广东省一级学校,学校已硬件设施齐备,规章制度齐全,踏上了规范化办学之路。如何在此基础上进一步提升软实力?校长黄孔辰告诉笔者:"那时我刚接任校长,整天盘旋在脑海中的就是一个念头,如何让学校走上内涵发展的办学之路?"

为了追寻答案,在黄孔辰的倡导下,学校领导班子展开了一场"如何走内涵发展之路"的大讨论。正是这场讨论,确立了以重构有鲜明特色的学校文化为学校内涵发展突破口的办学思路——"以学校文化引领学校的内涵发展成为学校'十二五'发展规划的主题,也是学校内涵发展期学校的基本办学思路。学校确定了文化重构的核心目标是:让教师教得有尊严,让学生学得有尊严,让课堂充满生命的活力,让学校充满生命的气息。"黄孔辰校长介绍说。

重构学校理念文化,让理念文化成为学校内涵发展的航标。学校理念文化是学校文化的核心内容,也是学校文化的灵魂所在。黄孔辰认为,办学理念既是学校办学历史的积淀、办学经验的提炼,又需要根据学校发展的需要不断创新,形成具有学校特质的理念文化。如,面对学生、教师的"痛苦",学校重构后的教育理念是"教育幸福人生,学习快乐一生";面对学习习惯极差而毫无学习动力的学生,学校重构后的校训是"学习改变命运,习惯决定人生";面对被公办学校淘汰而缺乏自尊和责任心的学生,学校重构后的校风则是"尊重、合作、诚信、责任"等等。我们从高二（7）班黄雅欣同学写的作文中，就可以看出校风对学生的影响力：

尊重·诚信·合作·责任
——校园里鲜艳的四朵花

我们的学校位于福田区市中心，是一所大花园。我的学校的校风有八个字：尊重、诚信、合作、责任。这八个字就像四朵鲜花，香满校园。尊重，是脸上一束鲜艳的花朵。尊重，是他人发表不同意见时的倾听；尊重，为别人付出的努力而鼓掌；尊重就是看得起身边的每一个人。上届高三有一位同学，腿不好使，但升旗时他能参加。每每看到他，我们都要上前问一声"好"，他总是微笑着说"你们好"。这就是尊重。尊重是美丽的。

诚信，是心灵中一束真诚的花朵。与人交往时要讲诚信；考试时要讲诚信；做事时要讲诚信。学校进行"无人监考"的试验。由各班自愿参加，还要申请。凡是参加试验的班级基本上都没有了作弊现象。诚信会让我们成功。

合作，是大家共同意志的花朵。合作就是大家一起协助完成共同配合。正所谓"人心齐泰山移"，合作的力量是无穷无尽的。在上学期的春季运动会中，我们班参加了好几个团体项目。例如拔河，我们班男女人数较平均，女生的力气似乎要比男生大，俗称"女汉子班"。但我们男女平等，各选10名，大家齐心协力取得了胜利。

责任，是服务社会的灿烂的花朵。责任，就是要为大家服务；责任就是要对自己、对社会负责；责任就是遇事要勇于担当。本学期，我担任了班长这个职务。作为一个班级的领导者要带领全班同学积极学习，形成一个整体，这是一个很大的责任。虽然压力很大，但我相信我能行！

尊重、合作、诚信、责任，是我们校园里最美丽的字眼，也是最鲜艳的花朵。

重构学校课程文化，让课程文化使学生获得学习成功的体验。课程文化是学校文化的最基础的组成部分，是学校办学理念尤其是培养目标的根本体现。福田实验学校以"学校课程必须适应学生发展"的课程文化观，以校本化和人本化作为课程文化追求的价值取向，从两个途径来改革学校课程。

一是国家课程校本化。课程改革的根本要落实在课程内容的层面。为了落实承认差异、尊重差异的理念，让更多的学生能够适应高中阶段的课程学习，学校从生源文化课基础薄弱的特点出发，对国家课程做了校本化的探索，即适当降低课标要求和课程难度，适当减少课程内容，对教材做了适当的删减与整合，使课程内容适应学生的学习基础和学习需求，从而能学、会练，重新树立他们学习的自信心。

二是课程实施有效化。为改变课堂教学效率低下的局面，让更多的学生能够积极、主动参与课堂教学活动，学校从改变教师的教学理念、优化师生教学方式入手，开展了全校性的构建、实施"有效教学模式"的课题研究。福田实验学校构建的"有效教学模式"涵盖了3个模块、14个环节。黄孔辰强调指出，实施该模式的目的，既在于关注学生今天学习的进步与快乐，又通过学生"自主、合作、探究"的学习，着眼于他们未来的发展和终身的幸福。

重构学校德育文化，让人文德育提高学生的人文素养。德育文化是学校文化最重要的组成部分，它以先进文化为养料，滋养学生精神生命的成长。福田实验学校以"人文德育"重构学校的德育文化，关注的是学生的情感、态度、价值观等人文素养以及健康成长。对那些长期以来因学习成绩差而得不到爱和尊重的学生，给他们以更多的人文关怀，是人文德育的核心理念；对那些长期以来习惯不良、无心向学、缺乏责任的学生，培养他们的人文素养和健全的人格，让他们学会"尊重、合作、诚信、责任"，是人文德育的核心目标。学校采取的人文德育主要措施有：为改变影响学生一生发展的各种不良习惯，制定了30条校规，开展了"高中入学教育""严校风、明校纪""与陋习诀别"以及"诚信伴我行"等主题教育月活动，并建立后进学生成长导师制；为提高学生自我管理和自我教育的能力，建立了学生全员值日班长制，学生校长助理制等。

文化犹如学校的空气，让师生品味文化的芬芳，接受文化的洗礼，浸润文化的温润，鲜活生命的成长。福实师生在办学过程中，不断接受学校文化精髓的熏陶，校园生活是如此的美好，自然而然地洋溢着幸福的气息！

人文德育 根深叶茂

如果说教学生做人是根,那么育学生成功就是叶。根深,方可叶茂;叶茂,才能果香!引用家长的话说:"福实做大的特点就是做人教育抓得好,孩子在这样的环境中学习,简直是家长的幸福。"

与成绩一流的学生相比,"后进"学生的区别和差距究竟在哪里?如何才能促进"后进"学生的健康成长成才?这是福实领导班子、全体教师一直思考和着力解决的问题。经广泛而深入的研讨交流,福实上下达成了共识:所谓学生的"一流"或"后进",其实不能以其分数的高低做唯一的划分标准,而在于其在校期间是否拥有自己的梦想和目标,是否具有良好的习惯和上进的动力。

"要想除掉旷野里的杂草,最好的办法就是在上面种上庄稼。同样,要想让灵魂无纷扰,最好的办法就是用美德去占领它!"为此,福实开展了人文德育的课题研究,构建起"管理育人,服务育人,全员育人,全面育人"的德育机制,把"培养学生的人文素养和健全的人格"作为人文德育核心目标,把"尊重、合作、诚信、责任"作为人文德育的核心内容,对学生进行思想道德、心理健康、行为规范、学习习惯等方面的指导。

黄孔辰介绍说:"'人文德育'的宗旨是,学校教育要给长期处于失败状态的学生以更多的人文关怀,教师要以爱心培养学生的人文素养;引导学生克服各种陋习,走出过去失败的阴影;帮助学生克服在高中阶段学习生活中遇到的各种困难;教育学生要对自己负责,对家庭负责,对未来负责,从而树立人生的信念,感受到学习的快乐,体验到校园生活的幸福。"

为了改变学生扭曲的心态,学校编写了学校文化丛书之《天生我材必有用》一书,送给每一位入学的新生,以"天生我材必有用"的价值观,激励学生从进校第一天起,不放弃自己的梦想和追求。

为了让学生学会自我管理,学校实施"值日班长"制度,由学生每周轮流担任值日班长,行使班长职责。通过学生全员参与班级管理,逐步培养学生自治、自理能力和自我教育的能力。

为了让学生参与学校的管理,学校实行学生"校长助理制",每个年级经学生公推各产生一名校长助理。学生校长助理尽心尽职,他们既站在学生的立场思考学生的需要和感受,又能站在校长的角度思考学校的工作,在学生和校长之间，起到了极为有效的桥梁作用。

学校还实施全员"成长导师制度"，每位教师至少担任一位后进学生的成长导师，对学生思想上进行引导、学习上进行关心、心理上进行疏导、生活上进行指导。通过成长导师制，用责任唤起教师的爱心，促使教师抱着一颗爱心投身教育、教学工作，给学生更多的人文关怀，用爱心教会学生责任——学生和教师都得到了成长。

德育的根本问题是解决情感态度问题，福实通过多渠道、多形式切入学生的情感。

一是以德育活动陶冶学生的情感。学校以广泛的活动引导学生感受情感的细腻、丰富和动人之处。如综合实践活动系列，按国家《普通高中课程方案（实验）》精神，开设综合实践活动课程，把学校教育拓展到社区、社会和大自然之中；主题教育活动系列，根据高中生的成长需要，有计划地开展富含人文精神的丰富多彩的专题教育活动，如开展的系列拓展训练活动，极大地激发了学生对父母、对老师、对祖国的感恩之情，懂得了同学间只要"人心齐、泰山移"的真谛；社团活动系列，由团委、学生会自行组建丰富多彩的学生社团，为学生的个性特长拓宽发展的空间；竞赛活动系列，组织富有人文内涵的竞赛活动，激活学生青春的活力；节日活动系列，一方面利用传统节日和纪念日举办庆祝活动，另一方面举办学校文化艺术节，开展由学生、教师、家长共同参与的"桃李杯""园丁杯"和"春晖杯"文艺活动。

二是以对话互动感染学生的情感。黄孔辰经常通过书信方式同学生对话互动，起到了一般的德育方式无法收到的效果。如果我们将黄孔辰写给学生语重心长的信，以及学生写给黄孔辰校长的那一份份发自肺腑的信，挑出一两封来展示，你一定会真切地感受到福实"人文德育"对学生成长的影响是多么深远。

下面是黄孔辰校长给高一新生的一封信：

亲爱的同学：

你好！

首先祝贺你被我校正式录取，成为我们学校大家庭中的一员。我代表全校教师和同学们欢迎你加入我们这一集体，我将带领教师团队陪伴你度过3年高中的学习生活。

也许你昨天并不十分优秀，但并不妨碍你进入人生新的航程。在这段航程中，挑战与机遇共存，汗水与收获同在；而成功的机会永远只属于那些不甘失败、敢于拼搏的勇者。昨天已经过去，未来尚不可知，只有珍惜和把握好今天，才可能有成功的明天！

也许你不需要十分优秀，但是你必须拥有属于自己的梦想，必须发掘自己的闪光点，必须认真规划自己未来的路，并能坚持不懈地付出自己的努力，你就一定会如愿以偿，走进成功者的行列！

我们的学校，将是你梦想起飞的地方——加油，加油，让我们一起加油！

校长的信，给那些饱受学习失败打击，又笼罩上中考失利阴影的学生，带来了丝丝温暖，赋予了他们新的冀望，给他们指明了前进的方向。

再看看学生们给校长的信——

2012年2月6日高二（4）班苟玉婷给校长信的摘录：

敬爱的校长：

读了您给同学们的回信，不禁有所感慨。在信中，我感受到了您对同学们的希冀，对同学们的包容，还有对同学们成绩不理想的焦虑。字里行间，满满的都是您对我们——每一个学生的爱。

我知道，您所决定的每一件事都是为了我们，为了让我们在人生的路途上走得平坦些，哪怕只是一点点。两年前，我带着对中考成绩的失落与苦涩踏入福实校门，中考的失利使我深受打击并浑浑噩噩地度过了高一，直到您进入这所学校。还记得您刚担任校长时，每每经过我们班都会进来看看，笑着和同学们打招呼，询问大家近期的学习状况，您和蔼可亲的态度深深地打动着每一位同学。

您总是不断地鼓励着我们，深入同学们中间，用平和的方式给予我们建议，赋予我们希望，让同学们都感到一种"啊……原来我们并没有被放弃"的感觉。谢谢您每一次平淡中又带着丝丝热血的激励，谢谢您为我们所做的每一项决定，也谢谢您没有放弃我们，使我们在晦暗的人生路途上能够认清方向。

2013 年 1 月 21 日高三（4）班刘诗敏给校长信的摘录：

校长您好！当我拿起笔给您写这封信的时候，这白白的纸，这小小的字，架起了我们心灵沟通的桥梁，拉近了我们彼此心与心的距离，此刻我感觉像是在给一位相交很久的朋友写信，千言万语凝聚笔端，催我一吐为快。

您的上任，使我们有了耳目一新的感觉：全新的管理方法、全新的教育理念……每天看到您真诚的笑脸，让我们感到是那么亲切，我们从内心深处把您当成了朋友，可以和您无话不谈，在这里我们与校长跨越了师生的界限，有的只是朋友与朋友之间的沟通。

校长，您知道吗？也许您不经意的一句安慰，一个鼓励的眼神，都会让我们信心满怀。我们因为素质平平，所以常常失败，失败后，我们有的颓丧悲观，失去前进的勇气，这时候校长您能肯定我们学习的热情，相信我们只是一时的失误。在 3 年的学习生活中，学校给了我们无微不至的关怀和教育，使我们从一个不懂事的小孩成长为一名合格的毕业生。如今，我们就要离开学校了，离开那里的一切，我真有点舍不得。但是我们必须向前走，面对我们的未来！

有效教学　锐意改革

曾经，面对只能招入被公办学校筛选下来的学生的现实，福实不少教师发出"生源基础不好，哪能教出好成绩"的抱怨。"办人民满意的教育是新时期党的教育方针，也是最大的民意所在，培育人才，我们义不容辞。关键在于如何办？从根本上说，我们办学的目标是为学生提供成功的机会，实现学生自由而全面的发展，不存在教不好的学生，只要抓住教育教学质量这个办学生命线，为学生提供适合他们的教育，任何难题都会迎刃而解。"黄孔辰校长对教师们这样说。

针对学习困难学生的学习基础和心理特点，黄孔辰依据多年来所积淀的教育理念及研究成果，从该校学生的实际出发，构建了较为完整的具有较强可操作性的"有效教学"基本模式，成为福实实现学生"低进高出"的秘密武器。"要努力使每个学生进得来、留得住、学得好，都能在原有的基础上得到应有的发展和提高，让乔木长成最好的乔木，让小草长成最好的小草！"

　　福实创建的"基础薄弱高中有效教学基本模式"有四大核心要义：即"以学定教"——从学生原有的基础出发，确定教学起点、教学的内容和教学的方式；"以练导讲"——课堂教学坚持讲练结合，从学生练习的结果，确定讲解的内容；"师生互动"——课堂教学活动化，倡导教师参与、指导下的学生小组合作学习；"及时反馈"——对学生合作学习的结果、课堂练习的结果，教师即时反馈、当堂补偿，尽量减少缺漏。该模式由3个模块、14个环节组成：第一模块：强化基础，固本培元；第二模块：以学定教，以教促学；第三模块：人文关怀，和谐课堂。尤其是"强化基础，固本培元"以及"人文关怀，和谐课堂"这两个模块，在国内外有关"有效教学"研究的领域内，是一个重大的创新与突破。可以说，"有效教学"模式的实施，极大地优化了师生教与学的方式，使课堂教学更能适应同学们的学习基础，也有力促进了学生学风和学习习惯的转变。在福实，越来越多的学生"好学、善问、多思、勤练"，积极主动参与教学活动，教学质量稳步提高。近3年来学校高考上线率的大幅度攀升，就是最有力的佐证。

　　当然，该校"有效教学"模式的成功实施，还离不开诸多教师自身的发展和辛勤付出。为保证各学科"有效教学"模式的稳步推进，学校组织教师编制了9门学科《"双向适应"有效教学的实施意见》，其中凝聚了学校教师多年来探索适合基础薄弱学生实际的有效教学的心血和智慧，既能促使全校教师持续推进有效教学，又能确保各门学科的教学质量及其教学特色。

　　教师作为"有效教学"模式的第一推动者和把关者，担负着学校教改成败的重大责任。因此，学校把转变教师观念，全面提升其教学水平当作首要任务看待。学校积极开展"同课异构"研究活动，教师们按照"找出问题→确定专题→课例研究→课后反思"等路径，通过反复的"学习—研究—实践"，逐步形成了个人和集体的教学实践智慧。一学年内，所有教师均能上1~4次研究课，并从中选拔出优质课进行展示，以起到榜样表率作用。同时，每位教师每学年会读1~2本教师专业发展著作，撰写一篇读书笔记，推进了教师专业研修常态化。

　　随着公民文化素质提高，社会对学校的评价也越具有科学性。近年来，社会之所以对福实给予高度评价，主要是因为福实学生在校期间内综合素质（包括学习成绩）的"增长率"特别高。学生认可，家长认可，社会认可，福田实验学校的"蜕变"，充分表明已如学校董事会和黄孔辰校长共同的心愿，福实确实办成了"不一样的学校"——公益办校，文化立校，科研兴校，质量强校。同时也充分说明福实的教育已形成了"不一样的教育"的办学特色，具备了不可替代的个性品质，即，尊重差异，人文关怀，开发潜能，注重发展。

团结务实的学校领导班子、爱岗敬业的教师队伍、积极向上的学生团体促使福实日益呈现出跨越式发展的良好势头。在福实，"让低分入校的学生也能考上大学"已不是空话，"低进高出"已经成为福实最明显、最引人注目的办学成果之一。

花红叶茂透春意，风劲扬帆正当时。我们有理由相信，与时俱进、人文日新、致力于创办一流民办高中的福田实验学校在"蜕变"之后，必将迎来更加辉煌的明天！

第二编
文化引领

明明白白做老师，

　明明白白做学生，

　　明明白白做家长，

重构教育的满天星辰的精神宇宙，乃校长的文化使命。

以先进文化引领学校的内涵发展

黄孔辰

内容提要　本文以深圳市沪教院福田实验学校通过加强学校文化建设，用先进的学校文化引领学校内涵发展的理论思考和具体做法，论述了学校精神文化、制度文化、教师文化、学生文化、课程文化以及环境文化正是凝聚和激励学校全体成员的重大精神力量，是学校内涵发展的强大内驱力。

关键词　学校　文化　内涵　发展

一、"学校文化"与"学校内涵发展"

学校文化是指在一个学校内经过一定时期的实践而积淀形成的，由校内师生创造并形成共识的价值观念、办学思想、群体意识、行为规范等构成的价值观体系，它涵盖了教师文化、学生文化、课程文化、组织文化和环境文化等，是一个学校精神与氛围的集中体现，潜移默化中影响着每一个成员的思维与行动。

学校内涵发展是一种以学校的办学理念、管理制度、师资队伍、课程体系、教育质量、办学特色等内部因素为动力和资源，致力于以师生身心发展为基础的教育质量、教育效益全面进步的发展。

所谓的学校内涵发展，一是相对于规模与硬件发展的质量发展。与外延发展过多关注学校规模的不断扩大，以及不断追求提高办学条件不同，内涵发展是一种追求质量的发展。它强调提升学校的办学质量，也就是提升学校的"软实力"，把注意力集中在办学水平的不断提高上。二是相对于粗放发展的精细发展。发展有粗放和精细之分。粗放型的发展主要把关注点汇集在标志性成果上，汇集在外在物体形态的改变上，汇集在最终目标的实现上；精细型发展秉承"天下大事，必做于细"的原则，将学校中教学、德育、教师素质提高等作为学校改革与发展的关注重点，在事关学校发展的每项工作上都力求精雕细琢。三是相对于同质发展的特色发展。内涵发展也是一种特色发展。学校管理者和教师应树立起特色强校的基本理念，将办学特色放在学校改革与发展的突出地位，在特色的形成和品牌的培育中使学校上升到一个新的更高的水平。四是相对于模仿发展的创新发展。内涵发展不是靠外力推动的，而是源于内部变革力量推动的一种发展，因而也就有了更多的创新的动力。正确地处理继承与创新的关系、创新与务实的关系，积极挖掘、利用、整合学校资源，将学校导入一种新的发展境地，是学校内涵发展。

总而言之，内涵发展应该是一种可持续的科学发展，是一种重质量的发展，它关注的是学校长远的发展，是一种特色的发展、科学的发展。其本质就是追求人的发展。人是学校教育的中心，也是教育的目的；人是学校教育的出发点，也是学校教育的归宿；人是学校教育的基础，也是学校教育的根本。

二、学校文化在学校内涵发展中的重要作用

（一）先进的学校文化是学校凝聚力、亲和力的根源所在

学校文化建设重在"聚魂塑形""形神兼备"，已渗透在学校所有的工作中，充分发挥其无穷的文化力量，使文化浸润在学校的思想、环境、制度、课程、活动之中，以至在教书育人过程中，有形无形、有意无意地影响着师生的思想方式与行为方式，体现出对教师和学生的指引力、控制力、感染力和亲和力。

1. 学校制定的科学愿景、发展的目标定位，将为教师学生提供精神指南。

2. 学校管理的价值取向、道德观、教育观、质量观、学生观，将促进师生个人需求与学校的制度规范协调一致。从集体规范到人际关系，从人们的仪表举止到师生的教学方式，都对师生产生深远影响。

3. 当以学校精神为核心的办学思想被全体师生员工共同认可后，会产生强烈的认同感和归属感，使个人的信念、感情行为与学校目标统一起来，凝聚成一种合力和整体趋向。

4. 学校的整体教育氛围具有强大的感染力和熏陶力，可以陶冶学生情操，养成高尚的道德品质和求学精神与行为习惯。学校特有的人文氛围将影响学生一生。

（二）建设先进的学校文化是学校适应校际竞争的需要

文化建设将成为学校综合实力和竞争力的标志。什么是学校的核心竞争力呢？学校核心竞争力是学校在长期的发展过程中培育和形成的，蕴含于学校组织内质之中，难于被其他学校模仿的独特的竞争优势。

在民办学校办学竞争日益加剧的形势下，拥有先进的办学理念与教育精神才是立于不败之地的根本依托。办学理念是民办学校管理的精神聚合点，是学校各项事业之"魂"，是民办中小学统摄其工作全局的焦点和心脏。因此，民办学校只有通过加强学校文化建设，形成具有以先进教育理念为灵魂的学校精神文化、富有生机活力的现代学校制度文化以及以人的发展为本的教师文化与学生文化，学校才能迎接各种挑战，战胜各种困难，赢得办学的主动权而独占鳌头。

（三）建设先进的学校文化是素质教育的重要内容，是建设高品质校园生活的必然要求

在推进素质教育背景下，学校不再是生产"考试机器"的工厂，学生在校内不仅要习得科学文化基础知识，更要感受学校文化精神的熏陶，汲取学校的科学人文精神，培养优良的思想品德。优秀的学校文化必将长久地影响学生成长，优良校风、教风、学风可能影响学生一生的成长和做人。因此先进的学校文化既是推进素质教育的途径，又是实施素质教育的重要内容。

三、以先进的学校文化引领学校的内涵发展

（一）合理确定办学定位，形成办学思想，提炼学校精神文化。

苏霍姆林斯基曾说过："学校的领导首先是教育思想的领导。"一所学校要有科学的发展，必然要求具有科学的办学思想。

1. 我们学校确立的教育理念是：教育幸福人生，学习快乐一生！我们认为教育的终极目标是实现人的幸福，即学校教育应该为学生的一生幸福奠基——奠定知识的基础、能力的基础、身心健康的基础、多元发展的基础。从这个意义上说，学校是人生的设计室——我们对我们的学生说，你不需要特别优秀，但必须有自己的梦想，规划未来的路；学校是人生的加工厂——我们为学生开发了"幸福人生"校本必修课程，以及适合他们多元发展的选修课程和活动课程，让学生感受到，学校是他们梦想起飞的地方。

我们也认为，教育过程应该是人对幸福的体验过程。这里既包含着学生学习的快乐体验、成长的幸福体验，也包含着教师付出的快乐体验、收获的幸福体验。教师和学生只有在教育中共同体验、共同创造，才能共同享受教育的幸福，才能共同受益于幸福的教育。

2. 我们学校确立的办学理念是：正视现实，注重发展，人文办学，特色强校。

"正视现实"。民办学校的生源普遍较差，正视现实就是要求我们不回避生源水平差的客观现实，从而激励我们改变现实的责任感。

"注重发展"。要求我们抓好有效教育，促进学生的多元发展。关注人的发展是教育的永恒主题。教育的宗旨是改变人、塑造人，这就决定了我们的学校教育必须"以人的发展为本"。——不仅要关注学生的智力发展，也要关注学生的身心的健康发展和全面发展，这样才能适应竞争日益激烈的社会发展的挑战。

"人文办学"。要求校园内要强化人文关怀，提倡干群、师生间的互相尊重、关心和爱护，以情感凝聚师生人心。

"特色强校"。要求我们以具有学校特质的学校文化，打造办学品牌。这一特质不仅体现在学校的精神文化上，也要体现在学校的制度、环境、课程及队伍建设等方面。

3. 我们学校确立的办学目标是：为学生提供成功的机会，为教师搭建发展的平台，为家庭营造学习的氛围。

我们学校的生源来自被公办学校淘汰的学生，学习基础差，普遍存在着失败者的心态。这就要求我们学校教育要因材施教，想方设法发挥学生的个人潜能，使他们在原有的基础上都能获得不同程度的进步和发展，从而获得成功的体验。

教师队伍是办学之本，没有教师的发展，就不可能有学生的发展、学校的发展。学校必须尊重和依靠教师，并为教师的专业发展搭建平台。

家庭教育对学生的成长和发展，起着学校教育无法替代的作用。为此，学校通过多种途径，帮助家长转变家庭教育的观念，提高家庭教育的水平，为学生的成长营造良好的学习氛围。

4. 我们学校确立的校训是：学习改变命运，习惯决定人生。

人和其他动物最根本的区别在于人能够有目的地学习。所以人和动物有着截然不同的命运。成功者之所以取得成功的主要因素之一是，成功者好学、乐学、会学。而成功者之所以取得成功的主要因素之二是，他们具有一般人所不具备的各种良好的习惯——学习习惯、生活习惯、工作习惯、行为习惯等等。

5. 我们学校确立的校风是：尊重、合作、诚信、责任。

我们要求师生努力做到尊重生命（自尊、互尊以及尊重一切生命体）、尊重知识、尊重劳动、尊重人才、尊重历史、尊重创造；团结互助、优势互补、同舟共济、众志成城；以诚待人、真诚可信、一诺千金、言而有信；恪尽职守、尽心尽责、责任在肩、责无旁贷。

（二）构建科学、人文、民主、创新的学校制度文化

学校应该建立基于人本、科学的学校管理制度，管理文化要体现科学性、民主性、人文性。

1. 科学性是指科学管理，依法治校，建立公平、公正、公开的学校管理制度，照章办事，确立按制度办事的规矩。我们学校制定了《沪教院福田实验学校教学工作常规》《沪教院福田实验学校教学管理常规》《沪教院福田实验学校教职工管理制度》等，从制订教学计划、备课、上课、作业布置与批改、课后辅导、复习考试、研究总结等环节，以及学校对教学工作的管理、教职工的行为规范、请假考勤、工作事故认定等方面，提出了明确而具体的要求，用常规制度来规范全校教师的教学工作，规范对教师教学的管理工作，规范教职工的校园行为。同时，我们正在制定和完善教育质量监测评估制度和教师综合评价制度，坚持靠制度管事，靠制度管人，靠制度提升学校的管理水平和教育教学质量。

2. 民主性是教师学生的民主意识和创新精神得到极大发扬，包括学校管理上的民主、集体决策。我们对学校重大问题的决策，如学校发展规划的制订、教职工工资福利的调整等，都充分发挥教代会民主管理的作用，经过充分的酝酿和广泛的讨论，是学校决策对民意最大限度的体现。

学校还设立了三名学生校长助理，代表学生参与学校的管理，极大地提高了学生的民主意识和管理意识。

3. 人文性就是大力倡导人文关怀、人性化管理，大力营造尊重知识、尊重人才、尊重学生、倡导合作、鼓励诚信的温暖氛围。通过制度建设，在教师中倡导"讲奉献、讲和气、讲合作"，建立起既鼓励竞争又提倡合作、既鼓励个别冒尖又促进整体提高的管理机制，营造宽松民主的工作氛围。

（三）建设先进教师文化，打造教书育人的先进教师团队

教师文化是教师在教育教学实践中逐渐形成的对职业、学生、教育教学等一系列问题的价值观和行为方式，教师文化建设的内容，包括教师的教育观念、师德水平、教育教学行为方式以及教师行为风范等。

1. 教师的理念文化和师德水平。

教师的教育观念，一是表现为对办学价值观的认同感，二是具有崇高的职业信念，三是具有先进的教育、教学观念，四是具有高尚的师德。

我们除了通过开展学校文化学习月活动，要求教师认同和践行学校的教育理念、办学思想、办学目标和校风，还为教师确立了"严谨、务实、创新、高效"的教风。我们提倡教师力求做到具有自我发展的强烈意识和责任，治学态度要严谨不苟，精益求精；工作作风要脚踏实地，实事求是；教学改革要敢于探索，善于创新；教育质量要求有效教学，高效产出。

2. 教师的行为文化。

教师的行为文化包括教师的仪表、服饰、风度等外部形象文化和教师的仪式文化以及教师的教学行为。我们要求教师在校园内做到"学高为师，身正为范"——提高自身人文素养，注重教师言行的示范榜样作用；在课堂上坚持"参与教学研究，转变教学行为"——变一言堂为师生互动，变满堂灌为讲练结合。

我们在编写的学校文化丛书之《传道授业解惑》一书中，有学校校长给全体教师的一封信。这封信既表达了学校对教师的尊重与关怀，也体现了教师应有的理想、信念和行为，信的全文如下：

敬爱的老师：

又是桃红流丹的季节，又是李熟飘香的秋天，值此新学年开学之际，我想说的是：亲爱的老师们，我十分荣幸地和你们一起踏上新的征程！

也许你是学校的元老级教师，为学校的开办与发展呕心沥血——你是我们学校的骄傲。在向你致敬之余，希望你能雄风犹在，面临新的形势和新的挑战，在学校新一轮的发展中，发挥中流砥柱的作用，争取更大的光荣！

也许你是来校工作不久的骨干教师，面对较差的生源，大有"英雄无用武之地"之感慨！我想，是金子总会发光，只要你坚持转变教育观念，不断优化教学方式，积极探索适应我们学生的有效教学，一定会在我们的校园内展现你的才华，在学校的讲台上充分体现你的人生价值！

也许你的业务水平一般，为无法提高教学成绩而烦恼不已。其实，我更注重的是教师的师德和人格，因为在某种程度上人品可以决定水平。只要你对学生多加关爱和尊重，对工作更加认真与敬业，一定会赢得学生的爱戴。让学生幸福成长与健康发展，远比考试分数重要得多！

也许你是刚进校门的年轻教师，为进入民办学校而感到投错娘胎。其实，民办、公办都是教书育人的舞台。一分耕耘，一分收获，如果你能凭借自己的进取精神，积极参加学校的教研、科研和校本培训活动，认真向老教师学习，认真参与教改实践，你就一定能成为学生的良师与益友。如果你能教好我们的学生，我坚信你一定会走遍天下都不怕！

能和大家在一起工作，是人生难得的缘，我会十分珍惜这种缘。校长不仅是学校的决策者、管理者，也是服务者，我会尽自己的所能，为学校的发展鞠躬尽瘁，为你们的专业发展和幸福人生搭建平台、创造条件！

谨祝

工作快乐！

黄孔辰

（四）建设先进的学生文化，培养有理想、有道德、有文化、有纪律的一代新人。

学生文化是学生群体具有的价值观、思维习惯和行为方式，其核心是共同的价值观。对那些饱受学习失败的学生，我们编写了学校文化丛书之《天生我材必有用》一书，送给每一位学生，以"天生我材必有用"的价值观激励学生不放弃自己的梦想和追求。

同时，我们又以"教育幸福人生，学习快乐一生"的教育理念来培育学生应有的人生观和学习观，促使学生在不断获得学习成功的过程中，体验到学习的快乐，在丰富多彩的校园生活中感受到学生时代的幸福。为了帮助学生克服学习上的困难，我们制订了培养"好学、善问、多思、勤练"学风的计划，在学生中倡导：知之者不如好之者；学问学问就是学会发问，发现问题比解决问题更重要；学习贵在独立思考，学而不思则殆；勤练是为了牢记知识、掌握技能。为了树立刚跨入学校大门高一新生的自信心，校长给每一位新生发出了这样一封富有激励性的信：

亲爱的同学：

　　你好，首先祝贺你被我校正式录取，成为我们学校大家庭中的一员。我代表全校教师和同学们欢迎你加入我们这一集体，我将带领教师团队陪伴你度过 3 年高中的学习生活。

　　也许你昨天并不十分优秀，但并不妨碍你进入人生新的航程。在这段航程中，挑战与机遇共存，汗水与收获同在；而成功的机会永远只属于那些不甘失败、敢于拼搏的勇者。昨天已经过去，未来尚不可知，只有珍惜和把握好今天，才可能有成功的明天！

　　也许你不需要十分优秀，但是你必须拥有属于自己的梦想，必须发掘自己的闪光点，必须认真规划自己未来的路，并能坚持不懈地付出自己的努力，你就一定会如愿以偿，走进成功者的行列！

　　我们的学校，将是你梦想起飞的地方——加油，加油，让我们一起加油！

　　祝

学习快乐！

黄孔辰

（五）建设学校先进的课程文化，促进学生的快乐学习和幸福成长

　　课程是学校一切教育活动的总和，学校的办学思想、办学目标，都是通过课程的实施得以实现的。为此，我们积极开展关注学生的幸福人生，健康心灵世界，指向不断成长、成熟、成功的课程文化建设，力图建设较为完善的，体现合作、对话和探究的多元化的学校课程文化。

　　我们正在开发的有为学生终身发展奠基的《幸福人生》校本必修课程，有根据学生多元发展的需求，开发以学科综合型、探究型为主的校本选修课程，以及通过调查在了解学生的兴趣爱好的基础上，开发覆盖所有学生的活动课

程，让每一个学生都能参加培养其个性特长的社团活动。

（六）建设先进的校园和班级环境文化

加强校园硬件设施建设，是为了创设现代化高品位的育人环境。我们学校的办学条件虽然十分有限，但我们还是非常注重校园自然环境建设。我们感到，校容校貌等外在形象是学校文明程度的直观表现，又是承载文化内涵的物质外壳，因此我们始终坚持学校要努力保持教育环境的文明、亲和、大方高雅，能始终给人以一种文明的暗示，让每位教师学生感到赏心悦目、心情舒畅。

校园人文环境建设是校园文化环境建设的重中之重。我们一直在探索如何要把学校的育人理念、人文关怀渗透到校园整体环境中，构建人文化的生态校园，使校园充满人文要素，成为学生无言的教科书，思想品德教育的无声手段，让学生在文化熏陶中，思索求知、做人、成材的道理。

我们还十分重视班级环境与氛围建设，要求全校建立班级目标，制订班级计划，用班级目标统一全班学生思想认识，使班级目标产生强大的凝聚力；要求各班制定班级规章（班级公约），规范学生言行。班规一旦制定，必须严格执行，使班规成为学生在班级学习、生活的行为准则，并对学生的言行起着规范、约束的作用。我们还在全校各个班级实施"值日班长"制度，制定"值日班长工作职责"，每天按学号由一名学生作为"值日班长"，配合班长行使班级管理的责权，负责维持班级纪律，处理班级事务。通过学生全员参与班级管理，逐步培养学生的自治、自理能力。

教育的使命神圣而崇高，教育的责任重大而艰巨，教育的工作繁重而辛劳。学校内涵发展的根本目标就是促进教育质量的提高，而学校文化正是凝聚和激励学校全体成员的重大精神力量，是学校内涵发展的强大内驱力。建设富有特色的学校文化，是校长的崇高使命，也是学校全体成员应尽的责任。我们一定要以厚重的使命感和责任感，坚持"人文办学、特色强校"的办学理念，高举先进文化这面大旗，以人为本，努力推动学校的内涵建设和科学发展，为构建师生幸福的精神家园而发奋努力！

参考文献

[1]刘厚宝.浅谈学校文化建设与学校内涵发展的密切关系.现代教育科

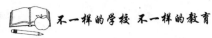

研论坛，2010（10）.

    [2] 朱晔婷 . 学校发展与学校文化建设的思考 . 中国现代学校制度网 .

    [3] 许璟明 . 以校园文化引领学校发展 . 教育研究与评论，2009（5）.

    [4] 朱俊聪 . 校园"文化场"学校内涵发展"助推器" . 中国教育，2011（3）

附 Ⅰ

校长的文化使命

《重建教师的精神宇宙》读书心得

黄孔辰

2016 年 10 月

　　李政涛所著《重建教师的精神宇宙》一书，在"学校变革实践中的六种敏感"的"文化敏感"一节中提出："有文化敏感的学校变革者，首先变现为有敏锐的文化意识，展现为有一种贯穿始终的文化视角和文化眼光；他不会把学校文化当作与课程管理、教学管理、班级管理、教师发展和学生发展等并列的一项工作，而是把文化视为学校所有管理工作的根基，他努力认识和改造已有的文化，挖掘、改造和培育适应变革需要的课程文化、教学文化、班级文化、教师和学生文化。还表现为有一种强力清晰的文化使命。"我想，校长作为学校最主要、最重要的变革者，首先应该正视文化的巨大力量，应该把构建符合教育发展方向、具有学校特质的完整的学校文化体系，以文化重构教师的精神宇宙，作为校长的文化使命。

　　联系我的办学思路，以及我们学校"十二五"期间的发展之路，完全印证了文化对于学校变革所产生的无比巨大的力量。

　　我校的生源都是义务教育阶段公办学校淘汰的学生。由于学习基础和行为习惯差，入学后根本无法适应高中阶段的学习，不可避免地出现了持续分化的局面，学校教育教学质量长期以来一直在低位徘徊。

　　2011 年，恰逢"十二五"的起始年，我们借制定"十二五"规划之际，把重构有鲜明特色的学校文化，作为推动学校内涵发展、改变学校面貌的突破口。按照这一新的办学思路，我们首先对学校文化的重构做了顶层设计。

　　文化重构的核心目标是："让文化浸润师生的心灵，让课堂充满生命的活力，让学校充满生命的气息！""十二五"期间，学校致力于以"先进文化引领学校内涵发展"，着力重构学校理念文化，让理念文化成为学校内涵发展的航标；着力重构学校德育文化，以人文德育提高学生的人文素养，着力重构学校课程文化，让课程文化使学生获得学习成功的体验；着力重构教师文化，以教师团队精神促进教师的专业发展，学校教育教学质量持续提升，办学水平不断突破。下面一组数据可说明学校"十二五"期间的发展与进步：

学校近年来高考本、专科上线率统计表

年　份	2011 年	2012 年	2013 年	2014 年	2015 年	2016 年
高考上线率	27.4%	54.2%	70.7%	82.5%	86.2%	95.1%

我们学校在重构学校文化方面主要抓了以下几方面的工作。

一、重构理念文化，建立学校精神支柱

苏霍姆林斯基曾说过："学校的领导首先是教育思想的领导。"一所学校要有科学的发展，必然要求具有科学的办学思想。我们把合理确定办学定位，形成办学思想，提炼学校精神文化，重新构建具有时代特点、适合学校实际、具有学校特色的办学理念系统，作为重构学校文化的首要任务。

我们学校确立的教育理念是：教育幸福人生，学习快乐一生！

我们学校确立的办学理念是：正视现实，注重发展，人文办学，特色强校。

我们学校确立的办学目标是：为学生提供成功的机会，为教师搭建发展的平台，为家庭营造学习的氛围。

我们学校确立的校训是：学习改变命运，习惯决定人生。

我们学校确立的校风是：尊重、合作、诚信、责任。

我们学校确立的团队精神是：信念、责任、合作、创新。

二、重构德育文化，提高学生人文素养

1. 开展"人文德育"研究

我们把"培养学生的人文素养和健全的人格"作为人文德育的核心目标，把"尊重、合作、诚信、责任"作为人文德育的核心内容，把开展"人文德育"课题研究作为主要抓手。为了践行学校提出的"教育幸福人生，学习快乐一生"教育理念，学校从生源的实际出发，从培养基础文明着手，主要抓了三大项工作：

一是以文化感染学生，让学生拥有自己的梦想。

二是抓校风建设，改变学生的不良习惯。

三是抓"人文班级"建设，形成良好的班集体。

2. 创新德育工作制度

近年来，学校创新建立了以下四项德育制度。

一是学生成长导师制。

二是"3+1"劝导制。

三是学生全员值日班长制。

四是学生校长助理制。

3. 关注身心健康，促进多元发展

一是学校开设了心理健康辅导课，以及开展学生心理咨询和心理辅导活动，每年还举办一次心理健康教育周活动。

二是为了促进学生的多元发展，学校成立了24个学生社团，为同学们提供了展示智慧和才艺的舞台

三、重构课程文化，探索有效教学模式

我校生源都是义务教育阶段公办学校淘汰的学生。由于学习基础和学习习惯差，无法适应高中阶段的学习，不可避免地出现了持续分化的局面。为践行"正视现实，注重发展"的教学理念，学校坚持"学校课程必须适应学生发展"的课程文化观，以校本化和人本化作为课程文化追求的价值取向，从两个途径来创新学校的课程建设。

1. 国家课程校本化

适当降低课标要求和课程难度，适当减少课程内容，对教材做了适当的删减与整合，使课程内容适应学生的学习基础和学习需求，从而能学、会练，重新树立他们学习的自信心。

2. 课程实施有效化

一是开展"生源薄弱高中有效教学的基本模式实践研究"，该课题作为广东省"十二五"科研课题。

二是编制有效教学实施指南及各学科《"双向适应"有效教学实施意见》。

"有效教学"模式的实施，极大地转变了教师的教学观念，转变了学生的学习态度和学习习惯，优化了教与学的方式，教学质量得到了大面积的提升。

四、重构"教师文化"，促进教师专业发展

1. 以理念文化提升教师的师德水平。 我们提倡教师力求做到具有自我发

展的强烈意识和责任，治学态度要严谨不苟，精益求精；工作作风要脚踏实地，实事求是；教学改革要敢于探索，善于创新；教育质量要求有效教学，高效产出。

2. 以行为文化提升教师群体的形象。我们以团队精神提高教师自身的人文素养，注重教师言行的示范榜样作用；对学生的教育注重人文关怀，从尊重学生开始；在课堂上坚持"以学定教、以练定讲，转变教学行为"——变一言堂为师生互动，变满堂灌为讲练结合。

3. 以"自主发展"提升教师专业水平。每学年初，学校都要求每一位教师制订具体可行的《自主发展规划》，使教师有目标、有计划、有步骤地提升自己的业务能力。

近几年来，学校的文化重构改变了学校的薄弱面貌。教师的精神面貌有了较大的转变，涌现出一大批教书育人的模范教师；学生变了，懂得了尊重、合作、诚信和责任；班级变了，团结、向上、好学、善问、多思、勤练，文明班集体越来越多；校风变了，民主、文明、和谐、幸福，"教育幸福人生，学习快乐一生"理念洋溢在整个校园。

附Ⅱ《上海教育科研》2012 年 06 期载文

和师生一起"经营"学校

——深圳市沪教院福田实验学校"文化重构"策略的分析

上海教科院 李伟涛

学校需要用心经营,而什么才称得上是"用心"?用心,必然指向学生发展,并且在过程哲学导向下,学生成为教育的主体。按照这样的考量,深圳市沪教院福田实验学校的文化重构策略与实施,提供了一个用心经营学校的活的案例。根据沪教院福田实验学校"十二五"发展规划,文化重构策略被作为学校发展的灵魂,内在的追求使好的学校成为一个幸福的家园,学生是学校文化的主人而非看客,教师的首要标准是热爱自己的学生,校长领导力即"和师生一起经营学校"的能力。

"和师生一起经营学校",不仅是学校教育哲学的具体表现,也是社会转型背景下学校回归教育本原、凝练组织智慧和提升办学主体性的实践策略。下文从价值取向、推进路径和校长作用三个层面,对学校文化重构策略予以具体分析。

一、学生成功和幸福是学校文化重构的价值指向

"我们的学生并不是最优秀的,但是他们怀着各自的梦想,规划未来的路……三年的高中生活,将成为他们一生中最幸福的校园生活回忆。""我们的教师并不是最出色的,但是他们热爱工作……为每一位学生都能不断取得成功所洒下的汗水和付出的心血,使教师们获得了教书育人的成就感和幸福感。"这是深圳市沪教院福田实验学校提出的办学愿景。这样的办学愿景为学校文化重构明确了价值取向——学生成功和幸福。

什么是成功和幸福?理论上的探讨很多,衡量视角也有许多。从本质上而言,成功和幸福是学生成长过程中的积极体验。这种体验的获取,是学生内生的或者说生长出来的,而不可能是从外部强加的。因而,学校文化重构是从自上而下文化到自下而上文化的转变,具体来说包括两层含义。

1. 聚焦每一个学生的成功和幸福

无论是公办学校还是民办学校，都是教育公共服务系统的组成部分。在此系统中，学校的使命是促进每一个学生的发展。发展是一个很广义的概念，然而在许多学校事实上被窄化为学生学业发展乃至学习成绩。学习成绩不能涵盖学业质量，学业质量又不能涵盖学生发展质量。在社会转型期，受功利化影响的教育价值观过度关注学生学习成绩而忽视学生的幸福和个性发展。牺牲学生幸福和个性而换取学习成绩，是一种传统的质量观，不利于学生终身发展，不符合知识社会对学生素养提出的要求。

深圳市沪教院福田实验学校的学生发展观是：学生发展的起点是能够正确认识自己，发展的重点是认真地改变自己，发展的目标是拥有对美好生活追求的动力和能力。学校教育应该引导学生克服各种陋习，走出过去失败的阴影；帮助学生克服在高中阶段学习生活中遇到的各种困难，为他们架设起不断获得学习成功的阶梯；教育学生要对自己负责、对家庭负责、对未来负责，从而树立起人生的信念，感受到学习的快乐，体验到生活的幸福。

上述学生发展观的三个关键词——起点、改变、成功，其蕴含的本质思想是把学生作为活生生的人，尊重学生，激发学生内在的追求幸福的能力，因而具有鲜明的现代性，与传统的学生质量观截然不同。在传统的学生质量观中，学生被作为标准化的产品培养，达不到标准的就予以淘汰。而在教育现代化背景下，学生质量观的核心内涵是把学生作为活生生的人，尊重学生学习的基础、兴趣和潜能，创造条件促进每一个学生全面而有个性地发展，让学生感受成功、获得幸福。

2. 关怀学生的过程体验

学校文化重构不仅是价值观层面的转变，更重要的是办学实践中对学生发展的关注。深圳市沪教院福田实验学校是一所民办高中。在黄孔辰校长看来，民办普通高中有三类，一类是高端办学，一类是中端办学，还有一类是低端办学。而不管是哪一类，快乐学习、学有所得是最重要的。从高中教育的功能来看，高中教育作为义务教育之后、高等教育之前的最后一个基础教育学段，肩负着为学生升学和就业提供扎实基础、双重预备的任务。"基础"和"准备"是高中教育在"培养人"上的两个关键词。但对于基础和准备的理解不能窄化，不能局限于知识层面的基础和准备。否则，学生的学习过程将是一个痛苦的过程，教师的教也是一个痛苦的过程，整个学校文化将被学业结果导向的文化主宰，淘汰、失败、竞争成为学生描述高中三年生活的核心词汇。

学校文化重构就是改变学生三年后描述高中生活的词汇，它们应该是成人、成才和成功。高中教育的功能就是要为学生成人、成才和成功奠定扎实基础、提供充分准备。由于高中生毕业的年龄基本上是法律上规定的成人年龄18岁，高中生处于世界观、人生观、价值观形成的关键时期，面临走向社会、认识职业、选择职业乃至从事职业的发展需求，因而，成"人"是高中学生必须具备的首要素质。成"人"在含义上不仅仅指进入成人年龄，更重要的是形成正确的世界观、人生观和价值观，掌握宽广扎实的知识，具有公民意识和服务社会的能力等，促进高中生综合素质的提高。高中学生无论是升学还是就业，都将面临选择职业、从事职业或者为今后从事职业做准备，因而，成"才"是高中学生素质发展的核心目标。成"才"在评价标准上是多元的，不仅仅是传统的应试教育下的标准——升学尤其是进入重点大学，也包括接受高等职业教育、进入社会就业，不仅仅是学生掌握了多少知识，更重要的是知识的学习力、判断力、创造与应用力，或者说，具有学会学习的能力，学生综合素质的提高。因为没有知识的学习力，人的终身发展将失去基础；没有知识的判断力，人们的价值观将变得模糊，影响个体在社会中的行动以及人与人之间的交往；没有知识的创造与应用力，人力资源将难以切实成为第一资源。高中学生素质发展的最终目标，是让每一个学生成功。在这里，成功包括了成人、成才两个方面或者说两个基本维度，并且这里的成功，更注重从学生持续发展的角度进行评价、衡量。

二、文化重构从策略到实践的推进路径：和师生一起经营学校

如何让成功和幸福在学校里生长？这是一个实践命题。学校文化重构不是名词而是动词。学校文化重构从策略到实践的推进，包括主体、技术、评价等要素。围绕这些要素，可以有不同的路径。深圳市沪教院福田实验学校的"和师生一起经营学校"实践，其推进路径是围绕学生成功和幸福，依靠多主体的共同行动，基于文本开发和引导而实现的。

为推进学校文化重构从策略到实践，深圳市沪教院福田实验学校编写了三本书，分别是：《学校文化之"明明白白做学生：天生我材必有用"》《学校文化之"明明白白做教师"：传道授业解惑》《学校文化之"明明白白做父母：亦师亦友亦父母》。

1. "天生我材必有用"：让学生在学校里发掘自己的潜能

在一所现代化学校，学生的角色应该是怎样的？不是被动地接受学习、教育，而是成为学习、教育的主体。学生是学校经营的主体，学校经营的价值在于学生能在学校里发掘自己的潜能。

"每个人都有自己所擅长的与所生疏的，每个人都有自己的价值，都有自己存在的意义，所以，不要拿自己的缺陷同别人的长处相提并论，不要自卑，不要自怨自艾，相信自己，是金子总会发光。"这是沪教院福田实验学校《学校文化之"明明白白做学生：天生我材必有用"》卷首语中的话。《天生我材必有用》分为上下篇。上篇包括黄孔辰校长致高一新生的祝贺信、校长给学生的20条忠告、习惯左右你的命运、现代中学生的"十个学会"、高中生必读的15个故事、中学生如何保持健康的心理、高中生常见心理问题的自我疏导等。下篇则为学生在学校里学习、生活的相关制度。

其实，教育中的无数事实表明，学习成绩好的学生在其他方面可能并不比学习成绩差的学生好，学习有困难的学生并不一定在其他方面都差。而多元智能理论为每个学生成功提供了重要理论支撑。多元智能理论认为，人类的智能包括八个范畴：语言智能、逻辑数学智能、空间智能、肢体运作智能、音乐智能、人际智能、内省智能、自然探索智能等。每个学生都有自己的智能强项和潜能，每个学生都能成功。学校在培养学生各方面智能的同时，必须关注每一个学生特别突出的某些方面的智能。

深圳市沪教院福田实验学校推出的"校长助理"就是一个典型的案例。学生通过担任校长助理，收获的不仅仅是交往沟通能力、组织能力，更重要的是自信、成功感、对他人的理解和欣赏，以及对学校组织更为深刻的认识。而这些校长助理的收获也间接传递给广大同学，产生更大的外溢效应。在班级层面，学生自主管理的意义非同寻常。班级是学生成长、发展的基本场所，是学校文化重构的基本单位。班级文化建设，必然依靠学生自主管理。对于后进生来说，一个明显的特点就是管不住自己，又不服从别人管。但让学生成为班级文化建设的主人，让学生管理他人，则会改变自己的心态，有助于建立一个相互理解、包容、监督和帮助的班集体。

在学校文化重构中，不能仅仅依靠口号和说教，而必须寓文化建设于各种学校活动之中，使师生在活动中接受学校文化的浸润和默化。为此，沪教院福田实验学校还开展系列活动，营造"热岛效应"。每年学校都设计一系列的校园主题活动，如艺术节、科技节等学生才能展示活动、师生读书节、教师教学技能比武、家长才艺展示活动、学生论坛、教师论坛、家长论坛等等，做到"月月有主题、周周有活动"，营造"热岛效应"，确保学校文化在学生经营学校的生活中持续"发酵"。

2."传道授业解惑"：探索适应学生的有效教学

教师是学校发展的第一资源。学生主体性必然是在关系中的主体性，教师的存在在学生获取成功和幸福的过程中是非常必要的。没有教师的指导、帮助，学生的成功和幸福将会缺失支撑。当然，在学校文化重构中，教师的角色不再是自上而下的灌输者，而是要适应学生的需要和特点来设计并实施教育教学活动。

深圳市沪教院福田实验学校编写的《学校文化之"明明白白做教师"：传道授业解惑》，不仅包括了教师职业道德规范、教师须知、教学常规管理等制度，还有黄孔辰校长给全校教师的一封信、教师必须知道的10条心理学定律、学生常见问题的心理问题及其教育对策、"我心目中的理想教师"等等。沪教院福田实验学校《传道授业解惑》对学生心理问题的关注和对教师心理学知识的要求，是具有启示性的。关于教师专业发展可以划分出多个维度，比如知识维度、能力维度、行为维度。其实，还包括一个重要维度即品性维度。

教师的品性是什么？《校长给全校教师的一封信》中有一段话是这样写的："也许你的业务水平一般，为无法提高学生成绩而烦恼不已。其实，我更注重的是教师的师德和人格，因为在某种程度上人品可以决定水平。只要你对学生多加关爱和尊重，对工作更加认真与敬业，一定会赢得学生的爱戴。让学生幸福成长与健康发展，远比考试分数重要得多！"上述这段话揭示了教师品性的两个重要衡量指标：一是关爱学生，心中有学生；二是关爱学生的幸福与健康。前者容易，后者难，但却是关键。在许多学校包括名校，教师是站在高处关爱学生，而真正关爱学生，需要教师把学生放在高处，和学生一起经营学校，让学生在3年高中生活中快乐学习、享受幸福。

为提升教师品性，实践学生快乐学习的追求，深圳市沪教院福田实验学校积极探索适应学生的有效教学模式。学校开展了"提高民办高中薄弱学生学习适应性有效教学模式研究"。基于研究，开发了《促进基础薄弱学生发展的有效教学模式实施手册》。这本手册不仅阐述了有效教学的内涵、理念、基本原理和主要特征，还提出了有效教学模式的基本框架、操作策略、实施的评价标准、教师实施须具有的专业准备等。解读这本手册，可以选择的视角有许多，包括框架的科学性或者说内在逻辑效度如何、操作性怎么样、可推广性或者说外在的效度如何等等。而从学校"教育幸福人生，学习快乐一生"的办学理念出发来解读，更有深意。有效教学的最根本的衡量标准是学生的成功和幸福。也正是在此意义上，黄孔辰校长在实施手册卷首语中提出有效教学的三个因素：有效教学从教学规范起步，有效教学是充满生命活力的教学，师德是有效教学的灵魂。这三句话主要是对教师品性的要求，是站在教师和学生一起经营学校的高度来说的。

3. "亦师亦友亦父母"：促使父母成为孩子的良师益友

和学生一起经营学校，这不仅仅是对教师提出的，还包括学生家长。国外关于家校合作的研究和实践非常丰富，这与其社会发育程度、家长参与学校管理事务的积极性密不可分。在我国社会转型期，随着各种教育价值观的产生、传播和碰撞，从家长身上表现出的各种行为失范越来越多。为此，让家长成为孩子的良师益友不仅成为一个家庭教育指导问题，也成为学校文化重构中的重要问题。

深圳市沪教院福田实验学校的《学校文化之"明明白白做父母"：亦师亦友亦父母》，正是基于社会转型背景和学校文化重构而提出来的。在《亦师亦友亦父母》册子中，不仅有学生一日常规、学生学习常规、学生文明礼仪规范等，还有校长给家长的一封信、给学生家长的建议、高中生家庭教育的盲区及应对方法、家长应知道的10条心理学定律、如何架设两代人沟通的桥梁、父子为何不能"哥俩好"等等。实践表明，每位家长拿到《亦师亦友亦父母》之后都愿意看，都有触动和收获。许多学生从家长的观念和行为转变中成为受益者。

让父母支持和参与到孩子经营学校过程中，实质上就是父母和孩子一起经营他们的生活，让孩子在3年高中生活中体验成功和幸福，为未来的发展奠定心灵成长的基础而不只是知识基础。让父母支持和参与到孩子经营学校过程中，是学校文化重构中对家长角色的再定位，把每位家长不仅仅作为"顾客"，而是共同育人的"战略合作伙伴"，把家长的建议和意见作为改进教育教学以及各项服务管理的重要推动力。西方发达国家学校变革的实践也表明，家长是介入和推动学校变革的新主体。当然，基于我国社会转型特征和家长可能的参与深度，把家长作为学校文化重构的推动力，以家长的改变来改变学生和教师是必要和可行的。

三、结语：校长在文化重构中处于怎样的角色

和师生一起经营学校，除了家长之外，校长是关键主体。在某种意义上，校长领导力就是校长和师生一起经营学校的能力。在文化重构中，校长需要从管理学校转为经营学校，更多地关注并满足学生的需求，注重调研和发现学生个性化需求，成为一个服务者。

深圳市沪教院福田实验学校文化重构过程中的一个典型现象，就是校长与学生的沟通内容和形式。为了解学生需求，黄孔辰校长深入班级开展调研，发现学生在社会实践、体育方面具有浓厚的兴趣和期待。为此，学校做出了每年开展两次运动会的决策，还根据学生的提议开展"校长杯"篮球赛。学校组织学生到社会实践基地开展的活动，成为学生最喜欢、最难忘的高中生活经历。校长每周与学生代表在餐厅里都有一个午餐时间，气氛相当宽松，了解学生在学习、生活方面的需求。另外，在深圳市沪教院福田实验学校，学生给校长写信、校长给学生回信已成为一种常态的沟通方式。这种沟通方式与电话沟通、面谈、网络沟通相比，尽管传统，却更能让学生自由表达、让学生感受到亲切。书信沟通的内容非常广泛，诸如学生个体需求或群体需求、班级建设、社团活动、教师职业道德、学校管理等等。在某种意义上，学生写信和校长回信成为学校文化重构过程中的一个标志性符号。

校长与学生沟通的上述案例，从一个侧面揭示了校长在文化重构中应有的职责及履行职责的方式。校长是学校的决策者，而科学的决策必须基于证据。证据的类型包括调查统计的数据、观察到的现象、倾听到的故事等等。其中，后两者是广大校长所熟知的，而数据分析能力是学校办学中相对薄弱的能力。一所学校要变革、超越自我，必然需要及时了解和发现办学中的细节问题或倾向性问题。为此，校长在文化重构中就是一个发现信息、分析信息和基于有效信息的决策者。这也是学校文化重构过程中校长领导力的重要体现。当然，基于数据分析的校长领导力开发，不是校长个体独自分析，而是与学校领导班子及中层管理人员共同分析。没有中层管理人员分析能力的提升，学校发展中的问题也难以及时发现和准确捕捉，从而影响学校诊断的正确性和决策的科学性。从此意义上说，校长领导力开发的一项必修课是与师生的沟通和信息分析。

在我国推进普通高中多样化、特色发展背景下，每个学校都面临着转型的使命和学校文化的重构，每个学校也都可能进步。而衡量转型和进步的核心是学生成人、成长和成功，这正是学校文化重构中校长定位角色、教师改进专业行为、家长转变观念，和师生一起经营学校的出发点和落脚点。

附Ⅲ《南方都市报》2014 年 5 月 27 日载文

对话深圳本土教育名家之黄孔辰
学校教育应该为学生的一生幸福奠基

《南方都市报》记者 谢湘南

对话人谢湘南：《学习周刊》编辑总监，诗人。著有诗集《零点的搬运工》《过敏史》。

黄孔辰：福田区教育局原副局长，现为深圳市上海教科院福田实验学校校长，深圳市教育专家工作委员会副主任，深圳市德育与心理健康教育专业委员会主任。曾主笔起草《深圳市 2001—2010 年中小学教育发展规划》《深圳市家庭教育工作"十一五"规划》及福田区"十五""十二五"教育发展规划等。

"当我读到校长的信时，我感到很开心，也很意外。因为没有哪个校长给我们写过信，在信中我感受到了您的亲切。"

"校长喜欢写信来告诉我们您心里所想的，并以温暖的文字传达给我们，我身为黄校的学子深感荣幸和幸福。校长知道我们压力大，为我们高三也能娱乐一下，便把元旦晚会放在考试后，没有压力地去看节目，感谢您的用心。"

这两段文字分别是深圳市上海教科院福田实验学校高二（4）班学生陈秋谷与高三（7）班学生吕静娴写给校长黄孔辰的信。正如学生所说的，黄孔辰喜欢以写信的方式来与学生们交流。曾经在给高三（7）班同学的一封信中，他这样写道："生命需要动力，动力来自梦想、来自责任。'老骥伏枥，志在千里！'我生命的动力来自你们——我的学生。"

是的，已经退休的黄孔辰能重返教学一线，这一切都源自他对学生、对校园氛围、对教育的热爱，源自一个校长梦。今年是黄孔辰来到深圳的第 25 年，作为一直在深圳教育行业从事教育研究工作的他，回看深圳教育的发展，他有很多感慨，但更多的还是对未来的忧思。

能够把后进生教好的老师才是好老师

谢湘南：黄校长，你是哪一年来到深圳的？

黄孔辰：1989 年。

谢湘南：你那时候看到的深圳的教育是一个什么状态？与现在比有些什么差别？

黄孔辰：基础相当薄弱，以我所在的福田区为例，当时只有 7 所中学，现在达到了 87 所。那时候福田区还叫上步区，我来到深圳的第一站就是现在的学校，当时叫新沙初级中学，属公办学校。那时候不仅是硬件设施差，学校的管理与学习氛围也是很大问题，学生打架成群，考试作弊成风，考试时有学生把刀放在试卷上，没老师敢管。

谢湘南：你到了新沙中学后，采取些什么措施来管理学校？

黄孔辰：我主要还是从基础抓起，降低起点，从学生的行为习惯上进行逐步改进。比如规定学生不能穿拖鞋上课，让学生进行自我管理，实行班长轮值制，每个学生都要当班长，在学校开展成功教育，把心理素质教育放在重要的位置。

谢湘南：那时候社会上都在倡导英才教育，你是反其道而行吗？

黄孔辰：英才教育在当时的环境中有些不切实际，我希望能让教育回到原点。义务教育最基础的内容应该是养成教育。学校众多的后进学生，不是比别人笨，而是缺乏良好的习惯。我一直认为能把后进生教好的老师才是好老师。

谢湘南：你讲的成功教育具体讲什么？现在社会上流行成功学，机场书店充斥着成功学的书籍与视频，你的成功教育与社会上的成功学有何差别？

黄孔辰：我倡导的成功教育主要是针对学生的实际情况，让他们认识自己，超越自己，每天能够看见自己的变化，每天能够进步一点。现在社会上把成功的含义庸俗化了，觉得有钱、有权、有地位就是成功。其实不是这回事。我讲的成功教育是促进基础薄弱学生发展的有效教学模式。希望通过教与学的实践，将这一有效模式制度化。那时候学校里有三个痛苦，教师教得痛苦，学生学得痛苦，家长看着痛苦，校园里失败心态严重，校风差。成功教育首先强调的是教学的有效性，从实际出发，将飘浮在空中的重点学校的理念排除，形成自身的校园文化氛围。

以学校文化引领学校的创新发展，是校长的文化使命

谢湘南：我了解到你在校园文化的构建上有过很多实践，你主张"做一个有文化的校长"，你是如何理解学校文化的？

黄孔辰：我喜欢从文化的理念来分析学校的现实与管理，曾提出"学校需要文化；文化需要特质；文化需要认同；文化需要物化"四点学校文化认知。我觉得一个学校的文化，不是指校园的环境文化，而是指是否形成了学校自身的精神特征与核心价值，是否形成了一个文化价值观；在学校的共性文化上是否建立了自己的个性，这种个性也就是文化特质。这种文化特质得让在校教师与学生认同，并付诸实践，才算是构建了自身的校园文化。

谢湘南：所以你提到的"文化需要物化"指的是文化实践的层面，你们是如何实践的？

黄孔辰：是的。"物化"是指要让这种认知化为行动，转化为在教学当中看得到的规范、制度、框架、有效性与形象等等。以学校文化引领学校的创新发展，是校长的文化使命。为了完成这一使命，校长必须具有三种意识和三种能力。三种意识：一是文化意识，校长的文化意识越高，对学校文化建设的影响力越大；二是创新意识，校长的创新意识越强，学校文化的特质性越强；三是品位意识，校长的品位意识越高，对学校内涵发展的影响力越大。三种能力则是指校长要具备重构学校文化系统的能力，要具有传播学校文化的能力，要具有践行学校文化的能力。

举例来说，我们编辑了两套学校文化丛书。第一套为三个明明白白："明明白白做学生""明明白白做教师""明明白白做家长"，告知并传播学校的文化理念；第二套分别为《重构学校文化促进学校特色发展》《促进基础薄弱学生发展的有效教学模式实施手册》《教职工综合考核评价方案》，这套书也被列入"广东省提升 500 所普通高中办学水平项目"。这两套书既是我们传播校园文化的利器，也是文化践行方面的指南。我们开展教师校本培训，提倡人文德育，让学生找到自主管理的途径，开展全校性有效教学课题研究，都从这里出发。

幼儿教育的核心应该是习惯、文明、礼仪教育

谢湘南：文化是学校管理的一个智慧型抓手，你通过文化的转化让学生找到学习的动能，可以说文化的影响力在你这里已成为有效教学的重要组成，你的实践很好地证明了这一点，这种以重构校园文化特色的管理模式也很有推广与借鉴的价值与意义。但据我了解，你在一线教学的时间并不长，更多是在教育部门从事教学研究工作，主要的研究方向还是幼儿的习惯教育，对于目前深圳的早教热，众多家长整日带着孩子学这学那的现象如何看？

黄孔辰：我有10年时间都在研究幼儿的习惯教育。现在很多早教机构迎合家长的盲目心理，这是很可怕的。目前的幼儿教育可以说是急功近利，哗众取宠。早教班的内容是什么？亲子的目的又是什么？很多家长没有弄明白。人的成长有两个因素，即智力因素和非智力因素。但由于在"高考指挥棒"下，社会的注意力大多集中在学生的考试成绩上，因此许多家长更注重智力上的开发，而忽视了对孩子非智力因素的培养。非智力因素的核心就是习惯教育，长歪了的小树苗今后很难纠正，好习惯必须尽早养成。3～6岁的孩子正处于人生的起步阶段，是形成良好个性、培养良好习惯的关键时期。而这对其今后的身心健康、知识获得、能力培养、品德陶冶，以及个性形成都是至关重要的。

幼儿教育的核心应该是习惯、文明、礼仪教育，其次才是适当的早期智力开发，现在的情况是本末倒置，家长们对智力开发看得太重。

现在高中的课，教材偏难，要求偏高

谢湘南：马上要进入高考时间，你对高三的学生有何建议？

黄孔辰：我曾经给我们学校高三的学生写过一封信，信中有这样几句话："同学们，高考将是你们获得公民资格后，所必须经受的第一次最艰难的考验。是当逃兵还是做勇士，在某种程度上将会左右你一生的命运。孩子们，不管你高考的结果如何，我想告诉你的是——不管过了多少年，当有一天回顾高考的经历时，如果你能说：我努力过，我尽了我最大的努力拼搏过，那你就是勇者，就是强者！"这封信得到了很多同学的回应。

谢湘南：对目前高中的课程设置及课改有何看法？

黄孔辰：现在高中的课，教材偏难，要求偏高，学生需要花很大精力去学很多用不着的东西，比如数学的三角函数，物理课的一些定理，不能因材施教，这样我们培养出来的学生基本是四平八稳的。

课改都是学科专家的事，问题是都在拔刀，一刀切的措施是很可悲的。用同一个标准、同一课程大纲来要求发达地区与中等地区是不合适的，学科

专家不了解基层，似乎也不了解人的发展是多种智能、多种因素的综合结果。摧残师生生命的教学是不可取的，我们学校确立的教育理念是"教育幸福人生，学习快乐一生"，教育的终极目标是实现人的幸福，即学校教育应该为学生的一生幸福奠基。从这个意义上说，学校是人生设计室。

附Ⅳ《南方都市报》2016年9月1日载文

文化引领办不一样的民办高中

《南方都市报》记者　欧伟

在录取通知书上给新生写信，开学给新生、家长上第一课，深圳市沪教院福田实验学校这些贴心的举措，使学生们从正式成为学校一员开始，就感受到暖暖的文化氛围。今年是"十三五"的开局之年，沪教院福田实验学校也迎来了新的发展契机。14年发展之路，一步一台阶，新学年，该校在内涵发展与特色发展上，铆足劲儿再出发，构建独有的文化品位和文化气质。

"三个痛苦"难题如何破解

9月1日，沪教院福田实验学校迎来了500名高一新生。据了解，该校普高班有400名新生，国际课程班目前招收了100名新生，新学期还将陆续有学生报名入读。

创办于2002年的沪教院福田实验学校，是一所非营利性质的民办高中。说到民办高中，可能很多家长的印象是生源基础较差、校风学风较差，与"好"字难以沾边。沪教院福田实验学校也遇到了这样的问题，由于学生学习基础和行为习惯差，入学后根本无法适应高中阶段的学习，不可避免地出现了持续分化的局面，学校教育教学质量长期处于低位徘徊。

在2011年黄孔辰上任之际，学校召开了三个座谈会，迎接黄孔辰的是"三个痛苦"：学生们说学得很痛苦，每天都在上听不懂的课，做不会做的作业；教师们说教得很痛苦，因为每堂课都讲得口干舌燥却收效甚微；家长则说，孩子学习那么差，考大学无望，心里很痛苦。

黄孔辰感到，这时的学校已经完成了办学初创期的任务，要进一步发展，不是硬件上的再升级，而是软实力的提升。借制定"十二五"规划之际，他把重构有鲜明特色的学校文化，作为推动学校内涵发展、改变学校面貌的突破口。

"学习应该是无比快乐的，教育过程应该是体验幸福的过程。"按照这一办学思路，黄孔辰首先对学校文化的重构做了顶层设计。如今，在校园里，新的文化清晰可见：办学理念为"教育幸福人生，学习快乐一生"，办学目标是"为学生提供成功的机会，为教师搭建发展的平台，为家庭营造学习的氛围"，校训是"学习改变命运，习惯决定人生"。

把校园文化渗透到每个角落

打造校园文化并不是一句口号，而是深入学校德育、课程教学、管理制度、校园环境等方方面面，渗透到学生、教师、家长观念和行为。黄孔辰介绍，比如课程，学生进校后无法适应高中阶段的学习生活怎么办？那么就让课程适应学生。学校从校本化和人本化两个途径来改革课程，适当降低课标要求和课程难度，减少课程内容，对教材做了适当的删繁就简。

针对生源基础薄弱的情况，学校提出有效教学策略，极大地优化了师生教与学的方式，使课堂教学更能适应同学们的学习基础，也有力促进了同学们学风和学习习惯的转变。越来越多的同学"好学、善问、多思、勤练"，积极主动参与教学活动，教学质量稳步提高。

学生行为习惯不好、自我管理能力不强，黄孔辰就让学生自我管理起来，建立学生校长助理制和学生全员值日班长制。黄孔辰还编辑了"三个明明白白"的学校文化丛书：《明明白白做学生——天生我材必有用》《明明白白做教师——传道授业解惑》《明明白白做父母——亦师亦友亦父母》。这套丛书，使学校文化开始沁入学生、教师、家长的心，并迅速起着发酵作用，影响着学生、教师、家长的观念与行为。在每一学年的开学前后，他都会给教师、学生、家长培训、上课。

2016 年，沪教院福田实验学校高考上线率为 95.1%，创历史新高，而这一数字，在 2011 年仅为 24.4%。5 年时间高考成绩显著提升，黄孔辰说，也许，高考成绩并不能完全说明一所学校的办学水平，问题的关键是要看高考成绩的大幅度攀升，是靠什么支撑的。联系学校的发展之路，完全印证了文化对于学校变革所产生的无比巨大的力量。

校园文化影响的不仅是升学率，而且有师生和家长对学校的认同感和幸福感。高三（1）班在毕业之际给校长的信中说道："也许数十年后我们会忘记曾经的一些同学，会忘记一些零碎的记忆，但当提到福田实验，我们一定会记得这是我们的母校，在这个学校里有一位像父亲般关爱我们的校长。"

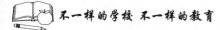

"十三五"深化内涵与特色发展

在"十三五"开局之年，学校站在新的高台上再出发。目前，沪教院福田实验学校"十三五"发展规划已经出炉，面对家长对优质教育的期待，要"创造适合每个学生发展的教育"，学校提出双管齐下的发展思路：一是深化内涵发展，二是坚持特色发展。

据介绍，内涵发展指的是完善适合学生发展的教育治理体系，即全力推进依法办学、自主管理、民主监督、社会参与的现代学校制度建设，健全学校内部治理结构，全面实施依法治校。特色发展指的是打造适合学生发展的四大办学特色：富有特质的学校文化，全员育人的人文德育，全员参与的"有效教学"，以及多元化办学等特色。

未来5年，沪教院福田实验学校力争办成质量优良，特色鲜明，区域内综合教育实力较强的民办普通高中。黄孔辰表示："我们的学校努力完善具有自身特质的文化体系的建设，使之成为引领学校内涵进一步发展的办学之魂和全体师生的文化使命，促使全体师生心怀梦想、脚踏实地办好一所不一样的学校。"

附 V 《深圳晚报》2012 年 5 月 10 日载文

沐浴着"幸福教育"之光的校园

《深圳晚报》 （王仁甫供稿）

　　深圳市沪教院福田实验学校是一所民办普通高级中学，是深圳市唯一独立民办而且不求回报的民办高中，是上海市教育科学研究院的实验基地。学校创办于 2002 年，10 年以来，一步一个脚印，一年一个变化。2006 年获评福田区一级学校，2007 年获评"福田区基础教育课程改革先进单位"，2008 年获评深圳市一级学校，2009、2010 年连续获得"深圳市高考工作先进单位"的称号，2009 年荣获"深圳市体育高考先进单位"荣誉称号，2010 年 5 月获评"深圳市普通高中教学水平优秀学校"，2010 年 12 月获评"广东省一级学校"。2011 年获评"2011 年深圳市教育系统先进单位"，并获"深圳市民办中小学规范优质办学专项奖"。学校经历了办学初创期、规范办学期，进入了特色发展期。学校新的办学目标是：为学生提供成功的机会，为教师搭建发展的平台，为家庭营造学习的氛围，从而为学生的人生幸福奠定最坚实的基础。

　　采访感受：九成学生感到学习快乐，幸福教育正在校园内开花

　　2012 年 2 月，学校在高一全体学生中进行了一次问卷调查，有 92% 的学生感到学习快乐。

　　作为基础薄弱的学生群体，这一比例令人振奋！有学生说："老师能培养兴趣，我们就乐于学习。"有学生说："老师教的都懂就快乐。"有学生说："克服学习困难，做好难题，我就快乐。"有学生说："该学时认真学，该玩时就玩，就快乐。"有学生说："老师笑着走进教室，笑着上课，笑着离开，就让我们快乐。"这个数据和这些学生的说法让我们感到福田实验学校的学生好可爱，老师好可敬！

　　作为资深教育研究专家的现任校长黄孔辰原是福田区教育局副局长，他凭借长期的研究成果，致力用先进文化引领学校内涵发展和特色发展。他确立"教育幸福人生，学习快乐一生"的教育理念，用心创造幸福教育，促使学生体验快乐学习，促进教师感受教育幸福。幸福教育之光如朝霞般沐浴着校园。

教师语录：先学生学习之忧而忧，后老师教育之乐而乐

记者采访发现，学校教师中不少人都有一种说法：教师就要为学生排忧解难，唯其如此，方有学生的"快乐学习"，唯其学生"快乐学习"，方有教师的"幸福教育"。因此，先学生学习之忧而忧，后老师教育之乐而乐，是教师们追求的教育之道。

为此，学校制定了三项德育制度：（1）德育导师制：为后进的学生选派富有爱心的导师，"一对一"地对学生"思想引导、心理疏导、生活指导、学业辅导"，努力帮助学习有困难的学生适应高中阶段学习，引导学生不断进步，获得成功；（2）值日班长制：培养学生自主管理和自我教育的能力；（3）学生校长助理：由学生竞争上岗。校长助理积极参与学校的日常管理，反映学生的心声，搭建师生间的桥梁。

评估专家感叹道：长期坚持全校性的有效教学研究，实属难能可贵

福田实验学校是上海市教育科学研究院在外地的唯一的教育教学实验基地。这种得天独厚的资源优势，为学校提供了强有力的技术支持和质量保证。在上海教科院专家们直接指导下，学校面对生源基础薄弱的学生实际，致力于有效教学的实践研究，相继开展三个课题的研究：一是促进学生有效地"学"的研究，二是探索教师有效地"教"的研究，三是推进教师专业发展的行动研究。这些研究有力地推进了教学质量的不断提高。对于学校从 2005 年起一直坚持开展有效教学的探索，省督导评估组的专家们感叹道：实属难能可贵！

学校发展愿景：让学校成为学生梦想起飞的地方

针对生源的特点，校长给学生的寄语是：你不必特别优秀，但必须拥有自己的梦想，这里是你梦想起飞的地方！

为了帮助学生们实现自己的梦想，学校注重学生的多元发展，开设了五个序列的校本课程体系：国学校本课程、兴趣校本课程、心理校本课程、阅读校本课程及活动课程，极大地拓宽了学生的发展空间，为每一个学生提供个性成长和特长发展的机会。

同时，学校招收特长生，设立美术、音乐、体育特长班，还组建了体育、艺术、表演类各种团体，举办校园运动会、"桃李杯"学生才艺展示等各种活动，丰富学生课余生活，促进学生个性特长有效发展。

附Ⅵ《南方都市报》2012 年 5 月 11 日载文

十年实验改革路

《南方都市报》

摘要：5 月 11 日，深圳市沪教院福田实验学校迎来了建校 10 周年。这所经历许多风雨的学校在 10 周年之际，迎来了最大的一次改变。它从一所学生进校时行为习惯普遍较差的学校，变成了一所可以开始尝试"无人监考却无人作弊"的学校，同时，学校正在践行"教育幸福人生，学习快乐一生"的办学理念，以"文化先行、德育创新、有效教学"为内涵发展的三个项目，推进着从理念到实践的大变革。

1."10 年，我们没有涨过一分学费"

"10 年了，我们没有涨过一分学费，现在成了全深圳关内收费很低的私立学校。"深圳市沪教院福田实验学校黄孔辰校长，向笔者谈起学校的历史时，眼中带着几分沉重的自豪："收费低，办学难，但学校的创始人陈清治教授，希望更多孩子有条件进来。"

黄孔辰校长用"滚动收入"来形容学校一直以来的收支情况——完全没有盈利，轮子不断向前滚却不留一颗沙尘，"为了解决学生住宿、用餐的困难，学校创办者陈清治先生贷款 4000 万元盖了栋 15 层的综合楼，落成之后将产权捐给了政府。"他认为，这样非营利、公益性的民办学校，政府应该给予更多的鼓励与扶持。

"说实话，我们老师的工资比公办学校的老师低得多，但工作量却远远高于公办学校的老师。"黄校长坦承。因为学校公益性的运作，所以老师的待遇一直提不上去，而且"我们的学生底子薄，部分家庭教育缺失，导致老师需要付出更多的精力"。

黄孔辰校长原为福田区教育局副局长。去年 3 月份，接手学校后，他对当时的现状总结为"两个痛苦"："学生学得很痛苦，老师教得也很痛苦。"

因此，他决心改变这种现状，确立了一个新的办学理念——"教育幸福人生，学习快乐一生"，简单说，教育就要让学生感到学习的快乐，让教师感到教育的幸福。

2. 改变教与学的"两个痛苦"

为什么痛苦？因为学校的生源基本上来自考不上公办学校的学生，学习基础较差，现有的学校教育模式已经无法适应这类学生，学生也无法适应学校的要求。"所以我们要改变。"黄校长说出"改变"两个字时，语气变得坚定而有力。当时，他在一次会议上对着所有老师说："如果我们无法改变自己，就无法改变学生。"

然而，"改变"不仅需要勇气，更需要方法，而且还要经历挫折的磨炼。2011年，学校从湖北省聘请了一位省级优秀老师。黄孔辰给她安排了两个高三班的教学，并充满了期望。半个月后，这位老师却提出："我实在无法教下去了，学生什么都不懂。"并向黄校长要来了两个重点班，打了包票："我保证给你教最好。"又过了两个月，这位老师还是说："我还是没办法教。"

对这位老师而言确实是有苦衷，因为他之前所带的是重点学校的学生，而现在面对的却是一群基础薄弱的学生。黄校长鼓励她不要放弃，但需要改变理念、改变方法，才能再创辉煌。"如果说我们的学生是个空瓶子，但是盖子给锈住了，那么你必须先用心把盖子打开，才能把水灌输进去。"这个盖子就是学生的学习兴趣与学习动力，打开盖子的钥匙就是激发学生的学习兴趣及学习动力。

黄校长要求这位老师改变一贯针对尖子生的教学方式，以学生能听懂的语言去讲课。如讲解函数的变量时，不要用枯燥的术语，而是用生活中显浅的例子来教，"一斤苹果5元，两斤苹果10元，三斤、四斤多少钱？苹果是自变量，价格是因变量，学生马上懂了"。最终这位老师改变了自己的教学观念和教学方式，带的班级成绩一路提高。

"假若老师无法改变自己，就无法改变学生。"在黄孔辰的眼里，没有学不好的学生，只有不会改变自己的老师。在黄孔辰的心里，只有将后进学生教好的教师，才是最优秀的教师——他这样要求教师，也这样鼓励教师。

回想这一年校长工作，黄校长坦言，对学校、对所有老师而言，凤凰涅槃的过程，是一个极其艰难的过程，但没有这个过程就无法推动学校的发展。

让他比较欣慰的是，经过这段时间的努力，学校已经步入了良性发展的轨道。曾经，学生上课无视老师存在而呼呼大睡、中午打闹无序，现在，学生变得喜欢课堂和老师，中午也不再打闹了，校园安静无声。

3. 校长与学生校长助理共进工作午餐

"现在很多学生都没有达到素质教育的标准。"黄校长称，标准不是看考了多少分，而是学生有没有养成良好的习惯，义务教育最基础的内容应该是养成教育。学校众多的后进学生，不是比别人笨，而是缺乏良好的习惯。他指出，学生的习惯依靠校风建设，如果允许上课不听讲、玩手机、睡觉，允许不做作业，学生的学习如何能进步？

看到教育的种种问题后，黄孔辰校长制定了以"先进文化引领学校发展"的从理念到实践的具体规划，并拟订了学校与老师改变自己、适应学生的具体方案，重点推出了学生自主管理模式。

黄孔辰校长为了校风建设，10年来首次聘请了德育副校长，专门抓德育、校风建设。但他让学生自己管理自己，"依靠副校长、班主任等一两个老师是很难管好的，所以我们让每个班的每个学生轮流当值日班长，对所在班级负责，让学生自己体会班级管理的甜酸苦辣，过程中，学生就会明白，要管好别人就要先管好自己，当每个学生都管好了自己，班风、校风自然会提高"。

学校还以海选、竞聘的模式，聘请了三名"学生校长助理"。周末的中午，校长跟这几位助理一起在饭堂吃午餐聊天儿，了解学生学习、生活中的困难，帮他们去解决。有一次，"助理"反映，学校是不同班级分批用餐的，但是最后一批学生用餐时，菜就所剩无几，吃不饱。黄校长立刻召开后勤工作会议，并决定自己每天跟最后一批学生用餐。因为校长在，饭堂也不敢怠慢，改进了供应，保证了饭菜的充足。

如今学校经过一年多的种种努力，校风焕然一新。学校办公室主任王仲岳告诉笔者，现在学生开展班级评选，两个班申请"三星班"，其中一条要求是在无人监考的情况下"考试无人作弊"，尽管对这些学习习惯差的学生而言，可能要求高了点儿，但黄校长充满信心地说，只要坚持努力，一定能够实现全校无人监考的最终目标。他认为"习惯决定终身"，不改变学生的陋习，就不可能改变学生的人生。为此，他为学校制定的校训是：知识改变命运，习惯决定人生！

国家、深圳市、福田区发布"十二五"教育发展规划后，深圳市沪教院福田实验学校也在这个基础上，提出了自己非常具体的目标。学校相关负责人表示，学校将与深圳市福田区"十二五"教育规划紧密衔接，落实"幸福福田教育"要求，落脚点放到"培养学生学会做人、学会学习，成为具有终生发展基础的高素质的现代高中生和现代公民"上。到2015年，学校计划发展至36个班，学生保持在1600人左右，并形成符合实际，并能促进学校特色发展的文化，同时，教学质量上要在同类民办学校中处于领先地位。

4. 学校的发展是基于师生的发展

实际上，"我希望我们的学生离开学校后，感到在高中的三年没有白白浪费，而且是一生中最快乐、最值得留恋的时光，我就满足了"。黄孔辰校长表示，学校的发展是基于教师与学生的发展，学校应该为学生创造成功的机会，为教师提供发展的平台，为家庭营造学习的氛围。

黄孔辰校长对自己学校的发展愿景如此描绘：我们的校园也许不是最优美的，但是我们致力于以"尊重、合作、诚信、责任"的校风，以"严谨、务实、创新、高效"的教风，以及"好学、善问、多思、勤练"的学风，为师生营造充满人文气息的幸福校园，让学生学会"告别昨天，把握今天，创造明天"。

福实是我们的"家"

高三（9）班　何佳颖

尊敬的校长：

您好！

这应该是我写给您的第三封信了，不，这应该不算信，是一直埋在心底想对您说的话。

刚进这学校，见到的是一直忙忙碌碌的您，总是在楼道里看见您的身影。说真的，从小学到现在，您是我看到过最敬业的校长。后来，很幸运得到了与您交流的机会，您对我嘘寒问暖，让我非常感动。这次竞选校长助理，虽然落选了，可我并不气馁，因为我是打心眼儿里敬爱您。对于我们而言，您像爷爷，一直细心地呵护我们的成长。

但是，校长，不知道能否在这儿跟您说，在重视工作的同时，也应该多保重身体，天气冷了，应该加一件衣服，还要注意休息。

校长，我想对您说，高考对于我们高三生来说十分重要，不知道高三现在还可不可以补课？虽然我知道，我一个人的意见不代表全部人的意见，但我只想说出我的想法。大多数人已经开始紧张了，高考倒数204天，其实时间已经不多了，我们都应该抓紧时间复习、练习，但我知道，往往时间是不够用的，毕竟想学的人多，但不想学的也多，如不补课，这届高三可能期望不高，这是实话。希望校长再次调查同学是否愿意补课。

校长，我想对您说，福实就像我们的家，虽然有人讨厌它，有人喜欢它。但家始终是家，再气再累，我们都会依恋这个"家"。既然说是"家"，请允许我提个意见好吗？我希望饭堂的伙食可以有所改善，高三对于我们来说，是又苦又累又开心，但每天中午我们都有人吃不到福实饭堂的饭，而要去吃泡面，看着都心疼。校长，福实是我们的"家"，我们是这个家的孩子，我们都希望家里的伙食有所改善，在我们辛苦劳累的同时，还可以吃上热乎乎、香喷喷的饭。

校长，我想对您说，请让我们用爱与成长回报福实，感谢福实让我们成长。

我感觉这里是一座文化校园

高二（1）班 彭黎妮

敬爱的校长：

您好！因为中考失利来到福田实验学校，心有不甘，但在学校中生活了一年多，发现这里还真不错。一开学，校长您就为我们编好了两本书，一本是给我们读的《天生我材必有用》，一本是给家长读的《亦师亦友亦父母》。这两本书的内容我一直铭记在心。当心灰意冷，想到放弃时，就会想到书里的话，信心就会增长一倍；一想到灰太狼的意志力，不放弃，坚持不懈地抓羊，信心又会增长一倍。记得您还发了一张红色的纸，上面写的也是让人激奋的词句。校长您让我们这些孩子感到您就是亲人，您就是校园里的家长。

今年开学，您又制定了《新校规三十条》，那么醒目，那么引人。我们现在处于青春期，我们本身就是顽皮的孩子，正需要这种东西来约束我们，好放下那颗浮躁的心，装上一颗沉静的心。

大厅里有两面文化墙，一面墙上写着校规三十条，另一面墙上写着哈佛校训。厅里摆着几张乒乓球桌，中午或下午打乒乓球的时候，有空就看看哈佛的校训，感觉心田被填满，那些校训正慢慢地往我的心里钻，往脑中进。那底下的英文，我们还不时记记背背，更感觉受益匪浅。

这些让我感到这是一座文化校园，处处都能陶冶我的性情。校长，我想对您说："您，辛苦了！"

黄孔辰校长与学生的书信往来

2012年黄孔辰校长给高二（7）班学生的一封信

同学们：

新年好！

很高兴，在新年上班的第一天，就收到了同学们送给我的贺卡，小小的贺卡在严寒中给我带来的是股股暖流。透过贺卡上你们对校长的祝福语，我感到同学们长大了，懂事了。这是我新年中收到的最珍贵的礼物，也是令我最高兴不过的事了！

同学们，跨入新年的大门，我希望你们更能珍视自己的青春，青春是美好的花季，青春又是短暂的年轮，当你撕去日历上的一页，便会预感到，青春的花朵凋落了一瓣。只有从青春过来的人，才会感受到青春的宝贵。立志、勤学、追求、创新，这些都是美妙的音符，把他们和谐地组合起来，就能谱写出一曲青春之歌。而弹奏这首歌的正是生命的动力！

生命需要动力，动力来自梦想、来自责任。"老骥伏枥，志在千里！"我生命的动力来自你们——我的学生。正是因为有了你们，才使我生命中的又一个3年更加有意义。因为是你们和你们的家长选择了我们的学校，或者是不得不选择了我们的学校，才使我再一次有了新的梦想和责任——我一定要让你们学会善良、自信、阳光、有上进心，让你们学会尊重、合作、诚信、责任。你们的一切都牵引着我的目光、牵挂着我的心，让我欢喜让我忧！你们的健康成长就是我最大的愿望和追求！

同学们，时间如水，一去不回，岁月如歌，娓娓动听。每天，都有一轮新的太阳冉冉升起；每年，都有一轮新的希冀变为现实。当新年的阳光打在你脸上之时，2012年已来到了我们的面前，她是你们生命途中的又一片新的天空。世界上最可宝贵的是今天，最容易失去的也是今天。我希望在新的一年里，你们能无限地珍惜你们每一个今天！愿你们的明天五光十色，绚烂多彩！

祝同学们

新年快乐，学习进步！

校长　黄孔辰

2012年1月5日

2012年黄孔辰校长给高三（7）班学生的一封信

同学们：

新年好！

很高兴，新年伊始就收到了同学们给我的贺卡。贺卡虽小，贺词虽短，却让我在寒风凌厉的腊月天感到了阵阵暖意。我会把它作为同学们对我的勉励，时刻牢记教育使命，时刻谨记校长责任，不辜负同学们对我的期望！

新年到来，同学们又长了一岁——这是不平常的一岁，正是这一岁，使你们迈进了成年人的大门。

成年意味着什么？成年，意味着成熟，意味着责任；成年，更多地意味着内心的成长——曾经的痛过、乐过，哭过、笑过，跌倒过、又爬起……一点点蜕变，一点点长大，一点点成熟。成年的生活会多了份责任，少了份放纵；多了份小心，少了份随意；多了份稳重，少了份轻率。18载的光阴催化着你们不得不长大——你们只能学着成熟，你们一定要成熟，别无选择。

同学们，高考将是你们获得公民资格后，所必须经受的第一次最艰难的考验。是当逃兵还是做勇士，在某种程度上将会左右你一生的命运。孩子们，不管你高考的结果如何，我想告诉你的是——不管过了多少年，当有一天回顾高考的经历时，如果你能说：我努力过，我尽了我最大的努力拼搏过。那你就是勇者，就是强者！

对勇者而言，严冬不是冬眠的季节，不经一番寒彻骨，哪得梅香扑鼻来。我祝愿同学们都能成为强者，在高考路上勇往直前，莫彷徨、莫退却、莫放弃、莫逃避，既然冬天已经来临，春天还会远吗？

记住，高考路上，校长与你们同行！

祝同学们

新年快乐，学习进步！

校长　黄孔辰

2012 年 1 月 4 日

2013 年黄孔辰校长给高三学生的一封信

高三的同学们：

你们好！在 2012 与 2013 年交替之际，我收到了高三（8）班同学们送给我的新年贺卡。尽管今天是入冬以来最寒冷的一天，但贺卡上同学们一句"天冷，校长记得添衣保暖哟"，让我备感温暖，谢谢同学们！

同学们进入高三复习已有五个月了，相信大多数学生经过高三初期生活的洗礼，已经找到了高三的感觉，慢慢地进入了状态，树立了高三的目标。这是一种非常令人可喜的现象。再有五个多月，你们将披挂上阵，鏖战在高考的考场上一决高低。而这五个多月，你们将经历前所未有的拼搏和考验。

如何面对这场人生的考验，校长对你们提三点要求。

一是要有危机感。当今的社会处处充满着激烈的竞争。高考在某种程度上作为一种决定人生前途的考试，其残酷性不言而喻。而同公办学校的学生相比，你们并不存在竞争的优势。因此，你们只有比他们花更多的时间，更加用功、更加刻苦，才可能有得一搏，后来居上争取高考的成功。

二是要有必胜的信念和坚强的意志。高考考的不仅仅是知识，还考的是同学们的精神状态和意志品质。因此，在高考复习漫长的过程中，每当你们因疲劳和厌倦而产生松懈心理时，建议同学们在课桌、床头写上一句能够激励自己的话语，时刻提醒自己"逆水行舟，不进则退"。要知道，在高考路上，拼的是信心、勇气和意志，任何懈怠都可能导致功亏一篑、全军覆没。

三是要有抵抗外界各种诱惑的定力。尽管外面的世界很精彩，但同学们必须经得起任何引诱，静得下心，沉得住气，聚精会神、心无旁骛、全力以赴地专注高三复习。要记住，时间是最公平的，谁最珍惜时间，时间就会给他最丰厚的回报；谁放弃了时间，时间也会抛弃他，让他一事无成。

高考成功需要信心，需要理智，同时还需要执着与坚忍。作为时刻关注着你们的校长，我送给你们的新年祝愿是：无论面前的路多么坎坷，希望"决不轻言放弃"成为你们人生路上的永恒动力。

校长　黄孔辰

2013年1月1日

陈秋谷同学致黄孔辰校长的一封信

尊敬的黄校长：

您好，展信喜！当我读到校长的信时，我感到很开心，也很意外。因为没有哪个校长给我们写过信，在信中我感受到了您的亲切，和我们学生之间的友好。在过去的一年您辛苦了，感谢您对学校默默的付出，无私的奉献，感谢您为了我们进步不求回报地所做的一切！

校长您一直教育我们要做一名懂得尊重、合作、责任、诚信的学生，都是为了我们以后能更好地走向社会。在过去的一年里，校长为我们全体学生和学校做了很大的改善，给我们的校园增添了很多色彩，在去年的秋季运动会和元旦晚会上，我感受到了很大的改变，感觉到了和往年的不一样，给我们带来了很多乐趣。不仅是这些，本学期还有社会实践活动、春季运动会，犹如带来一股生机勃勃的气息。

去年5月至6月，在学校领导的带领下，我们学校开展了"严校风，明校纪"主题教育月活动，着眼文明校风建设，广泛宣传，深入动员，涌现出一大批优秀集体和优秀个人，这给我校以后的学风建设带来很多的好处。还有校长助理制度，过去校长和学生的距离一直比较远，我们做学生的总觉得校长高

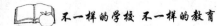

高在上，无法和校长亲近，但是，有了校长助理，我们就可以把自己的想法和建议通过校长助理转达给校长，这让我感觉和校长的距离不像以往那么遥远了。

我校校训：学习改变命运，习惯决定人生。人的习惯是非常重要的，决定和改变人的一生，学习也是。成功是掌握在少数人的手中，习惯也非常重要，所以学校一直教育我们要养成良好的生活学习习惯，这也为我们走向社会奠定基础。

尊敬的校长，您是一个值得我们尊敬的校长，感谢您的付出，我们一定不会让您失望的！

您的学生：

高二（4）班　陈秋谷

2012 年 2 月 6 日

苟玉婷同学致校长的一封信

敬爱的校长：

您好！

我是高二（4）班的苟玉婷，也许您并不认识我，也许在您眼中我只是颗无名的星星，每天伴随着轻声的问候与您微笑着擦肩而过。

读了您给同学们的回信，不禁有所感慨。在信中，我感受到了您对同学们的希冀、对同学们的包容，还有对同学们成绩不理想的焦虑。字里行间，满满的都是您对我们——每一个学生的爱。

我知道，您所决定的每一件事都是为了我们，为了让我们在人生的路途上走得平坦些，哪怕只是一点点。两年前，我带着对中考成绩的失落与苦涩踏入福实校门，中考的失利使我深受打击并浑浑噩噩地度过了高一，直到您进入这所学校。还记得您刚担任校长时，每每经过我们班都会进来看看，笑着和同学们打招呼，询问大家近期的学习状况，您和蔼可亲的态度深深地打动着每一位同学。

您总是不断地鼓励着我们,深入同学们中间,用平和的方式给予我们建议,赋予我们希望,让同学们都感到一种"啊……原来我们并没有被放弃"的感觉。谢谢您每一次平淡中又带着丝丝热血的激励,谢谢您为我们所做的每一项决定,也谢谢您没有放弃我们,让我们在晦暗的人生路途上能够认清方向。

无法用言语表达对您的感谢。我想,取得好成绩,通过学业水平测试,考上理想的大学就是对您最大的回报。但是,现在的我们已经落后别人很大一截,也许无法完全达到您的期望,但我们会努力,为您、为老师、为学校,更为我们自己。

2012年已经开始,经过两年的学习,我已经认识到,"我的前途只能靠我一个人打拼,要想看到一方艳丽的天空,愚拙的我,只有不分昼夜地努力"。而您,一定会在背后默默地支持我们,为我们打气、提供动力。希望新的一年,在您带领下的福田实验会越来越好!最后祝您新年快乐,身体健康!

您可爱的学生:苟玉婷
2012年2月6日

吕静娴同学致黄孔辰校长的一封信

尊敬的校长:

感谢您在百忙之中为我们高三学生写信,首先我在这里祝您新年快乐,身体健康,阖家欢乐。新的一年,新的起点,得到了校长的激励,我会带着这份鼓励迈向高考的战场。校长喜欢写信告诉我们您心里所想的,并以温暖的文字传达给我们,我身为黄校的学生深感荣幸和幸福。校长知道我们压力大,为让我们高三也能娱乐一下,便把元旦聚会放在考试后,没有压力地去看节目,感谢您的用心,我们铭记在心。

时不时,您的身影会出现在高三楼层中,巡视着每个班级,有时,会进来亲切地问候一句:"最近学得怎么样啊?"您问得不多,却那么温暖,您在为我们操心,希望我们考好,以后有出息,所以每次也只能亲切地问问,因为您不能帮到我们什么。只是,您不知道的是,我们记在心里,感动在心里,

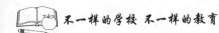

谢谢您，黄校！

　　来到福田实验学校快三年的时间了，时光流逝，转眼我们就要步入高考，还记得高一时黄校您还没有接任我们学校的校长，直到您来了之后，整个校园变得有气氛、有活力了，在您的带动下，我们学校渐渐变得漂亮，变得温馨。您常常教育我们做人做事、待人接物的态度，这是在为我们以后的生活打下好的基础，告诉我们走在社会里没有那么顺顺利利，我听着，想着有这样一位时刻关心我们的校长，心里真的很温馨。还有几个月的时间我们高三学生就要离开校园了，在最后几个月里我们会好好加油备考！

　　千言万语只有一句"谢谢"。希望您老人家开开心心的，继续带动我们学校走向更好的道路，祝学校越办越好，前途光明！

高三（7）　吕静娴
2013 年 1 月 6 日

陈婉婷同学给黄孔辰校长的一封信

尊敬的校长：

　　您好！

　　首先，新的一年，祝您福如东海，寿比南山。

　　当我拿起笔给您写这封信的时候，这白白的纸、小小的字，架起了我们心灵沟通的桥梁，拉近了我们心与心的距离，此刻我感觉像是在给一位相交很久的朋友在写信，千言万语凝聚笔端，催我一吐为快。

　　2010 年我怀着对学校的憧憬踏入校园，怀着激动的心情进入班集体。每次想到这儿，我心里便涌起一股眷恋之情。却发现高中生活不如想象中的苦闷，劳累，反而很轻松，周六不用上课，晚修也只是自习，让我找不到生活的方向。

　　直到 2012 年——您的上任，使我有了一种耳目一新的感觉：全新的管理方法，全新的教育理念。每天看到您真诚的笑脸，让我们感到是多么的亲切，有了校长助理，我们的想法都可以转达给您，我们从内心深处把您当成了朋友，可以和您无话不谈，这是情的自然流露，这是心的真诚沟通。

黄校长，您知道吗？您是文明的传播者。是您，给我们送来一句句关切的语言。有人说，校长是清闲的，有很多假期；有人说，校长是优雅的，一切显得从容不迫；还有人说，校长是充满闲情逸致的，有时间看书读报……而我要说，黄校长，您辛苦了！别人每天工作8小时，您的工作何止8小时！别人有两天休息日，您又何曾有过真正的周末！您的奉献是无私的，所以无法用"工作"来衡量；您的工作是无限延长的，所以无法用时间来衡量！

谢谢您这么关心我们，隔三岔五地来一封信鼓励我们，我们收到信都很开心，觉得校长真关心我们。

谢谢您让我有一个了不起的校长，谢谢您不论旁人怎么想都坚持您的做法，您的目的只有一个——让所有学生都考上大学！

时间关系就不说那么多了，我要去背书了，不然考不上大学无颜见校长您啊！

您的学生：高三（7）班　陈婉婷

2013年1月6日

刘诗敏同学给黄孔辰校长的一封信

尊敬的黄校长：

您好！

当我拿起笔给您写这封信的时候，这白白的纸，这小小的字，架起了我们心灵沟通的桥梁，拉近了我们彼此心与心的距离，此刻我感觉像是在给一位相交很久的朋友写信，千言万语凝聚笔端，催我一吐为快。

您的上任，使我们有了耳目一新的感觉：全新的管理方法，全新的教育理念……每天看到您真诚的笑脸，让我们感到是那么亲切，我们从内心深处把您当成了朋友，可以和您无话不谈，在这里，我们与校长跨越了师生的界限，有的只是朋友与朋友之间的沟通，这只是情的自然流露，这是信的真诚沟通。更让我钦佩的是，每天您都能捕捉到老师那闪光的一面，及时地利用例会表扬鼓励，使老师有了目标，有了方向，也使受表扬的老师信心百倍，干劲十足。

每当我们考试完时，您都会总结出来，做个课件给我们分析内容，重视我们高三的同学们，让我们知道高考非常重要。

校长，您知道吗？也许您不经意的一句安慰，一个鼓励的眼神，都会让我们信心满怀。有时我们也会取得别人看来微不足道的成绩，因为您的看重，会让我们的自卑感减少，会让我们充满激情地去完成更多的学习任务。

我们因为素质平平，所以常常失败，失败后，我们有的颓丧悲观，失去前进的勇气，这时候校长您能肯定我们学习的热情，相信我们只是一时的失误。在3年的学习、生活中，学校、老师给了我们无微不至的关怀和教育，使我们从一个不懂事的小孩儿成长为一名合格的毕业生。如今，我们就要离开学校了，离开那里的一切，我真有点舍不得。但是我们必须向前走，面对我们的未来！

俗话说："一个好校长就是一所好学校。"衷心地祝愿我们的学校在您的英明领导下，走向更辉煌的明天，我们相信一定会的！

最后祝愿您：

身体健康！工作顺利，合家欢乐！

您的学生：高三（4）班　刘诗敏

2013年1月21日

袁俊婷同学致黄孔辰校长的一封信

尊敬的校长：

您好！

我是一名高三的学生。在元旦前夕，我阅读了您为我们精心准备的信，真实反映了福实从陋到美的一次"完美蜕变"。

刚进这所学校时，还不是您负责，感觉学校完全没有学习的气氛，连学生都乱糟糟的，甚至还有很多学生养成了吸烟的坏习惯。

自从您来到这所学校，一种新鲜感便从心中涌起，我心想：这位校长是否能点燃希望之火呢？真的很期待。我们简陋又有些坍塌的福实在充裕资金的助力和您细心的管理监督下，变成了一所清新、更加完善的校园；渐渐地，我们还多了很多课外活动。印象深刻的当然少不了上一节的国防训练，攀爬 4 米高的墙体现了我们的团结。同时，学校在您的带领下，一直被评为"先进学校"。

那么多的变化成就了现在的我们，让我们感受到"教育幸福人生，学习快乐一生"。人的幸福并不是在冥冥之中，也并不是受控于神秘而不可知的命运。任何一件看似偶然的幸福都有隐而不见的原因。

作为高三的学生，随着高考一天一天地临近，学习压力也越来越大。班上的学习气氛不像以前那样散漫，而是以全新的面貌面对高考的到来。每个人都在努力向前跑，我也毫不退缩地按照自己的计划稳步向前。所以我们必须珍惜接下来的日子，差不多也就 100 多天，过去了便只能跟它说再见。要学会珍惜，珍惜这么好的环境，珍惜这么优秀的老师，珍惜这么热情的同学。

我感谢您，感谢您为我们提供的快乐，感谢您为我们创造幸福，感谢您给我们带来了充满爱的"大家庭"。我曾看过这么一句话，"幸福对于个人和集体具有重大的生活指导意义"，因此，不能把幸福当成一件只能听由偶然因素决定的事情。那么我们就应该为这份"幸福"做多一点儿贡献——考个理想大学，为母校争光，来报答母校。

愿校长

身体健康，事事顺心！

您的学生：高三（4）班　袁俊婷

2013 年 1 月 1 日

第三编

教育探索

以 3 个一脉相承、逐层递升、渐进式突破的龙头课题，加上 10 个子课题组成研究体系助推学校高品质发展。这种"十年磨一剑"的项目化行动与励精图治之精神，具有创新性的实践价值。

卷 一

以适合基础薄弱学生为主旨的 有效教学创新研究

教与学如何有效?

适 应

学校用十余年完成了一个课题链的研究闭环:

"适应性教学" ⇨ "学习适应性"
⇨ 教与学 "双向适应"

研究综述

"适应基础薄弱学生的有效教学"的探索与实践研究综述

2019 年 12 月

黄孔辰

一所生源基础薄弱的民办高中，由于众多学习困难学生无法适应高中的学习生活，教师的"教"也无法适应学习困难生的"学"，学生的学习成绩曾多年在全市低端徘徊，几年之后教学质量得以起死回生，开创出"芝麻开花节节高"的发展势头：2012 年的高考上线率由前 6 年的 27.4% 以下突破到 50.4%，2013—2015 年逐年提升至 70.7% ~ 86.2% 区间，2016—2019 年的 4 年时间分别达到 95.1%、99.14%、99.51%、99.7% 的高位。连续多年获得深圳市高考超越奖，并被评为深圳市优质民办学校。对此，中国教育报曾以《不一样的学校，不一样的教育》为题做了整版报道。

生源还是那样的生源，为什么学校会有如此大的变化？学校"蜕变"的秘诀在于十年磨一剑——"适应基础薄弱学生的有效教学"的探索与实践。

一、问题的提出

深圳市永源实验学校（原名深圳市沪教院福田实验学校）是 2002 年开办的民办普通高级中学，生源来自未能考上公办高中的学生，录取分数线比公办高中最低录取分数线还要低 100 分左右——这些学习困难的学生既缺少学习动力，又缺乏学习能力，加之学习习惯差，进入学校后无法适应高中阶段的学习生活。因此，学校教学质量一直在低位徘徊不前，高考上线率（专科以上）曾长期徘徊在 30% 以下。面对如此低迷的教学状态，学校开展了调查研究。

在调查中，许多学生说课堂上感觉很"痛苦"——如听天书，云里雾里。

我们采用"学习适应性测量"（AAT）对高一学生的学习适应性状况进行测量。在"进入高中以来，你的学习适应性情况"一项中，"很快适应"的只占到3.5%，"开始不适应，经过调整后基本适应了"的也只占到29.67%，"至今还未完全适应"的占50.9%，"很难适应"的竟达到15.93%。

教师则反映无法适应这样的学生，也觉得上课很"痛苦"——苦口婆心，收效甚微。教师以讲完课为目的，学生懂不懂无法顾及。我们对教师"教"的"有效性"问卷调查数据显示，学生认为教师的教"很有效"的占15%，认为"比较有效"的占39.5%，认为"比较低效"和"低效"的占到45.5%。我们从中梳理出了50个"低效"表现。绝大多数的"低效"表现都可以归结为教师的"教"不能适应学习困难生的"学"。

调查的结论是：学校教学质量低下的症结在于学生与教师的互不适应。

为了解决这种互不适应，以改变学校教学质量长期低下的被动局面，自2006年开始，学校开展了"'适应基础薄弱生学习'的有效课堂教学的实践研究"的市级课题研究，试图解决教学适应性问题。2008年，学校申报了省级科研课题"高中生学习适应性培养的实践研究"，旨在提高学生的学习适应性。但是这种单一的适应性研究，由于缺少相互间的支撑，不能从根本上解决问题。经过总结与反思，我们认识到，"教"与"学"的适应性是不能割裂的，只有将两者有机结合，解决好"教"与"学"的相互适应，才能从根本上提高教学质量——于是"双向适应"有效教学这一概念应运而生。我们于2011年申报了省级科研课题"生源薄弱民办高中'双向适应'有效教学创新研究"，通过对自主研制的"三模块、十四环节"的有效教学样式的行动研究，重点解决有效推进"双向适应"的操作模式和操作策略问题。由此，持续10年之久的3个龙头课题及其10个支撑性子课题，形成了"适应基础薄弱生学习"的"双向适应"有效教学完整的课题链。该课题链的研究拟解决的问题有3个：

问题一：解决教师的"教"如何适应学习困难生的"学"。

问题二：解决基础薄弱生的"学"如何适应教师的"教"。

问题三：综合解决适应基础薄弱生的"教"与"学""双向适应"有效教学的基本样式及其操作策略。

二、解决问题的过程和方法

（一）解决问题的过程

为了解决上述问题，我校 13 年来坚持了 4 个阶段的探索与实践。

第一阶段：侧重探索教师的"教"如何适应基础薄弱生的"学"。（2006—2008 年）

学习"适应性教学"理论，开展市级课题"'适应学习困难生学习'的有效课堂教学的实践研究"。通过研究实践，推出了《关于我校教师推进适应学习困难生学习的有效课堂教学的行动方略》，成果汇编为《探索适合学生的有效教学》（约 42 万字）。

第二阶段：侧重探索适应基础薄弱生的"学"如何适应教师的"教"（2009—2011 年）

学习"学习适应性"理论，开展省级课题"基础薄弱高中生学习适应性培养策略的实践研究"，其成果汇编为《高中学生学习适应性培养实践研究》（约 18 万字，吉林人民出版社）。在这一轮的研究中，采用华东师大周步成主编的《学习适应性测验》（AAT）前后 4 次对高一、高二全体学生进行了学习适应性测试，写出了详尽的分析报告；项目组经常深入实验班课堂，进行"学习适应性"状况现场观察，不断发现问题症结，提出解决办法，促进学生"学习适应性"不断提高。其间，制作了《学习习惯培养视频》3 辑。

通过研究，提出了四大策略：动机激励策略、知识建构策略、班主任工作策略、心理辅导策略。得出了四个研究结论：建立良好的师生关系是提高"学习困难生学习适应性"的基本前提；培养良好的学习习惯是提高"学习困难生学习适应性"的基本保证；激发学习动机是提高"学习困难生学习适应性"的最重要的原动力；提高"学习困难生学习适应性"需要建立强有力的支撑系统。

通过研究实践，实验班学生的学习态度、学习技术、学习环境、学习行为、身心健康都得到了有效改善，学业水平有了相应提升。

第三阶段：综合探索适应基础薄弱生的"教"与"学""双向适应"有效教学的基本样式及其操作策略。（2011—2015 年）

在"适应性教学"和"学习适应性"双重理论指导下，学习新课程提出的"教学是课堂中师生互动的双边活动"的理念，开展省级课题"促进基础薄弱高中生学习的'双向适应'有效教学的实践研究"。在这一过程中，主要做了如下工作：

1. 面向全校学生进行了问卷调查，写出了调查报告《"双向适应"有效教学肩负着幸福教育的重担》。

2. 校长黄孔辰主持研制并亲自撰写了适应学习困难生学习的"双向适应"有效教学样式的总体框架。

3. 在高一年级成立了实验班。实验要素为：

（1）推广实践和继续探索"强基固本"（查漏补缺，强基础知识；激发动机，固动力之本；培育习惯，固终身之本）策略，提高学生的学习适应性。

（2）贯彻"以学定教、以练导讲、有效互动、及时反馈"的基本理念，转变"教"与"学"的方式，继续探索适应性教学。

（3）进行分学科分课型构建"双向适应"有效教学样式的探索，形成以学为本的符合学科特质、课型特征和富有个性风格的"师生双向互动"和"生生多向互动"教学样式。

（4）探索"导学案"教学，建构"双向交融""师生共享"课堂样态。实验两年，实验班成绩明显提高。

4. 致力于国家课程校本化实施的研究实践，各学科编制出《××学科"双向适应"有效教学实施方案》，主要内容为：

（1）本学科教学内容适应性重组细化方案；

（2）本学科适应基础薄弱生学习的多课型有效教学样式；

（3）本学科适应基础薄弱生学习的"双向适应"有效教学策略；

（4）本学科适应基础薄弱生学习的有效教学常规。

这是本项目研究的主要成果之一，已经取得了显著成效（详见《高中有效教学的创新研究》一书）。

5. 进行了学习习惯现状调查，并写出了调查报告；项目组制作了《学习习惯培养视频》3辑，在全校播放；组办了多次有效教学论坛；请专家讲座6次；项目主持人进行教师培训6次；对教师进行有效教学理念测试两次。

6. 开展全校性"适应基础薄弱生学习的有效教学"课例研究。每一轮课例研究均以3个阶段为一个周期：第一阶段为自主上课；第二阶段为同课异构；第三阶段为专题研究。项目组科研顾问写出了100余篇听课手记（收录于《第三只眼看课堂》一书），10余万字，一一反馈给老师本人，并挂学校网上；

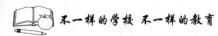

对所有研究课，全都录像，发动老师面对录像进行反思；每位老师均以自己所上的研究课为例写出了研究笔记；每位老师均提交了研究案例，项目组已积累200来篇优秀案例（收录于《高中有效教学的创新研究》一书）。

7. 项目组写出了《关于我校教师持续推进"双向适应"有效教学的行动指南》，尽力持续推进有效教学的常态化实践。

第四阶段：成果推广深化（2015—2019年）

本阶段将有效教学的研究从面上研究转向学科研究，从一般研究转向专题–课题研究。

主要工作有：（1）成果推广应用，推进"适应学习困难生学习的有效教学"常态化。（2）持续推进"适应学习困难生学习的有效教学"的"专题–课题"研究。（3）逐步形成"适应学习困难生学习的有效教学"的"四级课题群"（校级–区级–市级–省级；其中区以上课题13个）。

（二）解决问题的方法

在四个阶段一脉相承的研究过程中，我们以行动研究法为主，同时依项目研究与实践的进程需要，随机采用过文献法、调查法、实验法以及案例研究法等。

三、研究成果及其创新价值

（一）成果主要内容

建构了适应学生学习的有效教学体系及其实施方案。这一成果主要体现在下列六个方面。

1. "双向适应"教学理论的建构。创造性地将"适应性教学"理论与"学习适应性"理论融合成"双向适应"的教学理论。

"双向适应"的内涵是：教师要面对学生的差异，在教学内容、教学过程、教学方法等方面适应学生的学习；学生要在学习心理、学习环境、课程实施、学习方式等方面适应教师的教学。如图：

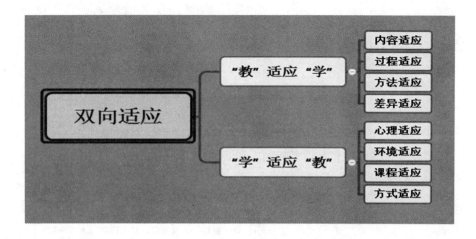

2.“双向适应”教学内容的改革。校本化实施国家课程，即从学生实际水平出发，对学科教材做适当的删难精简处理。

一是差异性重组内容。九门学科都根据《课程标准》《考试说明》和学生的基础智能差异、差异性培养目标，解放思想，大胆取舍，精心编制了适应性重组方案，并在实践中逐步完善，同时，紧随教育改革的发展及时加以调整。

二是序列化重组内容：

（1）整体内容重组，即对3年教材进行整体重组，侧重取舍。

（2）模块内容重组，即对单元、章节或知识点进行重组，侧重内容整合。

（3）课时内容重组，即对每一节课的内容进行再加工、再创造的整合，设计出富有实效性的教学方案，侧重教学设计。

3.“双向适应”有效教学样式的构建。

我们研究构建的“双向适应”有效教学样式涵盖了“三个模块，十四个环节”。这一体系，将“双向适应”的内涵，即“适应性教”的四个适应，及“适应性学”的四个适应，完全融合于其中，从而成为践行“双向适应”理念的载体，并形成了“适应学习困难生学习的有效教学样式”的结构体系。如图：

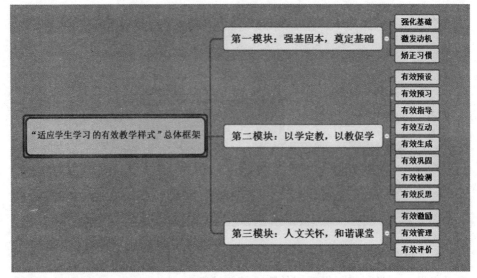

4. 分学科分课型构建"适应基础薄弱生学习的双向适应有效教学"基本样式的变式

各学科组按照"双向适应"有效教学基本样式的总体框架,从各学科教学的特点出发,构建了分课型的变化各异的"双向适应"有效教学基本样式的变式。从而把"双向适应"有效教学基本样式按照不同的课型、不同的知识类型,落实到各学科的教学中去,同时在实施的过程中又能注入教师的个性特征及智能优势,富有活力,富有创意(详见《高中有效教学的创新研究》一书)。

5. 提炼了"适应基础薄弱生学习的双向适应有效教学"的操作策略。

(1) 适应性学习策略:**养成习惯,自我管理,同伴互助,体验成功。** 矫正学生原有的不良学习习惯,养成笨鸟先飞、亡羊补牢等学习习惯。指导学生运用自我管理的机制,不断地对自己的学习活动进行积极、自觉、有效的监控和调整。建立同伴互助制度,发动同学之间在学习上互帮互学、取长补短,共同进步,让每个学生都能体验到自己努力后所取得的成功,重拾自信而进一步激发学习动机。

(2) 适应性教学策略:**以学定教,以练导讲,有效互动,反馈补偿。**

教师的教学设计,无论是教学目标、教学内容、教学程序、教学方法等,要从学习困难学生实际水平及学习活动的特点出发,做到精讲多练、讲练结合,引导学生小组讨论、合作学习,对学生练习与讨论中出现的错误和问题,予以及时反馈和补偿教学，确保学生的知识缺漏减少到最低的程度。

6. 建立了"适应基础薄弱生学习的双向适应有效教学"实施机制

（1）**制度化实施机制。**学校把《"适应学习困难生学习的双向适应有效教学样式"实施指南》和《"适应基础薄弱生学习的双向适应有效教学"行动方案》列为学校教学工作的常规制度，全方位推进适应基础薄弱生学习的双向适应有效教学的实施，在实施过程中，将"'适应基础薄弱生学习'的'双向适应'有效教学"的理念和策略不断强化和深化。

（2）**常态化推进机制。**学校通过多轮次的"适应基础薄弱生学习的双向适应有效教学"课例研究，逐步推进"适应学习困难生学习的双向适应有效教学"的常态化实施。如第一轮是自主研究课，第二轮是同课异构课，第三轮是专题研究课，第四轮是成果汇报课。每学年研究课都分两个阶段进行，在第一阶段全面铺开的基础上，第二阶段做选优展示、交流。目前教师人人参与"适应基础薄弱生学习的双向适应有效教学"的研究与实施，已成为学校教学工作的常态。

（3）**目标化评价机制。**十余年来的探索，依其项目进程和教育发展的新精神，每学年都设有一个具体目标，每学年用不断改进后的评课量表呈现新的评价标准，从而不断提升"适应基础薄弱生学习的双向适应有效教学"的层级水平及其与时俱进的实践智慧和能力，并完善和丰富项目体系；每位教师每学年以自己的课例写出一篇研究笔记，结合科研人员写出的听课手记，针对"适应基础薄弱生学习的双向适应有效教学"的体现状况及其实施效果，对教师个人进行面对面评价；在每学期对学生和家长的问卷调查中列入有关内容，对教师的教学工作开展评教活动，并将评价结果反馈给教师本人。

（4）**跟进式保障机制。**按照项目进程，请上海教科院及相关专家进行阶段性诊断，有针对性地进行培训式讲座，并与主要成员进行面对面交流，不断提供智力资源保障；科研部门设专门书柜，提供资料保障；不断完善信息技术设施，提供技术保障。

（二）成果主要形式

1. 编著《探索适合学生的有效教学》。

2. 编著《高中学生学习适应性培育实践研究》（吉林人民出版社）。

3. 研究报告《高中学生学习适应性培养研究报告》，2012 年获福田区第二届教育教学成果特等奖。

4. 编著《高中有效教学创新研究》（北京燕山出版社），获评 2014 年福田区第二届教育创新奖一等奖。

5. 著作《第三只眼看课堂——有效教学实践智慧》（光明日报出版社）。

6. 教师研究论文及案例一批。

（三）成果主要创新价值

1. 理论创新点：“适应性教学”和“学习适应性”整合研究。

以往基于“适应心理学”的有效教学研究，基本上是针对“适应性教学”或“学习适应性”单一理论的研究。本项目则将“适应性教学”和“学习适应性”进行整合研究，创造性地提出了“双向适应”的概念。这就为在“适应”语境下“创造适应学生学习的有效教学”的研究与实践提供了一个样例，属于应用性研究领域的理论创新。

2. 教学样式创新点：“适应基础薄弱生学习”的“双向适应”理念与操作实践载体形成体系。

现有的有效教学样式基本上局限于课堂教学样态的研究，未能覆盖教学活动的全过程。本项目所设计的教学样式的总体框架则依据“适应学习困难生学习”及其“双向适应”的主旨，将“有效”覆盖到整个教学系统，如针对学困生所设计的“有效查漏补缺、有效激发动机、有效矫正习惯”以及“有效激励、有效管理、有效评价”等融合智力因素与非智力因素的“三·三环节”，都是以往的有效教学研究中有所缺失的，而我们研制的有效教学的基本样式，把教师的教学活动与学生的学习活动放在一个各种因素有机联系的共同体中加以认识和干预，寻找各种“有效要素”及其“双向互动适应”的交融行为，成为落实“适应基础薄弱生学习”的“双向适应”的最完整的载体。这从一定的层面丰富了“适应学生学习”的“有效教学”样式的建树和实践经验。

3. 策略创新点：“教”的策略与“学”的策略交相促进。

本研究中的教学策略，不仅指教师在教学过程中“教”的策略，也涵盖了学生在学习活动中“学”的策略，从而丰富和发展了“教”与“学”“双边活动”的研究与实践，为“适应学生学习”的有效教学样式的实施，提供了一个富有创新价值的研究视角。

4. 实践创新点：“十年磨一剑”的项目化行动。

本成果的研究与实践紧随学校发展的历程，以 3 个一脉相承、逐层递升、渐进式突破的龙头课题加上 10 个子课题组成研究体系助推学校高品位发展。

这种"十年磨一剑"的项目化行动与励精图治之精神具有创新性的实践价值。

五、取得的效果、社会影响与反思

（一）实践效果

本项目历经 13 年 4 个阶段，其阶段性成果相继在学校实践中被证明有效，其最终成果业已经过 4 年多的检验，已经和正在不断转化为质量效益。这个一脉相承逐步突破的课题链，有力地提高了学校整体教学质量，助推了学校的发展，成效非常显著。

1. 学生的综合素质有效提高

项目组采用华东师大周步成主编的《学习适应性测验》（AAT），先后对两届学生分别在高一和高二进行了各两次的学习适应性测试。结果表明，学生的心理、学习态度、学习方法、学习动力、学习习惯经过培育，均得到了不同程度的改善。2012 年，课题组在高一全体学生中进行了一次问卷调查，有九成学生感到学习快乐。作为基础薄弱的学生群体，这一比例令人振奋。有学生说："老师能培养兴趣，我们就乐于学习。"有学生说："老师教的都懂就快乐。"有学生说："克服学习困难，做好难题，我就快乐。"有学生说："刚进入高一，很多的不适应，现在，老师能注意适应我们，我们也自动适应老师了。"这表明，大多数老师和学生（大致从高一下学期开始）都逐步在不同程度上具备了"自适应"的态度和能力，其学习能力有效提升。

2. 有力地促进了教师的专业发展

本项目对所有研究课全都录像，发动老师面对录像进行反思；每位老师均以自己所上的研究课为例写出了研究笔记；课例研究的每一阶段，均由学校领导进行总结评点，提出导向性意见；科研顾问写出了 100 余篇听课手记，10 余万字，一一反馈给老师本人，并挂在学校网上。这些措施有力地促进了教师的专业发展，提升了教师"适应学生学习"的有效教学的智慧和能力。大多数老师不同程度地从"以教为中心"转变到"以学为中心"，构建了"以适应基础薄弱生学习"的"双向交融、双向碰撞、双向拓展、双向促进、双向创新"的"共生－共享"的课堂教学新样态。近几年来，教师撰写研究笔记 200 余篇，在国家级或省级报刊上发表论文 7 篇；《深圳教学研究》2014 年第 3、4 期集中刊登了我校教师的研究论文 9 篇；20 余位教师的研究论文在深圳市教育学会 2014 年主题征文中获奖。

3. 学校教学质量得到了大幅度的提升

本项目研究实践以来，学校的整体教学质量不断提高，学校的高考成绩进步幅度较大，表明研究成果逐步转化为质量效益。以 2013 年高一期末考试成绩为例，实验班明显高于普通班。如，实验（1）班 6 科总分比（2）班高 17.4 分，9 科总分比（2）班高 8.7 分。实验（1）班英语比（2）班高出 17 分；其余科目的分差都在正常的范围之内。实验（6）班 6 科总分高出全年级平均分 50.775 分，9 科总分高出全年级平均分 82.325 分。实验（5）班 6 科总分高出全年级平均分 49.17 分，9 科总分高出全年级平均分 60.225 分。项目研究以来，高考上线率逐年提升，数据如表：

学校近年来高考上线率统计表

年　份	2011	2012	2013	2014	2015	2016	2017	2018	2019
高考上线率	27.4%	54.2%	70.7%	82.5%	86.2%	95.1%	99.1%	99.51%	99.7%

（二）社会影响

1.2014 年 8 月，本研究成果在福田区教育创新成果推广会上进行了推广；上海市教育科学研究院普通教育研究所召开"双向适应"教学专题研讨会，向上海市中小学推广本研究成果。

2.2014 年福田区将成果编入《福田区第二届教育创新奖汇编》一书。

3. 黄孔辰校长在全市以及东莞、佛山、广州有关学校的 20 余场讲座中介绍了相关成果。

4.《中国教育报》2014 年 12 月 29 日，刊登《不一样的学校　不一样的教育》，报道了学校的研究成果与实践效益，整版篇幅，8000 余字。

5.《中国教育报》2015 年 7 月 10 日，以王仁甫的听课手记《探问课堂：时间都去哪儿了》为题做了一个主题专版。

6.《广东教育》（综合版）2015 年第 6 期，用 8 个页面刊载我校"双向适应"有效教学探索与实践的报道。标题为：《有效教学行动研究一：创建"双向交融""师生共享"的课堂》《有效教学行动研究二：探索课例研究的新常态》。

7. 研究人员相继在国家级或省级报刊上发表论文 7 篇；《深圳教学研究》2014 年第 3、4 期集中刊登了我校教师的研究文章 9 篇；我校 20 余位教师的研究论文在深圳市教育学会 2014 年主题征文中获奖。

8.新华网、人民网以及全国多家教育网站转载了《中国教育报》刊载的《不一样的学校　不一样的教育》；维普网、万方数据、中国知网、龙源期刊网等收录传播了《广东教育》刊载的《创建"双向交融""师生共享"的课堂》《探索课例研究的新常态》。

（三）反思

1.本项目虽然已形成了一种体系，也形成了一定的文化内涵，但是尚未真正上升到应有的文化层面。下一步将紧随教育发展情势，在提升"双向适应"有效教学实践品格的同时，着力建构"双向适应"有效教学的校本课程文化。

2.作为一所民办学校，每年教师的流动性较大，如何加强对新教师的有效培训和带教，使其能尽快接纳"双向适应"有效教学的理念，熟悉"双向适应"有效教学模式，掌握"双向适应"有效教学策略，是我们亟待解决的一个难题。

研究报告（一）

深圳市教育科研规划课题

适合学生的教学是最有效的教学

——"初创期学校有效课堂教学的实践研究"之研究报告

2008 年 8 月

施铁军　王仁甫

一、研究概述

（一）研究背景与选题缘由

1. 基于使命。我校开办于 2002 年，作为一所处于初创期的民办普通高中，学生入学时的基本状况是：一方面，他们知识基础不扎实，学习状态也不理想。这反映在成绩上是偏低的，反映在学习态度上是浮躁甚至厌学的，反映在行为习惯上是懒散拖拉的；但是另一方面，他们对自己未来的期望值却较高，家长对学校的期待就更加迫切。于是，如何引导学生从薄弱的基础出发，朝着自己的期望努力，达到自己最可能达到的目标，便成为教育赋予我们的使命。为此，我们选择通过探索适合于我校学生的有效教学，促进学生的学业提高来带动其全面发展，作为完成这一使命的重要突破口。这就是本课题研究基于使命的缘由。

2. 发展需求。时值 2005 年，如果说，前 3 年属于基础奠定期，那么，进入第 3 个年头儿后，学校应该步入规范发展和特色发展期。尽管我们已经取得了可喜的成绩，创造了良好的发展势头，但由于学校毕竟还处于创办期，各项工作尚在摸索、完善之中，相应的文化积淀尚未能形成，难以在较短的时期内形成良性优势循环态势。而我们所面临的外在局面则是全市"突破高中教育瓶颈""普及优质高中教育""大力推进示范性高中建设"的全新发展形势。我校的生存和发展面临着全新的尖锐的挑战。于是，如何推进学校从奠基期尽快步入良性发展期，实现一定程度的跨越发展，及早赶上教育发展的大势，便成为办学目标赋予我们的使命，而完成这一使命的关键仍然在于创造适合我校学生实际的有效教学。这就形成了本课题研究的发展需求的缘由。

3. 适应课改。 2004 年开始的新课程实验，又把另一个尖锐的问题提到我们面前：我们的教师队伍在新的课程改革和新的学生实际面前，其教学观念、已有经验及教学方法都存在着不少的不适应现象，还难以避免同类学校和国内大部分学校所面临的课堂教学的有效度不高、课堂教学的状况不尽如人意等共性问题。学校领导通过广泛的摸底性听课和其他形式的调查研究，认为我校当前课堂教学的有效度不高，严重制约了新课程的实施。因此，学校迫切地感到，亟须确立一个能调动全体教师积极参与的龙头课题，促使教师在课题研究的过程中，不断提高自身主动实施新课程的能力。这便是本课题基于适应课程改革的缘由。

在这种背景之下，上海教科院的领导和专家先后多次来校指导科研兴校问题，经反复商讨，确定了本课题的研究。

（二）研究目的与普遍意义

1. 研究目的

（1）提炼出在新课程背景下适合基础薄弱学生实际的有效教学的新认识、新见解，并做出必要的理论解释和操作说明。

（2）在解决课堂教学中种种"无效"或"低效"问题过程中形成学校内教师推进有效课堂教学的行动方略，使之具有较强的操作性并获得足够的理论支撑。

（3）归纳出与有效课堂教学的行动方略相应的促进教师专业成长和加强教学管理的新的认识和新的工作模式，保证课堂教学有效性的实现并相应地提高课堂教学的整体质量。

2. 普遍意义

（1）为生源基础较差的普通民办高中提供可资借鉴的提高课堂教学质量的有效策略。

（2）为生源基础较差的普通民办高中探索一条促进教师专业发展的有效途径。

（三）研究内容与立题理念

1. 研究内容

（1）梳理出课堂教学中的"低效"和"无效"教学行为，从中归纳出影响课堂教学有效性的主要因素。

（2）对影响课堂教学有效性的主要因素逐一进行研究，探求更好地适应各门学科和各类学生的有效性对策。

（3）重点研究有效教学的基本理念、教学策略、教学常规以及评价标准等。

（4）研究适应有效课堂教学的以教师的校本研修制度和学校管理机制为基本内容的科研文化建设及其工作模式。

2. 概念界定

按照在新课程背景下创造适合我校学生实际和发展需要的有效教学的研究主旨，做如下个性化界定：

（1）有效

指通过一段时间的教学之后，学生在各自的基础上获得最大限度的进步和发展。

（2）有效课堂教学

指教师在单位教学时间内采用有效策略激发学生学习动机，促进学生有效学习，并最大限度地达到的教学目标的课堂教学活动。

3. 研究思路

（1）国内外对有效教学的研究经历了好教师的品质研究、好教学的特点研究和有效教学的综合研究三个阶段。本课题属于综合研究。

（2）本课题的研究范围有四个限定词："初创期学校""在新课程背景下""基础薄弱学生""民办高中"。

（3）本课题侧重于应用研究。

（4）本课题的研究遵循实践理论，按照实践的逻辑，领导和教师植根于生动、具体、完整的教学场景中，本着复杂的、动态的发展轨迹，进行研讨、开发和提升，寻求有效的规律和策略。

（5）本课题研究的技术路线为：常规教学科研化，教学科研常规化，校本研修课题化，课题研究行动化。

4. 立题理念

（1）本课题关注学生的当下进步和终生发展，只把"分数"和"应试"

作为其中的一个因素，而不是全部。

（2）本课题关注课堂教学中学生的生命活动的过程状态，只把"知识和技能"的学习结果作为其中的一个因素，而不是全部。

（3）本课题关注学生的实际进步，以"增质"为价值取向。

（4）本课题的研究以个性化的特色研究为价值取向，既要遵循和研究"有效"的一般教学规律，更要遵循和研究对基础薄弱学生"有效"的特殊教学规律。

（四）理论依据

1. 最优化教学理论

苏联巴班斯基在《教学过程最优化》一书中指出：在现代学校中，教学过程最优化，就是指选择这样的一种方法，它能使教师和学生在花费最少的时间精力的情况下获得最好的效果。

他又指出：在研究班级学生特点的基础上，应把教学任务具体化，指向"消除学生知识面中的落后面，解决学生教育和发展中最薄弱的环节"，应考虑教学现有的条件和可能性，研究学生实际的可能性，以及预见外在条件对学生可能产生的影响。他说："不遵守这个方法，就不可能在合理花费师生的时间和精力下，取得最大可能的效果。"而当"教育工作同学生的实际可能性相吻合，教育教学的效果就会急剧增长"。

鉴于"最优化"与"有效"的相通内涵，这一理论是本课题研究的基本理论依据。

2. 建构主义学习理论

建构主义认为，"学习不应该被看成是对于教师授予知识的被动接受，而是学习者以自身已有的知识和经验为基础的主动的建构活动"。也就是说，学生学习过程是在教师创设的情境下，借助已有的知识和经验，主动探索，积极交流，从而建立新的认知结构的过程。

建构主义理论所提倡的比较适合本课题的思想有：

基于问题的教学。它主张以真实事例或问题为基础，让学生在真实环境中去感受、体验，而不是仅仅聆听他人关于这种经验和知识的介绍和讲解。确定这类真实事件或问题被形象地比喻为"抛锚"，因为一旦这类事件或问题被确定了，整个教学内容和教学进程也就被确定了，就像轮船被锚固定一样。抛锚式教学的基本操作环节为：创设情境—确定问题—自主学习—协作学习—效果评价。

以合作学习为主要策略。建构主义认为，教学是教师与学生合作共同建构知识，不应该是教师一个人讲到底的单向的信息传递，应该是师生间、学生间的双向交流与多向交流活动。因此，它主张在师生互动中建构知识、在主体参与中建构知识，强调学生学会自主性学习、探究性学习、创造性学习。

鉴于建构主义较为充分地揭示了现代教育的重要观念，更关注引导学生主动有效学习，这无疑是本课题研究的重要理论依据。

3. 新基础教育理论

"新基础教育"认为：教学过程的基本任务是使学生学会实现个人的经验世界与社会共有的"精神文化世界"的沟通和富有创造性的转换，逐渐完成个人精神世界对社会共有精神财富具有个性化和创生性的占有，充分发挥人类创造的文化、科学对学生"主动、健康发展"的教育价值；教学过程中师生的内在关系是教学过程创造主体之间的交往（对话、合作、沟通）关系，这种关系是在教学过程的动态生成中得以展开和实现的；"多向互动、动态生成"是教学过程的内在展开逻辑。

鉴于新基础教育理论的课堂教学过程价值观是对传统教学论、现代教学论、后现代教学理论流派的思想资源的提炼和重建，必然是本课题研究的更为切近的理论依据。

4. 新课程方案精神

《普通高中课程方案（实验）》在阐述普通高中教育的培养目标时，明确指出，要"创设有利于引导学生主动学习的课程实施环境，提高学生自主学习、合作交流以及分析和解决问题的能力"（人民教育出版社，2003年版第2页）。在这个意义上，课堂教学中"现在的学生"是课堂教学的出发点，"可能的学生"则是课堂教学所追求的理想和目标。课堂教学就是一个不断地引导学生从"现在的学生"走向"可能的学生"的动态生成过程，是一个学生在教师引导下自主发现和努力创新的过程。从这一意义上衍生出来的课堂教学的改革精神充分体现了当代课堂教学的理念，是本课题研究的最直接的理论依据。

《普通高中课程方案（实验）》还提出，要"建设有利于引导教师创造性实施课程的环境，使课程的实施过程成为教师专业成长的过程"（人民教育出版社，2003年版第6页）。在这个意义上，本课题研究的过程要努力成为促使新课程改革实施与教师专业发展同步推进的过程。

（五）研究方法

1. 行动研究法

本课题实行"在行动中研究，在研究中行动"的研究模式。大体上形成了三条运行路线：（1）一般行动研究操作程序：问题—学习—行动—研究—再行动的循环研究。（2）课例研究操作形式和程序：或一课多人交互递进，或一人多课螺旋上升，或一题（研究问题）多轮循环向上；确定研究内容—集体研究＋个人设计——上课——研讨——形成研究结论＋提出新的研究问题。（3）教师专业发展研修路线：反思有效性状况—学习有关理论—提出有效对策—进行实践研究—提炼有效策略—开发出符合自己实践的理论—推广到类似的教学情境中—从而提高专业素养。

2. 个案研究法

本课题的个案主要是课例个案，辅之以班级个案、学生个案和问题个案。3 年以来，我们进行了若干课例研究，写出了相应的研究报告，还有若干其他研究案例。

3. 调查研究法

在研究初期和研究后期，学校组织了两次全校性调查，分别写出了调查研究报告；大多数老师各自进行了调查，并写出了调查分析。与此同时，我们还安排了一些常规性调查，对调查中反映出来的"低效"现象进行分析校正。

二、研究过程

第一阶段：研究准备（2005—2006 学年第一学期）

1. 课堂教学全面调查和有效教学常规研究。第一轮：学科基础性调查。按照福田区教研室制定的《课堂教学评价表》，各教研组开展自评活动，每位教师至少上了一节调查研讨课。学校领导听了每位老师的课，各科组进行了分析总结。第二轮：全校性重点调查研究。面向全校推出几节共同研讨课，召开了全校性研讨大会。第三轮：全面评课性调查。学校成立了调查评价小组，开展了广泛的听课评估活动。学校领导对每位老师的课听了 1~2 次，校长听课达到 130 余节，获得了课堂教学有效性状况的第一手材料。

2. 拟定有效课堂教学常规的实施细则，赋予制度"有效"内涵，全方位规范了教学常规，为课题研究打下了良好的基础。

3. 粗略研究了国内外课堂教学研究的相关理论，进行了有关研讨，初步

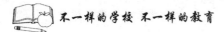

理清了研究方向和思路。

4. 上海教科院派专家谢光庭先生来校指导工作，听了9节课，做了一次讲座。

5. 确定研究课题，进行课题论证。

6. 组织理论学习，明确课题研究目标及思路，制订实施方案。

7. 成立课题研究领导小组，确定成员及分工。

8. 每位老师写了一篇研究笔记。

第二阶段：基础研究（2005—2006学年第二学期）

1. 面向全校学生进行有效课堂教学状况的调查，并写出了有针对性的调查研究报告。

2. 在教师中开展"我的教学有哪些低效甚至无效行为"的反思活动。每个科组都召开了两次以上的反思会议，校长亲自主持了每个科组的反思活动。每位老师都写了一篇反思笔记。

3. 拟定子课题，并制订实施计划。

4. 请区教育局黄孔辰副局长和黄爱华副主任做了讲座。

5. 推荐理论书目，组织学习课程标准和其他改革实践方面的书籍。

第三阶段：研究实施（2006年9月—2008年1月）

1. 2006—2007学年第一学期

（1）有效教学策略研究。本学期为实施阶段的第一个高峰期，以课例研究为主要形式。全校开展了19轮课例研究，提供了58个课例，提交了15份研究报告、64篇研究笔记。

上海教科院派专家王洁、郝民、王宝民来校指导一周，研究了20个课例，召开了18次课例研讨会和3次总结分析会。王洁博士做了题为"以课例为载体的教学研修"的讲座。

（2）原区教育局黄孔辰副局长做了有关讲座。

2. 2006—2007学年第二学期

（1）继续进行有效教学策略研究。本学期仍以课例研究为主要形式，开展了6轮20节的课例研究，提供研究案例18份，撰写课题研究笔记51篇。

（2）学习洋思中学、东庐中学、杜郎口中学的教学改革经验，学习《中国教育报》上《他们为新课程改革贡献了什么》文章；展开了大讨论；教师写出了19篇读书笔记。

（3）上海教科院普通教育研究所傅禄建所长到校做了讲座。

3. 2007—2008 学年第一学期

（1）在继续有效性策略研究中侧重研究有效教学模式，仍以课例研究为主要形式。第一步面向全校推出 3 位老师 10 节研究课；第二步召开全校性有效教学模式研讨大会，学校提出了"有效教学模式的初步思路"；第三步开展有效教学模式研究赛课活动，有 34 节课参赛，提交了研究报告 41 份、研究笔记 30 份，并提交了大量的课件、学案和题案。

（2）上海教科院普通教育研究所原所长胡兴宏、现任所长傅禄建、副所长胡育以领导兼专家的身份来校指导。专家们听了 8 节课，并召开了评课会议，提出了宝贵的指导性意见。

（3）上海教科院胡兴宏先生做了题为"上海课程改革与教学的主要思路对我校研究的启示"的讲座。福田区教育局副局长、上海市教科院兼职研究员黄孔辰到校做教育科研讲座 3 次，施校长先后做了 4 次讲座。

（4）举办"教师论坛"活动。

（5）学校拟定了《关于我校教师推进有效课堂教学的行动方略》。

第四阶段：总结提炼（2007—2008 学年第二学期）

1. 继续举办系列研究讲座和教师论坛。

2. 学校宣讲《关于我校教师推进有效课堂教学的行动方略》。

3. 学校面向全校学生和教师进行问卷调查，并写出了调查研究报告。

4. 各子课题进行总结提炼，并写出结题报告。

5. 学校撰写主课题研究结题报告。

6. 整理研究成果和研究资料。

第五阶段：结题推广（2008 年 9 月以后）

1. 结题。

2. 广泛和深入地推广成功的经验，并争取获得更好的成效。

三、研究成果

（一）归纳出了《关于我校教师推进有效课堂教学的行动方略》。 其要点如下：

1. 我校现阶段有效课堂教学的基本理念

（1）适合学生的教学是最有效的教学

我校的课堂教学必须实现"五个适合"：适合基础薄弱学生实际、适合所教班级学生实际、适合学生的差异实际、适合学生个性特长发展的需要、适合学生终生发展的需要。

（2）引领学生有效学习是有效教学的第一要义

我校课堂教学的着力点应当放在如何引起学生有效学习上，教师教学行为的落点应当放在如何引起、维持和促进学生实现有效学习上。简单说，应该追求"三学"：一是激发学生的学习动机，促使学生"想学"；二是指明目标和方法，促使学生"会学"；三是采用易于学生理解的方式和方法，让学生"学会"，并"会做"。

（3）实现"教师少教学生多学"是有效教学的主旨

远在1632年，捷克教育学家夸美纽斯在《大教学论》中提出班级教学制时就提出教学的"主要目的在于：寻求并找出一种教学的方法，使教员因此可以少教，学生可以多学"。这也是我们研究的主旨所在。

（4）以学定教是有效教学的定律

我们的基本理念：以学定教。其具体操作轨迹应该是：以先学后教为主线，以先教后学为副线，边学边教、边讲边练交织推进。

（5）有效教学的落点在学生身上

教学的有效性，当然离不开教师的认真态度和教学任务的完成，在此前提下，我们更关注的是学生想不想学，有没有学到什么或学得好不好。如果学生不想学或者学了没收获，即使教师教得很辛苦、很有水平，也是低效甚至无效教学，同样，如果学生学得很辛苦，但没有得到应有的发展，也是低效甚至无效教学。

2.我校有效课堂教学的总体模式

（1）名称："三二一"教学模式

（2）基本含义：

"三"：学、讲、练三因素优化组合，凸显学、练，注重精讲。

"二"：两个追求"度"，一是追求互动状态的形成度，二是追求教学目标落实的有效度。

"一"：有一个合适的书面载体，根据学科、内容、课型特点编制出简明、实用的"学案"或"题（练）案"或学、教、练三合一的"课案"。

（3）有关概念的界定

1）"学"的范围

模式本义：指阅读、听讲、思考、圈点、发问、讨论、观察、实验；做学案、题案中需要即时回答的问题；在完成"活动"目标中的学习行为。

"学"的时间列为"第一时间"。

模式广义：含课前预习和课后复习、训练、实践。

本模式中的"学"，基本指"本义"，也延伸到"广义"。

2）"讲"的范围

模式本义：指系统传授、例题讲解、知识点阐释、答问后的解说、训练后的释疑等须用一定量时间的讲授。

"讲"的时间列为"第二时间"。

模式广义：含课后辅导、作业讲评。

本模式中的"讲"，专指课堂内的"讲"。

3）"练"的范围

模式本义：指课堂上书面做题、板书做题、口头答问、活动性训练、当堂巩固训练、实验操作等训练性行为。

"练"的时间列为"第三时间"。

模式广义：含课后练习及活动。

本模式中的"练"，除有明示"课后"之外，都指课堂内的"练"。

（4）有关问题的说明

1）学、讲、练三因素优化组合的第一含义是三因素时间分配优化。分配的根据是每一节课教学内容和课型的需要，分配的关键是确保学、练有足够的时间，分配的要领是把握好"讲"的时间度，总的精神是无论怎么分配都不能以任何理由作为"满堂灌"的借口。

2）学、讲、练三因素优化组合的第二含义是三因素结构组合优化。结构组合的根据是所教知识点和能力点的认知规律和学生心理情感状态，应该从多样性、动态性、创新性、实效性考虑，但总的理念必须是以学定教。

3）学、讲、练三因素优化组合的第三含义是每一个因素的优化。仅仅有前两种优化是不能实现有效的，更重要的是学得有效、教得有效、练得有效及其三个因素结合得有效。

4）课堂教学中的"载体"，可以划分为三类：一类是学案，或题案，或学、

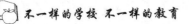

教、练三合一的课案，列为第一载体；一类是课本、试卷（套卷）、其他学习资料，列为第二载体；还有课堂练习簿、黑板、媒体展台也可以说是一种载体，列为第三载体。本"模式"中的"载体"主要是指第一载体，同时也指第二、三载体。这种提法的主旨在于摒弃空对空的讲授，务求落实。

5）教学的有效性是以高尚的师德和过硬的师能为基础的，因此仅仅有"有效教学模式"是不能实现有效教学的，还需要在新课程理念指导下，凭借较为深厚的专业功底和比较高超的教学素养，采取有效的常规、有效的管理、有效的方法、有效的策略，以及其他各种相应的有效因素。

（5）三个有效关键词：互动，落实，载体。

三者的关系可以这样表述：以"落实"为核心，运用好载体，在互动中有效地实现目标。

3.我校有效课堂教学的评价标准

（1）有效课堂教学的三级指标

一级指标：基本有效

1）体现"两个关键词"：互动、落实。

2）有合适的载体。

3）比较有效地实现预设的教学目标。

二级指标：有效

1）实现了互动、落实；有一个载体。

2）听懂了；记住了；学会了；会做了。

三级指标：高效、优质

1）实现了互动、落实；有合适的载体。

2）学生学会、会学、会做。

3）学生的知识和技能、过程和方法、情感态度价值观都在各自的基础上有较大的进步和发展。

（2）每一节课有效性的具体标准

1）每一节课都能有效地实现预设的教学目标。

2）每一节课后，所教班级大多数学生听懂了，作业会做了。

3）每一节课后，每一位学生的知识和技能、过程和方法、情感态度价值观都在各自的基础上有所进步和发展。

4. 我校有效课堂教学的主要策略

（1）"三案"策略

"三案"即学案，题案或学、讲、练三合一的课案。

1）多数学科多数课均须编制学案或题案或课案。

2）根据学科、内容和课型的特点，选取一案。

3）三案的编写力求简明实用。

4）三案必须引导学生全案使用。

5）三案的设计务求"三性"：典型性、适差性和诱导性。

6）三案的编制要做到"三不"：简单易懂无须动笔的不上三案；课本上有的知识和题目原则上不印到需要印制的案卷上；在课件上投影的原则上不重复到需要印制的案卷上。

（2）五种载体交替运用策略

上述三案（其一）加上多媒体、黑板、课本和同步训练书为五种主要操作载体，应当合理、有效地交替运用。

1）多数的课，前四种载体都应使用。

2）五种载体在一般情况下，不宜单一使用，应当交替使用。

3）五种载体上的内容原则上不宜重复，应当有序地衔接和转换。

4）原则上杜绝弃置课本和黑板的现象。

5）杜绝"满堂投影"现象。

（3）课后作业载体保障策略

课后作业的主要载体定为两种：一是合适的《同步训练》书，二是备课组编写的书面作业单，在此基础上可用练习簿补充作业；基本杜绝仅用自抄题目的练习簿敷衍作业现象。

（4）适差性取舍策略

1）每一学科都要根据《课程标准》《考试说明》和学生的基础智能差异、差异性培养目标，解放思想，大胆取舍，并精心制订出每一模块系统的取舍方案。

2）每一位老师都要根据所教学生实际，结合学科取舍方案，对教材进行重组。

3）做到"两教两不教"：本班学生目前学不会的暂不教，应该教目前又学得会的一定要教好；书上有的，学生又能自己学得会的，简单教；必须教

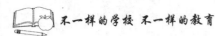

会学生，而学生自己又学不会的，重点教好。

（5）知识固着点策略

1）在学习新知识的过程中有机地联系旧知识，不断地在学习新知识的过程中填补学生过去未学好的知识。

2）新课教学要以学生的已有知识和经验为逻辑起点，教师必须把自己的教学活动建立在学生的认知发展水平和已有的知识经验及生活经验上，努力探索适合所教班级学生实际的教学思路。

3）教学任何一个新知识点都要根据上述两点选取最佳角度切入学生已有知识的相应部位，以求有效。

（6）凸显学、练策略

记住**"三六有效讲经"**：

六个讲好：讲好重难点；讲好规律；讲好方法；讲好易混点；讲好易错点；讲好易漏点。

六个不讲：不讲学生已经会的；不讲学生自己能学会的；不讲学生怎么也学不会的；在学生思考过程中不要急于讲解；在学生自己做题时不要讲题外话；在学生发表不同见解时不讲压制性的话。

六个不得：只需三分钟就能讲清楚的问题，不得讲四分钟；应该紧扣主题的引入，不得戴大帽子、绕圈子；应该留给学生的自学和训练时间，不得占用；应该师生互动的，不得唱独角戏；在学生思维过程中，不得打断思路；学生能自主解决的问题，不得包办代替。

（7）三因素时间序位优化策略

在"学""教""练"三因素的组合顺序中，要确保"学"与"练"的优先序位。为此，我们要确定如下的序位观念：

总体序位：以学定教、以练促教。

第一序位：先学后教、讲练结合。

第二序位：边教边学、边讲边练。

（8）教学方式交替运用策略

一要实现教学方式"六交替"：

一是视觉教学和听觉教学间隔进行；二是直观教学与抽象教学交相结合；三是引起学生"无意注意"和"有意注意"交错转换；四是引导学生听课、看书、发问、练习交相进行；五是调动学生眼、脑、耳、口、手、笔交互运用；

六是促使学生理解、思考、记忆、想象交融进行。

二要实行教学方式"五杜绝":

一要杜绝"满堂灌";二要杜绝"满堂问";三要杜绝"满堂投影";四要杜绝"满堂静";五要杜绝"满堂闹"。

(9)有效互动策略

我们的行动口号:让学生"动"起来学习!

1)要通过多样的符合学生心理特征的适合所教知识点认知规律的教学方式,有机地合理地调动学生应有的多样的学习方式。

2)努力实现群体的师生互动、生生互动和个体的眼、耳、口、手、脑的交相互动。

3)提倡形式和内容统一的有效互动,杜绝作秀。

4)互动的最佳境界是教师思维和学生思维的同步与跟进,因此特别要注意"教"与"学"形成交流状态。

5. 我校有效课堂教学的主要常规

(1)教学设计常规

1)备课一定要充分突出"设计"性。

2)教学设计一定要在了解学生和研究教材的前提下进行。

3)教学设计方案要注重实用,尤其要注重学生活动的设计。

4)教学设计方案要体现"预设"与"生成"的结合。

5)编制"学""讲""练"三合一课案的,不必另写教学设计方案。

6)编制学案和题案的,应当写教学设计方案,但可以适当略写。

7)学案、题案、课案都未编制的,一定要写好教学设计方案。

8)一课一案。

9)课件制作注重实效,下载课件应进行剪辑增删。

(2)教学环节常规

1)"堂堂清"操作环节三要点:

①每节课后,清理出预设目标没有实现的知识点,纳入下一节课的教学内容,并清理出尚未过关的学生,加以辅导。

②巩固性作业应当在下一节课之前完成批改,并发还学生,原则上应对典型错误进行集体校正;对部分学生做个别校正。

③特殊作业,应尽快完成批改讲评;作文原则上限一周之内完成批改并

讲评。

2）课堂教学过程环节操作二要点：

①注重知识与能力的构建，让学生"学一点，练一点，得一点"的基本环节。

②凸显教学过程中"反馈、思考、诱导、生成、倾听、观察"等环节。

（3）关注学生常规

1）正式上课前，要关注每一个学生是否做好有关准备。

2）正式开讲前，要关注学生的注意力是否集中起来。

3）在学生自学、做题、实验时，要走到他们中间，亲切关注。

4）当发问以后，眼睛要关注到每一个学生。

5）当环节转换以后，要关注学生是否转移到新的方式上来。

6）在运算过程、推导过程的教学中，要关注到学生对每一个步骤、每一个细节是否弄明白。

（二）初步形成了促进教师专业成长和有效教学管理的工作模式

1.基本形成了"四化"工作模式，即按"常规教学科研化，教学科研常规化，校本研修课题化，课题研究行动化"运行。

2.初步形成了实践认识论范式下的"反思理性"，其工作模式有两个层面：一是领导和教师植根于生动、具体、完整的教学场景中，研究特定的解决办法和有效策略，开发适合我校学生实际的有效教育智慧，并形成为自我规范性理论。二是教师的有效专业发展推行"实践—反思—开发—推广"模式。即教师投身于实践，反思自己的实践，通过集体研讨，对经验进行提炼，开发出符合自己实践的理论，而后推广到类似的教育教学情境中，不断提高推进有效教学的专业素养。

3.基本形成了"三结合"的理论支撑模式，即按"专家讲座、校长讲座和教师论坛"相结合的形式，常年组织教师培训。

4.基本形成了"三行动"课题推进模式，即"走出去、请进来、自践行"。

5.确立了教师队伍建设的"三三"思路：（1）三维素质目标，即建成一支"师德、业务、科研"三维素质皆优的教师队伍。（2）"专业发展"的三种观念：以"适合我校学生实际的教学是最有效的教学"为宗旨，以课堂教学有效性的提高为追求的美丽境界；以校本研修为基本方式，以"有效课堂教学的实践研究"为载体；以"经验＋反思＝成长"为路径，以研究性反思为提升的杠杆。（3）校本研修"三循环"模式，即由问题到课题、由课题到学习、由学习到实践的循环往复模式。

6. 基本形成了教师有效教学专业发展研修制度，要点如下：

（1）历练好三项"学生功"：

1）练好能真正了解学生的功夫；

2）练好能有效控管班级的功夫；

3）练好能真正适应学生差异的功夫。

（2）不断发展三项专业素养

1）不断提高预设和生成交相生辉的教学智慧；

2）不断提高互动和落实相得益彰的教学水平；

3）不断提高引导学生有效学习的教学能力。

（3）做到"三个一"：

1）每学期读一本教育教学理论著作；

2）每学期上一次有效教学研究课；

3）每学期写一篇有效教学的研究案例。

（4）建立三个专业研修资料夹：

1）学科教学资料夹；

2）教学研究资料夹；

3）教学反思资料夹。

（三）课堂教学状况得到了明显的改善

1. 学、讲、练三因素的逐步优化组合正在形成学生有效学习的基本支撑。

在后期的学生问卷调查中，认为"学、讲、练的时间安排得比较合理"的占到 71.9%，认为"讲得偏多，学和练的时间偏少"的占 19.4%，认为"讲得偏少，学和练的时间偏多"的占 7.1%。

在后期的教师问卷调查中，认为"自己以前基本上是'满堂灌'，自课题研究以来，基本上做到了学、讲、练有机结合，凸显学、练，注重精讲，效果明显"的占到 46.4%；认为"自己总在尝试老师少讲、学生多学多练，但事实上总是推不动，因而常常又回到'多讲'的老路上去的"有 35.25%。

上述数据是符合实情的，表明课堂三因素的组合已经接近优化。

2. "三案"教学的逐步推行正在形成学生有效学习的保障载体。

根据对后期的教师问卷调查的不完全统计，自课题研究以来，老师们编印的学案大约有 1920 份，题案大约有 5993 份。老师们认为"学案或题案使用有效的"达到94.6%，认为"效果一般的"只占5.4%。今后"有意继续做下去，使之形成一整套材料"的占44.2%，"打算有重点地编制"的占55.7%。

在后期的学生问卷调查中，认可老师编写的学案的达到82.4%。

上述数据表明我们已经找到了引导学生有效学习的合适载体。

3. 课堂"互动"状态的营造正在形成学生有效学习的良好环境。

在后期的教师问卷调查中，认为"自己以前总是乐于自顾自地唱独角戏，自课题研究以来，便努力营造互动状态，效果相当好的"占12%，评说"自己总是在积极营造互动状态，有的班形成度较高，有的班总是动不起来的"占87.3%，"不想营造互动状态只唱独角戏的"为零。

在后期的学生问卷调查中，尽管"不想动"的有32.1%，但有60.8%的学生乐意"互动"。

这一数据表明课堂"互动"的营造是有相当的难度的，但是可行的，是希望之所在。

4. 课堂上教师对学生关注度的提高正在形成学生有效学习的情感动力。

在后期的学生问卷调查中，对老师的关注比较满意的占到69.8%，部分满意的有22.7%。这表明我们老师关注学生的理念已经基本形成，但是如何关注到每一个学生仍然是我们要继续努力的。

（四）课堂教学的有效性显著提高

课题组分别在研究初期和后期对"有效"度向学生进行了问卷调查，结果如下：

研究初期与后期课堂教学有效性对照表

有效 – 高效			比较有效			比较低效		
研究初期 06.10.	研究后期 08.04.	升降	研究初期 06.10.	研究后期 08.04.	升降	研究初期 06.10.	研究后期 08.04.	升降
22%	42.4%	+20.4%	45.5%	51%	+5.5%	30%	5%	−25%
前2项合计，有效度由67.5%上升到93.4%；低效度由30%下降到5%。								

【个案 1】

龚立群老师在高三物理基础复习中运用学案教学，效果比较明显。下面是他所任教的高三物理基础近3年深圳一模成绩对比表：

未使用学案教学 2006 年			使用学案教学					
			2007 年			2008 年		
全市均分	本校均分	本校与全市比率	全市均分	本校均分	本校与全市比率	全市均分	本校均分	本校与全市比率
11.2	7	62.5	8.2	5.99	73.0	9	6.57	73.0

【个案Ⅱ】

朱振荣老师实验英语激情互动教学，成效显著。下面是他在高二进行实验的班级与其他平行班的成绩比较表：

时段	考试平均分		实验班与平行班分差
	平行班	激情互动教学实验班	
2007 年 9 月分班考试	44.6	43.2	低 1.4
2008 年 1 月考试	63.5	65.1	高 1.6
2008 年 3 月考试	53.8	62.1	高 8.3

【个案Ⅲ】

应届高三（6）班李泽云同学在 2007 年 8 月的年级考试中，英语仅有 49 分，任课教师林森在研究班级有效教学的前提下，关注李泽云同学的英语学习。林老师帮助她有效自学，在当时最多只能背几十个单词的情况下，她坚持了一个月的时间竟背完了高考需要的 3500 个单词，成绩逐渐提高。她十分感激地说：有了老师的关注，就能产生奇迹！

（五）教师的专业素养得到了较好的发展

随着课题研究的推进，教师队伍在不同程度上实现了三个发展：

1. **升华了自己的生存方式和工作状态**。越来越多的教师把"研究"融进生存方式和工作状态的内涵，以"研究型教师"作为自己的发展方向，丰富着自己的教育人生。

2. **更新了自己的教学理念**。最值得一提的是改变了埋怨学生基础差的无所作为的思想，用爱心和智慧推行着"弱基础"和"差异"背景下的有效教学。在这一前提之下，改变了只关注完成教学任务的工作目标，更多地关注学生有没有学到什么或学得好不好；改变了只研究怎样"教"的工作方向，更多地研究学生怎样"学"；改变了"以教定学"的传统观念，更多地注重如何"以学定教"；改变了"重讲轻练"和"讲练分割"的教学模式，更多地考虑怎样实现"讲练结合""以练导教"；改变了单一的预设教学状态，更注意在将预设和生成结合起来的轨迹上推进教学过程；改变了"教师讲、学生听"的课堂面貌，更注重营造互动状态。

3. 开发着自己的教学实践智慧。越来越多的教师通过"走出去、请进来、自践行"的研修行动，通过案例研究和教育叙事等实践取向的渠道，不断积淀有效教学经验，发掘自己的教学潜能，提升自己的教学能力。

【个案Ⅳ】

政治教研组改变了教案的传统模式，形成了全新的课案设计，总体框架如下：

教学内容	教学活动		设计意图
	教师活动	学生活动	
发展人民大众喜闻乐见的文化 人们对文化需求的特点	引导学生探究： 流行文化作品的价值与经典文化作品的价值谁的大。	探究活动： 辩论。积极思考问题、发表对事件的认识，由班长来做辩论的主持并总结陈述同学们的观点。	通过辩论的方式,让学生体会"经典"作品和"流行"作品之间的关系,引导学生正确看待当今文化生活中的各种流行作品,不要盲目赶时髦,追流行,而要对流行作品持审慎态度,选择那些既流行又能成为经典的文化作品。

【个案Ⅴ】

年仅 26 岁的政治教师王旷，仅有不到三年的教龄，在来我校以后一年多的时间里，上了 7 节有效教学研究课，提交了 7 份研究案例。他设计的市级规划课件获得了市一等奖。他很有感触地说："在来本校之前，我曾经在外地一所中学工作过一年，没有感觉到课改是怎么回事，来到这里很快就入了门，课例研究真是好啊！"

【个案Ⅵ】

刚进入而立之年的地理教师彭岳，在全校大会上说："对有效教学的研究，我从极度反感到被动接受，现在我要主动投入，课例研究从我开始，欢迎大家都来听我的课。"自此以后，他一直带领地理科组老师认真进行课题研究。伴随研究过程的推进，他的专业水准大大提高，相继被聘为《试题调研》的特约编委，成为《高中地理》等多家刊物的特约撰稿人和"全品高考网"的地理总版主，还出版了个人专著《地理教学新思维》。他主编的《高中地理复习导与练》等三本书，全国各地的高三都在使用。

四、研究反思

（一）怎样坚守核心价值取向而不动摇

如前所述，我们是面对基础薄弱学生研究教学的有效性，这就必然要面临四个"寻求"：一是要在学生薄弱的基础和较高的期望值之间寻求"有效点"，二是要在课程标准和学生实际之间寻求适切点，三是要在素质教育和高考备考之间寻求结合点，四是要在统一要求和差异发展之间寻求平衡点。在这个意义上，研究能最有效地开发学生的潜能唤发其生命活力实现其人生目标，便是本课题研究要建立的核心价值取向。但是，这种"寻求"是艰难而严峻的，需要一种使命感和坚守精神。毋庸讳言，这个严重的问题正在并继续考验着我们。

（二）怎样引动这座"不想动"的大山而不放弃

在对学生的问卷调查中，对"你认为课堂互动状态不理想的主要原因属于哪一种情况？"一问，有32.1%选"老师已经做得不错，只是我不想动"，其中，数学学科高达51.9%，英语学科更高到57.91%。这是一座多么沉重的大山！即便老师调动得法，又能让他们真正动得有效吗？在后期的教师问卷调查中，评说"自己总是在积极营造互动状态，有的班形成度较高，有的班总是动不起来"的占到87.3%。这无疑又是一个严峻而艰难的问题。我们固然不会放弃，我们当然要坚持不懈，要去引动、调动、摇动、撼动、激动、感动，但其间就教师而言，包含着情感、艺术和智慧等诸多综合因素，对学生而言，包含着智力因素和非智力因素，正是"路漫漫其修远兮，吾将上下而求索"！

（三）如何实施有效差异教学需要我们重点突破

应该说，这3年的研究，我们的基点是放在如何适合基础薄弱学生实际上；也应该说，我们已经初步找到了适合我校基础薄弱学生实际的有效的一般性策略。但是，如何适应学生的差异，我们还缺乏必要的深入的研究。因此，下一步研究的侧重点是否应该放在如何适应学生的差异上，从而将"有效"研究的基点确定为"适合基础薄弱学生"和"适应学生差异"上，是我们要解决好的一个指导思想问题。

（四）解放思想仍然是我们课题研究的先导

三年的研究实践中，大量的现象表明，诸多问题都折射出我们的思想还不够解放。我们还将继续组织一系列的"教师论坛"活动，探讨我们还有哪些定式思维需要冲破，还有多少固有习惯需要刷新，应该具有怎样的思维方式，应该建立怎样的与时俱进的理念，从而放开手脚，把课题研究推向新的阶段。

五、成果资料

1.《探索适合学生的有效教学》（课题研究成果汇编）。

2.有效教学系列文稿（10篇）。

3.研究资料5册：《研究过程》《研究反思》《研究论坛》《读书笔记》《研究收获》。

4.学科有效教学研究案例（10本）。

参考文献

[1] 普通高中课程方案（实验）.人民教育出版社，2003.

[2] 魏国栋　吕达主编.普通高中新课程解析.人民教育出版社，2004.

[3] 宋秋前，有效教学的理念与实施策略.浙江大学出版社，2007.

[4] 叶澜主编."新基础教育"探索性研究报告集.上海三联书店，1999.

[5] 陈向明.教师专业发展需要什么"理论"指导.中国教育报，2008年5月3日.

[6] 上海教育科研.当代教学改革的理论与实践，2007.增刊.

[7] 陈晓瑞.当代西方有效教学研究的系统考察与启示.比较教育研究，2005.8.

附 I

"初创期学校有效课堂教学的实践研究"
课题研究初期调查研究报告

2006 年 6 月

王仁甫

一、研究情况综述

我校校本研究的总课题"初创期学校有效课堂教学的实践研究"开题于 2005 年 9 月，按计划，到今年 1 月为准备阶段。这一阶段工作主要有两个方面，一是思想和组织的准备，二是基础性研究。在这一阶段，我们做了如下工作：

（一）**全息性进行现状调查听课**。推到 2005 年直至课题开题后，校长带领有关人员深入课堂听课，对每一学科每一位老师的课分别听了多次，乃至校长听课一学期达到 130 余节，获得了我校课堂教学现状的第一手材料，逐步形成了清晰的研究思路。

（二）**整风式地开展反思活动**。以"我的教学有哪些无效和低效表现"为主题，开展反思性梳理活动。校长亲自参加了每一个科组的反思活动，在集体反思的基础上，每一位老师都写了一篇反思笔记，大多数在 2000 字以上。

（三）**向学生进行了问卷调查**。围绕着有效性问题就课堂教学现状设计了 30 道选择题和两道陈述题，向 341 名高中学生进行了问卷调查。

（四）**拟定了子课题群**。每一学科都拟定了一级子课题，共 12 个；每一位教师都参加了一个二级子课题，共 39 个。

（五）**从 3 月开始**。正式进入实施阶段，以课例研究为主要方式开展研究活动。

二、学生对我校课堂教学有效性的基本评价

2006 年 10 月，学校对高一、高二各 4 个班的学生 341 人进行了课堂教学有效性现状的问卷调查。在对我校课堂教学有效性现状的总体评价上，认为"很有效"的占 22%，认为"比较有效"的占 45.5%，两项合计共 67.5%；认为"比

较低效"的占 30%。

这一评价基本客观,学生对课堂教学的有效性基本持肯定态度,但从教师的角度上讲,无效和低效将近 32%,应当视为一个严峻问题。

三、我校课堂教学现状中无效和低效的表现梳理

(一)课堂环境和管理常规的影响方面

1. 教室环境在一定程度上影响教学的有效度。主要表现在:学生将一些与学习无关的分散心思的物品带入课桌内,如化妆品、消闲书画、视听用品以及尚未关闭的手机;教室的布置缺乏必要的熏陶氛围;黑板有不同程度的反光。

2. 学生课桌环境在一定程度上影响教学的有效度。主要表现在:部分班级和相当多的学生未能将当节课须用的书本与文具摆放在应有位置,而与当节课无关的书籍簿本却杂乱地堆放在课桌上。

3. 教师上课的常规准备状态还存在不同程度的差缺。主要表现在:当节课应该带的教材、教案、资料及教具等有时忘了带齐;不能完全做到预备铃响后即站到教室门口。

4. 教师上课开始前的组织教学还未引起足够的重视。主要表现在:学生课桌尚未整理好,该摆在桌面上的书本用具尚未摆放好,教师便正式开讲;秩序还未维持到安静和比较安静的情况下,就正式开讲。

◆在问卷调查中,学生对"上课开始,你认为下面哪一种状况更有效些?"中,赞成"秩序安静后才上课"的占 73.1%,赞成"边上课边整顿秩序"的占 14.1%,赞成"不管秩序怎样上堂就开讲"的只占 8.3%。

5. 在教学过程中,管理和教学的关系处理得不甚和谐。主要表现在:只顾讲课,不管班级秩序和学生听课状态;花过多的时间处理违纪问题,导致希望上课的多数学生上不了课;对精神不振甚至课堂睡觉的学生要么不管,要么管理失当而影响到大多数学生上课。

◆在问卷调查的"学生意见"中,学生对课堂纪律影响教学有效性的反映面较广。

(二)教学设计方面

1. 极少数的课准备不充分,或不研究教材或不写课案,盲目上堂,随意讲课,算是照意(随意)宣科,而导致整节课的无效或低效。

2. 有的课案由于是"搬"来的，仅用来摆个样子，依旧无"案"而教，只是照参（教参）宣科，必然是无效或低效。

3. 有的课案编制得较好较细，但由于另外一些因素，教学过程中不能脱案，照案（课案）宣科，必然无效或低效。

4. 有一些课应该根据课程标准和学生实际对教材进行必要的重组（不是所有的教材都需要重组），但没有进行重组，只是照本宣科，也会表现出一定的无效或低效。

◆在问卷调查的"学生意见"中，学生对照搬书本、不补充课文知识、不切合学生实际而拔高难度的意见有一定的比例。

5. 有少量的课课前对教学内容钻研不够致使对教材的解读出现偏颇，抓不出知识要点，摸不准理解要领，理不清讲解思路，肯定会产生一定程度的无效或低效。

6. 相当多的课缺乏设计性或设计性不强，因而虽然也有课案，也有准备，但上得平平，上不出效率，上不出精彩，因而也只能属于低效课。

7. 有相当多的课教学目标不明确，缺乏目标意识，一节课，究竟要完成什么教学任务，要解决什么问题，让学生得到什么，达到怎样的目标，心中全然无数，无疑是无效或低效的。

8. 有不少的课教学目标设计泛化，表述模糊、笼统、大而空，缺乏能检测的操作性，这样的课难免无效或低效。

9. 有少数的课教学目标的设计还没有落实到每一课时，尽管可能会实现单元或章节或课文的整体目标，但就每一节课而言，其目标仍然空泛，也难免无效或低效。

10. 教学目标的设计对三维目标把握不好普遍地存在着，即对知识和技能、过程和方法、情感态度和价值观的综合目标怎样落实到每一节课思考不够，或者每一节课都面面俱到地把三维目标硬套进去，或者又过于单一不能根据内容实事求是地进行融合性处理。这样的课就有可能把握不好课改精神，也难免在某种教学高度上出现无效或低效的情况。

◆问卷调查中，对"在教学内容上，老师的教学可能有三种情况，请你按赞同程度排序"一项，将"知识和技能、过程和方法、情感态度价值观有机结合"排为第一的占71.4%，将"既注重知识和技能又注重过程和方法"排为第一的占19.7%，将"单一注重知识和技能"排为第一的只占7.5%。

对"在对待学生成绩问题上，大体上有三种类型的老师，请你按喜欢程度排序"一项，将"关心学生的现实成绩，更关心学生的高考需要，也注重对学生的未来发展负责"排为第一的占 78.8%，将"很看重学生的现实成绩，不注重对学生未来发展有益的东西"排为第一的占 12%，而将"关心学生的现实成绩，更注重对学生的未来发展负责"排为第一的却只占到 10%。

11. 有不少的课教学目标的设计定位不准，不能在课程标准、教材内容和学生实际之间找到能恰切地落在"最近发展区"的应该达到也能达到的最佳目标。在这种情况下进行教学，也存在着无效和低效的可能性。

12. 教学设计只以"我教什么""我怎样教"为中心，不考虑或很少考虑"学生学什么""学生怎样学"的状况普遍存在。因此，课案只设计教师的单边活动，不设计学生的活动。按这样的设计进行教学，必然会降低教学的有效度。

◆在问卷调查的"学生意见"中，不少学生希望师生互动。

13. 有些课运用"学案"能够上得更有效却不编制"学案"，仍旧按常规教法教，相对有"学案"而教的有效程度，实际上也是有效度的降低。

◆问卷调查中，对"对老师运用学案进行教学，你的感觉属于下面哪一种？"一项，选择"比较有效"的占 62.8%，选择"很有效"的占 14.9%，选择"感觉不出来"的占 27.1%。

14. 有条件、有必要进行信息技术资源与学科教学整合的课，却有少数的课不制作课件，其有效度也有一定程度的降低。

（三）课堂教学过程方面

1. 在整个教学过程中，缺乏引导学生有效学习的策略或者感到对此无能为力，单是在"教"的有效策略上下功夫的现象是一种普遍存在。这种状况注定课堂教学达不到应有的有效高度，实际上也使有效度降低了。

2. 在整个教学过程中，不能很好地调动学生参与，形不成有效的互动状态的课所占的比例相当大。这种状况较为严重地影响着课堂教学的有效性。

◆在问卷调查中，对"课堂教学活动，你认为下面哪一种状态更有效些？"一项，选择"老师与学生、学生与学生多向互动"的占 58.6%，选择"师生互动"的占 39%，而选择"只是老师单边活动"只占 3.3%。

对"在教学过程中，你认为下面哪一种情况更有效些？"一项，选择"老师多讲些学生活动少些"的占 47.8%，选择"老师少讲些学生活动多些"的占 45%，而选择"只是老师讲就行了"的只占 9%。

对"在课堂教学中，你们班主动参与教学活动的状况属于下面哪一种？"一项，认为"主动参与的少被动参与的多"的占52.2%，认为"很少有人参与"的占27.2%，认为"主动参与的人多"的仅占22.2%。

对"在课堂教学中，你个人对参与教学活动的态度属于下面哪一种？"一项，表示"比较乐意"的占59.2%，表示"很乐意"的占23.2%，表示"不乐意，听就是了"的占13%，表示"不乐意参与，也不想听课"的占1.2%。

3. 课堂气氛不活跃，不和谐的课占不小的比例。这对于课堂教学有效性的影响不可低估。

◆在问卷调查中，对"下面三种课，请你按喜欢程度排序"一项，将"课时气氛比较活跃，比较轻松愉快，同时让人有一种'受益匪浅'的感觉"排为第一的占64.4%，将"上课时气氛并不活跃，紧张严肃，但后来渐渐有一种'终身难忘'的感觉"排为第一的占19.4%，将"上课时气氛活跃，轻松愉快，但后来渐渐有一种'空无所得'的感觉"排为第一的占17.2%。

对"有三种课堂，请你按喜欢程度排序"一项，将"气氛比较活跃，但活而不乱，很多人都能动脑筋思考问题"排为第一的占75.1%，将"气氛不活跃，安安静静，但很多人都在动脑筋思考问题"排为第一的占20%，将"气氛活跃，热热闹闹，但真正动脑筋思考的人却不多"排为第一的占14.9%。

4. 新课导入的角度和方法设计尚有部分不妥，比如不是从激发兴趣的角度导入而是从批评错误的角度导入（教学性批评一般不宜放在开讲前），或不能从衔接的角度导入而是离题太远地导入。这对整节课的有效度都将有影响。

◆在问卷调查中，学生对"老师导入新课，你认为下面哪一种方法更有效些？"一项中，赞成"由复习旧知识导入"的占48.7%，赞成"从创设情境导入"的占39.1%，赞成"一般性直接陈述"的只占5.7%，赞成"开门见山直接讲课"的只占4.9%。

5. 知识切入点的设计不精当甚至不妥当的现象大量地存在。对这样一个教学中具有牵一发而动全身的问题重视不到位，是课堂教学无效和低效的症结之一。

6. 教学的起点和标高不能很好地适应学生实际的情况还部分地存在着。起点和标高或偏高或偏低或偏移的现象影响着教学的有效度。

◆在问卷调查中，对"有三种教法，请你按喜欢程度排序"一项，将"按课程标准教学，又能适应学生实际，设置合理的梯度引导学生接近和达到要求"

排为第一的占 76%，将"迎合学生的喜好或惰性，降低教学的高度"排为第一的占 16.6%，而将"按课程标准教学，教学起点比学生的基础高"排为第一的只占 7.4%

7. 教学结构缺乏梯度或梯度偏陡跳跃性过大的课还有相当大的量。对于这样一个关系到认知规律的问题缺乏缜密的研究，是课堂教学无效和低效的又一个症结。

◆在问卷调查的"学生意见"中，学生对教学中衔接不好、跳跃性大的意见也不少。

8. 教学中学、讲、练三个主要因素的安排缺乏周密的设计，形不成优化组合的课还有一定的量。这是课堂教学产生无效和低效表现的一个关键。

◆在问卷调查中，对"在课堂教学中，你认为下面哪一种教学安排更有效些？"一项，主张"精讲多练"的占到 84.6%，主张"多讲少练"的占 9.5%，主张"只讲不练"的只占 2.8%。在问卷调查的"学生意见"中，学生对老师少讲一点、让学生多做一点习题的要求也不少。

9. 学生自己能学会的不安排学生自学，仍然"以讲代学"的现象大量存在。这是无效和低效表现的一个重要原因。

◆在问卷调查中，对"对于教学过程中老师的'教'和学生的'学'，你认为下面哪一种安排更有效些？"一项，主张"边教边学"的占 50%，主张"根据教学内容确定"的占 25.2%，主张"先学后教"的占 13.2%，主张"先教后学"的占 8%，主张"只须老师教不必自学"的只占 4.5%。

10. 教材上有的不引导学生看书、圈点，而重复板书的现象还时有表现。这也是一种无效和低效表现。

◆在问卷调查中，对"课堂上，老师常常安排学生自学，如看书、读书，对此，你的态度属于下面哪一种？"一项，认为"有了自主学习时间，很好"的占 72.5%，认为"不好，看不懂"的占 18.6%，认为"很烦，懒得动"的占 9.9%。

11. 讲解过度，学生已经会了的知识还不厌其烦地讲，怎么讲学生都不会的还苦口婆心地讲的现象还或多或少地存在着。这也是一种无效和低效表现。

◆在问卷调查的"学生意见"中，有些学生主张：老师应该精讲，不要什么都讲，这样才能让学生更好地理解。

12. 讲解不得要领，讲解枯燥无味，主干知识讲不透，讲不出兴趣，抓不住重点、难点，讲不好易错点、易混点、易漏点的现象还发生在部分教师的课上。

这是无效和低效的重要表现。

◆在问卷调查中，对"在老师的教学状态上，大体上有三种类型的老师，请你按喜欢程度排序"一项，将"讲得严谨，知识含量丰富，有一定的趣味性但不低俗地取悦学生"排为第一的占72%，将"讲得生动有趣，但知识含量不多"排为第一的占15.1%，将"讲得严谨，知识含量丰富，但没有趣味"排为第一的占11.5%。

13. 应该按"以训练为主线"来进行教学的课，事实上还有一部分课没有得到很好体现。主要表现在：当堂训练的时间安排不足；训练缺乏设计，流于简单化。这是我校课堂教学无效和低效的又一个关键。

◆在问卷调查的"学生意见"中，主张多做习题的比较多。

在问卷调查中，对"对于讲练结合，你认为下面哪一种教学安排更有效些？"一项，主张"边讲边练"的占44.4%，主张"先讲后练"的占31.5%，主张"先做后讲"的占24.1%。

14. 教学中不注重情境的创设，尤其是问题情境的创设是一个尚未完全解决好的问题。这自然会影响到教学的有效度。

15. 教学过程中体验性不充分大量存在。主要表现有：理科教学不能引导学生充分经历知识获得的过程；文科教学不能引领学生充分体验获得结论的思维过程；教学实验还有不少脱节现象；在具体的环节上，包办解题、代替操作等等，可以说比比皆是，习以为常。这是在新课程背景下，课堂教学无效和低效的根源性表现。

◆在问卷调查中，对"有三种做法，你认为哪一种更好（可以多选）？"一项，主张"在老师指导下我们自己解"的占到51.9%，主张"老师讲解与引导我们自己解有机结合"的占50.9%，主张"我们先独立地解，遇到问题再问老师"的占38.7%，主张"老师包办解的过程，我们听好就行了"的只占10%。

在问卷调查的"学生意见"中，有学生建议老师理科解题时，要把过程写详细点、清楚点。

16. 对预设和生成缺乏整合能力几乎在每一个人身上都不同程度地存在着。主要表现在：对教学过程中的突发事件缺乏应对机智，对教学过程中的生成性资源缺乏整合智慧，死守预先设定的思维定式，缺乏活力。这样的教学必然具有一定程度的无效和低效性。

17. 课堂提问的肤浅和浮华现象时有所见。主要表现在："对不对""是不是"的提问仍偏多；一问众答的提问也偏多；有些提问缺乏启发性思考性；提问不能注意到对象的层次化。这也影响教学的有效度。

◆在问卷调查中，对"对于课堂提问，你认为下面哪一种方法更有效些？"一项，喜欢"富有启发性的提问"的占61.4%，喜欢"记忆性知识的提问"的占22%，喜欢"对与不对""是与不是"的提问的占到18.6%。

在"对于提问的态度，你属于下面哪一种（可以多选）？"一项，表示"喜欢一问众答"的占52.2%，表示"喜欢老师提问"的占45.7%，表示"喜欢个别提问"的占27.6%，表示"不喜欢老师提问"的占22.3%。

18. 课堂倾听漠然仍然是较为普遍的现象。主要表现在：教师的关注点大都还停留在预设教案上，而对学生的课堂反应关注不够；对学生回答和训练中的问题还没有养成发现和重视的习惯；对学生不对路的发言不愿意倾听甚至持轻蔑的态度。教师的这种教态直接影响着教学的有效性。

19. 反馈策略的运用尚未形成一定的思路。主要表现在：教学设计中很少设计反馈环节；"零反馈"现象还存在；基本上未形成一套反馈策略；反馈过程中挫伤学生积极性的现象时有发生。做不到适时的积极的反馈必然影响课堂教学的有效度。

20. 板书的随意性不同程度地存在着。主要表现在：课本上有的还重复板书，而不是让学生看书；偏重板书标题和提纲而不太注意板书需要强化的要点、难点、疑点以及重要的过程环节；板书的字或大或小；书写不规范。这些情况直接影响着教学的有效性。

21. 信息技术资源与学科教学整合的课还存在一些不和谐现象。主要表现在：运用媒体就忽略教材、取消板书；媒体内容只能让学生见到结论而不能体验过程；媒体内容的转换速度有时过快，学生无法掌握；媒体运用与教学内容的整合有时候还有些割裂。这也在一定程度上影响教学的有效度。

22. 教学情绪过急或教学语言过快过慢，致使教学过程缺乏应有节奏的现象相当多地存在着。主要表现在：情绪过急，总是急于告诉学生问题的结论；好心过度，总想让学生走捷径，而不想让学生"犯错""走弯路"；语言表述过快不留间隙不留空白；语言表述过慢常使情绪涣散和思维断线；整个过程形不成高潮。这些技术或艺术上的问题或显或隐地影响着教学的有效度。

23. 联系实际的分寸和知识的迁移度把握不当的情况时有表现。主要表现在：所举实际事例与知识与技能扣合度不高；联系实际过少或过多；知识迁移和拓展或放不开或放开了收不拢。这些现象也影响着教学的有效度。

24. 分层教学普遍落实不好。主要表现在：无视学生的差异，一刀切的现象较为普遍；看学生的"短"多，看学生的"长"少；简单地把学生的差异看作问题，而不是视为教学资源；分层教学、分层作业、分别辅导尚未很好落实。这必然会带来一些无效和低效。

25. 教学实践中只见智力因素不见非智力因素的现象比比皆是。主要表现在：重智商，轻情商；重认知，轻元认知；重技巧，轻习惯和方法；重外在灌输，轻主体意识的唤醒。这些现象无不影响着教学的有效度。

（四）课堂教学后续（课外）方面

1. 整个教学过程的检测安排与知识单元还有一些脱节现象。主要表现在：还不能完全做好单元过关检测；检测过后的评讲和纠错也还有一些不足。检测的有效性直接影响到教学的有效度。

2. 考试卷中未经精选而照抄的试题量偏大的现象较为普遍地存在。这种现象也在一定程度上制约着教学的有效性。

3. 课外作业量与教学内容量比例失衡是普遍问题。主要表现在：有时教学内容量大而课外作业量轻；有时教学内容量小而课外作业量重；训练量需要大的学科有的课外作业量反而小；训练需要量偏小的学科有的课外作业量反而大。这种比例失衡的状况较为严重地影响着教学的有效度。

4. 编辑质量高而又适合我校学生实际的配套练习册选不好是一个难以解决的大问题。在这种情况下布置的作业就存在着一定的质量问题，致使作业有效性受到较大的影响。

5. 对学生中不交作业或抄袭作业或不认真写作业的现象找不到有效的解决办法成为一种困扰。在这种情况下，作业的有效性必然大大降低。

◆在问卷调查的"学生意见"中，有学生提出：对作业的质量和要求要严格。

6. 作业的处理还存在着或多或少的问题。主要表现在：作业发还不及时的情况多有存在；订正环节抓得不够落实的现象也不少；当面批改的量还不够大。这些都不同程度地影响着作业的有效性。

◆在问卷调查中，对"对于作业的处理，你认为下面哪一种方法更有效些（可以多选）"一项，选择"老师批改后集体讲评"的占56.8%，选择"老师指出错误后让学生自己订正"的占53.2%，选择"老师批改时就将错误改过来"的占28.9%，选择"当面批改"的占10.7%。

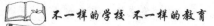

◆在问卷调查的"学生意见"中，学生对作业中的错误缺乏及时订正很有意见。

7.课后辅导尚有不少欠缺。由于我校学生兼有走读和住读，因此作业的完成和辅导难有切实的保障，这又会影响到教学的有效性。

四、解决我校课堂教学中的无效和低效问题的基本对策

（一）明确我校现阶段每一节课有效性的具体标准

《新课程背景下有效教学的实践研究课题论证》中所提出的关于"有效"的基本含义是："有效教学"是指通过教师在一段时间的教学之后，学生所获得的进步和发展，主要体现在"有效果""有效率""有效益"等三个方面。这是我们应当努力实现的基本目标。根据我校实际，就每一节课而言，从操作角度上讲，对"有效性"提出如下具体标准：

1.每一节课都能有效地实现预期的教学目标。

2.每一节课后，所教班级大多数学生听懂了，作业会做了，也基本上能考得好。

3.每一节课后，每一位学生的知识和技能、过程和方法、情感态度价值观都在各自的基础上有所进步和发展。

（二）解决好"有效教学"的几个观念问题

1.我校现阶段有效教学的逻辑必要条件应该是：

有效教学应该在学生"想学"的心理基础上展开。因此，教师要注重激发学生的学习动机，唤醒学生的主体意识。

有效教学应该以学生的已有知识和经验为逻辑起点。因此，教师必须把自己的教学活动建立在学生的认知发展水平和已有的知识经验及生活经验上，努力探索适合所教班级学生实际的教学思路。

有效教学应该以所要达到的教学目标为依据。因此，教师必须明确每一节课的教学目标，而且在一般情况下，还应该向学生告知教学目标。

有效教学应该选择所教班级学生易于接受的教学方式和方法。因此，教师应该根据学生特点利用自己的优势借助一些技巧让学生学会、会学、会做、会考。

2.有效教学的落点是在学生身上，而不是教师的自我感觉。教学是否有效，并不是指教师有没有完成教学任务或是否教得认真，而是指学生有没有学到

什么或学得好不好。如果学生不想学或者学了没收获，即使教师教得很辛苦很有水平，也是无效或低效教学，同样，如果学生学得很辛苦，但没有得到应有的发展，也是无效或低效教学。

3. 课堂教学的有效性是双向作用的结果。教师一方面要提高自己"教"的有效性，也要促使学生有效学习。

（三）促进教师专业发展，提高教师有效教学的素养

1. 加强校本研修，认真实施《校本研修制度》。每位老师每学期都要做到"三个一"：读一本教育教学理论著作；上一次有效教学课例研究课；写一篇案例性的教学笔记。

2. 营造自我反思的良好风尚，促使教师把"自我感觉良好""自我满足"的心态逐步调整为"不断认识自己、发现自己、刷新自己"，走"经验＋反思＝成长"的专业发展之路。

3. 努力建构科研文化，创造在研究状态下工作的氛围，促使教师把"研究"作为自己重要的生存方式。

◆在问卷调查中，对"用'教书育人'来评价老师，大体上有三种类型的老师，请你按赞同程度排序"一项，将"书教得好，又注重教育学生做人，对学生的终生负责"排为第一的占87%，将"书教得好，但不教学生做人"和"书虽教得一般，但注重教育学生做人"排为第一的各占6%。

对"在对待学生的态度上，大体上有三种类型的老师，请你按喜欢程度排序"一项，将"书教得好，又关心学生"排为第一的占85.6%，将"书虽教得一般，但关心学生"排为第一的占9.4%，将"书教得好，但不关心学生"排为第一的占4.6%。

对"在老师的工作态度上，大体上有三种类型的老师，请你按喜欢程度排序"一项，将"学识较高，书教得好，又很负责"排为第一的占80%，将"学识一般，书教得一般，但很负责"排为第一的占15%，将"学识较高，书教得好，但不很负责"排为第一的占5%。

（四）做好课题研究的当前工作

1. 实质性地进入课题研究的实施阶段，各级课题全面启动。

2. 重点抓好课例研究。

3. 按《初创期学校有效课堂教学的实践研究课题论证》修订教学常规细则，努力把有效教学的研究落实到每一项常规中去。

附 Ⅱ

"初创期学校有效课堂教学的实践研究"

课题研究后期调查研究报告

2008 年 5 月

王仁甫

我校于 2005 年 9 月开题的"初创期学校有效课堂教学的实践研究",到本学期进入了总结阶段。2008 年 4 月，学校分别在学生和教师中进行了问卷调查。本次调查的主旨是验证将近 3 年来研究的成效，发现新的问题，提炼新的认识，形成推广阶段的更为清晰的思路。调查对象为高中三个年级的学生和全体任课教师，学生为 3103 人次，教师为 71 人。

一、课题研究促进课堂教学的有效性明显提高

1. 对现阶段课堂教学有效性的总体评价，大多数学生持肯定态度，并有诸多的赞许。下面是一个对照表：

研究初期与后期课堂教学有效性对照表

很有效			比较有效			比较低效		
研究初期 06.10.	研究后期 08.04.	升降	研究初期 06.10.	研究后期 08.04.	升降	研究初期 06.10.	研究后期 08.04.	升降
22%	42.4%	+20.4%	45.5%	51%	+5.5%	30%	5%	−25%
前两项合计，有效度由 67.5% 上升到 93.4%；低效度由 30% 下降到 5%。								

这个数据表明了多数学生对现阶段广大教师教学的有效性的基本肯定，有力地证明了课题研究成效之显著。但是我们更应该看到，在这个数据中，"比较有效"的比例最大，"很有效"的比例并不可观。可见，这种肯定之中更多的是一种期待，还含有一定的不满意。因此，我们的研究还必须深入下去，进一步提高有效度，逐步从"有效"教学向"优质"教学的目标发展。

二、"适合学生"已经成为广大教师的共同追求

在学生问卷调查中，认为老师的教学"过去脱离我们的实际，现在符合我们的实际，听得懂、学得会、也会做题"的有 32.9%，认为"过去和现在都符合我们的实际，听得懂、学得会、基本会做题"的有 60.7%，认为"脱离我们的实际，听不懂、学不会、不会做题"的只占 5.3%。

我校课题研究的基本目标是创造适合我校学生实际的有效教学。本着这一目标，在课题研究实践中，广大教师逐步从传统的"以教定学"转变为"以学定教"，盯住学生"有没有学到什么和学得好不好"。这是一场革命性的转变，是传统教学与现代教学的一个分水岭，也是"低效"与"有效"的形成的基本原因。应该说，我们做出了不懈的努力。

在教师问卷调查中，认为"自己以前喜欢滔滔不绝地讲，不怎么考虑效果的落实，自课题研究以来，便很注重教学的'落实'，学生的收获明显提高"的有 7 人，占 10.4%，认为"自己以前考虑得多的是如何完成教学任务，而且教得也很认真，自课题研究以来，考虑得更多的是学生有没有学到什么或学得好不好，因而特别注重落实"的有 45 人，占 67.1%，认为"自己想了很多办法力求'落实'，但结果总不能让人满意，很有些困惑"的有 15 人，占 22.3%。这一探索反映远没有达到我们的理想目标，大家还有不少的困惑。但老师们的理念已经大有转变，关注点已经放在"落实"上，而且已经和正在进行着实际的努力。尽管任重道远，但这是我们不变的目标，是下一步研究的又一个突破点。我们相信，只要持之以恒，必然会有更为可观的收获。

三、学、讲、练三因素的组合渐趋优化

在学生问卷调查中，认为"学、讲、练的时间安排得比较合理"的占 71.9%，认为"讲得偏多，学和练的时间偏少"的仍有 19.4%，认为"讲得偏少，学和练的时间偏多"的只占 7.1%。

在教师问卷调查中，认为"自己以前基本上是'满堂灌'，自课题研究以来，基本上做到了学、讲、练有机结合，凸显学、练，注重精讲，效果明显"的占 46.4%；认为"自己总在尝试老师少讲、学生多学多练，但事实上总是推不动，因而常常又回到'多讲'的老路上去的"占 35.25%。

这个数据是符合实情的，表明我校课堂教学的 3 个基本因素的组合已日趋优化。《我校现阶段有效课堂教学的行动方案》提出："学、讲、练三因

素优化组合，凸显学、练，注重精讲。"并对此做了相应的阐释。研究实践证明，这是决定课堂教学"低效"或"有效"或"高效"的关键所在，也是建构有效课堂的基本支撑。在将近3年的研究中，这一理念已经得到广大老师的认同，并逐渐形成老师们的自觉行为。下一步研究的重点在于：如何解决因"推不动"而常常回到"多讲"的老路上去的问题。解决这一问题的关键还在于解放思想，冲破固定思维和习惯，牢固地建立"引领学生有效学习是有效教学的第一要义"的观念，当然，与之相应的是探索如何不回到老路上去的操作办法。这是我们下一步的一个重要的突破点。

四、"三案"教学基本成为有效教学的保障载体

根据教师问卷调查中不完全的填报，自课题研究以来，老师们编印的学案大约有1920份，题案大约有5993份。老师们认为"学案或题案使用有效的"达到94.6%，认为"效果一般的"只占5.4%。今后"有意继续做下去，使之形成一整套材料"的占44.2%，"打算有重点地编制的"占55.7%。

在学生问卷调查中，认为学案、题案"比较好，我们感觉很有效"的占到66.8%，认为"不错，但用得不充分"的占15.6%，认为"不是很合适，因而效果不好"的占到14.5%。要注意的是，后两项并不完全否定学案、题案教学，不满意的指向主要应该是设计和使用上。

上述数据表明我们已经找到了引导学生有效学习的合适载体，不仅得到了学生的基本认可，而且已经和正在成为广大教师的自觉行为。下一步的研究要点是：设计的"合适"和"使用"的充分，突破点是学案、题案的设计如何实现差异性和层次性。

同时，我们认为，有意编制出"一整套材料"和"打算有重点地编制"都是正确的，而且如果没有必要而"不编制"也是对的。我们的原则，一是必要，二是合适，三是有效。

五、课堂"互动"状态的营造还是一个沉重的课题

在教师问卷调查中，认为"自己以前总是乐于自顾自地唱独角戏，自课题研究以来，便努力营造互动状态，效果相当好的"只有12%，评说"自己总是在积极营造互动状态，有的班形成度较高，有的班总是动不起来的"高达87.3%。

课堂互动状态不理想的主要原因在哪里呢？学生认为是"老师的调动和

引导不得法"的占 44.8%，认为是"老师常常交代得不明白"的有 16%，而认为"老师已经做得不错，只是我不想动"的竟然占到 32.1%，其中数学学科高达 51.9%，英语学科更高达 57.91%。这是一座多么沉重的大山！

但是，在老师中，"不想营造互动状态只唱独角戏的"为零，学生中乐意"动起来"的毕竟还有 60.8%，这又让我们看到了希望之所在。

沉重和乐观同在，希望和挑战并存！我们不能失望，不能放弃，要充满信心，相信学生中潜存着的活力是无穷的。

六、教师对学生的课堂关注度大大提高

在学生问卷调查中，反映老师"能关注到全班同学，我们很满意"的占到 69.8%，认为"只关心少数同学，对学习困难学生关心不够"的有 22.7%，认为"经常只顾自己讲，不考虑学生懂不懂、会不会"的还有 5.4%。

这表明我们老师关注学生的理念已经基本形成，但是如何关注到每一个层面的学生，关注到每一个学生，仍然是我们要继续努力的。

七、教师的专业素养得到了较好的发展

从教师问卷调查中提供的信息看来，随着课题研究的推进，可以说老师们都在进行着各种各样的研究，教学理念在不同程度上有所更新，教学水平有了各自的提高。

有的老师说：

"我的教学方法有了很大的改变，彻底摈弃了内地的教学模式。"（郭道坪）

有的老师说：

"我对教学中的困惑有了更多的思考，并且改变了埋怨学生基础差的无所作为的思想；在某几个专题上完全实现了'零知识'背景下的有效教学，如'酸、碱、盐'的辨认，'化学键'的分析，'氧化还原概念'的理解和运用。"（刘毅传）

有的老师说：

我"能发掘每一节课的各种教学资源并充分利用；能综合运用各种教学手段充分调动学生共同参与学习活动"。（曾昭宏）

有的老师感慨地说：

"理念变了，课上轻松了，课下累了。"（龚立群）

仅几例，反映出老师们同课题研究一起进步，一起丰富着自己的教育人生。

课题研究以前，很多老师很少读教育理论方面的书籍，3 年来，大家读过 103 本有关的书，这个数字虽然同我们的要求还相差不少，但相对过去而言，又是可喜的。

最值得肯定的是部分老师能够研读教育家的原著，如读过夸美纽斯《大教学论》的有 3 人，读过卢梭《爱弥儿》的 1 人，读过《卡尔·威特的教育》的 1 人。还值得一提的是，一部分老师研读了现代教育思想方面的书籍，如读过《学习的革命》的 1 人，读过《多元智能与教师》的 1 人，读过《从教法走向学法》《现代教学理念的转变》《新课程理念下的开放课堂教学》的各 1 人。有的老师重翻心理学，有些老师关注教育研究，读了《教师如何做研究》。有些老师关注自身的发展，研读《给教师的 101 条建议》。其中有一位老师读了《中学教育力量的整合》等 6 本书，并记得每一本书的出版社和作者，这是真读书的典型。

但是，读过课程标准解读或新课程理念方面的只有 10 人，这是最大的不足，我们要补好这一课。

八、下一步研究的方向

1. 目下，我们已经写出了主课题的结题报告和 9 门学科的研究报告。可以说这 10 份报告共同组成了我校有效课堂教学的实施体系。这是我校现阶段课堂教学的行动纲领。下一步的任务就是把我们研究的成果回到研究实践中去，推广开去，开花结果。在具体的实践中，每一位老师都必须遵照《关于我校推进教师有效课堂教学的行动方略》认真践行，并形成一定的自我特色。

2. 解放思想仍然是我们的课题研究的先导。下一步，我们将继续组织课程标准的学习，学习广东的新高考方案，组织一系列的"教师论坛"活动，探讨我们还有哪些定式思维需要冲破，还有多少固有习惯需要刷新，应该具有怎样的思维方式，应该建立怎样的与时俱进的理念，从而把课题研究推向新的阶段。

3. 形成新的技术路线和研究模式。我们要遵循实践理论，按照实践的逻辑，植根于生动、具体、完整的教学场景中，本着复杂的、动态的发展轨迹，研究特定的解决办法和有效策略，开发适合我校学生实际的有效教育智慧，并形成为自我规范性理论，而后推广到类似的教育教学情境中，不断提高专业素养。

附Ⅲ

关于我校教师推进"适应学生学习"有效课堂教学的行动方略（研究初期）

2006 年 9 月

王仁甫

我校新阶段还处于初创期，学校的龙头课题是"'适应学生学习'的有效教学的研究"。为着提高教学的有效性，整体提高教学质量，特拟定如下行动方略。

一、我校现阶段有效课堂教学的基本理念

（一）认识并理解好四个问题

1. 认识一个症结：我校新阶段课堂教学中的低效甚至无效的症结在于：教师的"教"未能很好地"适应学生的学"；学生的"学"未能很好地"适应教师的教"。

2. 确立一个理念：教师的"教""适应学生有效学习"和培养学生的"学习适应性"从而实现"双向适应"是有效教学的两翼。

3. 实现一个转型：从"教为中心"转型为"学为中心"。

4. 认识和解决好几个具体问题：

（1）我校现阶段有效教学的逻辑必要条件应该是：

有效教学应该在学生"想学"的心理基础上展开。因此，教师要注重激发学生的学习动机，唤醒学生的主体意识。

有效教学应该以学生的已有知识和经验为逻辑起点。因此，教师必须把自己的教学活动建立在学生的认知发展水平和已有的知识经验及生活经验上，努力探索适合所教班级学生实际的教学思路。

有效教学应该以所要达到的教学目标为依据。因此，教师必须明确每一节课的教学目标，而且在一般情况下，还应该向学生告知教学目标。

有效教学应该选择所教班级学生易于接受的教学方式和方法。因此，教

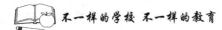

师应该根据学生特点利用自己的优势借助一些技巧让学生学会、会学、会做、会考。

（2）有效教学的落点是在学生身上，而不是教师的自我感觉。教学是否有效，并不是指教师有没有完成教学任务或是否教得认真，而是指学生有没有学到什么或学得好不好。如果学生不想学或者学了没收获，即使教师教得很辛苦很有水平，也是无效或低效教学，同样，如果学生学得很辛苦，但没有得到应有的发展，也是无效或低效教学。

（3）课堂教学的有效性是双向作用的结果。教师一方面要提高自己"教"的有效性，也要促使学生有效学习。

（二）确立好五个教学理念

1. 适合学生的教学是最有效的教学

我校的课堂教学必须实现"五个适合"：适合基础薄弱学生实际、适合所教班级学生实际、适合学生的差异实际、适合学生个性特长发展的需要、适合学生终生发展的需要。

2. 引领学生有效学习是有效教学的第一要义

我校课堂教学的着力点应当放在如何引起学生有效学习上，教师教学行为的落点应当放在如何引起、维持和促进学生实现有效学习上。简单说，应该追求"三学"：一是激发学生的学习动机，促使学生"想学"；二是指明目标和方法，促使学生"会学"；三是采用易于学生理解的方式和方法，让学生"学会"，并"会做"。

3. 实现"教师少教学生多学"是有效教学的主旨

远在 1632 年，捷克教育学家夸美纽斯在《大教学论》中提出班级教学制时就提出教学的"主要目的在于：寻求并找出一种教学的方法，使教员因此可以少教，学生可以多学"。这也是我们研究的主旨所在。

4. 以学定教是有效教学的定律

我们的基本理念：以学定教。其具体操作轨迹应该是：以先学后教为主线，以先教后学为副线，边学边教、边讲边练交织推进。

5. 有效教学的落点在学生身上

教学的有效性，当然离不开教师的认真态度和教学任务的完成，在此前提下，我们更关注的是学生想不想学，有没有学到什么或学得好不好。如果学生不想学或者学了没收获，即使教师教得很辛苦、很有水平，也是低效甚至无效的教学，同样，如果学生学得很辛苦，但没有得到应有的发展，也是低效甚至无效的教学。

二、我校新阶段有效课堂教学的总体模式

（1）名称："三二一"教学模式

（2）基本含义：

"三"：学、讲、练三因素优化组合，凸显学、练，注重精讲。

"二"：两个追求"度"，一是追求互动状态的形成度，二是追求教学目标落实的有效度。

"一"：有一个合适的书面载体，根据学科、内容、课型特点编制出简明、实用的"学案"或"题（练）案"或学、教、练三合一的"课案"。

（3）有关概念的界定

1）"学"的范围

模式本义：指阅读、听讲、思考、圈点、发问、讨论、观察、实验；做学案、题案中需要即时回答的问题；在完成"活动"目标中的学习行为。

"学"的时间列为"第一时间"。

模式广义：含课前预习和课后复习、训练、实践。

本模式中的"学"，基本指"本义"，也延伸到"广义"。

2）"讲"的范围

模式本义：指系统传授、例题讲解、知识点阐释、答问后的解说、训练后的释疑等须用一定量时间的讲授。

"讲"的时间列为"第二时间"。

模式广义：含课后辅导、作业讲评。

本模式中的"讲"，专指课堂内的"讲"。

3）"练"的范围

模式本义：指课堂上书面做题、板书做题、口头答问、活动性训练、当堂巩固训练、实验操作等训练性行为。

"练"的时间列为"第三时间"。

模式广义：含课后练习及活动。

本模式中的"练"，除有明示"课后"之外，都指课堂内的"练"。

（4）有关问题的说明

1）学、讲、练三因素优化组合的第一含义是三因素时间分配优化。分配的根据是每一节课教学内容和课型的需要，分配的关键是确保学、练有足够的时间，分配的要领是把握好"讲"的时间度，总的精神是无论怎么分配都不能以任何理由作为"满堂灌"的借口。

2）学、讲、练三因素优化组合的第二含义是三因素结构组合优化。结构组合的根据是所教知识点和能力点的认知规律和学生心理情感状态，应该从多样性、动态性、创新性、实效性考虑，但总的理念必须是以学定教。

3）学、讲、练三因素优化组合的第三含义是每一个因素的优化。仅仅有前两种优化是不能实现有效的，更重要的是学得有效、教得有效、练得有效及其三个因素结合得有效。

4）课堂教学中的"载体"，可以划分为三类：一类是学案，或题案，或学、教、练三合一的课案，列为第一载体；一类是课本、试卷（套卷）、其他学习资料，列为第二载体；还有课堂练习簿、黑板、媒体展台也可以说是一种载体，列为第三载体。本"模式"中的"载体"主要是指第一载体，同时也指第二、三载体。这种提法的主旨在于摒弃空对空的讲授，务求落实。

5）教学的有效性是以高尚的师德和过硬的师能为基础的，因此仅仅有"有效教学模式"是不能实现有效教学的，还需要在新课程理念指导下，凭借较为深厚的专业功底和比较高超的教学素养，采取有效的常规、有效的管理、有效的方法、有效的策略，以及其他各种相应的有效因素。

（5）三个有效关键词：互动，落实，载体。

三者的关系可以这样表述：以"落实"为核心，运用好载体，在互动中有效地实现目标。

三、我校新阶段有效课堂教学的评价标准

（一）有效课堂教学的三级指标

一级指标：基本有效

1.体现"两个关键词"：互动、落实。

2.有合适的载体。

3.比较有效地实现预设的教学目标。

二级指标：有效

1. 实现了互动、落实；有一个载体。

2. 听懂了；记住了；学会了；会做了。

三级指标：高效、优质

1. 实现了互动、落实；有合适的载体。

2. 学生学会、会学、会做。

3. 学生的知识和技能、过程和方法、情感态度价值观都在各自的基础上有较大的进步和发展。

（二）每一节课有效性的具体标准

1. 每一节课都能有效地达成预设的教学目标。

2. 每一节课后，所教班级大多数学生听懂了，作业会做了。

3. 每一节课后，每一位学生的知识和技能、过程和方法、情感态度价值观都在各自的基础上有所进步和发展。

四、我校新阶段有效课堂教学的主要策略

（一）"三案"策略

"三案"即学案、题案或学、讲、练三合一的课案。

1. 多数学科多数课均需编制学案或题案或课案。

2. 根据学科、内容和课型的特点，选取一案。

3. 三案的编写力求简明实用。

4. 三案必须引导学生全案使用。

5. 三案的设计务求"三性"：典型性、适差性和诱导性。

6. 三案的编制要做到"三不"：简单易懂无须动笔的不上三案；课本上有的知识和题目原则上不印到需要印制的案卷上；在课件上投影的原则上不重复到需要印制的案卷上。

（二）五种载体交替运用策略

上述三案（其一）加上多媒体、黑板、课本和同步训练书为五种主要操作载体，应当合理地有效地交替运用：

1. 多数的课，前四种载体都应使用。

2. 五种载体在一般情况下，不宜单一使用，应当交替使用。

3. 五种载体上的内容原则上不宜重复，应当有序地衔接和转换。

4. 原则上杜绝弃置课本和黑板的现象。

5. 杜绝"满堂投影"现象。

（三）课后作业载体保障策略

课后作业的主要载体定为两种：一是合适的《同步训练》书，二是备课组编写的书面作业单，在此基础上可用练习簿补充作业；基本杜绝仅用自抄题目的练习簿敷衍作业现象。

（四）适差性取舍策略

1. 每一学科都要根据《课程标准》《考试说明》和学生的基础智能差异、差异性培养目标，解放思想，大胆取舍，并精心制订出每一模块系统的取舍方案。

2. 每一位老师都要根据所教学生实际，结合学科取舍方案，对教材进行重组。

3. 做到"两教两不教"：本班学生目前学不会的暂不教，应该教目前又学得会的一定要教好；书上有的，学生又能自己学得会的，简单教；必须教会学生，而学生自己又学不会的，重点教好。

（五）知识固着点策略

1. 在学习新知识的过程中有机地联系旧知识，不断地在学习新知识的过程中填补学生过去未学好的知识。

2. 新课教学要以学生的已有知识和经验为逻辑起点，教师必须把自己的教学活动建立在学生的认知发展水平和已有的知识经验及生活经验上，努力探索适合所教班级学生实际的教学思路。

3. 教学任何一个新知识点都要根据上述两点选取最佳角度切入学生已有知识的相应部位，以求有效。

（六）凸显学、练策略

记住**"三六有效讲经"**：

六个讲好：讲好重难点；讲好规律；讲好方法；讲好易混点；讲好易错点；讲好易漏点。

六个不讲：不讲学生已经会的；不讲学生自己能学会的；不讲学生怎么也学不会的；在学生思考过程中不要急于讲解；在学生自己做题时不要讲题外话；在学生发表不同见解时不讲压制性的话。

六个不得：只需三分钟就能讲清楚的问题，不得讲四分钟；应该紧扣主题的引入，不得戴大帽子、绕圈子；应该留给学生的自学和训练时间，不得占用；应该师生互动的，不得唱独角戏；在学生的思维过程中，不得打断思路；学生能自主解决的问题，不得包办代替。

（七）三因素时间序位优化策略

在"学""教""练"三因素的组合顺序中，要确保"学"与"练"的优先序位。为此，我们要确定如下的序位观念：

总体序位：以学定教，以练促教。

第一序位：先学后教，讲练结合。

第二序位：边教边学，边讲边练。

（八）教学方式交替运用策略

一要实现教学方式"六交替"：

一是视觉教学和听觉教学间隔进行；二是直观教学与抽象教学交相结合；三是引起学生"无意注意"和"有意注意"交错转换；四是引导学生听课、看书、发问、练习交相进行；五是调动学生眼、脑、耳、口、手、笔交互运用；六是促使学生理解、思考、记忆、想象交融进行。

二要实行教学方式"五杜绝"：

一要杜绝"满堂灌"；二要杜绝"满堂问"；三要杜绝"满堂投影"；四要杜绝"满堂静"；五要杜绝"满堂闹"。

（九）互动策略

我们的行动口号：让学生"动"起来学习！

1.要通过多样的符合学生心理特征的适合所教知识点认知规律的教学方式，有机地合理地调动学生应有的多样的学习方式。

2.努力实现群体的师生互动、生生互动和个体的眼、耳、口、手、脑的交相互动。

3.提倡形式和内容统一的有效互动，杜绝作秀。

4.互动的最佳境界是教师思维和学生思维的同步与跟进，因此特别要注意"教"与"学"形成交流状态。

五、我校新阶段有效课堂教学的主要常规

（一）教学设计常规

1.备课一定要充分突出"设计"性。

2.教学设计一定要在了解学生和研究教材的前提下进行。

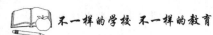

3.教学设计方案要注重实用，尤其要注重学生活动的设计。

4.教学设计方案要体现"预设"与"生成"的结合。

5.编制"学""讲""练"三合一课案的，不必另写教学设计方案。

6.编制学案和题案的，应当写教学设计方案，但可以适当略写。

7.学案、题案、课案都未编制的，一定要写好教学设计方案。

8.一课一案。

9.课件制作注重实效，下载课件应进行剪辑增删。

（二）教学环节常规

1."堂堂清"操作环节三要点：

（1）每节课后，清理出预设目标没有实现的知识点，纳入下一节课的教学内容，并清理出尚未过关的学生，加以辅导。

（2）巩固性作业应当在下一节课之前完成批改，并发还学生，原则上应对典型错误进行集体校正；对部分学生做个别校正。

（3）特殊作业，应尽快完成批改讲评；作文原则上限一周之内完成批改并讲评。

2.课堂教学过程环节操作二要点：

（1）注重知识与能力的构建，让学生"学一点，练一点，得一点"的基本环节。

（2）凸显教学过程中"反馈、思考、诱导、生成、倾听、观察"等环节。

（三）关注学生常规

1.正式上课前，要关注每一个学生是否做好有关准备。

2.正式开讲前，要关注学生的注意力是否集中起来。

3.在学生自学、做题、实验时，要走到他们中间，亲切关注。

4.当发问以后，眼睛要关注到每一个学生。

5.当环节转换以后，要关注学生是否转移到新的方式上来。

6.在运算过程、推导过程的教学中，要关注到学生对每一个步骤、每一个细节是否弄明白。

研究报告（二）

广东省教育学会"十三五"规划课题

正视现实 双向适应

——"基础薄弱高中学生学习适应性培养策略的实践研究"之研究报告

2012 年 5 月

黄孔辰

一、导论：学习适应性问题，是学生发展的根本性问题

（一）选题背景

我校开办于 2002 年，是一所民办高级中学。学生的入学成绩低于全部公办学校学生的入学成绩。学生入学时的基本状态是：一方面，他们因自身的学习水平普遍较低，心里或多或少带有失败者的阴影；另一方面，他们面对高中新的学校环境，又带有一种新的期待，希望能通过自己 3 年的努力，有所改变而考上大学。为提高教学质量，2006 年至 2008 年，学校申报了深圳市"十一五"规划课题"初创期学校有效课堂教学实践研究"，于 2008 年 9 月结题。课题研究对有效课堂教学的理念及操作思路做了较为细致的阐述和论证，并在教学实践中取得了一定的成效，但是无法从根本上解决学生学习成绩持续分化的状况。究其原因，相当一部分的学生，在义务教育阶段知识与技能的缺漏太多而积重难返，以致根本无法适应难度更高的高中课程，课堂上想听却听不懂，课后作业想做却不会做，学习成绩始终无法提高，产生了紧张、焦虑、急躁、惶恐的情绪；还有部分学生则长期以来学习习惯不良，学习态度极不端正，缺乏学习动力，上课不认真听讲，下课不做作业，中午不休息，下午睡大觉，学习成绩每况愈下，厌学情绪严重。

高一学生进校 20 天后，学校就高一新生的学习适应性状况对学生进行了抽样调查。其中，有几项比较典型的数据：在"进入高中以来，你的学习适

应性的情况"一项中，"很快适应"的只占到 3.5%，"开始不太适应，经过调整后，现在基本适应了"的学生也只占到 29.67%，"至今还未完全适应"的占 50.9%，"很难适应"的竟然有 15.93%。在"进入高中以来，你在学习上的主观愿望情况"一项中，"有想学好的主观愿望，也有信心学好"的占31.5%，"有想学好的主观愿望，但困难较大"的占 50.1%，"没有信心学好，上高中只为父母之命"的占到 18.4%。在"完成作业情况"一项中，"能自觉并独立完成作业"的只有 4.5%，"能自觉完成但不懂的地方较多，因而有抄作业或抄答案的现象"的占 50.9%，"我的基础差，上课听不懂，基本上靠抄作业交差事"的竟然占到 44.6%。

这些现象都可以笼统地归因于学习适应不良，而在不同的个体身上又有不同的具体原因。如果不从根本上解决问题，给予这些学生相应的指导与帮助，解决他们的不适应问题，不仅会影响他们高中阶段的学业水平，也会影响他们其他方面如心理等的正常发展。因此，在我们这类生源基础较差的民办高中，如何采取切实有效的措施，提高学生的学习适应性，是关系到学生发展的根本性问题。

（二）选题的目的及意义

课题研究的目的之一是对"基础薄弱高中学生学习适应性"现状的调查，并做具体的原因分析；目的之二是探索基础薄弱高中学生学习适应性培养的基本策略。

本研究的意义主要有以下四方面。

1. 基础薄弱高中生学习适应性的培养是高中教育发展中亟待解决的普遍性问题。

从理论上讲，学生心理素质的培养和教育是素质教育的一个重要组成部分，对学生其他素质的发展有着很大的制约力和影响力。从"物竞天择，适者生存"的规律上讲，"适应性"是人的心理素质的核心成分，就学生来说，在长远上应当培养其对社会和职业的适应性，在现实中首先要培养其对学习的适应性。学生在校期间能否适应学习环境，顺利完成学业，提高和发展智力，形成健康人格，将会直接影响到对将来社会的适应能力，这是素质教育的一个重要命题，更是教育科研所要面对的问题。

高中教育相对初中教育，有着自身的不同特点。在学习方面，高中学科内容多，知识量较初中大，教材比初中厚，课文比初中长，知识涵盖面比初中广；

知识要求难度大,讲解的深度也较初中深;学习进度快,往往在初中要两三节课完成的任务高中一节课就要完成;各学科综合性、系统性以及学科间的渗透性较初中强;对能力的要求也较初中高,尤其是理解能力和综合能力。同时,高中教学对学生的学习自主性要求更高,需要他们去独立完成任务。这对于这些年龄在十五六岁的生理心理特征处于半幼稚、半成熟、半独立、半依赖状态的幼稚性和自觉性交织的同学带来了新的挑战。大部分学生必然会在心理、学习、交往等方面处于被动状态,不能很快适应新的变化,从而导致部分学生在成长中走一些弯路,甚至在学习上出现较大的滑坡,产生情绪低落、厌学弃学等现象。因此,如何使初中学生能尽快地适应高中学习生活,是普通高中教育尤其是生源基础薄弱高中学校面临的普遍问题,更是教师们面临的困惑。研究并解决这个问题是托起高中教育质量底部、提高整个高中教育水平的客观需要,更是生源基础薄弱学校提高教育教学质量的迫切需要。

2. 基础薄弱高中生学习适应性的培养是我校提高教学质量的必然选择。

我校是一所生源基础薄弱的民办高级中学。当时代进入到"十二五"发展时期,我校已经大体上从规范发展期步入特色发展期。由于民办教育发展的特殊性,我们在过去的 10 年和现阶段乃至未来的一个相当长的时段,都将面临生源基础薄弱的现实。如何培养和改善学生的学习适应性,促使学生的学习达到最大的优化,从而大面积提高教学质量,突破基础薄弱高中的"教育瓶颈",实现一定程度的跨越发展,及早赶上教育发展的大势,便成为办学目标赋予我们的使命。为此,学校实事求是地提出了"正视现实,双向适应"的教学理念,把"构建提高民办薄弱高中学生学习适应性有效教学模式"确定为我校新的发展阶段的主要办学特色。因而,基础薄弱高中生学习适应性的培养是我校提高教学质量的重要策略。

与此同时,我校"十二五"规划提出了"教育幸福人生,学习快乐一生"的新的教育理念,把实现"幸福教育"作为发展愿景。在这种理念视野下,我校教育教学的研究和实践必将关注学生作为具有生命属性的人的生存状况、成长意义,必将从关注学生作为一个完整生命个体的角度探讨学生的成长,必将关注学生的终生发展和幸福人生在步入成年阶段的实现进程。研究学生的学习适应性培养策略,旨在帮助学生尽快适应高中学习生活,在适应中能够"快乐学习",不断进步。因此,这一课题的研究是实现学校教育理念,实现办学的社会价值和学生个体发展价值,从而推进学校发展的必然选择。

3. 形成关于基础薄弱高中学生学习适应性培养的基本策略。

由于教育现状的某些不均衡，民办学校招收的都是进不了公立学校的学生，因此可以说民办高中的学生都是在新课程体系下的学习困难生和问题学生；与此同时，即使在公立学校，也还不同程度地存在着一定数量的学习困难生或问题学生。研究这一问题，形成关于基础薄弱高中学生学习适应性培养的基本策略，不仅能促进我校学生的有效发展，而且能为其他同类学校提供借鉴；研究这一问题，提供一些富有创新价值的研究视角和理论建树，必将会对民办高中教育乃至整个教育领域的学习适应性培养研究起到一定的推进作用，产生有益的社会效益。

同时，我校在前期开展的"初创期学校有效课堂教学的实践研究"中，形成了教师推进有效课堂教学的行动方略。本课题的研究，为"有效教学"的实施，提供基础性的条件，即通过培养学生对高中学习生活的适应性，促使学生"有效地学"，从而形成了与"有效教学"相配套的行动策略，这对丰富和完善我校有效教学的研究体系，具有非常重要的意义。

4. 实践研究过程对于本校"双向适应"的有效教学能产生切实的积极影响。

本课题的研究立足校本实践，形成研究学生"有效地学"与研究教师"有效地教"的"双向适应"的双线交织推进的实践策略，其研究过程必然会对本校的有效教学的推进及其教学质量的提升产生积极影响。首先是有助于促进学生的学业进步。本课题的研究把学生的学习活动放在一个各种因素有机联系的环境中来认识或干预，从"适应"的角度来指导学生的学习，对改变学生的学习状况，开发学生的学习潜力，实现有效学习，提高学生的学业水平有着非常大的现实意义。其次是有助于促进学生的全面发展。对学习生活的不适应，会产生消极的学习心理，从而使学生无法融入新的学校生活，融入新的学习群体，从而影响到他们在其他方面的发展。而学习适应性的提高，会使学生因获得学习成功的体验而逐步恢复自信心，有利于促使他们融入学校集体生活，参与学校各种活动，从而得到较为全面的发展。再次是提高教师专业发展水平。在课题研究的过程中，促使教师不断转变教学观念，优化教学方式，改善师生关系，在指导学生逐步适应高中的学习生活的同时，获得自身专业的持续发展。

二、分析：基础薄弱高中生学习适应性现状

中学生正处于人生的春天，是从童年走向独立人生道路的转折点，是一个半幼稚半成熟的时期，是独立性和依赖性、自觉性和幼稚性矛盾错综的时期，极易产生多种心理问题。尤其是刚从初中升入高中的高一新生，由于环境的改变、学习要求的提高和青春期的发育，使许多学生产生了适应不良综合征。这种症状表现为：新生进入新的学校后，由于和周围环境不协调、不适应，由此在认知、情绪、行为等方面出现一种迷茫、困惑、痛苦。根据有关调查统计，有三分之一以上的高一新生入学一个月后尚不能完全适应新的学习环境。

（一）我校高一新生学习适应性调查测试结果及分析

2009 年 10 月，我们采用华东师范大学周步成等人编制的《学习适应性测验》（AAT）量表，对高一年级两个即将开展学习适应性研究的试验班及 3 个平行的对比班进行了测试。回收有效测试问卷为 164 份。其中，实验班的有效问卷为 69 份，对比班的有效问卷为 95 份。该测验由 4 个分量表、12 个内容量表构成，即：学习态度（包括学习热情、学习计划和听课方法），学习技术（包括读书和笔记方法、学习技术和应试方法），学习环境（包括家庭环境、学校环境和朋友关系），心身健康（包括独立性、毅力和身心健康）。本次测试结果如下：

表一　总体适应情况测试结果

学习适应性	试验班（n = 69）		对照班（n = 95）		全国理论比率
	人数	百分比	人数	百分比	百分比
65 分以上（优等）	8	11.6%	11	11.6%	7%
55~64（中上）	14	20.3%	18	18.9%	24%
45~54（中等）	21	30.4%	41	43.2%	38%
34~44（中下）	22	31.9%	21	22.1%	24%
33 分以下（差）	4	5.8%	4	4.2%	7%

测试结果说明：65 分以上为优等水平，55~64 为中等偏上水平，45~54 为中等水平，34~44（含 34 分）分为中等偏下水平，33 分以下属于需要进行有针对性的个别辅导人群。

结果分析：

1.5 个班 164 人学习适应性属于中等以上（含中等）水平的比率为 68.9%，低于全国理论比率（69%）0.1 个百分点；属于中下等和差等水平的比率为 31.1%，高于全国理论比率（31%）0.1 个百分点。

总体上看，5 个班的学生整体学习适应性为中等水平，其中相当一部分学生处于学习适应不良甚至学习适应困难状态。

2. 试验班学习适应性属于中等以上（含中等）水平的比率为 62.3%，低于对照班比率（73.7%）11.4 个百分点，低于全国理论比率（69%）6.7 个百分点；属于中下等和差等水平的比率为 37.6%，高于对照班比率（26.3%）11.3 个百分点，高于全国理论比率（31%）6.6 个百分点。

总体上看，试验班整体学习适应性水平低于对照班和全国理论水平，相当多的学生处于学习适应不良甚至学习适应困难状态。

表二　学习态度适应状况测试结果

因素	水平等级	试验班（n＝69）		对照班（n＝95）		全国理论比率
		人数	百分比	人数	百分比	百分比
学习态度	34~44（中下）	19	27.5%	26	27.4%	24%
	33 分以下（差）	4	5.8%	4	4.2%	7%
学习热情	34~44（中下）	23	33.3%	23	24.2%	24%
	33 分以下（差）	2	3%	2	2%	7%
学习计划	34~44（中下）	16	23.2%	20	21%	24%
	33 分以下（差）	3	4%	0	0	7%
听课方法	34~44（中下）	12	17.4%	21	22.1%	24%
	33 分以下（差）	5	7%	2	2%	7%

结果分析：

（1）"学习态度"因素：5 个班中属于中下等的比率为 27.45%，高于全国理论比率（24%）3.45 个百分点，属于差等的比率为 5%，低于全国理论比率（7%）2 个百分点；试验班中属于差等的比率（5.8%）要大于对照班比率（4.2%）1.6 个百分点。可见，5 个班尤其是试验班对学生学习态度的培养需要加以足够的重视。

（2）"学习热情"因素：5 个班中属于中下的比率为 28.75%，高于全国理论比率（24%）4.75个百分点，可见，学习热情不高的比率相当大；试验班中属于中下的比率（33.3%）要大于对照班比率（24.2%）9.1个百分点，可见，试验班对学生的学习热情的培养尤其重要。

（3）"学习计划"因素：5个班中属于中下的比率为22.1%，低于全国理论比率（24%）1.9个百分点；试验班中属于中下的比率（23.2%）大于对照班比率（21%）2.2个百分点。可见，学习计划较差的比率不算太大。

（4）"听课方法"因素：5个班中属于中下的比率为19.75%，低于全国理论比率（24%）4.25个百分点；试验班中属于中下的比率（17.4%）低于对照班比率（22.1%）4.7个百分点，可见，有必要就听课方法进行小团体辅导。

综合分析：这4个因素的培养都显得重要，而"学习热情"的培养第一重要，试验班更为重要。

表三　学习技术适应状况测试结果

因　　素	水平等级	试验班（n＝69）		对照班（n＝95）		全国理论比率
		人数	百分比	人数	百分比	百分比
学习技术	34～44（中下）	26	37.7%	23	24.2%	24%
	33分以下（差）	3	4.3%	0	0	7%
读书、笔记	34～44（中下）	26	37.6%	22	23.2%	24%
	33分以下（差）	2	3%	2	2%	7%
记忆、思考	34～44（中下）	13	18.8%	14	14.7%	24%
	33分以下（差）	2	3%	0	0	7%
应试方法	34～44（中下）	11	15.9%	13	13.7%	24%
	33分以下（差）	5	7.2%	0	0	7%

结果分析：

（1）"学习技术"因素：试验班属于中下的比率为37.7%，高于全国理论水平（24%）13.7%，对照班为24.2%，仅高于全国理论比率（24%）0.2个百分点；而试验班属于差等的比率达到4.3%，对照班则为0%。可见，试验班对大多数学生学习技术的培养显得特别重要，同时，还需进行个别重点辅导。

（2）"读书、笔记"因素：试验班属于中下的比率占到37.6%，高于全国理论比率（24%）13.6个百分点，对照班为23.2%，低于全国理论比率（24%）0.8个百分点；属于差等的比率，试验班和对照班均不为大。可见，试验班对"读书、笔记"方法的培养特别重要。

（3）"记忆、思考"因素：实验班属于中下水平的比率为18.8%，低于全国理论比率（24%）的5.2个百分点。可见，大多数学生的记忆、思考状况不算差。

（4）"应试方法"因素：5个班中属于中下水平的比率为14.8%，低于全国理论比率（24%）的9.2个百分点，可见整体水平较好。但，试验班属于中下水平的比率（15.9%）要高于对照班（13.7%）2.2个百分点；实验班属于差等的还有7.2%，对照班则为0%。可见，对试验班"应试方法"的培养亟待加强。

综合分析：在这4个因素中，试验班需要对学习技术、读书笔记方法和应试方法加强辅导，对其余两个因素进行一般性辅导；对照班对4个因素均只需要进行一般性辅导。

表四　学习环境适应状况测试结果

因　素	水平等级	试验班（n＝69）		对照班（n＝95）		全国理论比率
		人数	百分比	人数	百分比	百分比
学习环境	34～44（中下）	17	24.6%	25	26.3%	24%
	33分以下（差）	3	4.3%	1	1.1%	7%
家庭环境	34～44（中下）	12	17.4%	19	20%	24%
	33分以下（差）	5	7.2%	3	3.2%	7%
学校环境	34～44（中下）	18	26.1%	19	20%	24%
	33分以下（差）	2	2.9%	1	1.1%	7%
朋友关系	34～44（中下）	16	23.2%	20	21%	24%
	33分以下（差）	2	2.9%	1	1.1%	7%

结果分析：

（1）"学习环境"因素：试验班属于中下的比率为24.6%，高于全国理论水平（24%）0.6个百分点；对照班为26.3%，高于全国理论比率（24%）2.3个百分点；而试验班属于差等的比率达到4.3%，对照班则为1.1%。可见，有必要对5个班学生进行学习环境适应的培养，也需进行个别重点改善。

（2）"家庭环境"因素：试验班属于中下的比率为17.4%，低于全国理论比率（24%）6.6个百分点；对照班为20%，低于全国理论比率（24%）4

个百分点。可见，5 个班的大多数学生的家庭环境处于良好水平，只是对其中的 8 位学生需要重点关注。

（3）"学校环境"因素：试验班属于中下水平的比率为 26.1%，高于全国理论比率（24%）2.1 个百分点。可见，学校还需要进一步改善学生的环境，并需要加强学生对学校环境的适应性培养。

（4）"朋友关系"因素：5 个班中属于中下水平的比率为 22.1%，略低于全国理论比率（24%），可见"朋友关系"状况并不算差。但，试验班属于中下水平的比率（23.2%）要高于对照班（21%）2.2 个百分点，属于差等的还有 2.9%，对照班则为 1.1%。可见，对实验班"朋友关系"的培养可以有所侧重。

综合分析：试验班学生在学习环境的适应性上，包括学校环境、朋友关系都需要特别关注。

表五　身心健康水平测试结果

| 因　　素 | 水平等级 | 试验班（n = 69） | | 对照班（n = 95） | | 全国理论比率 |
		人数	百分比	人数	百分比	百分比
心理因素	34 ~ 44（中下）	26	37.7%	28	29.5%	24%
	33 分以下（差）	3	4.3%	4	4.2%	7%
独立性	34 ~ 44（中下）	28	41%	35	36.8%	24%
	33 分以下（差）	3	4.3%	2	2%	7%
毅力	34 ~ 44（中下）	11	16%	7	7%	24%
	33 分以下（差）	1	1.5%	3	3.2%	7%
身心健康	34 ~ 44（中下）	21	30%	28	29%	24%
	33 分以下（差）	6	8.7%	10	10.5%	7%

结果分析：

（1）"心理因素"因素：试验班属于中下的比率为 37.7%，高于全国理论水平（24%）13.7 个百分点；对照班为 29.5%，高于全国理论比率（24%）5.5 个百分点。可见，对 5 个班（尤其是实验班）"心理因素"的培养亟待加强。同时，需对 7 位同学进行重点疏导。

（2）"独立性"因素：5 个班中属于中下的比率为 38.9%，高于全国理论比率（24%）14.9 个百分点，其中有 5 位同学属于差等。可见，5 个班大多数学生的"独立性"状况相当严峻，亟待改善。对其中的5位学生需要重点培养。

（3）"毅力"因素：5个班中属于中下水平的比率为11.5%，低于全国理论比率（24%）的12.5个百分点；属于差等的仅有4人。可见，大多数学生的毅力还不算差，但仍然需要进一步培养。

（4）"身心健康"因素：5个班中属于中下水平的比率为29.5%，高于全国理论比率（24%）5.5个百分点，而且，属于差等的还有9.6%，高于全国理论比率（7%）2.6个百分点。可见，5个班的"身心健康"问题都不佳，需要特别关注其身心两方面的健康现状，在此基础上给予辅导。

综合分析：5个班学生的独立性和身心健康（尤指如何排除烦恼）需要特别关注，在学校和班级内开展心理健康教育很有必要。

（二）我校高一新生学习不适应的主要原因分析

从上述测试结果可以得知，进入我校的高一新生，普遍存在着不适应高中学习生活的状况。造成这种不适应的主要原因有：

1. 新的学习环境造成的不适应。

首先是学校教育的环境。来到了新的学校，许多学生面对新环境、新老师、新同学，会产生陌生感。他们看到的不再是朝夕相伴的同伴，而绝大部分是一张张陌生的面孔。面对新的集体、新的老师、新的同学，他们需要重新构建自己新的人际关系系统。而一些学生第一次离开家庭，开始学校寄宿生活，缺乏独立生活的体验和生活自理能力，面对这些不确定因素，往往感到孤立无助，碰到一些小问题常常不知所措。原来那些因不满父母管得太严而想离家的学生，又变得开始想家。

其次是家庭教育的环境。普通高中学生的父母，一般对孩子学习上的期望和要求都比较高，希望孩子能如他们的心愿考上大学。当孩子的学习成绩与父母的期望值落差较大时，父母重复说教或严厉批评式的教育方式，会引发孩子的逆反心理，两代人变得更难沟通而关系紧张。

2. 学习基础差与课程难度增加造成的不适应。

进入我校的学生学习基础普遍较差。但是与初中相比，高中课程不仅门类增多，而且每门学科的内容增加了深度和难度，各科体系化和综合化的要求更高。因此，高中课程的学习，对那些原先对初中课程的学习已经力不从心的学生而言，无疑是雪上加霜，因而感到困难重重。不少学生在课堂上听不懂数学、物理、化学和英语课的讲授内容，缺漏越来越多，导致完全跟不上教学进度。接二连三的学习挫折，使他们学习的热情越来越不足，以致发展到完全丧失了学习的信心。

3. 缺少良好的学习习惯和学习方法造成的不适应。

高中课程的学习，在方法上要求学生比初中时更有自学和独立思考的能力。如按要求认真做好预习，以减少课堂学习的障碍；独立完成作业，以巩固课堂学习的知识与技能；认真做好复习，考试中就能减少错误。但是学生懒散的学习习惯根本无法适应高中阶段学习的要求。他们在学习上缺少最起码的自我计划、自我控制能力——该听的不听，该记的不记，该练的不练，该背的不背，结果造成英语学习词汇量奇缺，常用句型记不住，语法时态不能掌握；语文学习"听"抓不住要点，"说"不能完整表达，"读"不会分析归纳，"写"不能通畅成篇。

还有部分学生虽然学习态度较好，但学习不得法，花时多、效率低，其主要特征是学习机械、呆板，理解慢，习惯于死记硬背，不了解和掌握知识的内在联系，对知识的理解能力、迁移能力差，更不能在学习中实践中灵活运用知识，这部分学生尽管学习很努力，但还是无法很好地适应高中课程的学习。

4. 心理问题造成的不适应。

心理问题主要是指学生的角色难以转变，缺乏远大的目标志向，学习兴趣不高，自信心水平低，意志力薄弱，自我调控能力差等。

角色心理不明。许多学生根本不清楚高中生在人生成长过程中的角色定位，对高中阶段的学习任务也不了解，因此缺少对高中学习和个人发展目标的规划。他们仍像小学、初中阶段一样，无忧无虑、稀里糊涂过日子，丝毫不为自己的未来着想，难以很快完成由初中生向高中生学习角色的转变。

学习缺乏动力。对学习不感兴趣或学习目的不明确，感到学习枯燥无味，产生厌烦情绪。有的由于学习基础薄弱，进入高中又没有认真刻苦学习，学习跟不上，学习成绩不良，致使心理压力较大，因此导致了自信心严重不足。

自卑心理严重。大多数学生在过往的学习经历中，遭遇的学习挫折比较多，受到老师和家长的表扬、鼓励比较少，造成对自我认同度不高。尤其是进入民办高中后，和其他学校的同学相比，更是感到低人一等。从而在学习上处于消极对待、被动应付的状态，进而会造成他们的情绪焦虑和考试恐惧症，有的甚至逃课、缺考或交白卷。

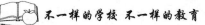

自控能力差也是重要的因素。相当一部分同学明知是学习时间，却不能约束自己，而去做一些与学习无关的事情，比如，上课睡觉，玩手机，看小说甚至吃零食等，下课后贪玩，作业完全不做。当遭到老师批评教育时，他们也会意识到自己的错误表示要改正，但事后依旧是无法自控而"老毛病"照犯不误。

三、设计：实证研究和行动研究相结合促进学生的发展

（一）研究的基本思想

学习的根本问题是智力因素与非智力因素两大问题，绝大部分学生的不适应主要是由非智力因素方面造成的，如学习动力、学习态度、学习习惯、学习环境以及人际关系等。对高中学习生活的不适应，不仅会影响学生的学习成绩，同时因心理受挫也会影响到他们在其他方面的发展。因此，本课题以期通过实证研究与行动研究相结合，研究如何解决造成学习不适应的倾向性问题，提高学生的学习适应性，从而促进他们的健康发展。

（二）研究对象与目标

1.研究对象

分层次抽取高一年级的学生共 80 人。入学后，我校按照学生的中考成绩，把学生分为 3 个层次的班级。每个层次里又分别设置了文科班、理科班。我们从高一年级第二层次的班级选择了一个文科班高一（2）班和一个理科班高一（14）班作为课题试验班。两个班级的人数都在 40 人左右。同时选择了与高一（2）班同层次的高一（3）、（4）两个文科班，与高一（14）班同层次的高一（15）班作为对照班。

2.研究目标

（1）调查"基础薄弱高中学生学习适应性"的现状并做原因分析。

（2）形成"基础薄弱高中学生学习适应性培养"较完整的策略。

（3）建立"基础薄弱高中学生学习适应性培养"的支持系统。

（三）研究的总体思路和逻辑结构

从学习适应性测试开始，对实验班和对照班的学生进行学习适应性测试，对学生的学习现状、学习特点、学习影响因素进行全面的了解，然后深入分析，同时参照过往研究理论成果进行借鉴学习，形成对学生的培养策略总体框架搭建。在现有的他校教师实践当中吸取经验，筛选我校教师可以适用的方法，

进行有针对的实验。

培养策略从团体和个体两方面着手。团体研究，即从整个班级的学科课堂教学、班主任工作、心理辅导、家校合作四方面来研究，而个体研究，即根据个体学生的情况，采取适用于他们的教育方法，进行个案跟踪，整个教育活动按照学生的学习、生活、心理调整教育方略，尽可能让学生得到有效的帮助，改进学习状态，提高学习成绩。

在研究过程中，我们把实证性研究和个案研究结合起来，在研究结束时再进行学习适应性后测，评价研究效果，总结教育经验，最后梳理和归纳培养策略，构建学校、家庭的支持系统，在校内推广研究成果，最后把研究成果通过论文的形式展示出来。

课题研究展开的思路如表

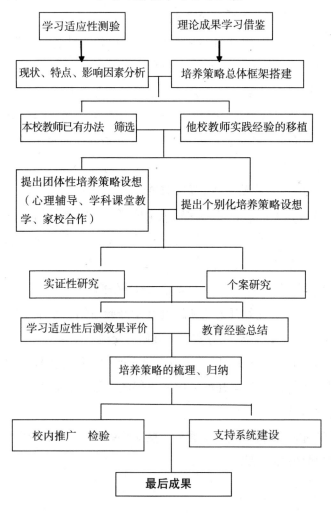

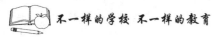

（四）研究方法和步骤

1.文献研究和分析。

2009 年 6—8 月，搜集国内和国外文献资料，学习相关研究知识，给课题研究做一个方向上的指引，产生研究思路，为研究工作的展开做足准备。

2.测试、访谈等调查研究方法。

2009 年 9 月，教务处对实验班的学科学业水平进行测试，掌握学生学习情况。心理教师和实验班的学生进行访谈，了解学生对于高中的学习和生活的适应情况。召开家长动员会，号召家长配合学校教育，对于学校课题研究起一个辅助作用。心理教师对实验班和对照班的学生进行学习适应性测试，写出学生学习适应性现状分析报告，和学科教师、班主任沟通，确定班级重点辅导的学生。

3.实施团体和个别化教育教学措施。

2009 年 10 月—2010 年 1 月，实验班的班主任和学科老师定期召开交流会，对实验班的学科学习、班级建设等讨论研究教育策略，对重点辅导个案进行分析、跟踪。同时召开家长座谈会，利用家长力量，积极配合教师工作。班主任和心理教师利用班会课的时间，和学生进行心灵沟通，了解学生学习情况，掌握他们的学习需求，找出他们的学习问题，并指导他们克服学习上的困难，采取更有效的学习方法。

4.教师行动研究，中期总结、策略改进。

2010 年 3 月，上海教科院对课题组全体研究教师进行初期研究指导，和每位学科教师、班主任交流研究感受，并且根据教师研究的学期小结，指导研究策略的实施落实，调整、完善重点辅导学生的方案。

5.教育教学经验总结、个案小结及前后对照研究。

2010 年 6 月，研究教师形成阶段性教学经验总结、个案小结，形成阶段性的学科分析报告，反思研究方法，开展研究交流。

2010 年 10 月，上海教科院专家再次对于课题的促进指导，和每位研究教师进行探讨，了解第二学年开始，研究进展的实施，并且给课题结题工作做一个方向性的指导。

6.培养策略的归纳、再梳理，得到一些提升基础薄弱高中学生学习适应性的具有学校适应性的经验模式。

（1）学科教学策略

1）教和学的互动

在课堂上，教师和学生进行合作探索，以对话形式进行学习互动。教师的教学以"学生的发展"为核心创设问题情境。合作强调的是师生之间、生生之间的相互配合与协作，取长补短，使学生在整个教学活动中感到自由、主动、积极。

教学，是教和学的交往、互动，师生双方的相互交流、相互沟通、相互启发、相互补充，在这个过程中，教师和学生分享彼此的思考、经验和知识，交流彼此的情感、体验与观念，求得新的发现。

教师，从根本上转变教师的教学观念，教师由过去重视结论转变为重视课堂教学过程的设计，备课上更加注意知识呈现问题情境的设计，注重课堂上双边的活动方式和问题情境中的对话平台，构建探究学习的情境，把课堂学习效果延伸到课后的复习巩固当中，真正做到教学关注的是学生的发展、学生能力的提高。

教师，教育的重点以学生为主，不再是在课堂上一味地满堂灌、不注意学生的吸收消化，以学生需求为教学导向，以学生学习效果做教学调整，让学生从被动学习转变为主动学习，了解学生怎样学、如何学，教师的"教"才起到了真正的作用。

2）多种感官优势，营造学习环境，激发学习热情

如果想让学生尽可能在课堂学习中，吸收更多的知识，学习专注程度高，能调动眼睛、耳朵、大脑、手等几方面的学习积极性，对于学生的学习适应，是很有益处的。因而，作为教师，在课堂开始时运用一些手段，比如情景提问、实验展示、故事启发、板书梳理、视频欣赏等，来激发学生上课的热情，营造良好的课堂氛围，然后展开授课。在课堂中间，依据心理学原理，调节学生的"注意"，比如采用小组竞赛、模拟表演、问题讨论等方式，让学生始终保持专心的学习态度，不走神，不开小差。

在讲授过程中间，教师要全面观察学生对问题的反应，关注个别需要提醒的学生，不让他们掉队，尤其是对学习毫无动力的学生。但是要注意，不要在课堂上过多把时间消耗在管理调皮捣蛋的学生上，耽误了正常的教学活动，也是得不偿失。教师在管理学生课堂纪律时，取舍要得当。

3）适度运用表扬策略和批评策略

在学生进步的时候，及时表扬，让其感受到老师的关心，得到精神上的鼓励，强化其学习动机，不断调整学习状态，以求更大的进步。另一方面，也要运用批评策略，帮助学习掉队的学生及时改进学习方法，端正学习态度。

课堂讲练结合，重视检查学习效果。课堂讲授知识、练习习题的时间要安排得恰如其分。教师不能一味地讲，要安排一定的时间，让学生巩固知识，做一些习题，"讲练结合"，更好地让学生了解自己对知识的掌握程度，促进学生课后的学习。

4）培养学生学习兴趣

兴趣是最好的老师，是学生获得知识和技能的一种力量，是推动学习的动力之源。提高学习兴趣，对于学生的学习适应，是一大关键。教师要结合本学科教学模式和教学特点，运用合适的教学手段，比如创设情境、课堂竞赛、影片欣赏、小组活动等，让学生对学科学习有了兴趣，把被动接受的学习态度转为主动探索的学习态度。

高中学生，自我意识比较强，普遍有一种学习心理，即"喜欢哪个老师就好好学习哪门学科"。虽然这是学生不明智的学习心态，但是教师了解以后，就要让学生从心里接纳我们，先认可我们，才会接受我们的教育。

所以，作为教师，第一，多与学生沟通，努力了解学生，研究学生，尤其是不容易相处的学生，更要花费多一点的精力去和他们沟通。第二，平等对待每一位学生，不以老师的身份压迫学生，让学生感到老师的平易近人。第三，让学生感受老师的关心和鼓励，多谈心，多表扬。第四，让老师优秀的人格感染学生，让学生钦佩。

在课堂上，有一些学生表现欲望强，教师可以适度给他们机会，满足他们展示自我的需要，再结合表现来强化他们的学习兴趣，在很大程度上激发了他们的学习热情。

5）培养学生学习习惯

基础薄弱的高中生，在学习习惯上，存在不少需要改进的地方。老师在平时的课堂教学和课后的辅导中，要引导他们改正不良的学习习惯。

第一，上课不专心的学生，要多花一些精力，和他们谈心沟通，了解他们学习不认真的原因，加以指导点拨。

第二，没有复习习惯的学生，要及时监督他们的学习情况，跟踪他们的学习进度，促使他们完成学习任务。

第三，学习目的不明确的学生，俗称"混日子"的学生，必须深入和他们交流人生规划问题，让他们明确自己在高中阶段必须完成的任务。

第四，作业完成情况不好的学生，及时沟通，了解其真正原因，是不会做，还是懒得做。如果知识缺漏太多，则需要课后多辅导，如果是本身态度问题，就需要多进行思想教育。作业的抄袭现象，也需要下一定的功夫去控制，让学生明白，抄袭不代表完成学习了。

第五，没有做笔记习惯的学生，需要多提醒，俗话说，好记忆不如烂笔头，复习的时候，需要平时的笔记作为辅助，这样记忆效果会更好。

第六，指导记忆方法。记忆，是复习当中的一个很重要的环节。如何进行有效记忆，学科老师都根据自己学科讲授了一定的方法。减少死记硬背，注重意义记忆，在理解基础上记忆。多样化、多感觉渠道地识记，把听觉、视觉、触觉结合起来，加强记忆强度和深度，如地理学科，发挥图文并茂优势，培养学生运用地图、照片、统计图表、统计数据来帮助完成记忆学习。边阅读材料边记忆，复述材料加深印象；联想记忆，把旧知识和新知识联系起来。记忆时间最好不超过一小时，避免内容相似的材料一起记忆，不应：语文—外语—历史—政治—地理，应：语文—数学—历史—物理—英语。

把握自己的记忆最佳时段，睡觉前、早晨、上午 9:00 或下午 2:00 都是比较好的记忆时间。

在课堂上，以习题讲解形式、问题总结形式、小测评价形式，来进行对学生的记忆内容的检测，然后分析检查结果，形成系统的学习监督机制。

为学生讲解"艾宾浩斯遗忘曲线"，一天内遗忘最多，达 55.8%，逐步减慢，一个月后遗忘率为 72.1%。所以功课要当天及时复习，学完一个单元进行复习，考前进行复习。

记忆还有另一规律，即有意义的事物不易忘记，所以理解了更加容易记忆。记忆还受到前摄抑制和后摄抑制的影响，记忆过程中间的部分容易遗忘，所以把重要的材料放在最前面和最后面记忆，长篇课文可分割成若干小块记忆。

第七，改进学习技巧。高中生不论认知水平、思维特点还是知识结构等差异都很大，尤其是基础薄弱的学生，在学习方法上，存在的问题也比较多。高中学习要求以注重抽象思维和理性思维方式进行学习，要有更灵活的分析、概括、综合的能力。作为教师，我们在平时教学中，对原来知识基础比较好、学习方法得当、学习信心强的学生，重点指导他们把知识向横、纵两个方向发展，开拓学生思维，让学生学有余味；对原来知识基础薄弱、学习方法欠佳、学习信心时弱时强的学生，重点是指导他们养成好的学习习惯，坚持自主学习和积极思考，形成好的学习方法。

总之，引导学生制订好学习计划，合理利用课堂学习时间，优化自己的学习风格，扬长避短，平衡发展，形成适合自己的学习技巧，才能保证学习效果。

第八，形成自主学习。基础薄弱的高中生，在课后的学习中存在不会自主学习、不能自主学习、不愿意自主学习、很多时候教师要花费更多的精力去监督他们课堂外的学习的情况。

所谓自主学习，是指学习者在学习活动中具有主体意识和自主意识，不断激发自己的学习激情或积极性，发挥主观能动性和创造性的一种学习过程或学习方式。

自主学习，一种自律学习，一种主动学习，是相对于传统学习的依赖性而言的。

自主学习，以集体合作学习、小组协作学习、个别化学习、问题解决式学习、讨论式学习、角色转换式学习、情境化学习、实验操作式学习、范例式学习、兴趣化学习等模式，让学生提高学习自觉性，真正让自己投入学习，做学习的主人。

（2）班级工作策略

1）班风建设

学生的学习受到班级环境的影响。班风建设能够在很大程度上保障学习氛围，促进学生在良好的环境下进行学习活动。

对于基础薄弱的高中生，班风建设的理念着眼点在以下几个方面：班主任以热情关爱学生，用平等的姿态和学生真诚沟通，靠个人优秀品质来影响学生，争取把班级建设成为和谐温馨积极向上的集体，让学生在这个大家庭里，感受到彼此的关心、照顾。

具体策略如下：培养主动学习的习惯，树立快乐学习的心态，创造轻松学习的环境，发现幸福学习的乐趣。

对于学生，可以"偏爱"后进生，"严爱"优等生，"博爱"中等生，让每一位学生都有发展的动力。采取抓两头带中间的方法，以个别谈话为主要工作形式，做好不同学生的指导工作，明确他们的学习目标，制订符合他们的学习计划，以鼓励为主，发现问题及时纠正，发现进步充分表扬，形成优秀学生带动后进的比学赶超的学习风气。

2）班会活动

主题班会，是班级教育活动的重要形式，是班集体建设的基本方法和途径。班级学生在班主任指导和带领下，以班级的短期、中期、远期发展目标为导向，围绕具体问题组织开展适合的活动，和学生共同分享学习心得、生活点滴、成长故事、人生哲理等。将班会的主动权交给学生，让学生自己分组完成每次的班会主题活动，让他们进行自我锻炼。在活动当中，学生体验到来自大众的积极的情感，感受自我在集体当中所有的责任感，让学生在感动中成长，在活动中进步，陶冶美好情操，树立健康心态。

3）班委会

班委会，是班主任做好各项工作的有力助手，建立勤奋学习、团结友爱的班集体，组织好班级的领导核心，挑选能团结同学、办事认真、关心集体、乐意为班级服务的积极分子来参与班级领导工作。班委选举，以民主选举、委任、竞争等方式来完成。

班主任对于班干部，既要用其所长，让他们在工作中充分锻炼，也要体现关心爱护和严格要求的原则。

4）常规管理

班级的常规管理，也是育人工作之一。构筑学生自主管理机制，让学生在服务他人中，锻炼自己，表现自己，提高自己。

班规的制定，以学校规定为指导，再结合本班实际情况，做出调整，让班规符合班级发展目标，引导学生的行为和品德向更高层次发展，促使学生通过自我教育、自我调整而不断成长。

具体策略表现在：民主选举班干部，建立值日班长制、责任落实制度，利用奖罚机制。树立优秀学生榜样，让正面的力量引导全班学生朝着好的方向发展。

另外，和科任教师加强沟通，全面获得学生信息，对于开展学生工作，做到心中有数，手里有招，处变不惊，镇定自若。

5）家校合作

班主任仅凭自己的力量，是不可能取得教育成功的，需要借助更多的力量来完成对学生的教育。家长就是一个很好的辅助能手。

班主任通过与家长的紧密联系，帮助家长掌握学生学习情况，和家长沟通家庭教育方法，争取家长配合老师工作，使得家庭和学校的教育联成一体。

《家长联系手册》是一个很好的沟通渠道。班主任利用这个资源平台，和家长形成密切的沟通，及时了解学生情况，从心去关注学生的变化，让学生体会到老师的良苦用心，接受家长和老师的教育。

平时多和家长保持通话，沟通舒畅，组织好期中、期末家长会，让家长能够和老师一起达成教育共识，形成一致的教育方向，配合老师工作。

6）心理辅导

班主任在平时的班级工作中，应注重对于学生心理健康的关注，了解学生心理动态，针对有需要帮助的学生进行一些个别心理辅导，让学生及时解决心理困惑，保持稳定的情绪，不影响正常的学习和生活。

（3）个案指导策略

学科老师和心理教师，根据平时工作需要，选取一些学生作为重点个案来辅导，一对一地长期跟踪指导他们的学习和生活。

1）了解研究学生

了解和研究学生，包括学生的基本情况，如姓名、性别、年龄、健康状况等；学生的家庭情况，如父母的文化水平、职业、经济状况、居住条件等；学生的思想品德和学习情况，如集体观念、学习成绩、学习态度、兴趣特长等，还有学生的性格、脾气、气质特征。

不同的学生需要教师采用不同的方法去教育。特别是基础薄弱的学生，我们先把握住他们的情况和需求，才能"对症下药"。

了解和研究学生，既要看到学生的优点，也要看到学生的不足；既看到校内的表现，也要看到校外的表现。

用观察法、谈话法、调查法、测量法对学生进行多方面的了解，并且以发展的眼光看待问题，学生的过去、现在、明天，都是我们关注的。

2）制定辅导目标

以一个学期的时间为基准，给每个学生制定近期的辅导目标，在学习态度（包含学习热情、学习计划、听课方法），学习技术（包含读书和记笔记、学习技术和应试方法），学习环境（包含家庭环境、学校环境、朋友关系），心身健康（包含独立性、毅力、心身健康）这几方面去做工作。

观察学生上课听课情况，监督学生作业完成情况，和家长沟通交流学生学习，包括和其他任课老师、班主任老师、心理老师互通信息，全方位地对学生进行指导。

3）策略进行步骤

每个学科老师，根据学生表现出来的学习状态、学期考试的成绩、家长的反馈信息、其他任课老师的评价、班主任的建议一步步来进行个案指导工作。工作方式、工作地点、工作时间都以每个学科老师的具体情况而定，不做统一安排。

4）团体心理辅导

高中学生正处于青春期，是一个半幼稚半成熟的时期，是独立性和依赖性、自觉性和幼稚性矛盾错综的时期，容易产生多种心理问题。对于刚从初中升入高中的学生，由于环境的改变，许多同学产生了适应不良综合征，在认知、情绪、行为等方面出现了一系列的问题。针对这些情况，心理辅导工作从一开始高一学生进校后就展开了多方面、多层次、多角度的活动。

围绕"自我意识""情绪调节""学习方法""人际交往"四大活动主题，定期给实验班的学生上心理辅导课，在课堂上为学生讲授心理知识，借助心理游戏、心理故事，促使学生在认知、情绪、行为上对自己进行调控，以更好的心态去适应学习。

主题班会课，让学生和老师们一起探讨班级建设问题，在活动当中构建班级和谐氛围，在思考中成长，在感动中收获。

心理剧目，让学生自行成组，进行心理小品剧表演，通过角色扮演，学生能从另外的角度看待自己的学习和生活，在展示中发现自己成长的空间，增强学习的动力，理解作为父母和老师的用心。

在学生当中，开设社团活动，学生和老师一起，进行心理知识的宣传，营造学校积极的校园环境，让学生在充满"爱"的环境中发展自我。

针对个别需要重点关注的学生，心理教师利用课余时间，对他们进行一对一的谈心指导，跟踪他们的心理发展，协助他们适应高中学习和生活。

四、结论和展望

（一）实践结果

1. 提高了学生的学习适应性水平。

试验班和对照班的学生于 2009 年 10 月、2011 年 6 月分别进行了《学习适应性测验》（AAT）前测和后测两个测试。该测验由 4 个分量表、12 个内容量表构成，即，学习态度（包括学习热情、学习计划和听课方法）、学习技术（包括读书和笔记方法、学习技术和应试方法）、学习环境（包括家庭环境、学校环境和朋友关系）、心身健康（包括独立性、毅力和心身健康）。

（1）学习态度

2009 年试验班平均分为 48.86，略低于对照班的 50.07，高低差大于对照班。2011 年，试验班测试平均分为 51.17 分，略高于对照班的 49.45 分，且高低差小于对照班。这说明经过两年的学习适应性的培养，试验班的学生的学习态度还是有了一定程度的改变。

（2）学习技术

试验班的学习技术水平测出的最高分为 87 分，最低分为 29 分，平均分为 50.66 分，相比 2009 年最高分为 70 分，最低分为 22 分，平均分为 48.93 分有所提高。平均分涨幅 1.73 分。试验班的最高分高于对照班的 73 分，最低分高于对照班的最低分 26 分。

（3）学习环境

2011 年，试验班学习环境总体最高分为 77 分，最低分为 32 分，平均分为 48.46 分；2009 年最高分为 87 分，最低为 23 分，平均分 53.07 分。

2011 年，对照班学习环境总体最高分为 76 分，最低分为 28 分，平均分为 52.23 分，水平等级为中等水平；2009 年测得最高分为 79 分，最低分为 28 分，平均分 52.23 分。

（4）心身健康

2009 年试验班心身健康水平最高分为 77 分，最低分为 25 分；2011 年最高分为 78 分，最低分为 30 分。

2009 年对照班心身健康水平测得最高分为 72 分，最低分为 23 分；2011 年最高分为 69 分，最低分为 28 分。

2. 改变了学生的学习行为。

（1）学生的心理得到了有效改善。

两年以来，通过心理辅导课、主题班会课、心理剧目、心理社团、心理宣传及个别辅导等一系列的工作，实验班学生的心理健康获得了有效的改善。

案例 I

实验（14）班 ××，广东籍男生。由于初中基础较差，他进入高中后感觉听课困难，很不适应，于是上课喜欢说闲话，作业不会的居多，抄袭别人的情况屡屡存在，因而丧失了信心。针对这样的情况，心理老师为其制订了一套心理辅导方案，并且定期跟踪辅导。由于身处单身家庭，从小到大他对本身的学习一直都不大上心，用他自己的话说："没有自控力，要别人管。"辅导的方向主要放在"如何看待父母的离异与母亲重新成立新家庭""如何选择朋友""学习靠父母还是靠自己""怎样改进现在的学习状况"等心理问题上。这样的心理辅导相继进行了8次。经过心理辅导后，他的心理负担逐渐减小，精神面貌变化很大，上课比以前认真，听课也能集中精力，作业完成情况有很大好转。在高二第一学期的期中考试中班里排名第四，进步很大。心理辅导让一个个本来长歪的"树苗"慢慢直立起来，茁壮成长。

案例Ⅱ

实验（14）班××，高一学习状态很好，但是高二开学，因为换了班主任和部分科任老师，她一下子难以适应，失望情绪骤然而生，学习动力减弱，上课注意力集中不起来，学习状态一落千丈。针对该生的情况，心理老师制订了一套辅导方案。首先帮助她渐渐淡化对前任班主任和原来的科任老师的依赖心理。其次帮助她重新适应新老师，接受新老师，积极投入到学习中去。经过一学期的心理辅导后，她的精神状态和学习情况，有了一定的好转，上课听课已逐渐认真起来。新班主任也和她建立了亦师亦友的关系，平时课余还经常在一起探讨学习。有一次，班主任生病了，她还主动打电话关心班主任，给她买药。可见，她已经从心理上接受并且喜欢上了新的班主任。她的情绪也稳定很多，再也不为换老师伤心难过了，学习成绩也逐渐提高了。

（2）学生的学习态度得到了有效改善。

从学科教师、班主任、心理教师的客观评价和主观感受来说，试验班的学生经过两年的学习适应，对待学习的态度，与刚升入高中相比，已经有了很大的改善。

试验班绝大多数学生从被动听教到主动求学，对自己的学习更加重视，不再"做一天和尚撞一天钟"，高一时，刻苦认真的只占20%，30%的学习不会学、不爱学、不愿学，到高二，班级整体精神风貌焕然一新，愿学、爱学的范围扩大很多，可以说70%的学生都是想学习的。优良的班风和学风氛围越来越浓，日常规范遵守意识强化，与其他同类班级相比，实验班总是名列前茅。比学赶超的劲头更大，学习紧迫感也逐步增强。学生的自我管理能

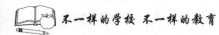

力得到了很大的提升，自习课堂秩序井然有序，教室环境卫生也得到很大的改进。

案例Ⅲ

实验（14）班的罗同学，上课睡觉，玩手机，玩魔方，说闲话，成了班主任兼语文老师黄湘的"心头大患"，也成了黄老师的"工作重点"。黄老师从同他交朋友着手，开展了一系列工作。该生小时候感冒发烧，由于父母的疏忽大意，造成了他右耳失聪。所以他一方面对父母有着埋怨的情绪，另一方面对于自身的残疾讳莫如深，没有告诉任何人，也不准父母告诉别人。隐形的自卑、敏感、孤独伴随着他后来的学习和成长，得到他人的认可和赞许是他的追求和渴望。而当这种渴望得不到满足时就很容易自我放逐，在学习上也就不思进取，"只做和尚不撞钟"。黄老师对他进行了全面的关爱，最初，他有些诧异，不大说话，问一句答一句，很淡然。老师不以为意，将这种毫无条件的关爱持续进行，慢慢地，他犯错误的频率减少了，即使犯了错误挨批评他也不犯拧了，作业的完成率也提高了。就这样持续到高二下学期，各科任老师都说罗同学很不一样了，上课认真了，作业也完成得很好了，成绩进步很大。

案例Ⅳ

实验（2）班的钟同学，在语文课堂上总是不听课，在下面抄抄其他的东西，写写自己的小日记。作业字迹潦草，糊弄了事。见了老师也不会主动问好，更不喜欢与老师交流。总之对于语文的学习很被动。闫晓岫老师发现她性格活泼，和同学们关系融洽，还喜欢读书，又喜欢写随笔，便打算实施赏识教育，上课叫她回答问题，不管回答的对或不对都要找出那么一丁点可以表扬的地方表扬她一下，可人家并不吃这一套。批改她的作业，即使老师知道她乱写的，也认真地圈点，还在上面写上鼓励的话，可几天后，老师发现这一招一点作用都没有。这让老师很是纳闷。老师接着冷静下来分析原因，感觉她是过度自负，太自以为是，觉得谁都不如她，所以，你越是鼓励，她越是不可一世。所以老师改变策略，干脆"肝胆相照"，来一点"厉害"的看看。一天下课，老师找她谈话，采用"积极激将法"，劈头盖脑问了她几句话。她顿时被问蒙了，满脸堆上了"不好意思"，才说："其实也没什么，我也不知道，反正就是觉得上课无聊，没意思。"老师说："那你是说我讲课无聊没意思呗！你也没好好听过啊！"她说："啊，也不是。"老师也赶快自我批评："看来我讲课也确实没什么意思，你明天好好听听看看，有什么问题你再偷偷告诉我吧！别告诉别人啊！"这下，她傻笑了。这以后她听课的状态逐渐好了起来，慢慢地，她也确实认识到自己的不足，并且敢于承认差距。我们开始经常聊天了，不仅是聊学习上的问题，还经常聊聊他们班上的新鲜事，她也就越来越觉得和我有共同语言。看着她认真地听课、努力地背课文、安静地复习，成绩又不断地进步，老师感到欣慰了。

（3）学生的学习方法得到了有效改善

学生的学习方法也有了很大的改善，表现在：学科听课技巧、读书笔记方法、应试技巧能力、学习挫折应对能力、作业完成情况。针对不同的学科特征，学生有了自己的学习方法，更好地完成学习任务，并且根据学期学科成绩的变化，找到自己学习的漏洞，调整学习状态。

案例Ⅴ

实验（14）班的房同学，学习态度认真，尊敬老师，诚恳待人，工作负责。上课也不做什么小动作，听讲状态也比较好。物理老师龚立群便以为他的适应状况较好，没有特别注意他。但高一第一学期的期中考试让老师吓了一跳，他的成绩特别不理想。龚老师认真分析了他的试卷，然后注意观察他的听课情况和作业情况，与他认真地谈了一次话。老师发现他的问题出在对高中的学习方法不适应上，以理解为主的学习方式还没有解决。于是，在课堂上，老师经常用提问的方法引导他积极思考；课后，老师经常把他叫到办公室进行辅导，辅导过程中特别注意启发他思考问题，引导他逐渐进入理解性学习状态。就这样坚持辅导了一年多，最终看到了效果。课堂上他经常积极参与讨论，成绩也有了较大的提高。高一上学期期中仅有47分，到期末进步到56分；高一下学期期中62分，期末进步到67分；高二上学期期中46分，期末进步到76分；高二下学期期中便进步到了80分。

案例Ⅵ

实验（14）班的王某同学，刚进高中时，数学基础只相当于小学水平。韩进军老师看在眼里，急在心里。韩老师经过认真观察和了解，发现他的数学思维方法不适应高中数学的学习，便经常注意他的思维方法。有一次，韩老师在黑板上写出一道导数题目，让同学们准备一天，第二天由学生上台讲课。第二天，王某早早来到老师办公室，对韩老师说："老师你看看我这道题对吗？"老师仔细看了看，发现他的解题思路基本清晰，只有一点小问题，

老师点拨了一下，他便开窍了。老师便让他上台讲课。他讲得非常好，从题目条件到要求的问题一一分析，找出要求的量，分析出缺少的量，条理清晰，过程严密，全班同学给出了真挚的掌声。类似这样的事又不断经历了几次，他的解题思维得到了明显的提高，期中考试竟然考了96分。这可是第一次及格啊！

（4）学生的行为习惯得到了有效改善

试验班学生的行为习惯也得到了改善，表现在上课做笔记的习惯、完成作业的自觉程度、课后主动请教老师、班级常规制度的遵守等方面。学生上课饮食、说话、睡觉现象大为改观，作业习惯有了较大的好转。

案例Ⅶ

实验（14）班的何同学进入高中以来，上课既不说话也不积极回答问题，作业经常不按时上交，与同学交往不亲密，常常静默独思，成绩中下。黄湘老师经过观察了解，发现他不适应新的环境，主要障碍是他的自卑谨慎而敏感的心理。一个中午，老师站在教室前门口，发现后门处洒了一摊牛奶，不少同学说着笑着绕开而过。这时，何同学走了过来，告诉大家不要踩到，然后赶紧跑到前面拿工具将地面清理干净。老师被这一幕感动了，上课时，立刻在班级表扬了他，赞美了他关心集体、为他人着想的好行为。他当时很不好意思，但老师分明看到了他眼中飞扬的神采。第二天他上课的状态明显不一样，于是老师知道了他需要被关注、被赞扬。此后，老师又从几件小事上发现了他性格中闪光的地方，如安排他中午值日管理好班级卫生，他会做得井井有条，老师很欣慰，常常在班上公开表扬他，他的眼睛越来越明亮。渐渐地，老师发现他变了，上课特别认真，作业完成得尤其好，且按时上交，有时还亲自交到老师手里，学习成绩也有了很大的提高，获得了班上同学的认可，不再沉默是金了，还被同学们公选为班级卫生监管员，班级环境因为他的参与而明净不少。他学习的动力也随之加大了，成绩逐渐位居前列了，更重要的是他的气质和风采已不同于昔日了。

案例Ⅷ

实验（14）班的时同学，头脑灵活但行为习惯不太好。数学老师韩进军得知他喜欢做的事情是经商，便从优秀商人需要具备哪些素质开始做工作。经过多次聊天式的引导，他的学习态度逐渐发生了明显的变化，数学成绩由第一次月考50分升到第二次月考89分，再到期中考试102分。

3. 提升了学业水平。

通过两年的实践研究，实验班学生的学业水平有了相应的提升。具体数据如表：

实验班与对照班高一、高二两学年期末考试成绩对照表

班别	高一上期中考试	高一上期末考试	高一下期末考试	高二上期末考试	高二下期末考试
实验（2）班	581.5	849.4	763.4	648.7	402.2
对照（3）班	591	850.5	816.1	636.6	382.4
实验班与对照班比照	基础分实验班低于对照班9.5分	第一阶段实验班低于对照班1.1分	第二阶段实验班低于对照班53.1分	第三阶段实验班高于对照班12分	第四阶段实验班高于对照班19.8分
实验14班	613	796.8	782.6	604.8	348.1
对照15班	622	839	807	588.8	329.1
实验班与对照班比照	基础分实验班低于对照班9分	第一阶段实验班低于对照班42.2分	第二阶段实验班低于对照班24.4分	第三阶段实验班高于对照班16分	第四阶段实验班高于对照班19分

由表可以得出三点结论：（1）在总体趋势和结果上，实验班的提升明显高于对照班，这表明课题研究是有成效的；（2）课题研究到了高二阶段，实验班的成绩明显提高，而在高一期间，实验班的成绩一直低于对照班，这表明基础薄弱学生学习适应性的培养需要一个较长的过程；（3）高一上学期两个实验班比对照班均有所提高，但到了高一下学期却相对有所下降，这表明基础薄弱学生学习适应性的培养呈曲线发展状态，其间要注意控制反复。上述三点尤其是后两点只能提供一种思考，并不一定就是规律，因为我校在研究过程中师资和班主任有所变动，对课题研究产生了一定的影响。

学科 | 英语

课题研究促进英语学科成绩进步明显。下面是实验（2）班与对照（3）班（4）班，实验（14）班与对照（15）班英语学科成绩对照图：

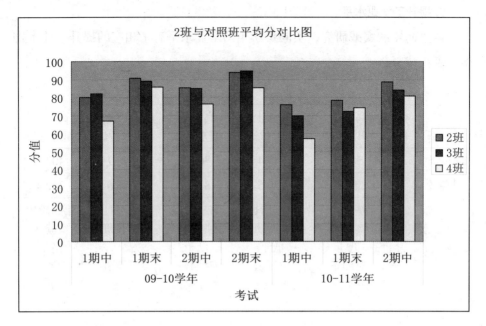

2班与对照班平均分对比图

科Ⅱ 物理

通过课题研究，两个试验班学生的物理学业水平都取得了比较大的进步。具体数据如下表：

班别	高一上期中	高一上期末	高一下期中	高一下期末	高二上期中	高二上期末	高二下期中	高二下期末
实验（2）班	48.1	77.4	56.1	47.9	61.7	73.6	41.7	无
对照（3）班	50.0	81.3	49.2	47.6	61.5	71.5	38.8	无
实验（14）班	61.5	69.5	43.2	62.4	38.7	55.1	53.3	43.6
对照（15）班	66.2	70.1	47.5	59.0	37.1	54.5	56.6	39.69

从近两年的成绩统计可以看到：实验（2）班的成绩从入学的不如对照班（3）班，到后来逐渐接近，再到逐渐超越。实验（14）班的成绩不如实验（2）班的成绩稳定，虽然大趋势也是在进步，但成绩有所反复，这跟（14）班换班主任有一定的关系。

4. 促进了教师的专业发展

本课题的研究，有力地促进了课题组教师的专业化发展。这种发展首先体现在建立了职业理想。课题组的教师，把培养学生的学习适应性、促进学生的发展作为自己的职业目标，从而全身心投入到研究之中，增强了教书育人的自觉性。其次，体现在教学观的转变。课题组教师从原来的关注课本，关注自己的教，转移到关注学生的学，尤其是关注学生的发展差异，认识到必须从不同发展水平的学生不同的需要出发，根据学生的差异进行适当的教学，才能有效地促进学生发展。再次，体现在极大地提高了教师的研究意识和研究能力。两年来，课题组的教师在实践中，认识到了教育研究对教师职业发展的重要意义，提高了参与研究的自觉性，从他们撰写的研究报告和个案分析中，我们可以发现他们已经在研究的过程中逐步学会了研究。"学习—研究—实践"已经成为课题组教师专业发展的重要途径。

案例 I　龚立群：基本形成了"双向适应"的有效教学策略

龚立群：中年教师、两个实验班物理教师、课题组组长。他在前一个课题"有效课堂教学的实践研究"中，建构了以学案为载体的有效地"教"的策略。在本课题的研究过程中，他又建构了以小组学习共同体为驱动的促使学生有效学习的课堂教学模式，从而形成了"学案导学，小组合作"的"双向适应"的有效教学策略体系。他将学生分成若干小组，进行包括上课守纪、上课发言、上黑板演算、上台讲解、作业完成、测试成绩、进步幅度在内的评比制度。这一做法提高了学生的参与度，激励了学生的积极性，逐渐培养了学生的预习习惯、课堂习惯和复习习惯。学生的学习适应性得到了有效提高，学习成绩有所进步（详见"3.提升了学业水平.个案 II"），与此同时，龚老师的专业水平也大大提高。

案例 II　王文露：课堂拉动了她的专业进步

王文露：青年教师、实验（2）班班主任、两个实验班英语教师。课题研究以来，她以"如何让学生适应高中学习，如何调动学生的学习积极性"为主旨，在教学设计上注重学生"学"的活动，在课堂上构建新的教与学的方式。她用多种途径调动学生学习兴趣，调动学生"动口""动手""动耳""动脑"，构建自主有效课堂。两个实验班中，学生对于已学过的单词能做到读准，基本拼读正确，绝大部分学生已经初步养成了按要求预习的习惯，能在课堂上完成一定量的朗读任务、自学任务、阅读任务、互相纠错任务等，学生敢于在课堂上开口、动手、讨论、提问、质疑，初步形成了"让学生动起来学英语"的有效策略。英语学科成绩进步明显（详见"3.提升了学业水平.个案 II"）。两年下来，她的专业进步实现了超越。她在总结中写道："两年的课题研究拉动了我的进步，我相信在不断'学习—实践—反思—再实践'的过程中，一定能取得学生、教师、学校的共赢。"

案例Ⅲ 闫晓岫：在建立良好的师生关系中实现"教学相长"

闫晓岫：青年教师、两个实验班的语文教师。课题研究以来，她从适应学生入手，逐渐找到了引导学生适应老师的突破口，即从良好师生关系的建立来提高学生的学习适应性。于是，她一方面努力让学生喜欢自己的教学，一方面对不喜欢自己教学的个别学生做了大量的深入细致的沟通工作，促使学生"亲其师，信其道；尊其师，奉其教"。通过不断努力，逐步引导学生喜欢上她并适应了她的教学，学生成绩有所提高，她的专业水平也获得了很大的进步。她写道："渐渐地，我已经可以看到学生眼光中对我的钦佩了，我很欣慰，我学会了在与学生的交往中潜移默化地展示我作为教师的魅力。"

案例Ⅳ 韩进军：在精讲细练中迅速成长

韩进军：青年数学教师，研究生毕业后进入我校即担任两个实验班的数学老师，教学时间仅有一年。正是这一年，他与课题研究同步成长。

面对基础薄弱的学生，如何提高他们的学习适应性？思考的结果，他确定了"精讲细练"的教学思路。他首先选择精讲的内容，根据基础薄弱的学生实际情况，选取学生易出错或重点内容，可以是小学、初中的，也可以在讲新的内容中，穿插预备的知识，还可以在教材中选取某一个知识点；然后选择精讲的方法，努力做到事半功倍的效果；接下来，是选择细练实施的方法，从模仿练习、变式练习、分层练习、反复练习，力求让学生掌握。采取精讲细练教学方法后，学生在课堂的表现和学习的成绩均有好的发展。现在上课，不需要花大量的时间抓课堂纪律，每一位同学都能在课堂上找到自己听懂的地方，每一位同学都能或多或少地学习一点数学知识，再没有人上课睡觉、玩手机，作业没有抄袭的现象，按时上交。每天学生上课积极听讲，踊跃表现，下课后，很多学生主动问数学问题，在实验（14）班，甚至有学生主动要求讲题、讲课。采用精讲细练的教学方法后，学生的成绩与以前相比均有明显进步。如图：

方法	平均成绩	最高分	及格率
"一般教学法"阶段	46.1	94	21.5%
"精讲细练，讲练结合"阶段	66.5	139	58.4%

可以说，一个刚进入我校的教师，就进入了课题研究，是他迅速成长的

大好机遇。韩进军是一个明显的例证。

除此之外，课题组的其他成员，如黄湘、徐红萍、陈秋玲、张光萍、张宝先等老师的专业水平都有了各自的进步。

（二）研究结论和分析

1. 建立良好的师生关系是提高基础薄弱高中学生学习适应性的基本前提。

学生入学后，教师充分研究自己的学生，充分了解他们对高中学习生活的适应状况，找出问题，分析原因，使自己的教育、教学活动能适合所教学生的特点，并同他们建立起互相尊重、互相信赖的师生关系，是提高基础薄弱高中学生学习适应性的基本前提。

教师对学生的适应，不是被动地应付与迁就，而是为了促进师生双方互相沟通、互相熟悉、互相适应。当学生了解、熟悉并认同了教师，在情感上接受了教师，建立了良好的师生关系，就为培养学生的学习适应性奠定了良好的基础，从而促使学生逐步适应教师教学方式的转变，进而适应新的学习生活。

2. 培养良好的学习习惯是提高基础薄弱高中学生学习适应性的基本保证。

习惯，是一种对学习起着至关重要影响的非智力因素，是后天养成的一种自动进行某种活动的特殊倾向，是一种自觉、主动、持久、稳定的行为方式。我校学生学业水平的低下，同他们在义务教育阶段长期以来养成的不良的学习、行为等习惯直接相关。所以，只有致力于改变学生的各种不良习惯，并能形成学习监督的长效机制，努力培养他们专注听讲、参与讨论、善于思考、学会提问、按时并独立完成作业、认真复习以及文明礼貌等良好习惯，才能确保他们真正能适应在新学校的学习生活。

3. 学习动机是提高基础薄弱高中学生学习适应性最重要的原动力。

创设教学情景，激发学习兴趣；以旧知识带出新知识，帮助知识建构；降低教学起点，架设学习成功阶梯；注重讲练结合，强化及时反馈；加强学习方法指导，改进学生学习方式；等等。这些策略和举措，建立在适应学生原有学习能力、学习水平的基础之上，反过来又能激发学生的学习动机，成为提高学生学习适应性的原动力。

4. 提高基础薄弱高中学生学习适应性需要建立强有力的支撑系统。

一是班级环境的支撑。班级精神风貌、班级文化氛围、班级舆论效应、班级群体的行为，都会影响学生的学习。所以教师在平时工作当中，应该以

建设积极向上、文明先进的班级风貌为目标，营造正确和谐的班级舆论，规范学生的日常行为。一个团结互助的班级学习环境，更有利于提高学生学习适应性的水平。

二是课堂教学环境的支撑。课堂教学环境对学生的学习有着重大的影响。沉闷、死板的课堂，会压制学生学习的积极性。因此，教师必须建立生动、活泼、民主、平等的课堂氛围，让课堂充满生命的活力，充满师生的激情，使学生积极、主动地参与到教学活动中，他们的心智技能才能得到最大限度的发展，学习适应性才能得到最大水平的提升。

三是家庭教育环境的支撑。问题学生背后几乎都有一个问题家庭。所以在培养学生学习适应性的过程中，家庭学习环境的重建不容忽视。学校教育必须延伸到家庭，通过家长学校、家校联系等途径，增强学生家长重视家庭教育的意识，提高他们家庭教育的水平，通过改善亲子关系，创建学习型家庭等，为学生创设良好的家庭教育环境，从而提升他们的学习适应性。

四是心理教育环境的支撑。创造一个能激发积极社会情感的充满爱心和关切的心理环境，创造一个能调动和发挥学生潜能的尊重和期望的心理环境，创造一个能发展自尊、自信、信任和接纳的心理环境。通过开设心理健康活动课程、开展团体心理辅导和个别心理咨询等途径，指导学生及时解决各种心理困惑及学习困难、正确地认识自我、稳定情绪等等，对于提高学生的学习适应性是不可少的重要环节。

（三）思考和展望

"基础薄弱高中学生学习适应性培养策略"课题研究已经告一段落，但是对命题的再思考，以及对课题更深入的研究，远远没有结束。因为在课题研究的过程中，我们的认识在不断提高，我们的思路在不断拓展，我们所发现的问题也更有价值，这一切都引发了我们对课题研究产生了以下新的思考和展望。

1.本课题研究的价值关乎学生的幸福人生。

高中阶段学生学习的成败与发展，首先取决于其是否适应高中阶段的学习生活。而高中阶段的学习失败，不仅会影响学生人生的发展，也会给学生的一生蒙上挥之不去的阴影。

在今后相当长的一段时期内，我们这类民办高中都无法选择和改变生源。因此我们认为，要想办好我们这类学校，学校教育的首要任务是抓好基础薄弱学生的学习适应性的培养，并将之作为学校发展的永恒课题。我们必须通过各种教育途径，采用多种有效策略，指导和帮助学生进校后尽快适应高中的学习生活，这样才能提高其学业水平，促进其健康发展，从而为他们的幸福人生奠定最坚实的学业基础和人格基础。

2. 提高基础薄弱高中学生学习适应性要从"强基固本"开始。

提高学习适应性的"强基固本"主要体现为三个方面：

一是查漏补缺，强基础知识。基础薄弱的学生由于小学、初中的知识缺漏太多，面对学习分化严重的学生，教师根本无法进行有效的教学活动。重新检查我们的研究思路，不难发现查漏补缺正是我们所忽视的环节，所以直接影响了学生学习适应性提高的水平。在今后的研究中，我们一定会把"强基"作为首要环节，即在学生进校后进行全面的摸底测试，了解他们知识缺漏的程度，然后根据缺漏的情况开展分层补缺，从而为高中课程的学习，尽可能扫除知识与技能方面的障碍，使新知识的学习能够为学生原有的知识结构所接纳，从而提高学习适应性的水平。

二是激发动力，固学习之本。动力是学习之本，无本就无果。长期的失败导致基础薄弱高中学生学习动机处于较低水平。回顾本课题的研究，尽管在激发学生学习动力方面做了不少工作，并形成了基本的操作策略，但仍感不够系统和深入。在今后的研究中，我们认为可以双管齐下：一方面，教师应贯彻"低起点、小步子、多活动、快反馈"的教学策略，让学生在力所能及的情况下，通过自己的努力，不断取得学习上的进步，获得学习成功的体验，逐步恢复其自信心，增强其学习动力；另一方面，教师应通过思想教育及心理辅导，引导学生树立起"天生我材必有用"的人生信念，指导学生确立人生目标，以提高其为实现人生目标而发奋学习的动机水平，变"要我学"为"我要学"，从而积极、主动地刻苦学习。

三是矫正习惯，固终身之本。坏习惯害人一事无成，好习惯助人一生成功，所以俗话说："习惯决定终身！"学生学业水平差，其中最主要的原因之一就是习惯差。如果不从根本上矫正学生的坏习惯，并养成他们良好的学习习惯，要想提高他们学习的适应性只能是事倍功半，甚至会无功而返。当然"冰冻三尺非一日之寒"，学习上的坏习惯不是一两天养成的，因此对学生已有坏习惯的矫正也非一日之功。在今后的研究中，我们一定会花更大的精力，把习惯矫正当作重要的抓手，反复抓、抓反复，想方设法补好义务教育阶段

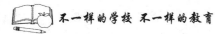

没有完成的"习惯养成教育"这一课，从而为学生的终身发展奠定坚实的基础。

3. 提高基础薄弱高中学生学习适应性需要学校文化环境最强力的支撑。

反思本课题的研究，我们在班级、课堂、家庭以及心理环境等方面，就如何建立对基础薄弱高中学生学习适应性培养的支撑系统，做了一些研究，但在学校文化环境建设方面还没有引起足够的重视。

学校文化是指在一个学校内经过长期发展历史积淀而形成的、以校内师生为主体创造并形成共识的价值观念、办学思想、群体意识、行为规范等构成的价值观体系，它涵盖了学校的理念文化、制度文化、课程文化、教师文化、学生文化和环境文化等，是一个学校精神与氛围的集中体现。学校文化可以渗透在学校所有的工作中，充分发挥其无穷的文化力量，在潜移默化中影响着学校每一个成员的思维与行动。尤其是学校文化所形成的特有的人文氛围，能够凭借其强大的感染力和熏陶力影响师生的一生。可以说，学校文化环境是学校教育中最核心、最重要的支撑系统。为此，在今后的研究中，我们一定会把学校文化建设作为最重要的研究内容和研究目标，充分发挥其牵一发而动全身的功效，以学校文化所产生的指引力、控制力、感染力和亲和力，转化教师的教育观念，优化教师的教学方式，提高学生的学习适应性。

附Ⅰ《高中生学习适应性培养研究》书序

适应才能促进发展

黄孔辰

作为一所民办高中，长期以来制约着学校发展的最大问题是生源素质的低下。学校每年高一新生的录取分数线，比分数线最低的公办学校还要低 100 分左右，而最终录取进校的学生，分数最低的，则要低 150 分左右。分数低，表明这些学生在义务教育阶段学科知识技能的缺漏较多，学习基础薄弱。

这样的学生进入高中后，尽管因学校环境变化带来的新鲜感而对自己高中阶段的学习抱有新的期望，但当短暂的新鲜感过后，由于学科内容的加深、学习要求的提高和青春发育带来的各种困惑，尤其是因原先知识的断层而无法听懂高中的许多课程后，使得他们不同程度地产生了适应不良综合征。这种症状主要表现为，在认知、情绪、行为等方面所出现的迷茫、自卑、焦虑和痛苦。由于这种不适应症无法得到解决，形成的后果是，不少学生高中 3 年的学习成绩会一年不如一年而厌学甚至弃学。由此可见，提高学生学习适应性，是促进学生发展的最重要的前提。

什么是"学习适应性"？"学习适应性"是指学生在学习过程中调整自身，适应学习环境的能力倾向。它包含了三个基本组成部分：（1）个体，这是"适应"的主体。（2）环境（情境），它与个体相互作用，不仅对个体提出了自然和社会的要求，而且也是个体实现自己需要的来源；其中人际关系是个体"适应"过程中环境（情境）的重要部分。（3）改变，这是"适应"的中心环节。现代意义上的"改变"不仅包括个体改变自己以适应环境，而且也包括个体改变环境使之满足自己的需要，其目的是为了达到个体和环境的和谐，"适应性"则指个体在这种使自己的机体和心理状态适应环境要求时表现出来的特征。（徐浙宁、郑妙晨：《国内学习适应性研究综述》。）

为探索如何通过适应性教育逐步培养这类学生对高中阶段的学习环境和学习生活适应能力，自 2009 年秋季起，我们申报了省级科研课题——"基础

薄弱高中学生学习适应性培养策略的实践研究",并以高一年级的两个普通班为试验班开展了研究。本研究主要内容是,在调查分析我校高一新生学习适应性现状的基础上,开展了旨在改进教育实践的行动研究。两年多来的研究,基本实现了原定的研究目的,形成关于基础薄弱高中学生学习适应性培养的基本策略。这些策略归纳起来主要有:学习动机激励策略、学科知识建构策略、班主任工作策略以及学生心理辅导策略。这些操作性的策略,对于提高学生的学习适应性,起到了极其重要的作用。

本研究更重要的价值是在研究的过程中,我们对基础薄弱学生学习适应性的培养逐步形成了下列三点新的认识。

一是要提高学生的学习适应性首先要教师适应学生,因此学习适应性应该是一种"双向适应"。

二是提高基础薄弱高中学生学习适应性要从"强基固本"开始。基础薄弱学生的学习不适应,是长期以来的知识缺漏、不良的学习习惯以及学习动力缺乏所致。因此,提高适应性的基础工程应该是:"查漏补缺,强基础知识""激发动力,固学习之本""矫正习惯,固终身之本"三管齐下。

三是提高基础薄弱高中学生学习适应性需要学校文化环境强力的支撑。因为先进的学校文化所产生的指引力、控制力、感染力和亲和力,足以转化教师的教育观念,优化师生教与学的方式,提高学生的学习适应性。

新的认识催生新的思路,也为我们今后进一步的研究指明了新的方向。

研究报告（三）

广东省教育科研"十二五"规划研究项目

"双向适应"是薄弱高中有效教学的密码

——"促进基础薄弱高中生发展的'双向适应'有效教学的实践研究"
研究报告

黄孔辰

一、研究缘起

我校是一所生源基础薄弱的民办普通高级中学，学生多为中考成绩差而未被公办学校录取的初中毕业生。他们中大多学习成绩差，行为习惯差，可以说是公办学校淘汰的学生、义务教育失败的学生。

他们入学后，一是被中考失利的阴影所笼罩而怀着自卑的心理，二是因学习基础差而无法适应高中阶段的学校生活，就会失去学习的自信心。为了帮助这些学生能够尽快适应高中学习，学校曾于 2007—2010 年申报了广东省教育学会"十一五"科研课题——"基础薄弱高中生学习适应性培养策略的实践研究"，其研究成果已编辑成书由吉林人民出版社出版发行。

该研究的缺陷在于其研究指向仅仅关注了引导学生如何"有效地学"，却忽略了探索教师如何适应学习困难学生的特点，更"有效地教"。因此，还是无法从根本上解决学生随着年级的增高而出现持续分化的困局。问题转化为课题，我校于 2011 年又申报并获准广东省教育科研"十二五"规划研究项目"促进基础薄弱高中生发展的'双向适应'有效教学的实践研究"课题，探索"教"与"学"的"双向适应"。这两个课题的研究构成了我校促进基础薄弱高中生发展的课题研究体系，旨在形成促进基础薄弱高中生发展的有效教学模式及其教学策略，从而提高教学质量，并全面提升我校的办学水平。

二、研究价值

国内外对于"学习适应性"的研究正在发展之中，并取得了一些成绩；

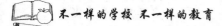

对于"适应性教学"的研究则处在起步阶段；而对于教师的"教"与学生的"学""双向适应"的研究则未有发现。因此，本项目的研究将会提供一个富有创新价值的研究视角和理论建树。

本项目的研究把教师的教学活动与学生的学习活动放在一个各种因素有机联系的环境中来认识或干预，从"适应"的角度来指导学生的学习，对改变学生的学习状况、开发学生的学习潜力、实现有效学习、提高学业水平并带动其全面发展，很有价值。同时将会为同类学校提供一个具有借鉴价值的个案。

本项目的研究在福田区"十二五"教育发展规划中提出的打造"幸福教育"的视野下展开，对于生源薄弱学校实现"幸福教育"是一种突破性的研究。

三、主要内容

1.本项目研究的主要内容为：

（1）探索基础薄弱高中生学习适应性的培养策略。

（2）探索基于基础薄弱高中生的适应性教学策略。

（3）构建教师的"教"与学生的"学""双向适应"的有效教学模式及其实施策略。

2.本项目拟突破的重点为：

如何在基础薄弱高中学校的课堂教学中构建"双向适应"的有效教学基本模式。

3.本项目拟解决的关键问题为：

解决好在课堂教学中如何有效激发基础薄弱学生的学习动力，矫正他们不良的学习习惯，从而进入主动学习状态。

四、研究方法

主要采用行动研究法，辅之以问卷调查测量分析法、经验总结法、案例研究法。具体研究路线为：

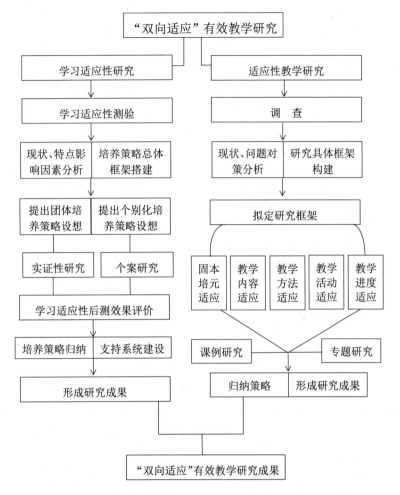

五、研究进程及主要研究成果

（一）研究进程

1. 成立实验班。

研究开始时，在高一年级成立实验班。实验要点为：

（1）推广实践和继续探索"强基固本"（查漏补缺，强基础知识；激发动机，固动力之本；培育习惯，固终身之本）策略，提高学生的学习适应性。

（2）贯彻"以学定教""以练导讲""有效互动"的基本理念，转变"教"与"学"的方式，继续探索适应性教学。

（3）进行分课型构建有效教学模式的探索，形成以学为本的符合课型特征和富有个性风格的教学模式。

（4）探索"导学案"教学，建构导学课堂。

2. **教师培训。**

（1）专家做"有效教学"讲座 3 次；举办了两次有效教学论坛；项目主持人对全校教师进行培训 6 次；对教师进行有效教学理论测试 1 次。

（2）购置最新教育教学书籍 245 本，在科研处设立"教师专业发展阅读书柜"，供老师们阅读并撰写读书笔记。

3. **课例研究。**

开展全校性有效教学课例研究。课例研究分为三个阶段：第一阶段为一人一课；第二阶段为同课异构；第三阶段为专题研究。在整个过程中，认真做好 8 件事：

（1）课题组成员参加每一课的评课会。

（2）课题组制定《"双向适应"有效教学课例研究意见反馈表》，汇总听课人的意见反馈给执教人，执教人阅后写出感悟发回课题组。

（3）课题组科研顾问写出了 80 篇听课手记，10 余万字，一一反馈给老师本人，并挂学校网上。

（4）对所有研究课，全都录像，发动老师面对录像进行反思。

（5）每位老师均以自己所上的研究课为例写出了研究笔记。

（6）每位老师均提交了研究案例，课题组已积累了 120 来篇优秀案例。

（7）课例研究的每一阶段，均由校长及副校长进行总结评点，提出导向性意见。

（8）学校领导经常分工听常态课，促使有效教学常态化。

4. **整合课程内容。**

各学科从学生原有基础出发，重新确定教学的标高，并以此为依据，对各学科的教材内容删难化繁，确保重新整合后的教学内容更能适应学生的学习基础和学习能力。

5. **优化教学方式。**

各学科研究编制了学案或题案，在课堂教学中摈弃了以往教师主宰课堂、一讲到底的教学方式，从而使"以学定教，以练导讲，有效互动，及时反馈"的教学理念，逐步在课堂教学中得以渗透与体现，并物化为教学的主流方式。

（二）主要研究成果

1. 根据阶段性研究成果，课题组写出了《关于我校教师持续推进"双向适应"有效教学的行动方案》。

2. 面向全校学生进行了问卷调查，写出了调查报告《有效教学肩负着幸福教育的重担》。

3. 研制、实施并论证了促进基础薄弱高中生发展的"双向适应"有效教学基本模式。

4. 各学科编制出《××学科"双向适应"有效教学实施意见》。主要内容为：

（1）本学科教学内容重组实验方案；

（2）本学科多课型有效教学模式；

（3）本学科有效教学常规。

该《意见》于 2012 年 9 月起在高一试用；2013 年 9 月起全校各年级全面试用；2014 年 6 月再修订。这是本项目研究的主要成果之一，已经取得了显著成效。

5. 采用华东师大周步成主编的《学习适应性测验》（AAT）于 2012 年和 2014 年先后两次对高一年级 10 个班的学生进行了学习适应性测试，并写出了各次测试分析报告及其对比分析报告。

6. 校长亲自编制了学习习惯调查问卷，进行了调查并写出了调查报告。项目组制作了《学习习惯培养视频》，在全校播放，收到了很好的效果。

7. 最终研究成果主要有：

（1）《促进基础薄弱学生发展的"双向适应"有效教学研究报告》；

（2）《促进基础薄弱学生发展的"双向适应"有效教学模式》；

（3）《持续推进"双向适应"有效教学的行动方案》；

（4）九门学科《"双向适应"有效教学实施意见》；

（5）《"双向适应"有效教学实施策略各学科案例集》；

（6）《"双向适应"有效教学课例视频》三集。

六、实践效果

（一）初步形成了我校"双向适应"有效教学的基本策略体系。

1. 一个基点： 强基固本。注重查漏补缺，强基础知识；激发动机，固动力之本；培育习惯，固终身之本。

2. 三个载体： 编制和使用好三种载体，即部分学科以"学案"为新授课的主要导学训练载体，以"题案"为复习课的主要训练载体；以"同步训练书"为辅助训练载体。

3. 四条定律：遵循四条铁定的有效规律，即"以学定教、以练导讲、有效互动、及时反馈"。

4. 三大策略：

策略I　教学内容适应性重组策略

要点1　九门学科都要根据《课程标准》《考试说明》和学生的基础智能差异、差异性培养目标，解放思想，大胆取舍，精心编制适应性重组方案。目前，此方案已编入各《学科教学内容重组实验方案》之中，全体教师都应认真贯彻落实，并在实践中逐步完善。同时，各学科均应紧随教育改革的发展及时加以调整。

要点2　内容重组形成序列：（1）整体内容重组，即对三年教材进行整体重组，侧重取舍。（2）模块内容重组，即对单元、章节或知识点进行重组，侧重内容整合。（3）课时内容重组，即对每一节课的内容进行再加工、再创造的整合，设计出富有实效的教学方案，侧重教学设计。

要点3　内容重组有差异层次：（1）整体内容重组的程度依次为：数学、物理、化学、生物—语文、英语、地理—政治、历史。（2）模块内容重组的程度依次为：语文、数学、英语、物理、化学、生物—地理、历史、政治。（3）课时内容重组则要覆盖所有学科每一节课。

策略II　分课型构建教学模式策略

要点1　教学模式建构应把握好一个价值取向：按照"教育实践的本质在于建构学习主体"的观念，着力把知识特征与学生心智特征结合起来，按照学生自主获取知识实现主动发展的"学路"，组织教学活动。

要点2　分课型构建教学模式应把握好三个要素：一是知识类型，不同类型的知识有不同的认知规律，应该遵循其规律建构不同的教学模式；二是课型，不同的课型有不同的特征不同的规律，也应该建构不同的教学模式；三是目标，每一模块、每一堂课都有各自的具体教学目标，达到目标的路径有所不同，其教学模式也应该有所不同。

要点3　教学模式建构应具有个人风格。每一种教学模式都应该注入教师的个性特征及智能优势，富有活力，富有创意。

策略III　教学方法注重四个微策略

要点1　在课堂教学中要根据教学内容和学生实际实施"重衔接、缓坡度、多循环、勤反馈"的教学策略。

要点 2 实施这一策略的适用范围为：学生学起来比较困难的学科和所有学科的重难点。

要点 3 "重衔接"的重点在于初高中衔接和新旧知识衔接；"缓坡度"的主旨在于循序渐进、分解难度、化难为易、化繁为简；"多循环"的要领在于依学生对重难点知识的掌握情况循环往复螺旋递进；"勤反馈"的核心在于以学导教，形成"反馈了解—当堂补偿—即时矫正"的教学程序。

（二）取得的相应教学成果

1. 2012—2013 学年，高一实验班与普通班期末考试成绩比照，实验班成绩总体高于普通班。

表Ⅰ 理科实验班与普通班各科均分与全科总分比照表

班级	语文	数学	英语	物理	化学	生物	6科总分	政治	历史	地理	9科总分
实验1班	90.2	113.7	104.2	62.2	63.6	76.3	510.2	69.1	63.4	69.5	712.2
对照2班	90.0	110.3	87.3	65.5	62.7	76.9	492.8	71.3	65.7	72.6	703.5
普通班	84.63	89.6	73.5	48.1	48.3	54.5	397.9	60.1	54.1	59.3	570.65

表Ⅰ表明：实验（1）班6科总分比（2）班高17.4分，9科总分比（2）班高8.7分。实验（1）班英语比（2）班高出17分；其余科目的分差都在正常的范围之内。

表Ⅱ 文科实验班与普通班各科均分与全科总分比照表

班级	语文	数学	英语	政治	历史	地理	6科总分	物理	化学	生物	9科总分
实验5班	93.8	103.0	110.2	73.8	67.3	67.9	516.0	44.7	49.0	62.2	671.8
实验6班	97.3	101.3	106.6	76.5	65.6	70.3	517.6	49.8	54.8	71.4	693.6
实验8班	86.5	79.2	85.0	64.3	55.6	58.5	429.1	34.5	42.8	49.4	555.7
7.9.10	84.4	71.2	77	63.9	53	55.7	405.2	31.9	38.8	48.5	524

表Ⅱ表明：实验（6）班6科总分高出全年级平均分50.775分，9科总分

高出全年级平均分82.325分。实验（5）班6科总分高出全年级平均分49.17分，9科总分高出全年级平均分60.225分。

实验（8）班大多数学科高于平行班，只有政治和生物低于（9）班。

2. 有效教学的实践研究开展以来，整体教学质量不断有所提高。

表Ⅲ　近四年学校高考上线率统计表

年　份	2011年	2012年	2013年	2014年
上线率	24.43%	53.69%	70.72%	84.60%

表Ⅲ表明近三年学校高考成绩进步幅度较大，说明"双向适应"有效教学的研究成果已经和正在转化为质量效益。

3. 2012年学校在高一全体学生中进行了一次问卷调查，有九成学生感到学习快乐。作为基础薄弱的学生群体，这一比例令人振奋！有学生说："老师能培养兴趣，我们就乐于学习。"有学生说："老师教的都懂就快乐。"有学生说："克服学习困难，做好难题，我就快乐。"有学生说："该学时认真学，该玩时就玩，就快乐。"有学生说："老师笑着走进教室，笑着上课，笑着离开，就让我们快乐。"这是幸福教育视野下"双向适应"有效教学实践研究绽开的花朵。

七、本研究主要创新之处

创新1　在幸福教育的理念视野下，本项目正视基础薄弱学生的现实，在全校范围长期研究实践有效教学，促进广大学生有效学习，实现了大多数学生快乐学习的目标。

创新2　我们将有效教学研究的着力点放在"双向适应"上，将"学习适应性"培养的研究与"适应性教学"的研究结合进行，不仅提供了适合基础薄弱高中生的有效教学的富有创新价值的实践模式，而且填补了国内外教师的"教"与学生的"学""双向适应"的有效教学研究领域的一个空白。

创新3　我们在实现教师有效地"教"并引导学生有效地"学"的研究实践中，倾注了"人文关怀"的情感，这对于存在着大量学困生和问题学生的学习群体是一种重要的"有效"因素，基本实现了智力因素与非智力因素同时抓的融合。

创新4　我们把"双向适应"的基点放在强基固本上，注重：查漏补缺，强基础知识；激发动机，固动力之本；培育习惯，固终身之本。这样做，不仅具有"时效"性，而且具有"长效"性，能较好地为学生的终生发展打下良好的基础。

创新 5 我们的 9 门学科均编制了《"双向适应"有效教学的实施意见》，凝聚了我校教师多年来探索适合基础薄弱学生实际的有效教学的心血和智慧，既能促使全校教师持续推进有效教学，又能确保各门学科的教学质量及其教学特色。

创新 6 我们在学习内部全员开展了"同课异构"研究活动，以备课组为单位进行"同课异构"。一学年内，所有老师上了 1~4 次研究课。在面上活动结束之后，又选出部分优质课进行展示。每一次"同课异构"均有各自的研究专题，又有各自的"异构"特色。学校主要领导深入课堂发现问题与老师直接交换意见，同时项目组还汇总听课人的意见发与执教老师进行交流，有关人员还写出大量的听课手记与老师共同探讨。这不仅对教师提高教学的有效性有实实在在的帮助，还对教师的专业发展起到了很好的促进作用。

八、研究结论

1. 师生"双向适应"是实施有效教学的重要基础，有效教学又能进一步促进师生的"双向适应"。

2. 构建较为完整的、具有可操作性的有效教学模式，是实施与推广"有效教学"的重要载体。

3. 激发学生的学习动力，矫正学生不良的学习习惯，是生源薄弱高中实施有效教学最重要的前提。

4. "以学定教，以练导讲，有效互动，反馈补偿"，是生源薄弱高中实施有效教学的核心理念。

九、研究存在的主要问题

1. 由于到了研究中期阶段，已扩大到全校范围内实施有效教学，就无法有效控制实验因子，原有的实验班，失去了实验的性质，因此无法做因变量的前后比较。

2. 教育行政部门规定高中阶段除高三外，其他年级严禁补课。本研究设计中原定高一年级学生进校后利用暑假和周六时间开展查漏补缺的计划无法正常实施，大大缩短了对学生初中阶段学科知识查漏补缺的时间，因此无法对"有效教学"模式中第一模块"有效查漏补缺——强基础知识"按计划做

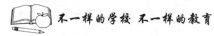

更有效的实施与探索，也影响了实施效果。

3.民办学校教师的非正常流动性大，影响教师队伍的稳定性，也给本课题研究的稳定性、一致性带来了一定的困难和影响。

附 I

促进基础薄弱学生发展的
"双向适应"有效教学模式实施指南（内部资料）

黄孔辰

一、导论

（一）核心概念界定

1. 有效教学

有效教学是指通过教师在一段时间的教学之后，学生所获得的具体的进步或发展。也就是说，有效教学是有效促进学生发展的教学。这里的"发展"不仅仅是学生新的知识和技能的获得，还包括思维能力的发展以及情感、态度和价值观的形成，即教养与教育的辩证统一。

学生有无进步或发展是教学有没有效益的唯一指标。教学有没有效益，并不是指教师有没有教完内容或教得认真不认真，而是指学生有没有学到什么或学生学得好不好。如果学生不想学或者学了没有收获，即使教师教得很辛苦也是无效教学。同样，如果学生学得很辛苦，但没有得到应有的发展，也是无效或低效教学。

2. 双向适应

"双向适应"是基于基础薄弱学生的学业发展规律的特殊策略，指教师的"教"与学生的"学"双向相互适应。具体说，是将教师的适应性教学与对学生的学习适应性的培养结合起来，形成教师的"教"与学生的"学"相互适应，从而有效提高教学质量的教学。

（二）有效教学的理念

1. 关注学生的进步和发展。

首先，要求教师有"对象"意识。教学不是唱独角戏，离开"学"，就无所谓"教"，因此，教师必须确立学生的主体地位，树立"一切为了学生的发展"的思想。其次，要求教师有"全人"的概念。学生发展是全面的发展，而不是某一方面或某一学科的发展。教师千万不能过高地估计自己所教学科的价值，而且也不能仅把学科价值定位在本学科上，而应定位在对一个完整的人的发展上。

2. 教学的效益。

教师要有时间与效益观念，即教师既要克服教学完全凭主观意愿跟着感觉走的盲目性与随意性，又不能简单地把"效益"理解为"花最少的时间教最多的内容"。教学效益不取决于教师教了多少内容，而是取决于单位时间内学生的学习结果。

3. 关注可测性和量化。

如教学目标尽可能明确与具体，以便检测教师的工作效益。但是并不能简单地说量化就是好的、科学的。应该科学地对待定量与定性、过程与结果的结合，全面地反映学生的学业成就与教师的工作表现，以及教与学行为的变化。

4. 教师必须具备反思的意识。

每一个教师都应该不断地反思自己的日常教学行为："我的教学有效吗？""什么样的教学才是有效的？""有没有比我更有效的教学？"

5. 有效教学是一种教学模式。

我校提出的促进基础薄弱学生发展的有效教学模式，是在教育教学实践中经过长期的研究探索而形成的，是在一定教学思想或教学理论指导下建立起来的较为稳定的教学活动结构框架和活动程序。作为结构框架，这一模式突出了从宏观上把握教学活动整体及各要素之间内部的关系和功能；作为活动程序则突出了教学模式的有序性和可操作性。可以说，这一教学模式是有效教学理论的具体化，同时又直接面向和指导有效教学的实践，它是教学理论与教学实践之间的桥梁。

（三）有效教学的基本原理

1. 定向原理

教师可以通过提供一个初步的结构来帮助学生明确预期的学习结果，提示相应的学习策略，从而使得他们做好学习准备，实现学习定向。导入的具体方式有：说明课堂活动的目的、意义，指出新旧知识技能的联系，告知学习活动所要求的反应类型，等等。在导入新课前，教师通过焕发学生的学习热忱、明确学习的价值或应用前景等方式，来激发学生的学习动机。帮助学生明确教学目标或要求还可以是：关注具体的学习目标、概略介绍内容要点或主要步骤、预先检测将要学习的要点、事先提出问题以引导学生思考等。

2. 情意原理

学生的心理活动包含着互为前提、互相促进的认知结构和情意状态两个方面。激发学生的学习动机、兴趣和追求的意向，加强教师与学生间的感情交流，是促进认知发展的支柱和动力。

3. 序进原理

来自外界的知识和经验可以相应地转化为学生的认知结构、情意状态和行为结构。教师根据不同对象的发展水平，有步骤地提高所呈示的知识和经验的结构化程度，组织好从简单到复杂的有序累积过程，是提高转化效率的基础。

4. 活动原理

学生外部的行为结构与内部的心理结构之间有着直接的互化关系。教师精心组织各类行为活动与认知活动，并使之合理结合，学生充分发挥活动的自主性，是促成行为结构与心理结构迅速互化的有效途径。

5. 反馈原理

学生的心理和行为向预期目标发展，都需要依赖反馈调节。教师及时地、有针对性地调节教学，学生自我评价的参与，可以大大改善学习的进程，有效的反馈机制是目标达成的必要保障。

（四）有效教学的主要特征

1. 目标指向性

有效教学是有明确任务指向的教学。考察一个课堂教学是否有效，需要明确在教学实施前，教师和学生期待达到怎样的教学目标，所以明确的教学目标是教学有效的前提。

规范的教学目标有四个要求：学生为行为主体；行为是可测量、可评价、具体而明确的；行为条件是指影响学生产生学习结果的特定的限制或范围；为评价提供参照依据表现程度指学生学习之后预期达到的最低表现水准，教师再经过对学生原有认知条件、情感态度以及对课程标准、教材编写者意图和学生需要意图的深入研究之后，确定的教学目标应该在教学过程中起明确的任务导向作用。

2.高度参与性

有效教学是学生高度参与的教学。学生的"参与"是指学生在与学业有关的活动中投入生理和心理能量的状态变量。参与意味着进入介入、投入、卷入、浸入的状态之中，是主体对活动的能动性作用过程，是能力和倾向的统一。

3.策略最优化

有效教学是最优化教学策略实施的教学。为达成教师预期的教学目标，选择最有效的教学策略使教学具有最大的效益，是有效教学的重要特征。有效教学追求的就是让学生在最短时间内获得最佳的学习效果。所以在教学目标的落实和达成的过程中，选择怎样的教学策略非常重要。

4.有效生成性

有效教学是促进学生有效生成的教学。有效教学需要预设，但预设是为了生成的有效。在生成性教学中，师生互动，生生互动，在活的生命体的相互碰撞中，不断生成新的教学资源、教学内容、教学秩序，乃至新的教学目标。有效教学需要精心的教学设计，通过预测学情、预测可能，真正关注学生的发展，关注学生的个体差异，突出教学重点，简化头绪，使目标集中，成效凸现，为动态生成预留"弹性时空"，促使教学成为发展的增值的生成的过程。

5.促进发展性

有效教学是促进学生发展的教学。这里的"发展"不仅是知识和技能，以及学习方法的获得，还包括学生的内在发展。有效的教学一定是三维目标统一的教学。这就区别了以知识为中心的教学，而关注了教学促进学生全面发展，是有效教学的重要特征。

有效教学是彰显师生生命价值的教学。教育是人的灵魂的教育，而非理智知识和认识的堆积。有效教学不只是实现教学任务，达到教学目标的过程，更是体现对学生人性的关注，突显生命对话、情感碰撞与智慧生成的过程，是彰显师生生命价值共同经历的成长过程。

（五）有效教学是学校发展的必然选择

时代进入到"十二五"发展时期，学校经历了初创期和规范发展期而步入特色发展期。但是民办教育发展的特殊性，决定了我们学校在现阶段乃至未来的一个相当长的时段，都将面临生源基础薄弱的现实。尽管办学10年来，我们通过制定课堂教学常规等措施，规范了教师的教学行为，基本保障了学校的教学质量，从高考升学率的角度而言，低进高出不断有所突破。但还是无法从根本上解决学生进入高中后，在学习方面出现持续分化的状况。究其原因，是我们规范化的课堂教学只能适应部分学生的学习需求，无法解决所有学生进校后不适应高中学习生活的状况。因此，如何培养学生入学后对高中学习的适应性，加强高中教学的有效性，提高学生的学业水平，整体提升生源薄弱高中的教学质量，以实现学校提出的"正视现实，注重发展"的教学理念，以及"为学生创设成功的机会，为教师搭建发展的平台"的办学目标，构建与实施提高民办薄弱高中学生学习适应性有效教学模式，便成为学校发展的必然选择。

二、有效教学模式的构建

（一）有效教学模式的基本框架

三个模块·十四个环节

1. 第一模块：强化基础，固本培元。

（1）有效查漏补缺——强基础知识。

（2）有效激发动机——固动力之本。

（3）有效矫正习惯——固终身之本。

2. 第二模块：以学定教，以教促学。

（1）有效预设——目标导向，学案导学。

（2）有效预习——问题自学，先学后教。

（3）有效指导——创设情境，讲练结合。

（4）有效互动——合作学习，互帮互学。

（5）有效生成——达标检测，反馈补偿。

（6）有效巩固——精选精练，分层作业。

（7）有效检测——有效复习，有效考评。

（8）有效反思——注重生成，分析过程。

3. 第三模块：人文关怀，和谐课堂。

（1）有效激励——尊重差异，期望赞赏。

（2）有效管理——自治自律，生动有序。

（3）有效评价——多元开放，促进发展。

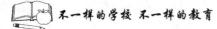

（二）有效教学模块诠释

1. 强化基础，固本培元。

这一模块的含义就是加强基础、巩固根本。这里的"基础"主要指知识基础、方法基础和能力基础；这里的"根本"主要指动力为学习之本，习惯为终身之本。

强化基础：一是补上适应高中的衔接基础，夯实高中学习的根基。由于我校生源基础薄弱，就有必要对高一新生查漏补缺，尽力帮助学生补上高中前未学好的一些基础知识，打好学习高中课程的衔接基础，以尽快适应高中的学习。二是打好接受新知识的基础，打好知识建构的固着根基。新的知识结构总要附着在已有的认知结构（含经验）上，教学任何一个新知识点都要落在学生的"最近发展区"，找到与其相联系的已有知识中的相应部位，为新知识的同化提供稳定而生动的富有生长性的固着点。由于我校学生的学科知识大量缺漏，教学中如果不对以往应该学会的相关知识进行基础性弥补，新知识点就会凌空架设，有些空旷，学生对知识的建构就没有合理的支架。因此，一般地说，在新授课之前都应该安排适当的旧知识的复习环节。

固本培元：一是激发动机。学习动机水平会直接影响教学的有效性。要采取有效方法引导学生克服中考失利后产生的自卑心理，帮助学生树立起"天生我材必有用"的信念，从而激发学生的学习动力。二是矫正习惯。要引导学生认真总结初中阶段学习失败的主客观原因，并做好归因分析。要引导学生认识到良好习惯是获得学习成功的重要保障，帮助学生制订个人计划，矫正自身不良的学习习惯，增强学生的学习责任性。

2. 以学定教，以教促学。

陶行知先生说过："教什么和怎么教，绝不是凭空可以规定的。他们都包含'人'的问题，人不同，则教的东西、教的方法、教的分量、教的次序都跟着不同了。"因此，以学定教，以教促学是"以人为本"理念的体现，是有效教学的基本定律。

"以学定教"的操作要点是：

其一，教师"教"的目标要落在学生的"学"上。教学是否有效，并不是指教师有没有完成教学任务或是否教得认真，而是指学生有没有学到什么或学得好不好。因此，适合学生的教学才是最有效的教学。具体一点，应当做到"五个适合"：适合学生生理心理的当前发展状态和规律，适合学生现有的认知发展水平和已有的知识经验及生活经验，适合学生的思维方式和认知方式，适合学生个性特长发展的需要，适合学生终生发展的需要。

其二，教师"教"的过程要落在学生"学"的动态过程中。教学过程是否有效，并不是指教师"教"的过程演绎得是否完整，而是指学生"学"的过程中教师的引导是否促进了学生的有效学习。因此，还得说，适合学生学习过程有效推进的教学才是最有效的教学。更具体一点，还应当做到"五个适合"：适合学生完成本节课学习目标的活动进程，适合学生接受本节课知识的形成过程，适合学生对本节课学习内容所采用的学习方式，适合学生在本节课的学习过程中解决困难的需要，适合学生在学习过程中生成的对新的知识和能力发展的期待。

其三，教师"教"的思路要落在学生"学"的思路上。教学思路是否合理和有效，并不是指教师把教材知识叙讲得严密不严密，而是指教师将教材知识结构转化为认知结构进而转换成学生智力结构的思路是否合理有效。因此，还要说，适合学生"学路"的教学才是最有效的教学。具体一点，还应当做到"五个适合"：适合学生当下的生动活泼的认知结构，适合学生学习本节课内容所应采取的思维方式，适合学生的个性差异智能，适合学生将教材知识和技能转化为自我知识和技能的路径，适合学生在自我的"学路"上打通"关节"的需要。

基于上述认识，我们的教学过程在整体上，应当构建"以学定教"的导向轨迹。

3. 人文关怀，和谐课堂。

弘扬人文关怀，构建和谐课堂是实现有效教学的重要保障。"人文"这一概念涵盖人的价值、人的尊严、人的独立人格、人的个性、人的生存和生活及其意义、人的理想和人的命运等；人文关怀就是关注人的生存与发展，就是关心人、爱护人、尊重人；课堂上的人文关怀主要是指教师将学生作为有生命、有情感、有个性的"人"来看，要学会尊重、关怀每一个学生。

"和谐"这一概念是指事物或现象各方面的协调、配合与多样性的协调统一的状态。"和谐课堂"应该是教师与学生双方协调互动、"教"与"学""双向适应"、教学内容与进程顺应学生心理发展规律和认知规律有效推进、教学方法和手段运用自如、教学情境生动活泼的氛围和境界。

人文和谐课堂应该有三个创设点：

（1）创设充满人文特征的师生关系。

良好的师生关系是人文和谐课堂的基础。其创设要点有三：①尊重学生。美国著名教育家爱默生曾指出："教育成功的秘密在于尊重学生。"因此，人文和谐的课堂要从"尊重"入手，尊重学生的人格、尊重学生的个性、尊重学生的差异、尊重学生的生理缺陷，尤其要尊重学生成长过程中的各种"遭遇"，对他们的幼稚、调皮、逆反，要顺应其生理心理规律进行尊重性的疏导，对他们的挫折、失利、错误也要"不失尊重"地进行朋友式的教育。这样做并不排斥严格教育，而是说严格教育也要把尊重教育贯彻其中，切忌伤害学生。②倾听学生。作为一个真正倾听者的教师，必定是这样的：他怀着深深的谦虚和忍耐，以一颗充满柔情的爱心，张开他的耳朵，满怀信心和期待地去迎接那些稚嫩的生命之音。特别要注意倾听那些质疑的火花、那些不懂问题的症结、那些思维过程的障碍，并适机加以鼓励、引导或点拨。③关注学生。正式上课前，要关注每一个学生是否做好有关准备；正式开讲前，要关注学生的注意力是否集中起来；在学生自学、做题、实验时，要走到他们中间，亲切关注；当发问以后，眼睛要关注到每一个学生；当环节转换以后，要关注学生是否转移到新的内容上来；在运算过程、推导过程的教学中，要关注到学生对每一个步骤、每一个细节是否弄明白。

（2）创设"快乐学习"的课堂氛围。

"快乐学习"的氛围是人文和谐课堂的表征。其创设点有三：①营造课堂快乐和谐的心理环境。首先，教师要带着好心情进入课堂，感染学生也有一个好心情上课，一开始就能进入快乐学习状态。其次，教师要用微笑开启学生的心灵。要用微笑活跃气氛，用微笑让学生放开思维，用微笑化解矛盾，实现快乐学习。②营造课堂和谐的物理环境。应努力做到教室整洁有序，课堂教学媒体设施各就其位，多媒体运用娴熟，课件设计符合认知规律且趣味适当，学生课桌摆放有序，创造好快乐学习的条件。③开展生动活泼的快乐课堂活动。要组织好课堂讨论，要安排好小组活动，要开展好必要的竞赛活动，要设计好一定的探究活动。

（3）创设良性互动的课堂场景

良性互动的场景是人文和谐课堂的基本状态。所谓课堂互动，是师生双方和学生之间在教学过程中相互交流思想和情感、传递信息并相互影响的过程。人文和谐的课堂要努力实现群体的师生互动、生生互动和个体的眼、耳、口、手、脑的交相互动，要提倡形式和内容统一的有效互动，杜绝作秀。良性互动，应把握这样四个时机：①"动"在教学重点、难点掌握处；②"动"在学生产生疑惑、困难的时候；③"动"在学生的情感需要处；④"动"在需要师生合作处。互动的最佳境界是教师思维和学生思维的同步与跟进，因此特别要注意"教"与"学"形成交流状态。

三、有效教学模式操作策略

（一）有效查漏补缺的策略

有效教学必须建立在学生原有的知识系统能够接纳新知识的基础之上，对于基础薄弱学生，查漏补缺是实施有效教学的一个重要模块。其主要环节如下：

高一新生查漏补缺，努力促使学生尽快适应高中学习。基本程序是：摸底测试—排列漏缺—征求意见—补缺补差—测试验收。

教学过程查漏补缺，努力实现"堂堂清""课课清"。课堂上通过反馈、检测，课后通过作业批改，摸清学生知识差缺，下一节课上新课前复习旧课，补清差缺。

阶段查漏补缺，努力实现"段段清"。通过各类阶段考试，查找知识差缺，在试卷讲评中补清差缺，并在继后的课堂教学中适机补差补缺。

考前复习查漏补缺，努力促使学生完成高中学业。注重期中复习、期末复习、水平考前复习和高考备考复习，努力通过复习补清差缺，促使学生达到合格及其以上水平。

（二）有效激发动机的策略

激发学生的学习动机，是实现有效教学的途径之一。主要方法有：

1. 目标激发："让学生跳起来摘果子。"

过易的目标不能满足学生的成就感，不足以激发动机；难以实现的目标，也容易使学生畏难、气馁。因而，应该设置经过努力可以实现的目标定向，让学生跳起来能"摘到果子"，也只有跳起来才能"摘到果子"，让学生产生跃跃欲试的学习动机。

2. 兴趣激发：让学生快乐学习。

运用各种形象直观的教育教学手段，使教学具有新颖性和实用价值，使

学生得到一种精神上的满足，从而使其体会到快乐，激发其学习兴趣。

3.**"成功"激发**：让学生体验成功的喜悦。

所谓"成功的喜悦"是指学生达到预定目标的一种愉快的情感体验。当学生从成功中看到自己的智慧和力量时，就能产生"成功的喜悦"，增强学习信心，激发学习动机。教师要善于发现学生的成功并帮助学生获得成功，一旦有了成功便加以赞赏，让每一个学生都有成功的体验，从而享受成功的满足和喜悦，促使学生产生再接再厉、积极向上的力量。

4.**赏识激发**：让学生感到"我的每一个亮点都在老师眼里"。

每一个学生的内心，都希望能得到教师的肯定或表扬。当学生表现自己的时候，老师要给予适度的表扬；当学生有了亮点的时候，老师要加以赞赏；当学生有了进步的时候，老师要给予充分的肯定；当学生获得成功以后，老师要给予合适的奖励。

5.**情境激发**：诱使学生打开智慧之门。

德国一位学者有过一句精辟的比喻：将15克盐放在你面前，无论如何你难以下咽；但将15克盐放入一碗美味可口的汤中，你就在享用佳肴时，将15克盐全部吸收了。有效教学要求教师为学习内容创设适当的情境，比如创设想象情境、创设问题情境、创设悬念情境、创设创新情境、模拟真实情境，并把学生引入一种与问题有关的情境之中，诱发学生的好奇心和求知欲，点燃其思维的火花。

6.**氛围激发**：激活学生脑海的浪花。

课堂的氛围是激发学生学习动机的必要因素。尤其要营造互动状态，并要开展适当的竞争活动，形成活跃的课堂教学氛围，从而激发学生积极主动地参与，充分展开思维活动，学懂知识，提高能力，并有所创新。

（三）有效矫正习惯的策略

叶圣陶先生说过："教育是什么，往简单方面说，只有一句话，就是养成良好的学习习惯。"为此，学校提出了"学习改变命运，习惯决定人生"的校训。

高中生的学习习惯，从学习过程来分，可分为预习习惯、听课习惯、复习习惯、作业习惯等；从学习心理策略的角度则可分为学习的组织和计划习惯、思维习惯、有效利用外界资源的习惯等。其中应该帮助学生养成的主要学习习惯有：

1. 计划与自我监控的习惯

这种习惯指能独立地制订学习计划,设定具体的学习目标,选择学习内容、分清学习任务的主次,科学安排学习时间,并具备监控计划执行的方法和能力。

2. 有效利用外界资源的习惯

这种习惯指能与人协作,与同学互帮互学,遇到难题能勤学好问,求得甚解,并能使用图书馆、互联网查询和搜集有用的资料,不断扩大自己的知识面。这是是否具有现代人学习素质的重要标志。

3. 快速阅读与概括式笔记的习惯

这种习惯指能注意选择对自己有用的参考书,并能迅速获取书中的信息的习惯。心理学研究指出,做笔记是一种生成技术,这些技术包括摘抄、加标题、编提纲等。这些技术有助于发现知识之间内在的联系和建立新旧知识之间的联系。

4. 用脑卫生习惯

这种习惯指能科学用脑、护脑和发展脑的功能,以提高学习的效率。学习要遵守高级神经活动的兴奋与抑制的规律,按照生物钟安排学习,做到张弛有度,作息有规律。

应该引导学生矫正的不良学习习惯主要有:

1. 计划与组织方面的不良习惯:如作业方面的不良习惯有,作业前不复习所学知识;作业时不审清题意便下笔;不按规范作业、书写马虎;做作业时遇到困难不肯钻研,只会去问别人,或找到答案一抄了之;边做作业边听音乐或其他声像制品,甚至看电视。

2. 自我调节学习的不良习惯:学习用品乱堆乱放、经常找不到;不能合理地安排学习时间,往往不分轻重缓急地忙于应付、不分昼夜地打疲劳战;期中考试前,不安排复习阶段,期末考试前,又不总结、巩固整个学期所学知识。

矫正不良习惯的办法大致有:

首先,学生进校后,教师要留意观察学生中存在哪些不良的学习习惯,然后制订矫正方案。方案的基本精神应该是:培养好习惯用加法,改正坏习惯用减法。坏习惯一定要用递减法去矫正,就是说他比原来次数减少,就可以容许他一次比一次少,直到成功。方案的实施时间,一般来说,高一新生应安排"良好习惯培养月",然后贯穿到整个教育教学过程中,直到毕业。

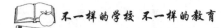

其间，每学期开学，都应该安排"良好习惯培养周"。这是贯彻"学习改变命运，习惯决定人生"的校训的必要措施，也是实现有效教学的重要途径。

其次，实施方案逐步落实。其间，特别要注意到如下几点：

制定良好习惯养成细则，作为班规明确下来。

采用阶段性和发展性评价相结合的方法对学生进行评价。阶段性评价要求通过学生自评、互评、家长评、老师评，于每周、每月、每学期对学生的行为表现予以评价和表彰；发展性评价是形成性的、过程性的评价，它关注的是学生的起点和变化过程。教师特别是班主任要对特殊学生建立成长记录档案，随时记录学生的变化，随时予以帮助，并对学生表现出来的进步给予及时的肯定和赞赏。

抓住课堂主渠道，在环境中陶冶。教师在教学过程中的每一个环节都要注重培养学生的良好习惯。

坚持"大处着眼，小处着手"。习惯关乎人的一生，教师应该从为学生的人格塑造和终身发展奠定基础的大处着眼；而习惯培养又是具体、微观的，教师又应该从小处着手，从日常看上去不起眼的细枝末节抓起。

（四）有效预设的策略

1. 目标导向

目标导向策略有六个要点：

一是强化目标意识，每一节课都要设计出教学目标，每一个知识模块或一个教学周期都要设计出系列目标，形成一个阶梯性目标体系。

二是目标设计的总体精神要体现出知识和技能、过程和方法、情感态度和价值观三个维度。

三是课时目标要集中、明晰，要通过对教材和学生实际进行整合而提炼出能较为恰切地落在学生"最近发展区"的目标。

四是目标设计必须明确地指向学习主体。

五是每一节课都要向学生明示学习目标。

六是要用目标导向教学过程，一步一步落实直到达成目标。

2. 学案导学

学案导学策略有如下要点：

其一，课案常规：语文、数学、英语、物理、化学、生物、政治、历史、地理的新课均要求编印学案，并写出简明的教案；上述学科的复习课可以编印题案（复习题卷），同时写出简明的教案；其余学科编写普通课案。提倡编制讲、学、练三合一的课案（讲学稿、教学案、导学案）。

其二，"学案"编写的要求：（1）体现精要性，"教"的部分不上学案，简单易懂无须动笔的不上学案，课本上有的知识和题目原则上不上学案，在课件上投影的原则上不重复到学案上。（2）体现"生成性"，要创设问题情境启发学生生成新知识新智慧。（3）体现诱导性，诱导学生暴露问题。"学案"使用的要求：（1）一定要落到教学过程的环节中，充分实现导学作用；（2）一定要让学生动脑思考、动笔书写，充分起到"落实"的载体作用；（3）一定要检查和批阅。

"题案"是指训练题，可称为"练案"，是实现当堂训练、体现"以练导教"与"以教促练"的载体和抓手，是复习课的重要策略。其要求参照"学案"要求。"题案"应该有三个思路：一是要注意诱导学生暴露问题；二是要注意落实本节课的教学目标；三是最好是"三题一案"，即一张题单上有例题、习题和试题。如果有"学案"，就不必再有"题案"。

"三案"均要求设计的"合适"和"使用"的充分，特别要注意实现差异性和层次性。

（五）有效预习的策略

1. 问题自学

所谓"问题自学"有两层含义。

一是指以学生能够基本解决教师设置的问题为自学的任务。将预习要求和预习内容转化为问题，能够有效地激发学生自学的需求和动机，同时又能帮助学生明确自学的任务，指导学生理清预习的思路，使预习更有效。要注意的是，自学问题的设置，必须同学习目标保持高度的一致性，即学习目标的问题化。

二是指以学生能够提出有价值的问题作为自学的目标。在预习过程中，学生能提出问题是其探究的开始，但能否提出有价值的问题，则是判断学生有效预习的一把尺子。只有广泛阅读、积极思维，才能发现有价值的问题，有了疑问，学生才能在课堂上寻求答案、生成知识，达成预习的目标。

2. 先学后教

"先学"，即学生先自学（预习）、按学案练习；"后教"，即在学生自学的基础上，更有针对性地开展以合作交流为主，教师讲解、指导为辅的

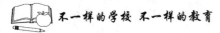

教学活动。

先学后教的一般操作流程为"五环节"：明示学习目标—指导学生自学—交流、检查学生自学效果—提出自学中的问题—教师指导下的合作学习。

先学后教的辅助形式：边学边教、边练边教。

（六）有效指导的策略

1.创设情境

心理学认为：人的一切行为都是由动机引起的，而人的动机、欲望是在一定的情境中诱发的。因此，在教学中可从以下方面创设情境。

（1）创设生活情境。生活乃是教学赖以生存和发展的源泉。因此，要从学生已有的生活经验出发，创设生活中生动、有趣的情境，让学生走近生活。

（2）创设故事情境。教学中，单纯的知识教学会使学生感到枯燥乏味，为了激发学生的学习兴趣，教师把教材内容编成生动形象的故事，创设富有趣味性的问题情境，调动学生的积极性，激发学生的学习兴趣。

（3）创设操作情境。在教学过程中，特别是探究新知时，创设有效的"动"境，让学生在具体操作中，通过动眼看、动脑想、动手量的自主探究，获取知识，进而掌握其中的规律、性质和联系，积极主动地去建立模型。

（4）创设实践情境。教师要创设一些与实际生活紧密联系的实践活动情景，让学生及时将所学运用到实际生活中，从中品尝到用所学知识解决实际问题的快乐，使学生解决问题的能力得到提高。

2.讲练结合

讲练结合是有效教学的重要策略。当今"讲练"的现状大体有六种方式：精讲精练、精讲多练、多讲多练、乱讲乱练、只讲不练、不讲只练。我校的有效教学必须摒弃后四种状况，务求前两种，一般地说，新课教学实施精讲精练，复习课实施精讲多练。

（1）有效讲授

有效"讲授"是任何课堂教学必不可少的，即使是以学生自主学习的课堂活动中教师讲授也是必需的。教师清晰的有效讲授可以在师生互动中点拨、引领、启发、强化，起到画龙点睛的作用。

讲授的有效性取决于能否激发学生的求知欲，能否满足学生的学习需求，以及学生的可接受性。有效讲授就要求教师对基础知识用少而精的语言，抓住中心，揭示教材中的内在规律和本质特征。以讲促思，以讲解惑，讲清知识的纵横联系，讲清知识发生和发展过程，讲科学的思维方法和学习方法等。

（2）有效练习

练习是教学过程中重要的一环，它对学生的学习活动起着监控、巩固、反馈的作用。课堂练习设计应该遵循的原则有：①必须紧扣教学目标，与教学内容高度一致；②必须难易适度；③题量必须适当，学生能够完成；④题型必须具有变化性、多样性并有一定的趣味性；⑤必须具有诊断功能。

（3）讲练结合

如果说讲授是为练习做指导、做准备，那么练习则是检测讲授是否有效的重要手段，同时又为进一步的讲授提供科学的依据。教师通过学生的课堂练习，获得课堂教学的反馈信息，及时调整自己的教学行为，对学生的学习活动做出新的反馈与补偿。因此讲练结合、有效反馈，是实现课堂教学"堂堂清"的重要策略。

"讲"和"练"结合的方式总体上应该是先练后讲，同时可以是边练边讲、练中有讲、讲中有练，就检测环节而言，也可以安排讲后训练。

（七）有效互动的策略

1. 合作学习

合作学习是"有效互动"的基本形式，它是以生生之间的个体与群体、群体与群体的互动交流为主，以师生之间的互动交流为导向的课堂教学形式。

生生合作学习的操作要点有：

建立学习小组，形成小组内合作学习及小组间合作与竞争学习状态。对小组内合作学习，在开始前，教师要明确好合作学习的目的、任务、操作办法及时间要求；在过程中，教师应深入到学生中去，倾听并观察各小组的行为，注意合作过程中的问题，并为学生提供及时有效的指导和帮助；在结束后，要给学生充分展示成果的机会，并给予及时的反馈和总结。对小组间的合作与竞争学习，同样要事先策划好实施办法，过程中注意应变引导，过程后做好评价。

在实施中，要注意四点：一是要注意培养学生的合作意识、团队精神和集体观念；二是要选择好富有价值的有合作必要的内容和主题，切忌把一些毫无讨论价值或过于简单的问题交给学生讨论；三是精心设计问题情境，激起学生合作或竞争学习的欲望；四是要设计一种操作办法并形成常规。

师生合作学习要注意到三点：在多数情况下，采用对话交流式的教学方

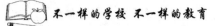

式;善于从学生身上获取教学资源和新生代的智能元素,充分实现"教学相长";努力在教学过程中亲近学生共同体验成功。

2. 互帮互学

互帮互学是合作学习的重要内涵。其操作要点有:

其一,小组构成要尽量均衡,具有互补性,并建立基本的合作规则,确保每个成员都能有不同的角色体验,确保每个成员都能参与学习的整个过程,创设互帮互学的必要条件。

其二,讨论时,应促成小组成员先独立思考,把想法写下来,再分别说出自己的想法,其他人倾听,然后讨论,形成统一的集体意见,要使每个成员都有思考的机会,小组汇报的成员也应按一定的顺序更替,让每个成员都有机会得到锻炼,形成在互相取长补短和彼此鼓励提携中共同进步的氛围。

其三,教师要给予学习困难生以鼓励和展示自己的机会。

(八)有效生成的策略

1. 达标检测

达标检测的基本环节有:

(1)当堂达标检测

①课后达标检测

根据本节课的学习目标,对学生进行达标测试,时间一般安排5~10分钟。根据教学目标,设计好检测题。检测题要尊重差异,分必做和选做,学生可自主选择;难度不可太大,以考查知识的掌握及运用为主。

②课前检测

课前可安排3分钟左右的检测,内容主要为作业中出现的典型错误和完成本节课学习应具备的基础知识。

③课中检测

在每一个知识点的讲授过程中可以及时地、适时地进行必要的检测。

三项检测中以课后达标检测为主,一般地说,安排课后达标检测的不必安排课前检测。最好形成常规,但不要求每节课都进行。

检测的形式应该是多样的,根据内容和课型来定,提问、小测、竞赛等皆可,但课后达标检测最好运用书面形式。

检测的关键是精心设计检测题。

（2）单元达标检测

每单元进行结束后均应该安排一次比较系统的达标检测。

2. 反馈补偿

"反馈补偿"是"达标检测"的跟进环节。其操作要点有：

（1）根据课前检测的反馈情况即时进行必要的补缺补差，以实现有效衔接。

（2）根据课中检测的反馈情况适时进行必要的补缺补差，以有效推进教学进程。

（3）根据课后达标检测的反馈情况，在下一节课进行补偿，以达成教学目标，实现"堂堂清"或"课课清"。

（4）根据单元达标检测的反馈情况，制订补偿方案，以实现"章章清"或"单元清"。

（5）对不达标的学生应该在课后进行补偿性辅导，以有效促进学习困难生的转化。

（6）教师应指导学生建立错题集。

（九）有效巩固的策略

1. 精选精练

精选习题是精练的前提条件，其操作要点有：

（1）要根据教学内容和本班学生学情，设计训练题。

（2）要根据学生差异设计不同层次而又富有梯度的训练题。

（3）对于各种教辅资料上的训练题务必进行精选和改编，形成符合所教学生实际的训练体系，切忌照搬照用。

（4）学案、题案或课案上的习题务必符合学生的认知规律及其教学推进过程，形成对重点知识各个击破，对难点知识化繁为简、化难为易的训练题。力求精而实，切忌多而杂。

（5）高考备考总复习要编选符合所教学生实情的系列训练题，如多年来数学学科形成的系列"题案"，即《一轮基本知识点训练》《阶梯训练》《专项训练》《二轮针对训练》《模拟训练》等。

精练是有效训练的重要保障，其操作要点有：

（1）精练需要根据教学进程和反馈信息确定何时练、练什么、练多少，务求让学生练到点子上，切不可随意组合任意下发。

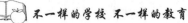

（2）当堂训练要以"认知"和"达标"为主旨，课后训练要以巩固、落实和拓展为主旨，形成相辅相成的训练体系。

（3）精练过程应确保以学生独立思考为基础、以互帮互学为辅助、以教师适时指导和及时评价为外在保障。

2. 精心批改

（1）不管是什么形式的作业都必须有检查和反馈，书面作业应认真及时批阅，错误率较高的题目要讲评，切实做到"凡练必收、凡收必批、凡改必统计、凡讲必取舍、凡评必点拨、凡错必跟纠（跟踪纠错）"。对学生存在的典型错误要有批改记录，然后进行针对性讲评。

（2）重视学生良好作业习惯的养成，先复习后作业，书写端正，解题过程规范清晰，错误及时订正。

（十）有效检测的策略

1. 有效复习

（1）重要测试（期中、期末）前应制订复习计划，确定好复习内容，落实配套复习课案和相关资料的编写工作，复习计划应落实到每一节复习课。

（2）复习课不能由教师满堂讲或学生整堂练，应当是知识的复习与当堂练习有机结合，讲一点练一点。要注重以练定讲——对每一个知识点的练习必须即时反馈，发现问题，回头再讲。要把学生练的结果作为讲的依据，讲完再练，直至对所复习的知识点逐一过关。

2. 有效考试

（1）科学命题

①命题要注重学科的基础性，直接来源于教材、平时作业和课堂讲解的内容要占有一定的比例，并提前向学生公布命题的内容和范围。

②命题要重视发挥教学检测的激励作用，严格控制难易比例，一般难题、中档题、容易题的比例控制在 1：2：7 左右。

③命题要杜绝出现科学性的错误，格式要规范，题型和分值分布要合理，知识覆盖面要广，注意对学生探究能力和创新思维的测试，并渗透情感态度价值观的考查。

（2）科学考评

①提倡单元测试。单元测试的主要功能是及时反馈学习效果，快速诊断学生误差，为后续教学和学困生补差提供依据。

②做好试卷分析。做好试题得失分统计工作，对每一位学生在一个学期甚至一个学年中多次重要测试的成绩要进行位比分析，要从教和学两个方面分析进（退）步原因。

③认真评讲。要注意讲评解题的思路、错误的症结和答题方法，切忌只对答案的讲评。

④加强补偿教学。对试卷中错误率较高的试题要多加分析指导，找出教学中的薄弱环节，在做补偿教学后，对缺漏的知识再次检测，力争实现"段段清"。

（十一）有效反思的策略

1."生成"反思

反思教学"生成"与教学"预设"是否一致。如果不一致，则要进一步反思是教学"预设"的偏差问题，教材内容的处理问题，教学过程的掌控问题，还是教学方法、手段运用的问题等等。"生成"反思包含下列方面的内容：

一是对学生知识学习的反思。本堂课应该学习哪些知识？都学习了吗？学得怎样？还有哪些需要加强？

二是对学生能力培养的反思。本堂课应该培养学生哪些能力？培养得怎样？还有什么能力有待于加强？

三是对自己教学活动的反思。自己的教学行为、教学方法在本堂课中有哪些优点？还有哪些不足？采取怎样的教学策略和措施，才能顺应学生发展的需要？

2.过程反思

指课前反思、课中反思、课后反思。

（1）**课前反思。** 课堂教学重在准备，做到有备而教，教而有思，思而有得。反思教学设计要坚持"以学定教"的精神，要有较强的预见性。一是能预测学生在学习某一教学内容时，可能会遇到哪些问题；二是设想出解决这些问题的策略和方法。这就必须对教学计划的科学性和合理性进行深入思考。课前反思能使教学成为一种自觉的实践。

（2）**课中反思。** 课中反思，就是在教学中进行反思，或者说是及时、自动地在行动过程中反思。课中反思能及时发现问题，并提出解决问题的方法。因此，课中反思要求教师要有较强的调控应变能力。课中反思是教学反思的重要环节，这种反思能使教学高质高效地进行。课中反思会使教学活动高效

率地完成。

（3）**课后反思**。思之则活，思活则深，思深则透，思透则新，思新则进。反思自己的教学行为，总结教学的得失与成败，对整个教学过程进行回顾、分析和审视，才能形成自我反思的意识和自我监控的能力，才能不断丰富自我素养，提升自我发展能力，逐步完善教学艺术，以期实现教师的自我价值。课后反思会使教学经验理性化，反思可记下规律和灵感，记下精彩和亮点，记下败笔和失误。

（十二）有效激励的策略

在有效教学的所有行为中，最重要的是教师是否具有"激励性人格"，比如尊重、期望和赞赏。

1. 尊重差异

学生因受到不同的遗传因素、家庭因素、个人因素及社会环境的影响，必然会造成发展水平不同的客观差异。学校教育尊重学生的差异，就是要尊重每一位学生做人的尊严和价值，包括承认差异，接纳差异，并针对不同发展水平的学生，开展差异性的教学，力求在教学中通过因材施教缩小差异，这是实现有效教学必须关注的问题。

2. 充满期望

学生的学习水平在一定程度上取决于教师对他们的期望值。因为期望会影响教师对学生的行为，从而感染学生，进而影响学生的学习行为。当然只抱有期望，没有相应的帮助措施并不能有相应的效果。只有把期望学生成功和帮助学生成功结合起来，使学生把教师的期望内化为自我期望，增强自信心，加大努力，才能够使教师的期望在学生身上实现。

3. 赞赏进步

心理学家威廉·詹姆士说："人性中最深切的渴望就是获得他人的赞赏。"对于学生来说，赞赏是心灵鸡汤，运用得好，它能激发孩子的内在动力，使智力得到提升；能愉快地接受批评，改正缺点；能完善人格和培养优秀品质。那么该如何赞赏才能获得以上功效呢？赞赏每一位学生，赞赏每一位学生的独特性、兴趣、爱好、专长；赞赏每一位学生取得的哪怕是极小的成绩；赞赏每一位学生所付出的努力和表现出来的善意；赞赏每一位学生对教材或教学的质疑；赞赏每一位学生对自己的超越。

（十三）有效管理的策略

1. 自治自律

自治自律是确保教学有效性的内因条件。在操作上，要注意把握如下几点：

（1）要从非智力因素的角度来促成学生形成自治自律的意识、品格和习惯。

（2）要建立以合作学习小组为单位的评比奖励机制，形成自治自律的氛围和环境。

（3）要通过学生成长规划等形式促使学生提高自治自律的动力。

（4）要通过"错题集""自省录"等形式促进学生自治自律品格的形成。

2. 生动有序

当学生精神不佳时，你能使他们振作；当学生过度兴奋时，你能使他们归于平静；当学生茫无头绪时，你能给他们指明方向；当学生没有信心时，你能调动他们的积极性；当学生有差错时，你能让学生自己明白错误。让课堂动起来，让课堂活起来；让课堂有序地动，让课堂有效地动。

（十四）有效评价的策略

1. 多元开放

（1）评价内容的开放。即不仅指对学生知识掌握和运用知识的熟练程度的评价，还要注重对学生的个性品质的评价，更要注重对学生在实践中解决问题能力的评价。

（2）评价标准的开放。对学生评价不能用一把尺子、一个标准来衡量所有的学生，而要通过既有一定的共性要求，又有适合各个层次学生且可以供自我选择的评价来评价，对少数表现出有个性特长的学生要进行特殊的评价。

（3）评价主体的开放。它既有教师评价，还有学生的自评与互评；将来自各个角度的观察意见交汇起来，最后做出既有定量又有定性的全面评价。

2. 促进发展

（1）把握契机

教学过程中即时评价的作用在于调动学生的学习情绪，指导学生的学习活动。因此，教师在课堂教学中要善于发现评价契机，及时捕捉评价的最佳时机，利用言语的即时性特点，施以具有教育艺术的评价策略与学生心灵直接对话，促进师生心灵沟通。课堂中教师要面向全体学生，当学生在学习态度、

学习习惯、学习方法、学习结果等方面取得点滴进步时，应抓住时机，及时进行激励性评价。当学生理解得不够准确，表达不够完整时，教师不要急于做出否定性评价，而采用延时评价。应根据学生错误所在，补充设问，点拨学生引发思考，使学生经历一个自悟自得的创新过程，真正发挥评价促进学生学习的作用。

（2）注重诊断

有效教学评价的目的不是为了甄别学生的优劣，而是一种对教学活动的诊断性评价，其目的在于为师生双方提供反馈信息，使师生双方都能发现教学活动存在的问题和缺漏，从而有效地调整教与学的活动，促使教师的专业水平和学生的学习水平不断获得新的发展。

诊断可以分为两种。一是对教学过程中出现的问题进行诊断，目的在于分析原因，改进教学；二是对教学结果的诊断，重在发现缺漏，便于补偿。

四、有效教学模式实施的评价标准

（一）有效教学的一般标准有六条

1. 引导学生自主、合作、探究学习；

2. 教师与学生、学生与学生之间平等多向互动；

3. 为学生的主动建构提供学习材料、时间以及空间上的保障；

4. 使学习者形成对知识真正的理解；

5. 关注学习者对自己以及他人学习的反思；

6. 让学生获得对学习的积极的情感体验。

（二）我校曾经提出的有效课堂教学的具有操作性的评价标准

1. 有效课堂教学的三级指标

一级指标：基本有效

（1）体现"两个关键词"：互动、落实。

（2）有合适的载体。

（3）比较有效地达成预设的教学目标。

二级指标：有效

（1）实现了互动、落实；有一个载体。

（2）听懂了；记住了；学会了；会做了。

三级指标：高效、优质

（1）实现了互动、落实；有合适的载体。

（2）学生学会、会学、会做。

（3）学生的知识和技能、过程和方法、情感态度价值观都在各自的基础上有较大的进步和发展。

2. 每一节课有效性的具体标准

（1）每一节课都能有效地达成预设的教学目标；

（2）每一节课后，所教班级大多数学生听懂了，作业会做了。

（3）每一节课后，每一位学生的知识和技能、过程和方法、情感态度价值观都在各自的基础上有所进步和发展。

五、教师实施有效教学的专业准备

1. 树立新型的学生观

教师要尊重基础薄弱的学生，尊重学生的个体差异，要把"我的眼里没有差生""特别的爱送给特别的你"作为教育的信条，要关爱每一个学生，充分相信每一个学生，不能只关心"优等生"，冷落"学困生"，特别要注意发现和发掘学生尤其是学习困难生的潜力和特长。

2. 教师必备的基本素养

实施有效教学，教师至少要具备五个基本素养：

（1）大爱无痕的情怀。热爱一切学生，尤其要关爱后进的学生。

（2）尊重学生的理念。尊重、接纳学生的差异；尊重、接纳学生的个性。

（3）民主平等的意识。走进学生的心里，搭建心灵沟通的桥梁。

（4）合作交流的观念；走出封闭，开阔眼界，互通有无，智能互补。

（5）春风化雨的素养。以自己的人格魅力感化学生，以自己的师德形象为学生树立示范的榜样。

3. 习养教育智慧

首先要习养能引起学生主动学习的智慧，这是一堂好课的最高境界或终极使命；其次要习养能激发学生非智力因素的智慧，善于引导学生运用自身的非智力因素来开启"自身的自然中沉睡着的潜力"，这是有效教学的一把重要的钥匙；再次要习养生成教学的应变智慧，教师要学会对教学过程中偶然意外的突然事件敏感又迅速地做出明确判断，灵活随机地正确处理，这是

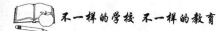

实施有效教学的一种"调控器"。

4. 丰富个人知识储备

课堂上，如果教师对教材的理解缺乏深度广度，那么教学就会肤浅，学生学习就无法深入。因此，实施有效教学，教师一定要不断学习和探索，与时俱进地不断拓展自己的知识内涵。知识的厚度增加了，课堂就能深入浅出、左右逢源。

5. 坚持写教学反思

教师应该具备一种反思意识，每一个教师要不断地反思自己的日常教学行为："我的教学有效吗？""什么样的教学才是有效的？""有没有比我更有效的教学？"同时，应该坚持写反思笔记，叶澜教授有一句著名的话："一个教师写一辈子教案不一定成为名师，如果一个教师写三年教学反思，就可能成为名师。"教师应在"实践—反思—再实践—再反思"的螺旋式上升中，实现自身的专业成长。

主要参考文献

［1］陈旭远主编.有效教学.教育科学出版社，2016.

［2］崔允漷主编.有效教学.华东师范大学出版社，2009.

［3］钟启泉，崔允漷，张华主编.《基础教育课程改革纲要（试行）》解读.华东师范大学出版社，2001.

附Ⅱ《高中有效教学创新研究》书序

"有效教学"的创新与突破

黄孔辰

"有效教学"作为一个教学论概念被提出始于 20 世纪上半叶西方的教学科学化运动，并一直受到西方教育研究者的高度重视。许多学者纷纷投身于该领域的研究，并已在理论和实践两方面取得丰硕成果。

我国的有效教学研究的成果主要集中于 20 世纪 90 年代之后。2001 年，为了配合我国基础教育课程的改革，钟启泉、崔允漷、张华主编的《〈基础教育课程改革纲要（试行）〉解读》一书中，专辟一节阐述有效教学的理念与策略，详细介绍了有效教学的由来与发展，认为有效教学是解决现存中小学教学问题的一种方案，是推动"新课改"背景下教学实践持续深化的得力助手，并对有效教学含义从"有效"和"教学"两个角度来界定，提出有效教学的理念：①有效教学关注学生的进步或发展；②有效教学关注教学效益，要求教师有时间与效益的观念；③有效教学更多地关注可测性或量化；④有效教学需要教师具备一种反思的意识；⑤有效教学也是一套策略，包括教学准备、教学实施、教学评价三个方面。

但我国对有效教学的研究存在以下这些问题。

一是研究落脚点大都集中在教师的"教"，而对于学生的有效学习研究不足，能将两者较好地结合起来的研究更是少之又少。

二是已有的研究多偏重与解决具体教学问题的微观层次的研究，课堂教学的整体性教学策略的研究较少，至于具有系统性思维、可操作性强的完整的教学模式几乎处于空白状态。

三是研究的某些内容缺乏深度。尽管有效教学的研究范围比较广泛，涉及有效教学的含义、特征、策略、实施、评价等各个方面，但大多是文献的剖析和转化，很少有来自教学实践并能指导实践的具体措施和操作策略。

本课题研究对"有效教学"的创新与突破主要体现在以下几个方面。

1.在行动研究的基础上，构建了较为完整的具有较强可操作性的"有效教学"基本模式。在此基础上，各学科又制定了具有学科特点的"有效教学实施意见"。这些意见中，既有对学科教学内容从学生实际出发所做的删减与整合，也包含有学科有效教学的操作模式，实现了各学科"有效教学"共性和个性的统一。

2.本研究将"双向适应"同"有效教学"加以整合。"双向适应"为"有效教学"奠定了基础。"有效教学"进一步促进并强化了"双向适应"。

3.基本模式中的第一模块"强化基础,固本培元",其中"有效查漏补缺""有效激发动机""有效矫正习惯"三个环节是针对基础薄弱学生所设计的，是生源薄弱高中实施"有效教学"最重要的前提。这是以往国内外"有效教学"研究中未有涉及的研究内容。

4.基本模式中的第三模块"人文关怀,和谐课堂",其中"有效激励""有效管理"与"有效评价"这三个环节，也是以往研究中，极少提及或未曾全面涉及的研究内容。

5.作为研究成果，各学科教师通过实践研究撰写的100篇案例，为本研究提供了强有力的支撑。

附 Ⅲ

有效教学肩负着"幸福教育"的重担

——"有效教学"学生感受调查报告(节选)

王仁甫

先学生之忧而忧,后老师之乐而乐,乃教育的忧乐之道也。

——调查手记

一、调查主旨:我们的教学离有效高效还有哪些差距

《促进基础薄弱高中学生发展的有效教学模式研究》开题以后,课题组于 2012 年 2 月 9 日在高一全体学生中进行了一次问卷调查。问卷按照《有效教学模式实施手册》的框架,设计了 29 个选择题或排序题、2 道陈述题和 10 个意见栏,征询学生的"真实感受"。高一学生共有 467 人,收回有效问卷434 份。从问卷有效率和卷面情况上看,本调查的特点可以概括为"三个比较",即真实感比较强、可信度比较高、启发点比较多。

现将学生的感受和心声及其折射出来的问题呈现在大家面前,供大家讨论和研究,理清我们的教学离有效高度还有哪些差距、差距还有多大、怎样减少和缩短差距、我们应该进行怎样的实践研究,以达到应有的有效高度。这也正是我们的调查主旨。

二、"强化基础,固本培元"是有效教学的一大良策

【调查数据3】

◆老师们在上新课时,大都注意到"强化基础",学生的感受如何?

赞成"先复习与新知识有关的旧知识,补清差缺,再进入新知识学习"的达到 394 人,达到 91.8%;赞成"不复习旧课直接进入新知识学习"的仅有 35 人,只占 8.2%。

◆老师们在教学过程中,经常采取一些方法补差补缺,问卷列举了几种

方法，问哪一种方法更好，有 54.5% 的学生主张"在教学过程中，采用提问、小测、竞赛等方式，摸清同学们掌握的情况，然后及时进行补差补缺"，有 25.5% 的学生主张"每一单元或章节教学结束后进行测试，根据测试情况安排补漏补差"，有 20% 的学生主张"在上课前或临下课时安排检测，根据检测情况，在课堂中或下一节课进行补漏补差"。

◆老师们在讲评测试卷时，也都注意到"强化基础"，学生的感受如何？

赞成"在讲题的同时，根据错误的题目给我们补缺补差"的达到 219 人，占到 51.4%，仅仅赞成"既讲答案，又讲清对错的理由，就可以了"的 197 人，占 46.2%；赞成"只讲答案，不讲对错的理由的"只有 10 人，仅有 2.3%。

【数据评析 3】

《实施手册》指明，在新课教学过程中要适机补偿差缺，打好接受新知识的基础。问卷仅就两个主要环节设计了两道题。数据表明，对这一策略，绝大多数同学都持认同态度。我们应该进一步适应学生的这一学习需求。

【调查数据 4】

◆在课堂上，老师激发动机和兴趣的方法，问卷列举了 7 种，让学生按有效性的大小排序，结果如何？

A. 出示教学目标，引起你的学习动机。

B. 运用形象直观的教学手段激发你的学习兴趣。

C. 帮助你获得某种成功，促使你享受成功的喜悦。

D. 当你获得成功和进步时，给予肯定和赞赏。

E. 给你提供展示机会，让你表现自己。

F. 创设各种有关的情境，诱发你的好奇心和求知欲。

G. 创设生动活泼的课堂氛围，激发你的学习积极性。

学生排序：G—A—F—B—C—D—E

【数据评析 4】

这一排序，简化一下，是：

1. 氛围激发——积极性。

2. 目标激发——动机。

3. 情境激发——求知欲。

4. 手段激发——兴趣。

5. 成功激励——喜悦。

6.赞赏激励——成功感。

7.展示激励——自我表现。

再凸显一下重点要素是：氛围、意义、兴趣、成功。

这个序位，发人深省。其思考点至少有：（1）对于尚未成年的高一学生，他们仍然最需要生动活泼的课堂氛围，在这种氛围之中明确学习的目标，再进入认知情境，并在多种手段的激发下产生兴趣，这或许是有效教学的四步曲；至于成功激励、赞赏激励、展示激励虽然需要，但是已经渐渐减弱了，这又表明他们快成年了。这就是这个年龄段的特征之一。（2）如果让我们老师来排序，无疑会有相当大的差异，很可能会把"目标"排第一、情境排第二。成人嘛，首先追求有意义，然后是要进入认知情境中，至于其他的就不会特别在意了。这也许就是一种代沟。因此我们要真正懂得高中生。而且三个年级将会有所变化。

【探讨问题2】

★大多数学生都喜欢在生动活泼的课堂氛围中学习，而这偏偏又是我们的一个难题，要么活不起来，要么一活就乱，究竟要采用怎样的办法才能把氛围营造起来？营造到怎样的状态为好？活起来了又怎样调控，做到活而有序、活而有效？这是我们要探索的一个重要课题。

★第二个问题，排在第二位的是教学目标。这是我们要研究的又一个问题。课堂教学中目标"落空"有四种现象：一是没有目标，课案上无目标，上课也不明示目标；二是课案上写有目标，但是显得空而大；三是课案上写有目标，但不是根据学情拟定的，而是从教参上照抄来的，教师心里并不明确，只是应付检查罢了；四是课案上写有目标，也出示了目标，但在实际教学中却偏离了目标。必须指出，漫无目标的教学在一定程度上是落空教学。我们的解决对策有五点：一是强化目标意识，每一节课都要设计出教学目标，每一个知识模块或一个教学周期都要设计出系列目标，形成一个阶梯性目标体系。二是目标设计的总体精神要体现出知识和技能、过程和方法、情感态度和价值观三个维度；三是课时目标要集中、明晰，要通过对教材和学生实际进行整合而提炼出能较为恰切地落在学生"最近发展区"的目标；四是目标设计必须明确地指向学习主体；五是每一节课都要向学生明示学习目标。

目标导向至少有两个方面的意义：（1）从认知心理学角度上讲，教学目标的呈示能让学习者具有有意义学习的心向。就是说，学习者能积极主动地

在新知识与已有适当观念之间建立联系的倾向性。缺乏有意义学习心向的学生，常常会面对有逻辑意义或潜在意义的材料也不会主动地寻求新旧知识间的联系，而是机械地按字面的表述死记硬背。（2）从适应性教学上讲，一个具体的教学目标能够框定本节课的教学内容及其教学活动，在内容上，你要让目标来框定教什么，从而对教材进行适差性重组，在活动上，你会围绕目标的达成逐步推进。

因此，这应该成为一个课题来加以研究。

【调查数据5】

◆问卷列举了8种良好学习习惯，问学生做得怎样，结果怎样？

有较多的人自认为具有如下四种良好习惯：

（1）能自觉完成作业；（2）能勤于开动脑筋思考问题；（3）作息与生活有规律；（4）遇到不懂的问题善于查找资料，再不懂乐于向人请教。

有较多的人自认为没有养成的习惯有：（1）每天每周都有学习计划并按计划学习；（2）学习时注意力很集中；（3）上课积极发言参与讨论；（4）每天背记英语单词。

◆问卷同时提出"不善于监控自己"是最不好的习惯之一，问学生属于哪一种情况。结果有23.3%的同学认为自己"学习时能较好地监控自己，直到完成学习任务"，有22%的同学认为自己"每天都想好好完成学习任务，但就是管不住自己"，有33.9%的同学认为"每次学习都想管住自己，但坚持不了好一会"，有19%的同学觉得"我总是想管住自己，但挡不住外来的干扰"，还有1.8%的同学认为"我好管别人，就是管不住自己"。

【数据评析5】

多数学生自认为具有的四种良好习惯，在我们老师看来是不是有些不以为然？但无论怎么看，这都折射出我们对学生的了解还有差距。

在这一数据中，关键词应该是"监控"。因为：（1）绝大多数学生都想管住自己，但是只有少数人能管得住，多数人或者管不住、或者不能坚持、或者挡不住干扰，因此，老师善于监管学生是大多数学生的需求；（2）多数学生之所以能自觉完成作业，其实也是有一种"无形监管"即制度监管在起作用；（3）在"善于监管自己""有计划学习""注意力集中"等重要习惯的培养上，我们老师还肩负着很大的责任。

【探讨问题 3】

★在理论上，学生在学习过程中，有一个主体的"自我"在进行着认知，还有一个客体的"自我"在监控和调节着自己的认知活动，这就是"元认知"。在中学阶段，学生的两个"自我"也就是"认知"和"元认知"大都处于不和谐状态，因而，如何帮助学生用"元认知"监管好"认知"活动，这是教育者的智慧，也是对教育者最富于挑战性的问题。

【模块梳理 1】

前面所说，高一新生适应性查漏补缺、周末补偿性补差、教学过程中适机补偿差缺，属于强化基础，加上激发动机、矫正习惯，这就是黄校长提出的促进基础薄弱学生发展的基本校策之一。

★在理论上，这三个因素包含着智力因素和非智力因素。所谓智力因素通常是指记忆力、观察力、思维力、注意力、想象力等认识能力的总和，非智力因素是指兴趣、情绪、情感、意志、性格等认识活动的动力系统。在教学活动中，如果单纯的就智力抓智力，可能只会收到事倍功半的效果，而如果善于运用非智力因素来促进智力发展，则会收到事半功倍的效果。有效教学提出抓动机和习惯就是抓非智力因素。因此，如何通过对学生非智力因素的培养来促进智力发展是我们应该探讨的重要课题。

三、"以学定教，以教促学"是有效教学的基本定律

【调查数据 6】

◆对于教学过程中老师的"教"和学生的"学"的安排，问卷排列了 5 种状况，问哪一种更有效些。结果，有 42.4% 的学生主张"边教边学"，有 27.2% 的学生主张"先学后教"，有 22.6% 的学生主张"根据教学内容确定"，只有 4.6% 的学生主张"先教后学"，还有 1.1% 的学生主张"只需老师教，不必自学"。

【数据评析 6】

这里的"先学后教""边教边学""根据内容确定"都属于"以学定教，以教促学"的范畴，应该没有孰优孰劣之分，因此，有学生特意选了两项，即"根据内容确定，边学边教"。

学生还补充了一些看法：（1）学习的本质是独立自学，单有老师教是没用的，只有自己先努力别人才帮得了你；（2）少教多学，重点多讲，合理分

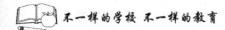

配；（3）"学""教"并重；（4）根据难易决定"学"与"教"；（5）先学，发张学案给我，讲明知识点，让我们更容易弄懂。

这里的"教"是指老师的"讲""评""点拨"等活动，"学"则是指学生的"自学""练习""讨论"等活动。调查表明，学生是赞成和欢迎"教"与"学"的双边活动的，不赞成只有教师"教"的活动而无学生"学"的活动的。同时也说明学校提出的"以学定教，以教促学"的策略是符合学生的需求的。

【调查数据7】

◆对老师在课堂上安排学生自学，如看书、读书、思考问题，问卷问学生的态度属于哪一种。结果，有70.6%的学生认为"有了自主学习时间，很好"，只有17%的学生认为"不好，看不懂"，还有12.2%的学生表示"很烦，懒得动"。

【数据评析7】

数据表明，多数学生赞成课堂上安排自学环节。对此，学生还补充了如下的看法：

（1）自学要有目标；（2）自学前要指明主要知识点；（3）自学前老师要讲清学什么、怎样学，然后引导学生学；（4）我们没有自觉性，老师要创造自学环境，并合理监督，确保我们能充分自学；（5）有自主学习时间很好，但不能占用时间太多；（6）有自主学习时间很好，但我们没有养成这种习惯，因而效率不高；（7）看不懂的不能自学，那会失去兴趣。

这些意见表明，不要为安排学生自学而安排自学，而是要有必要、有目的、有引导、有监管，它需要我们合理地掌控。

【调查数据8】

◆关于课堂教学中的"讲"与"练"，问卷提出了三种安排，问学生哪一种更有效些。结果，有65.4%的学生主张"少讲多练"，也有28%的学生主张"多讲少练"，只有6.4%的学生主张"只讲不练"，还有一位同学在选项之外加上"多讲多练"。

◆对于讲练结合的安排顺序，问卷列举了三种状况，问学生哪一种安排更有效些。结果，有52.8%的学生主张"边讲边练"，有28.9%的学生主张"先讲后练"，还有18.3%的学生主张"先练后讲"。

◆问卷还问到当堂训练和课后训练怎样安排更有效些。结果，有38.1%的学生主张"当堂和课后都要多练"，有35.6%的学生主张"当堂多练，课后少练"，有26.3%的学生主张"当堂少练，课后多练"。

◆训练题的编选怎样更有效？有69.7%的学生认为是"既有老师自编的又有教辅资料上老师精选出来的题目，做到精选精练"，有24.5%的学生认为是"老师根据我们的实际自己编印训练题"，也有5%的学生认为"直接拿教辅资料让我们做"。

【数据评析8】

上述四组数据都表明，在训练上，学生与我们老师的想法是相通的，都主张多练。在"讲"与"练"的份额上更多的学生主张"少讲多练"，在"讲"与"练"的顺序上，更多的学生主张"边讲边练"，在当堂练与课后练的安排上，学生主张当堂和课后都要练。缺少训练的教学绝对不是有效教学。洋思中学的"当堂训练"目的就在于强化当堂训练，但是洋思强调当堂训练，并没有说不要课后训练。

至于"讲"与"练"的份额分配与流程顺序应该是根据内容特点和教学流程有机进行。将二者截然分割安排是不可取的。

【调查数据9】

◆老师印发学案进行教学，问卷问到学生的感觉怎样？感觉"比较有效"的占54%，感觉"很有效"的占13.3%，"感觉不出来"的占到32.6%。

◆老师对学案的使用情况怎样？认为"老师在课堂上让我们做完了学案，而且当堂检查评讲或者课后批改下一节课讲评,感觉很好"的占44.3%,认为"老师在教学过程中随机让我们做学案，感觉效果不错"的占20.8%，认为"老师只是在课堂上让我们做完了学案，只是当时讲了讲答案，课后不收不改，感觉效果差一些"的占27%，认为"老师只是印发了学案，基本没让我们看和做，感觉是浪费"的占到7.8%。

【数据评析9】

为什么"感觉不出来"的比例大到32%？为什么"感觉效果差"和"感觉是浪费"的合起来大到34.8%？有学生给出了一个回答："没什么学案呀！"这回答肯定不全面。但是，这一惊怪加上上面的数据说明"学案导学"的策略尚未时兴起来。

【探讨问题4】

有效教学必须优化组合学、讲、练三因素，凸显学、练，注重精讲。

所谓"学"一般是指阅读、听讲、思考、圈点、发问、讨论、观察、实验、做学案、题案中需要即时回答的问题，在完成"活动"目标中的学习行为，同时包括课前预习和课后复习、训练、实践。

所谓"讲"，一般是指系统传授、例题讲解、知识点阐释、答问后的解说、训练后的释疑等需用一定量时间的讲授，同时还包含课后辅导、作业讲评。

所谓"练"一般是指课堂上书面做题、板书做题、口头答问、活动性训练、当堂巩固训练、当堂检测、实验操作等训练性行为，同时包含课后练习及活动。

学、讲、练三因素优化组合的第一含义是三因素时间分配优化。分配的根据是每一节课教学内容和课型的需要，分配的关键是确保学、练有足够的时间，分配的要领是把握好"讲"的时间度，总的精神是无论怎么分配都不能以任何理由作为"满堂灌"的借口。

学、讲、练三因素优化组合的第二含义是三因素结构组合优化。结构组合的根据是所教知识点和能力点的认知规律和学生心理情感状态，应该从多样性、动态性、创新性、实效性考虑，但总的理念必须是以学定教。

学、讲、练三因素优化组合的第三含义是每一个因素的优化。仅仅有前两种优化是不能实现有效的，更重要的是学得有效、教得有效、练得有效及其三个因素结合得有效。

★这就有了第一个问题：学、讲、练三因素如何在一节课中实现优化组合？

第二个问题，我们能否找到一种有效的方式来实现学、讲、练三因素的优化组合？《实施手册》中提出了"学案导学"，这可能就是一种很好的方式。除了"学案"，我们已经和正在实行的还有"题案"和学、讲、练三合一的课案。合称为"三案"。我们很有必要再认识一下"三案"的基本内容及特点：

1.题案

（1）题案就是训练题，只有练习题，没有"学"，更没有"教"。

（2）只有"题"，没有题外的东西。

（3）每一道题都是要学生做的。

（4）在学生做的过程中，老师观察发现问题；抽典型的展示、纠错、点拨。

（5）题案可以有两种形式：

第一种：仅仅是课内训练题，课外使用配套练习册。

第二种：第一部分是课内训练题，第二部分是课外训练题，不再使用配套练习册。一般地说，没有同步训练资料的，适合用第二种；有同步训练资料的，适合用第一种。

（6）一张 B5 纸，两面用。

2. 学案

（1）有"学"有"练"，没有"教"。

（2）把看书、识记、圈点、思考、答题等学习活动编进去。

（3）"教"的部分不写进去。

（4）特别注重落实。

（5）一部分当堂检查，当堂校正，一部分收起来，翻阅，发现问题，下一课时，有针对性地讲解。

（6）一张 B5 纸，两面用。

3. 讲学练课案

（1）课案是综合性的，教的、学的、练的都要写上去；既不是单一的教案，也不是单一的学案，更不是单一的练案；有的叫教学案，有的叫导学案，东庐中学叫讲学稿，我们可以称之为讲学练课案，或就叫课案。项目齐备，显得完整。

（2）体现课前预习，凸显课后训练，更强化学生自主学习。

课案的提法有两层新义：一是师生共用的讲、学、练、探究的载体；二是做到一课一案。

"三案"的编制要做到简明、实用。具体来说，要做到"三不""三要"：

"三不"：

1. 简单易懂无须动笔的不上三案；

2. 课本上有的知识和题目原则上不印到需要印制的案卷上；

3. 在课件上投影的原则上不重复到需要印制的案卷上。

"三要"：

1. 既然编印出来，就要用好；

2. 需要安排好学、练、探究的时间；

3. 印不出来怎么办？投影出来！让学生拿本本做。

对"三案"的选择，我们还要继续探索，基本精神应该是：

1. 课案应该成为主要形式。课案就是备课笔记，就是教学设计，不必另写其他形式的备课笔记。

2. 根据学科特点和课型需要，也可以编制练案，例如复习课、训练课，应当以编制题案和学案为主。但凡编制题案和学案的，都应该编制课案，将题案和学案附上去。

据了解，洋思中学的"先学后教，当堂训练"运用的是一张学案，东庐中学运用的是一份讲学稿，杜郎口中学没有，他们是自主学习合作交流，主要的载体是三面黑板。

前两所基础薄弱学校靠的就是这份案卷打出了天下。这是为什么？因为：（1）这种案卷最能实现"学"和"练"的"落实"，"先学"依什么"学"？学案引导；当堂训练在哪儿练？学案上。（2）这种案卷能够体现对教材的取舍和重组，不是照搬教材和教辅资料。（3）这种案卷是"教""学""练"的有效载体，能让教师和学生都觉得有了抓手，能够起到"导学"甚至"导教"的作用。"三案"（其一）加上多媒体、黑板、课本和同步训练书为五种主要操作载体，应当合理地有效地交替运用。在一般情况下，不宜单一使用，应当交替使用，并有序地衔接和转换，杜绝"满堂投影"现象。（4）如果积累成为一种系统以后，还有可能促成传统教案的改革。

★因此，我们的课题研究能否在这一问题上多做一些文章，希望各学科真正把这一问题列为学科课题，弄出一个可行性实施意见来。希望老师中出现先行者，研究出一套成果出来。有的学科已经有了成果，能不能再系统起来，拿出一整套实施意见来。

★这里，还有一个问题，运用讲、学、练课案教学是要有课前预习的，难题也在这里。先看看学生的意愿："能做到课前预习，基本养成了习惯"的仅有 17.6%，"想做到课前预习，但是没有时间"的占到 61.8%，"不想课前预习，那样太累"的占 14.3%，认为"没有必要花时间去课前预习"的占 6.2%。其中，已经做到和想做到的占到 78.4%。这是一个可喜的信息。我们希望有老师做起来，也做成课题研究。

【调查数据 10】

对于课堂活动，问卷设计了六个题项：

◆一是学生对课堂互动的态度。有 62.9% 的学生喜欢"不仅老师和学生互动，学生和学生之间也形成互动状态"，有 29.7% 的学生喜欢"老师采用交流式教学，师生间形成互动状态"；也有 7.4% 的学生喜欢"老师唱独角戏，学生只是按老师的要求学习"。

◆二是学生喜欢怎样的课堂状态。有 74.6% 的学生喜欢"气氛比较活跃，但活而不乱，很多人都能动脑筋思考问题"，有 15.1% 的学生喜欢"气氛不活，安安静静,但很多人都在动脑筋思考问题",也有10.2%的学生认可"气氛活跃,热热闹闹,不管动脑筋思考的人有多少"的状态。

◆三是学生对课堂讨论的态度。有16%的学生认为"很有效,多安排",有67.2%的学生认为"比较有效,适当安排";也有16.7%的学生认为"基本无效,不宜安排"。

◆四是在课堂教学活动中,主动参与教学活动的现状。有59.2%的学生感觉"主动参与的少被动参与的多",只有18.2%的学生感觉"主动参与的人多",还有22.2%的学生感觉"很少有人参与"。

◆五是学生个人对参与课堂活动的态度。有12.4%的学生表示"很乐意",有59.1%的学生表示"比较乐意",有25.9%的学生表示"不乐意,听就是了",还有2.5%的学生表示"不乐意参与,也不想听课"。

◆六是学生对合作学习的态度。有50.7%的学生认为"建立学习小组,小组内互帮互学,小组之间开展合作与竞争活动的形式很好,我能积极参加",有31%的学生觉得"建立学习小组,开展小组内合作学习及小组间合作与竞争学习好是好,只是我不善于交流,因此常常处于被动状态",还有18.3%的学生表示"我喜欢独立思考,不主张开展合作学习活动"。

【数据评析10】

数据表明,大多数学生喜欢气氛活跃的课堂,喜欢师生之间、生生之间形成互动状态,并且乐意参与课堂互动,也赞成合作学习。但是仍有将近30%的学生不乐意参与课堂活动,还有相当多的学生表示喜欢独立思考,不愿参与合作学习和不愿参加课堂讨论。因而,现实上,有相当多的学生处于被动或不动状态。

【探讨问题5】

★营造互动状态,让学生"动"起来学习,仍然是一个严峻的问题需要转化为课题来继续研究。

★与此相应,老师应该采取怎样的教学方式才能实现互动?对话式、交流式是不是互动教学的最佳教学方式?也希望形成课题来研究。

★这里,又牵扯出一个新问题,学生的活动时间多了,教学进度完不成怎么办?因此,在实践中,也安排了学生"动"的时间,但往往还是匆匆收场,无果而终,在潜意识里,"完成教学计划"才是"硬道理"。这又是一个难题,甚至可以说是教学改革的瓶颈。怎么办?我们必须采取因材施教策略。各学科特别是理科要根据《考试说明》和学生的基础智能差异、差异性培养目标，解放思想，大胆取舍，并精心制订出教材校本化的因材施教方案；每一位老师都要根据所教学生实际，结合学科因材施教方案，对教材进行重组；还要做到"两教两不教"：本班学生目前学不会的暂不教，应该教目前又学得会的一定要教好；书上有的，学生又能自己学得会的，简单教；必须教会学生，而学生自己又学不会的，重点教好。因此因材施教方案中还得具体到取留的内容哪些是重点、哪些是一般，哪些详教、哪些略教、哪些侧重理解、哪些侧重运用等等。这是一个体系，要像制定教学大纲一样去做这件事。这是有效教学课题研究中的一个举足轻重的课题。

这其中，又有一些派生出来的问题：（1）教学内容的适应要有培养目标作为依据，因此，我们应该有怎样的差异性培养目标？又怎样根据这样的目标来设定所教班级的教学目标？（2）教学内容的因材施教得有"两个适应"，一是适应学生实际，这种适应，也还得有层次；二是适应高考，也应该是差异性适应。（3）三年的常规考试应该怎样按照这样的因材施教精神去实施？一年高考三年抓，又该怎样调整思路？（4）做这件事得要解放思想，我们需要突破哪些心理障碍？刷新哪些思维定式？

四、"人文关怀，和谐课堂"是有效教学的课堂境界

【调查数据 11】

就这一模块，问卷设计了四个题项：

◆首先是人文关怀的现状。有 45% 的学生认为"老师们基本上都能尊重我们，关怀我们，不仅关怀学习好的同学，也关心学习困难的同学"，有 40.4% 的学生认为"多数老师能尊重我们，关怀我们，不仅关怀学习好的同学，也关心学习困难的同学"，有 14.5% 的学生认为"好多老师只重视学习好的同学，不关心学习困难的同学"。

◆其次是师生之间及学生之间在课堂上的关系状态。有 42.2% 的学生认为所在班级"在课堂上大家关系和谐，互相配合较好，我感到很愉快"，有 38% 的学生认为所在班级"在课堂上大家关系一般，缺乏生动活泼的氛围"，还有 19.8% 的学生认为所在班级"在课堂上大家关系沉闷，课堂秩序有点乱，影响学习"。

◆再次是在老师的"教"和"管"上，55% 的学生赞成"花一定的时间管学生，

确保教学时间能完成教学计划"，30.8%的学生赞成"花较多时间管学生，讲课时间虽然被占去不少，但大多数学生听的效果不错"，也有14.1%的学生喜欢"课讲得很认真，学生听不听不管"的老师。

◆第四，在对同学们进行评价上，50.7%的学生主张"既赞赏学习好的同学，也赞赏学习困难生的进步"，38.6%的学生赞成"善于赞赏同学们的进步、亮点，对错误也能严肃批评"；只有10.7%的学生赞成"只是赞赏同学们的进步、亮点，对错误不必批评制止"。

【数据评析11】

数据表明，对"人文关怀，和谐课堂"，大多数学生给予了肯定，这就是对老师们心血的肯定，但同时还有不同程度的差距；绝大多数学生主张花必要的适当的时间管学生，以确保教学计划的完成；大多数学生赞成既赞赏学习好的同学，也赞赏学习困难生的进步，并对错误也能严肃批评。这些数据是相当客观的。

【探讨问题6】

★这又是一个研究问题：怎样对学生进行人文关怀？怎样构建和谐课堂？怎样及时调节我们的教学情绪？

【调查数据12】

◆问卷提出："学校期望同学们能够快乐学习，你的情况属于哪一种？"

结果怎样？ 32.5%的同学感到自己"基本能够学好，而且逐渐进步，因此感到很快乐"，36.2%的同学感到自己"学习起来有些困难，但心理状态较好，因此也比较快乐"，16.3%的同学感到自己"在学习上有计划、有规律，还注意方法，因此比较快乐"，只有11.6%的同学感到自己"学习困难，有点厌恶学习，快乐不起来"，另有3.3%的同学感到自己"常常挨批评，心里好烦，想乐也难"。

【数据评析12】

这是一个令人振奋和欣慰的数字，全体教育者的付出已经有了应有的回报，幸福教育的理念已经初见曙光，广大的学生是可爱的！

【探讨问题7】

★学校提出的"教育幸福人生，学习快乐一生"的理念，已经初见成效，但是任重道远，我们还要付出心血，还要继续进行研究和实践。如何让学生快乐学习，是我们的一个重要课题。

在学生方面，怎样才能快乐学习？以下是他们的心愿：

（1）培养兴趣，乐于学习；（2）听得懂，有兴趣，老师教的都懂就快乐；（3）最好是学有所用，不求一定学有所成，但求自己的文化吸纳、运用水平不比别人差，有意义的学习才能让我快乐；（4）有成就最重要；（5）有气氛；（6）有计划、有目标、有效率，用适当的时间看课外书；（7）计划学习、兴趣学习；（8）用适合自己的方法列出短期、中期及长远目标及计划；（9）学习不困难，做好难题，我就快乐；（10）多想多记多背多思考；（11）善于运用自己的长处；（12）老师不要太严肃，课前不要讲太多废话，师生互相尊重，上课气氛活跃；（13）气氛不要死气沉沉，老师笑着进来，笑着上课，笑着离开；（14）该学时认真学，该玩时就玩；（15）既有时间完成学习任务，又有充足的时间休息。

这其中的关键词应该是：**听得懂、有兴趣、有意义、有成功**。

面对学生的心愿，我们该怎么做？

五、学生的感受是有效教学的重要密码

【学生建议】

1.老师怎样"教"才更有效，你有什么好的建议？

（1）"干讲"，既无辅助手段，又不让学生动手，不算有效。

（2）一味用投影教学不好，没有留给我们记忆、思考、想象的空间。

（3）有计划学，45分钟不能放过，作业一定要写，问题一定要多问，心态也要好。

（4）多印制试卷给我们练习，练习后再批改，上学期发的试卷（九科）还没有超过20张，确实很失望。（2班）

（5）上课前要让班级安静，有个好环境。

（6）少点废话，少点独角戏。

（7）安静。

（8）讲一个知识点，练一个知识点的题。

（9）换位思考，真正了解学生。

2.学生怎样"学"才更有效，你有些什么好的建议？

（1）有计划学习。

（2）上课跟着老师思路走。

（3）一心一意想到完成的甜，不要嫌苦嫌累。

【问题提炼】

1. 借鉴校外培训的做法来改进校内补习的探讨。

2. 课堂氛围营造的实践探索。

3. 适应性"目标导向"的实践探索。

4. 帮助学生用"元认知"监管好"认知"活动的探讨。

5. 通过学生非智力因素的培养来促进其智力发展的实践研究。

6. 有效激发学生动机的实践研究。

7. 有效帮助学生矫正习惯的策略研究。

8. 在一节课中实现学、讲、练三因素优化组合的实践研究。

9. "学案导学"的操作策略研究。

10. 运用"练案"有效复习的做法研究。

11. 运用"讲学练课案"实施有效教学的实验研究。

12. ××学科"教"与"学""双向适应"策略研究。

13. "课前预习"习惯培养的实践研究。

14. 课堂互动的形成策略研究。

15. 交流式主体教学初探。

16. ××学科教材适应性取舍实施方案。

17. 教材与学生实际的适应性整合研究。

18. 解决课堂活动与教学进度的矛盾的思路及其实践探索。

19. 对学生进行人文关怀的做法研究。

20. 教学情绪调适研究。

21. 帮助学生快乐学习的探索。

【近期需要研究的三项重点】

1. 编制高一新生查漏补缺教材或实施方案；

2. 编制教学内容因材施教方案；

3. 提炼"三案"策略操作办法。

六、结语：有效教学当追求"幸福教育"的境界

黄孔辰校长确立的"教育幸福人生，快乐学习一生"的教育理念应该是有效教学的核心理念和最佳境界。这正是我们肩负的重担！可以说，我们教

师肩上的扁担一头挑着"幸福教育",一头挑着"快乐学习",而支点就是有效教学。唯其有效,方有学生的"快乐学习",唯学生"快乐学习",方有教师的"幸福教育"。因此,先学生之忧而忧,后老师之乐而乐,乃有效教学之道也。

附 IV

关于我校教师持续推进
"双向适应"有效教学的行动方案

王仁甫

近几年来，为促进基础薄弱高中生的学业获得最佳发展，我们相继开展了"适应性教学"和"学习适应性培养"两个范畴的省级课题的实践研究。经过全体教师的积极探索，我们在多个层面一定程度上取得了一些富有价值的研究成果。但是，我们还在路上！为了促成这些成果形成全体教师的共识并转化为实践智慧，凝聚并提升"正能量"，以持续推进有效课堂教学的研究与实践，现梳理和归纳出如下要点，作为现阶段的行动方案。题名为"行动"，旨在凸显我们还在行动中，我们还将继续行动！

一、确立三个持续推进有效教学的行动观念

行动观念 I："双向适应"是我校有效教学的凝聚点。"双向适应"指：教师的"教"与学生的"学"两相适应。在行动上，一方面要在教学内容上适应学生的现实基础及其潜能需求、在"教"的方式上适应和改善学生"学"的方式、在教学策略上动态地适应学生的班级差异、个体差异及需求特点；另一方面要培养学生的学习适应能力，从学习动机、学习态度、学习方式、学习方法、学习情感等方面引导学生克服困难获得应有的学习效果，从而形成"教"与"学"两相适应的促进学生主动学习的有效提高教学质量的教学。

行动观念 II："三个基点"是我校有效教学的落脚点。"三个基点"指：基础、动机、习惯。在行动上，要注重"强基固本"，即：查漏补缺，强基础知识；激发动机，固动力之本；培育习惯，固终身之本。

行动观念 III："四维整合"是我校有效教学的平衡点。"四维"指：教材内容、课程标准、考试纲要、学生实际。在行动上，要研读好教材、领会好课程标准、了解好学生实际、审视好考试纲要，而后加以综合平衡，从而找准合适的难度、高度、深度和宽度，确定适切的教学目标。在这样的基础上，对内容进行相应的再加工、再创造性的重组，设计出最佳的教学方案，然后才进入教学实

施进程。

二、有效课堂教学模式构建的行动导向

学校确定"双向适应"有效教学的总体模式，作为构建多课型教学模式的导向。

总模式名称："四定律三载体多课型"教学模式。

总模式释义：

"四定律"：必须遵循四个有效规律，即以学定教、以练导讲、有效互动、及时反馈。

"三载体"：必须编制和使用好三种载体，即部分学科以"学案"为新授课的主要导学训练载体，以"题案"为复习课的主要训练载体；部分学科以"同步训练书"为主要训练载体，并以"学案""题案"辅助训练载体。

"多课型"：必须在贯彻学校总体教学模式精神的前提下，根据学科特征及课型特点，用心构建与学科及其课型相匹配的讲求实效的多种教学模式，同时鼓励创新和建树自我风格。

三、遵循我校有效教学的四个定律

定律Ⅰ　以学定教

要点1　依据学情确定教学目标、整合教学内容、选取教学策略，适合所教学生的心理认知规律。

要点2　以先学后教为主线，以先教后学为副线，以边学边教为辅线，有序交织推进。

要点3　在"预设"施教的过程中注重"生成"促教，两相互补，相得益彰。

要点4　教学过程要实现"教"与"学"的认知程序、思维活动、行为环节的双向契合。

要点5　教学进度依学生"懂"与"会"的程度酌情调整。

定律Ⅱ　以练导讲

要点1　遵循一个主旨："教师少教学生多学"和"精讲多练"。

要点2　确立一个定位："以练导讲"为基本定位，"以讲促练"为辅助定位，两种定位动态调整。

要点3　摆正一个序位："先练后讲"为第一序位，"先讲后练""边练边讲"为第二序位，两种序位交织推进。

要点 4 优化训练序列：精心设计训练题，让学生经历典型例题、巩固习题、提高习题、变式习题、多样试题的富有梯度的训练过程，形成"课时模块"的循序渐进的训练系列。

要点 5 规范训练载体：根据学科、内容和课型，学案、题案、练习簿、同步训练书以及白板等训练载体交相运用，合理有效。

要点 6 注重互动训练："讲""练"时间安排合理，"讲""练"方式变换得当，形成互动式的讲练结合。

定律Ⅲ 有效互动

要点 1 营造师生互动、生生互动状态，促进学生主动地生动活泼地学习。

要点 2 建立小组合作学习机制，并构建个人独立思考—小组合作学习—全班交流学习的互动程序。

要点 3 凸显"展示"环节，并构建个人独立学习—展示学习成果—互动评价—师生交流得出结论的互动学习方式。

要点 4 探索对话教学方式，围绕一个问题师生相互切住对方的思维，相互回应与相互碰撞，实现认知共振、思维同步、情感共鸣和精神相遇。

要点 5 丰富互动内容，提高互动深度，激发思维碰撞，增强互动的有效性。

定律Ⅳ 及时反馈

要点 1 根据课前检测的反馈情况即时进行必要的补缺补差，以实现有效衔接。

要点 2 根据课中检测的反馈情况适时进行必要的补缺补差，以有效推进教学进程。

要点 3 根据课后达标检测的反馈情况，在下一节课进行补偿，以达成教学目标，实现"堂堂清"或"课课清"。

要点 4 根据单元达标检测的反馈情况，制订补偿方案，以实现"章章清"或"单元清"。

要点 5 对不达标的学生应该在课后进行补偿性辅导，以有效促进学习困难生的转化。

要点 6 教师应指导学生建立错题集。

四、探索我校有效教学的三大策略

策略Ⅰ　教学内容适应性重组策略

要点1　九门学科都要根据《课程标准》《考试说明》和学生的基础智能差异、差异性培养目标，解放思想，大胆取舍，精心编制适应性重组方案。目前，此方案已编入各《学科教学内容重组实验方案》之中，全体教师都应认真贯彻落实，并在实践中逐步完善。同时，各学科均应紧随教育改革的发展及时加以调整。

要点2　内容重组要形成一个序列：（1）整体内容重组，即对三年教材进行整体重组，侧重取舍。（2）模块内容重组，即对单元、章节或知识点进行重组，侧重内容整合。（3）课时内容重组，即对每一节课的内容进行再加工、再创造的整合，设计出富有实效性的教学方案，侧重教学设计。

要点3　内容重组要有差异层次：（1）整体内容重组的程度依次为：数学、物理、化学、生物—语文、英语、地理—政治、历史。（2）模块内容重组的程度依次为：语文、数学、英语、物理、化学、生物—地理、历史、政治。（3）课时内容重组则要覆盖所有学科每一节课。

策略Ⅱ　分课型构建教学模式策略

要点1　教学模式建构应把握好一个价值取向：按照"教育实践的本质在于建构学习主体"的观念，着力把知识特征与学生心智特征结合起来，按照学生自主获取知识实现主动发展的"学路"，组织教学活动。

要点2　分课型构建教学模式应把握好三个要素：一是知识类型，不同类型的知识有不同的认知规律，应该遵循其规律建构不同的教学模式；二是课型，不同的课型有不同的特征不同的规律，也应该建构不同的教学模式；三是目标，每一模块、每一堂课都有各自的具体教学目标，达到目标的路径有所不同，其教学模式也应该有所不同。

要点3　教学模式建构应具有个人风格。每一种教学模式都应该注入教师的个性特征及智能优势，富有活力，富有创意。

策略Ⅲ　教学方法注重四个微策略

要点1　在课堂教学中要根据教学内容和学生实际实施"重衔接、缓坡度、多循坏、勤反馈"的教学策略。

要点2　实施这一策略的适用范围为：学生学起来比较困难的学科和所

有学科的重难点。

要点 3 "重衔接"的重点在于初高中衔接和新旧知识衔接;"缓坡度"的主旨在于循序渐进、分解难度、化难为易、化繁为简;"多循环"的要领在于依学生对重难点知识的掌握情况循环往复螺旋递进;"勤反馈"的核心在于以学导教,形成"反馈了解—当堂补偿—即时矫正"的教学程序。

五、开展三大行动整治非有效因素

行动 1　"少讲精讲多学多练"自控行动

要点 1 摒弃"三多",即"讲得多、空话多、废话多"。

要点 2 时间"三分",即以学、练、讲时间各约占三分自控,并加以优化组合。

要点 3 做到"三好",即讲得精要,学得到位,练到实处。

行动 2:践行"三六有效讲经"自觉行动

六个讲好:讲好重难点;讲好规律;讲好方法;讲好易混点;讲好易错点;讲好易漏点。

六个不讲:不讲学生已经会的;不讲学生自己能学会的;不讲学生怎么也学不会的;在学生思考过程中不要急于讲话;在学生自己做题时不要讲打岔的话;在学生发表不同见解时不讲刺激性的话。

六个不得:只需三分钟就能讲清楚的问题,不得讲四分钟;应该紧扣主题的引入,不得戴大帽子、绕圈子;应该留给学生的自学和训练时间,不得占用;应该师生互动的,不得唱独角戏;在学生的思维过程中,不得打断思路;学生能自主解决的问题,不得包办代替。

行动 3:摒弃"四满四假四空"自省行动

摒弃 1 "四满":满堂灌、满堂闹、满堂静、满堂放(课件)。

摒弃 2 "四假":

"虚假自主"——既无明确要求,又无问题导引,亦无时间保证,放任学生盲目自学;嘴上说"先自学做题",学生刚一开始就不断插话或又大讲起来。

"虚假合作"——把简单的个人能够学懂的"不成问题的问题"拿来安排小组讨论,或者拿无讨论价值的内容来小组合作学习,或者未经学生独立思考过程就让学生随口议论,或者嘴上说"讨论"却不留时间给学生还是自顾自讲解。

"虚假探究"——无论什么内容都冠以"探究"一词，或用浅层次问题来安排探究活动。

"虚假学案"——不在应该使用学案的时间发学案，甚至一次发多份学案，发后未能落实完成并修改讲评；虽编发了该课学案，但实际教学与学案上的题目、顺序不匹配或部分不符，抑或部分不用甚至基本不用，事实上成为干扰。

摒弃 3　"四空"

"'设计'落空"——备课时不够重视对整体思路及过程的设计；教学设计仅仅停留在如何有效地"教"的层面上，未能将重心落到如何引导学生有效学习的层面上；课案上虽有设计但只做应对检查用，实际教学过程则弃之不用。

"目标落空"——教学目标不明确或不具体或不确切；课案上写有目标上课时也呈示了目标，但在实际教学中未能紧扣目标甚或偏离目标。

"载体落空"——缺乏统一的规范化的训练载体，只是临时随意取用；虽有学案，但实际少有完成甚至不见笔迹；虽确定以"同步训练书"为载体，课堂上实际不用，仍只用作课后作业。

"动笔落空"——动口多，动笔少；只动口，懒动笔；听讲不记笔记、看书不做勾画、有学案不落实写、只是强调听讲讨论不安排做题。

六、不断推进和完善三大行动举措

行动举措 I　分学科实施有效教学，提高学科教学水平

要点 1　建立有效教学学科责任制，努力提高学科教学水平。

要点 2　着力贯彻落实学科《"双向适应"有效教学实施意见》，用心探索本学科有效教学的实践策略，并随着国家教育改革和发展的推进，随机进行调整和修订，促使本学科教学质量不断提高。

要点 3　《意见》的核心部分是《教学内容重组细化表》，这是"双向适应"有效教学的核心，务必落实到位。

行动举措 II　推进课例研究，提升实践智慧

形成循环序列：大体上按"一人一课—同课异构—同题异课（同一专题，一人一课）"，循环往复，螺旋递进。

形成行动机制：

行动1 我有问题，研究解决——找出问题→确定专题→课例研究。

行动2 聚焦专题，集思广益——课前课后→围绕专题→研讨提升。

行动3 看着录像，自我反思——观看课例录像→写出反思性研究笔记→形成教学实践智慧。

行动举措Ⅲ 促进有效教学常态化，专业研修常规化

要点1 进一步完善有效教学常规，促成常态课具有研究课的状态及效果。

要点2 每位教师每学年读1~2本教师专业发展著作，撰写一篇读书笔记。

要点3 以"经验＋反思＝成长"为路径，以研究性反思为提升的杠杆，推进教师专业研修常规化。

附V《广东教育》2015年第5期载文

创建"双向交融""师生共享"的课堂

——深圳市沪教院福田实验学校"有效教学"研究掠影

王仁甫

坐落在深圳市中心区的深圳市沪教院福田实验学校，是一所生源薄弱的国有民办普通高级中学，属于上海市教育科学研究院的实验基地。近些年来，学校全体教师致力于探索促进基础薄弱高中学生获得最佳发展的有效教学，在"教育幸福人生，学习快乐一生"办学理念引领下，努力创建"双向交融""师生共享"的课堂。

三个课题：从单向走向双向融合

当公立学校对他们关闭了一扇扇窗户的时候，我们为他们打开了一扇大门。面对这样一个学困生群体，我们启动了有效教学的行动研究。到如今，在8年的时日里，我们历经了三个课题的研究。开初，我们承担了市级课题"生源薄弱高中有效教学的行动研究"，其研究方向主要指向教师如何"有效地教"，形成了"适应基础薄弱高中生的有效教学"的一整套策略。但同时我们又发现：仅仅有教师有效的"教"还远远不能达到预期效果，这种"一厢情愿"式的"教"仍然未能很好地落到"学习主体"的发展上。于是，我们申报了省级课题"基础薄弱高中生学习适应性培养策略的实践研究"，其研究方向主要指向如何引导学生"有效地学"，形成了提高学生学习适应性的一整套策略。但同时我们又发现：这两种研究都具有单向性，在某种意义上还可以说是"教"与"学""各行其道"，难以达到相互交融形成合力的最佳效果。于是，我们又申报了一个新的省级课题"促进基础薄弱高中生发展的'双向适应'有效教学的实践研究"，将教师如何有效地"教"并如何引导学生有效地"学"结合起来进行研究，把教师的"教"落到学生的"学"上，形成了一套完整的"以学为本"的"双向适应"有效教学的策略体系。

我们所说的"双向适应"是指：教师的"教"与学生的"学"两相适应。在行动上，一方面在教学内容上着力适应学生的现实基础及其潜能发展需求、在"教"的方式上努力适应和改善学生"学"的方式，在教学策略上尽力动态地适应学生的班级差异、个体差异及需求特点；另一方面要用心培养学生的学习适应能力，从学习动机、学习态度、学习方式、学习方法、学习情感等方面引导学生克服困难，获得应有的学习效果，从而形成"教"与"学"两相适应的促进学生主动学习的有效提高教学质量的教学。本着这一思路，在教学方式上我们努力建构"互动式教学"，于是，我们的课堂上"教"与"学"双方便演绎出"双向交融—双向碰撞—双向拓展—双向促进—双向创新"的"师生共享"的模态。

一个前提：师生两相知

为了深入推进"促进基础薄弱高中生发展的'双向适应'有效教学的实践研究"，加强教师间的交流，学校开展了"同课异构"研究活动。英语科组彭梦德老师与冯莉、李丹宇老师课前商定了"三同一异"的研究路径：

"三同"：

同一教学内容：Body Language--Hand Gestures（身势语——手势）。

同一教学主线：阅读教学中略读、跳读等阅读策略的培养。

同一研究专题：探寻教学目标行为化。

"一异"：

各构其"异"，各显其彩。

他们设置了三个学习目标：

1.认识文本中出现的生词并在此基础上读懂课文；

2.通过略读（skimming），整体把握文章的主旨大意；

3.通过跳读（scanning），捕捉细节信息，且能理解与处理相关问题。

按照这三个层级的学习目标，教学过程安排了四个环节：

第一环节：

自主学习：熟悉下列词汇，可在文本中圈点注释，然后读懂课文。

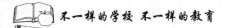

——共 18 个词汇；

——运用了视频；

——自主学习中有互助，老师对重难点进行了点拨，并有拼读、教读与跟读。

第二环节：略读，整体把握文义。

——引导学生读首尾段和首尾句，读懂主题概括句。

——弄清文章主旨，完成一道相应的训练题。

——自主学习与小组合作学习相结合。

第三环节：跳读，捕捉细节信息，理解与处理相关问题。

——引导学生根据所给问题中的关键词，从课文中获取相关的信息，再对信息进行细读，并仔细琢磨分析与处理，再对照选项进行正确选择，完成三道训练题。

——先独立思考完成，再分组核对答案，讨论疑点，最后展示并得出结论。

第四环节：综合理解，掌握文章概要。

——设题为：从文章中找出主题句及重要词汇填充一则短文。

——完成后小组互相阅读多遍。

在同一个下午，他们各自上了一节课，虽各有所异，但都注重互动行为的有效性，课堂状态和谐而又活跃。究其原因，在于他们通过导学案，将学习目标及其用什么方法、通过什么程序、完成什么任务、达到什么目的呈现给学生，其目标、方法、过程一脉相承，形成一条无形的"脉搏"，老师则同步同程跟进，形成了相知相伴的旅程。

对此，彭梦德老师总结为"目标行为化策略"，这种策略的主旨在于"两相知""一整合"：老师知道学生该怎样学习、会怎样学习，让学生知道学习的目标、方法和过程，并在实际操作中将"学"与"教"有机"整合"，从而实现"双向融合""师生共享"的课堂。彭老师说这样做的核心是"知道学生是怎样学习的"，然后，"将以学习者为中心的教育观念植入可操作的教学设计上"。

一个共鸣源：双向激活

语文课中最难上的首推长篇文言文，而文言文中最难上活的当数课文疏通。吴佑元老师本着"啃硬骨头"的精神，与朱丽华、胡德海、朱俊华、蒙有良等老师带着这一难题进行"同课异构"研究，各自都在"活"字上下了功夫，可以说精彩纷呈。其中，朱丽华老师第一课时的目标是诵读疏通1～3段。她安排了三个环节：感知文本、解惑答疑、思考探索。课堂上出现了这样几个情境：

◆在"自主－合作"诵读疏通后，各小组将疑难字词句写在纸条上，一时间6个小组纷纷将纸条递到了老师手里。而后师生共同释"疑"，一片活跃。

这是解决学生认识过程中的疑点，这样的"释疑"就把知识的难点激活了，又把学生的疑惑激活了。

◆在经过自读之后，老师朗读了一遍，全班学生站起来齐读，而后还有一位学生即兴用她平常熟悉的《蜗牛与黄鹂鸟》曲调将原文唱了一遍。你能感觉到所有学生的心智都进入了文本之中，在浓郁的语感之中获得了文意的感悟。那情境真让人荡气回肠，酣畅淋漓。

——课后了解，这并不是课前有什么准备和演练过的，确属即兴发挥，只能说平常训练有素，甚或是情之所至，境由心生。诵读，这是语文课的第一要素，唯有诵读才能激活知识，又唯有诵读才能激活学生。

◆这之后，老师先在屏幕上投影原文，让学生翻译了一遍；继而反过来投影译文，让学生对应着背出原文，学生在略带迟疑和稍显吞吐中完成了半背诵。

——这一招有点新鲜，常见的做法只是呈现原文让学生翻译就了事，朱老师却在这基础上又反过来做了一遍"逆向对译"；还有，朱老师一直没有将重点词句孤立出来单独讲解，总是放在语境之中自然解读。朱老师如是说：原文与译文两相对照进行译读，就是把知识的掌握放在语境之中。这样，一种特定的语境及其情境就很自然地把知识和学生都激活了。

黄克勤老师在高二上"椭圆及其标准方程"一课，讲"怎样才能得到椭圆的轨迹方程"。求轨迹方程的一般步骤是：

1. 根据已知建立合适的直角坐标系；

2. 用有序实数对（x,y）表示曲线上任意一点M的坐标；

3. 写适合条件 p 的点 M 的集合 P={M|P（M）};

4. 用坐标表示条件 P（M），列方程 f（x,y）=0;

5. 化方程 f（x,y）=0 为最简形式;

6. 说明化简以后的方程的解为坐标的点都在曲线上。

由于这个步骤不便于学生记忆，黄老师换了一种讲法。他先在白板左沿竖写了六个字：**"建" "设" "现" "代" "化" "答"**，然后引导学生按六字口诀求轨迹方程。求解过程板书纲目如下：

建："建系"（直角坐标系）;

设："设点"（略）;

现："列式"（略）;

代："代式"（略）;

化："化简"（略）;

答："答语"（略）。

按照这六字步骤，黄老师引导学生一步一步推导，让学生经历了规律性的认知过程，掌握了求解的诀窍。在这一过程中，老师采用的教学方式是：群体参与，多向对话，不断启发，循序追问。

这样，一方面激活了数学的思维逻辑，一方面紧贴学生的思维过程，静态的逻辑思维与动态的大脑思维交融推进，形成了活跃的学习思维。

这两节课的共同特点在于两个"激活"，一方面活化知识，揭示认知冲突点，另一方面激活学生心理生长点，唤醒情感能动点，拓开了一个能纳入新的知识结构的心智空间。

课后研讨，老师们做了一个比喻：如果把课堂比喻为一架钢琴，那么，就可以说，老师的教学就是弹钢琴，知识是黑键，学生是白键。很有意思的是钢琴有 88 个键，其中黑键 36 个，白键 52 个，其比例约为 3：7。静态知识犹如黑键，准动态学生为白键，"弹响"作为学习主体的学生的比重应该偏大。上课之前，黑键、白键都在那儿静静排着，我们老师的任务就是一手弹响黑键，一手弹响白键，奏出一曲学习主体不断发展的美妙动听的交响曲。因此可以说，激活知识与激活学生是课堂教学有效和高效的两个琴键。

两种活化剂：联系生活和渗透情意

周菁菁老师在高一上《向量的加法》，从探究下面的 3 道题开始：

【探究1】如图, 早晨上学, 一位同学从点 A 到点 B, 发现还没到, 就继续前行, 走到了 C, 这样的过程, 我们再从点 B 按原方向到点 C, 则两次位移的和如何用向量表示?

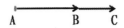

由此可得什么结论?

【探究2】如图, 另一位同学从点 A 到点 B, 发现走过了, 再从点 B 按反方向回到点 C, 这样的过程, 我们如何用向量表示?

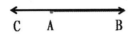

由此可得什么结论?

【探究3】如图, 还有一位同学从点 A 到点 B, 发现反向偏离了, 经过调整, 再从点 B 改变方向到点 C, 这样的过程, 我们如何用向量表示?

由此可得什么结论?

师: 你们有谁上学时走过这样的路线? 又有谁思考过这样的问题? 那以后在上学路上思考一下向量吧, 生活中从来不缺少数学, 缺少的是——

生: 发现数学的眼睛。

师: 是的, 学习数学就得有这双眼睛。那么, 总括起来, 从这三位同学的路线中我们发现了什么呢? 那就是我们今天要学习的向量的加法。

在这样的生活情境之中, 周老师呈现出教学目标, 并由此展开新课的教学。这只是一个"导入", 既创设了一种生活数学的情境, 又激发了学生的"发现数学"的情感, 既有数学味, 又有生活味。其后的探究过程总是在互动中展开, 互动之中的发言有对、有错、有误, 有发现、有奇思、有幼稚, 建构出"知情交流"的教学过程, 其间时不时发出一阵阵欢声笑语, 让人感觉到数学学习之美。老师把那些枯燥无味的数字、字母、符号、线条、式子和图形活化了, 其活化剂便是联系生活和渗透情意。这里所说的情意, 包括情感和意志, 也可以说包含情感态度价值观。

双重路向：一边引深，一边落实

李琼老师上地理《城市化》，设计了这样一种双重教学路向：

一是教学内容的引深路向：

基础知识→重难点突破→拓展研究→思维建模

二是教学效果的落实路向：

基础知识部分：完成4道题、填写2份表、默写概念和标志。

重难点突破部分：2次概念辨析、3道突破练习题。

拓展研究部分：1份材料、3个思考题。

两个路向的链接纽带为：

概括点说就是：互动引探。

具体点说就是：讲练结合。

在具体的教学过程中，李老师熟练地把握着教学内容的引深路向与教学效果的落实路向，实现了"双重推进"，充分体现了有效教学的特质：既要把内容逐步引向深入并拓展开去，又要将其有效地落到学生的认知结构中，让学生"学会"并"会学"。

龚立群老师在高二上"常见家用电器的原理"，安排了两段结构：

第一段：提出4个思考问题，由学生自主学习后回答解决思考问题的有关知识，然后全班共同解决4个思考问题。第二段：归纳原理—问题探讨—跟踪训练—自我检测。

课后，物理科组对教学做了这样的归纳：这节课有两段结构两个"微程"，第一段是基础，形成"问题—自学—问题"的回环结构，可以算作一个教学"微程"；第二段是深化，形成"原理—探讨—训练—检测"的深化结构，可以算作第二个教学"微程"。

这样的课堂，同样有着教学内容引深与教学效果落实的"双重路向"，并将这种路向"微程化"，这就较好地实现了"教"与"学"的"双向融合"。

双重问题：预设问题与生成问题交织

潘志伟老师上杜甫诗《月夜》，首先提出思考与讨论的问题，在小组合作学习之后，7个小组分别由1位同学陈述"不理解的问题"。老师边倾听，边在白板上记下关键词，然后提炼为3个问题：

问题一：这首诗的"诗眼"是哪个词？

问题二：这首诗写的角度，是"己思人"，还是"人思己"？抑或是兼而有之？

问题三：在写法上，是实写，还是虚写？抑或是兼而有之？

然后就这 3 个问题展开讨论，课堂进入高潮。

这节课，教师原本预设了 5 个问题，在教学过程中又"生成"了 3 个问题。这样，一共 8 个问题，形成了"预设"与"生成"两相交织的"问题链"。整个课堂便绕这 8 个问题推进教学，自然而然形成了"预设问题"与"生成问题"交相并行的"问题解决链"。

黄克勤老师在高一上《利用解析几何探究两条直线的交点坐标》。课前，同学们按照老师印发的导学案进行了预习。一开堂，老师就让各小组选一位同学的预习作业在平台上展示，并大声讲出本小组在预习中提出的需要老师在课堂上重点讲解的问题，然后正式进入新课教学。在接下来的教学过程中，老师始终记住学生提出的问题，在学习有关知识点的时候，点着提出问题的学生名字引起其注意并询问问题是否解决。到最后一步，老师问："×××，你提的问题解决了吗？""你有了怎样的启示？""他是这样解决问题的，大家看还有没有别的方法？"引发讨论后，老师加以点拨，再提问，发现问题后又讲，再让同学们翻书看，说"刚才 ××× 的问题，能不能用这种方法解决？""好，现在我们来解决刚才你们问的最后一题"。

这节课把教材的系统知识和学生提出的问题有机地结合起来组织教学，知识线与问题线交织推进，既用活了教材，又适应了学生，是有效的"以学定教"的"适应性教学"！最为可贵的是老师心中始终装着学生提出的问题，直到一个一个解决为止，学生们一个个喜形于色。

两条推进线：新知识学习辅以旧知识补偿

胡柳军老师在高二上"等差数列"复习课，先是复习公式，继后安排 8 道题进行诊断检测。通过检测，老师发现同学们对等差数列的性质"若 $m+n=p+q$ ，则 $a_m+a_n=a_p+a_q$"记忆不牢，运用不活，做题时，经常弄混，而这条性质，又十分重要。于是，根据同学们练习时所暴露出来的不足，老师增加了两题：

1. 如果数列 $\{a_n\}$ 中，$a_3+a_4+a_5=12$ ，则 $a_1+a_2+\cdots+a_7=($)

A. 14 B. 21 C. 28 D. 35

2. 在等差数列 $\{a_n\}$ 中，$a_3 + a_7 = 12$，求（1）a_5；（2）S_9。

这两题均为往年的高考题，非常切合等差数列的性质。通过同学们的再练习，大家加深了对这条性质的理解和认识，掌握得也就更好了。

——这是针对"暴露出来的不足"进行的补偿；方式是增加训练题，而后有针对性地进行评讲。

同样是这一节内容的复习课，袁媛老师也有一个补偿的环节。学案上呈示出 6 道题让学生完成。老师发现前 5 题完成得比较顺利，第 6 题完成得不好。这道题是：

※ 设数列 $\{a_n\}$ 的前 n 项和 $S_n = n^2$，则 a_8 的值为（　　）

A. 15　　B. 16　　C. 49　　D. 64

老师说："啊，这道题是有一定难度。老师提醒大家想想，前面学过这样的内容……"

边讲板书边问：前面学习过这样的内容：已知 S_n，求 a_n，是如何来做的？

学生回答说：当 $n = 1$ 时，$a_1 = S_1$，当 $n \geq 2$ 时，$a_n = S_n - S_{n-1}$。

老师接着问：那把上面公式中的 n 换成具体的数字，问题不就解决了吗？

学生恍然大悟：$a_8 = S_8 - S_7$，所以 $a_8 = 15$，问题就解决了。

为了进一步巩固这个知识点，袁老师就又补充了一道题：

※ 设数列 $\{a_n\}$ 的前 n 项和 $S_n = n^2 + 1$，则 a_4 的值为＿＿＿＿＿

——这是在解题过程中补偿旧知识；方法分为两步：先是在遇到问题时唤起学生对旧知识的回忆，继而再补充一道题加以巩固。

刘有才老师在高二上"等比数列"复习课。他在经历了"诊断检测－学习小结"之后，安排了一个"互动出题"的环节。根据学生自主出题自主解题的情况，安排了一个含有 4 道题的"补偿练习"。

——这里有两次补偿，第一次是巩固性补偿，第二次是对"容易忽略"和"不够清晰"的问题的补偿，形成了"补偿之再补偿"的补偿链；方法是通过"互动出题"发现问题加以补偿，再对"补偿"练习中的薄弱环节进行强化性补偿。

郑传贵老师在高三复习"直线与圆的位置关系"，重点难点都是弦长问题，为此，老师在课案中准备了一个重点例题和两个变形题。在学生做题的过程中，老师发现有部分同学掌握得不够好，还有一部分同学虽然做出了，但是方法上和准确度、速度等方面也存在一些问题。

这时，老师便当即出了一个类似题目作为补偿。补偿题与例题之间一是类型相同,二是有很大的关联性,并且在例题给出的两种方法之外,还能更快更优地解出答案,既考查学生对例题的理解程度,又考查学生的反应能力。

对于基础薄弱的学生,老师们注意在教学过程中设置两条线:一条是新内容学习线,一条是反馈补偿线,前者为主线,后者为辅线,前者是目标线,后者是助推线。两条线同时推进,才算得上是过程的优化,也才可能达到有效和高效。

一个保障:三量减法

刘毅传老师在化学课上讲解"盐的水解",有一个难点是什么样的离子能水解,什么样的离子不能水解。一般的处理方法是通过"有弱就水解"来让学生记忆,简捷倒是比较简捷,问题是学生不太明白"为什么是这样"。刘老师另辟蹊径,先问学生你们知不知道哪些离子能与氢离子结合,哪些离子能与氢氧根离子结合?并写下如下的离子:Na^+、Cu^{2+}、Cl^-、CO_3^{2-},让学生做判断。开始学生有点为难,但想了一会后,许多同学明白了。学生开始醒悟:"有弱就水解原来是这样的意思!"

对这一知识点,有的老师按照"之所以弱的能水解,是因为弱的离子才能跟水电离的氢离子或者氢氧根离子结合生成难电离的物质"这一思路进行解释。为解释这个"有弱就水解"弄出一段长长的说明来,可学生依然云里雾里。由于结论先行,又由于学生没思考,拿到结论后一时找不到路径,于是就茫然了。刘老师的处理是问题先行,"讲"即是"问",这一"问",以"问"代讲,几乎不需要也不可能多说什么,简单明了,待学生把这一"问"弄清楚后,后面的结论学生自己就可以得出来,老师几乎"无话可说"。

课后研讨,化学科组得出了如下的理念:

在新课程理念之下,我们的课堂话语当以减法立意,做好"三量减法":

第一量减法:减少教师话语量,增加学生话语量。

理念上想到:总话语量=教师话语量+学生话语量

行动上做到:教师话语量<学生话语量

第二量减法:减少独话量,增加对话量。

理念上想到:总话语量-教师独话量=师生对话量

行动上做到:教师独话量<师生对话量

第三量减法:减少无效量,增加有效量。

理念上想到：总话语量 - 空话、废话、碎话 = 有效的话

行动上做到：总话语量 = 有效的话

也正由于我们老师在课堂上努力减少自己的话语量，特别注意减少独话量，尤其注意不讲空话、废话、碎话，从而增加了学生话语量、师生对话量、有效话语量。以学为本的课堂自然就形成了。

在这样的理念下，老师们常常叩问自己：我们的课堂教学，时间都去哪儿了？

带着这一问题，大家听了林森老师在高一的一节英语课，以《叶小刚》为材料上泛读学习课。英语科组认真研讨了这节课的时间分配。在充分肯定了这节课时间的分配与掌控的基础上，大家形成了两点认识：第一点是时间的分配应当综合"六个层面"统筹安排，即整个过程阶段、知识建构环节、认知目标水平层级、教学方式、自主学习方式、学习行为类型等6个层面，可以说这是时间分配的"6个维度"。我们的课堂教学应当考虑到每一个维度、算计好每一个时间分配点，从而优化好整个时间结构。第二点是课堂45分钟应该是师生共享。属于学生应该分享的时间你就要创造条件让学生充分享受，老师只能用好属于你的时间，千万不要占用学生自主学习的时间。唯其如此，才能实现所有时间的最大价值，获得教学效益的最大化。

一座分水岭：孰先孰后

高三潘志伟、陈红、郑晓红、王鸥等四位语文老师以《文言断句》为内容进行"同课异构"。他们的课各具特色，而真正的精彩在于：师生共享课堂。其中的诀窍全在于"先"与"后"的程序体现了"以学为本"。总体序位："学"在先，"讲"随其后；细分一下又有激趣在先，导学随其后；任务在先，行为跟其后；练在先，讲在后；独立思考在先，合作交流在后；"有疑"在先，释疑在后；展示在先，导学在后；读出语感在先，下笔断句在后；易在先，难在后；学生讲在先，老师评在后；归纳在先，迁移在后。通过这一次的研究，大家认识到，课堂教学只有把握好了这种"先后关系"，教学方式才能说基本实现了转变，因此可以说孰先孰后是教学方式转变的一座分水岭。

王仲岳老师上戴望舒著名的抒情诗《雨巷》，对传统的教学程式进行了全新的翻转。比如，他把写作背景的介绍自然穿插在内容分析之中，实现了背景与内容的契合，自然而贴切。这是对先进行平面式粗放式的背景介绍再

进入文本的惯常程式的翻新，是回归本真的翻新。又如他将朗读自然融入诗意理解之中，促使学生在品读中感悟，实现了"语感""语境""语意"的自然融合。这也是对将阅读与理解断开的惯常程式的翻新，是符合阅读教学规律的翻新。王老师认为，教学的程序，总都有一个孰先孰后的问题，把该颠倒的颠倒过来，把该翻新的翻新过来，才能实现课堂的"双向交融""师生共享"。

附Ⅵ《广东教育》2015 年第 5 期载文

探索课例研究的新常态

朱丽华　吴佑元　周菁菁　彭梦德　龚立群　李琼

学校教师，大都有不同程度的"三课疲劳症"，即"公开课疲劳""听课疲劳"和"评课疲劳"。三课，日复一日，年复一年，真的难免疲劳。如何克服"疲劳症"，促使课例研究历久弥新？这些年来，我们学校一直坚持探索这一问题，形成了一种新的常态。

一、研究花絮

花絮一：同一内容，三轮上课

物理科组龚立群、田锦裕、曾昭宏三位老师在高一进行课例研究，同上《力的分解》。研究的专题是：如何更好地实施学案教学。其步骤如下：

第一步：田锦裕老师和龚立群老师各自根据《普通高中物理课程标准》中的要求进行教学设计，然后物理科组对两份学案设计进行比较讨论，形成第一份学案。

第二步：曾昭宏老师用这一学案在高一（3）班进行试验性上课，课后物理组即时召开研讨会。曾老师反思了得失，大家讨论了本节课的成功与不足，然后对学案进行了修改。

第三步：田锦裕老师按照修改后的学案制作了教学课件，在其他班级上课，课后教研组又组织了第三次研讨。老师们一致认为，田老师的学案与课件达到了完美的结合，形成了学案导学模式，上出了一节富有创意的高效课。

第四步：龚立群老师汲取这两节课的精华，进行验证性上课，上出了一节效果显著的优质课。课后讨论，大家很振奋，都感觉受益匪浅。

这次课例研究有三个特点：

其一，在形式上，属于一课多人，"同课共构"。一般地说，"同课异构"侧重于"自构其异"，"同课共构"则侧重于"共求完美"。两种形式各有所长，相得益彰。

其二，在内容上，主题鲜明。他们研究的专题是如何编制学案，建构学案导学课堂。就由于有这样一个专题，他们各自的智慧才得到了完美的凝聚。

其三，在操作上，集思广益。同上一个内容，其学案进行了三次修改，前后编制了四份学案，上了三轮课，召开了四次研讨会。真可谓用心良苦，难能可贵！

其四，在质量上，逐课提升。三位老师的三节课，虽各有所长，但后上的课是在上一位老师所上的课的基础上经过集体研讨后开课的，因而有所改进和提高，越上越好，逐臻完美。

花絮二：带着问题，同课异构

高二五位语文老师开展"同课异构"研讨活动。他们同上《鸿门宴》。选上这一课，是由于他们有共同的问题，正如朱俊华老师所说："学生学习语文有三怕：一怕周树人，二怕写作文，二怕学古文。"于是他们专攻"文言之'怕'"。

同时，他们又有各自的问题。吴佑元老师想研究的问题是：文言文的翻译，以往总是以讲为主，我们把它颠倒过来"以学为主"，看看如何？朱丽华老师想研究的问题是：逐字逐句串讲法就不能改过来吗？我要推行文言文翻译的标注法和对译法，还想强调有声朗读的重要性。胡德海老师想解决的问题是：诵读是语文课堂的灵魂所在，抓住了读的指导就留住了语文教学的根。怎样抓好诵读指导是我要探讨的一个重点。朱俊华老师想解决的问题是：读懂文言文，总是讲解和串通，以至于"教师滔滔不绝，学生洗耳恭听"，这似乎很难改，这次我要改过来！蒙有良老师想解决的问题是：文言文教学似乎始终存在一个矛盾，如果片面强调文言字词的学习积累，文本内容就会被肢解得四分五裂；如果以文带字，则又会淡化文言实词虚词的意义及用法。如何在这个矛盾之中找到一个平衡点？

他们带着这样的共同问题和个性问题开展了一次课例研究，初步解决了问题。首先，诵读问题解决得很好，基本上形成了书声课堂。都重视了读，有默读，有范读，有齐读，有的课堂上学生自发地站立齐读，让人喜形于色。其次，翻译问题的探索很有成效，大家一致肯定了这次研究的成果：传统的串讲法基本不复存在，标注法和对译法的探索很有成效；老师讲解不再滔滔不绝，更多的时候是在洗耳恭听学生的话声，"以讲为主"颠倒为"以学为主"了；字词与文意疏通不再割裂，基本形成两相交融的平衡教路。

胡德海老师在研究笔记中这样写道："这次同课异构活动为自己以后的文言文教学打开了新的思路，指明了新的方向，丰富了新的内涵。就像一阵东风吹生了语文课堂姹紫嫣红、争奇斗艳的春天，颇有'乱花渐欲迷人眼，浅草才能没马蹄'之感。"

花絮三："三面宝镜"：评课的"快乐"之道

纪实 ▏ 轻松脱口秀

数学科组的一次评课会，"你一言我一语"地说开了：

"不紧不慢，环环相扣。"

"层层铺垫，步步推进。"

"精雕细刻，苦口婆心。"

"一个字：细。"

"两个字：沉重。"

顿时一阵欢声笑语。

"感觉严谨有余，有时候你讲得越'清楚'，他越糊涂。有些东西，不用那么细致，能不讲的就不讲。"

"要看什么知识。理论上的东西应该讲清楚，但不必讲得那么细。有些知识就是告知，就是这样的，我就是司机，你坐上车看我怎么走，回头我不开车了，你还知道怎么走，就行了；至于这车是怎么造出来的等，不该现在管就不用管。"

"是的，我最近正在学车。教练教什么？就那六根杆，教得你能够穿过去就行了。讲课也一样，引导学生实现目标就是你的目标，至于'讲'，不要拐出目标去，能省一点就省一点，还是多留点时间给学生练吧！"

有人插上一句："校长也听了课，他让我转告：要研究如何教得轻松一点，学得快乐一点。"

大家点头称是。

此情此景之中，有老师说："来，归纳一下，今天的评课，产生了多少名言？"

——"有时候你讲得越'清楚'，他越糊涂。"

——"有些知识就是告知，我就当司机，你坐上车看我怎么走，回头我不开车了，你还知道怎么走，就行了。"

——"教练教学车，就那六根杆，教得你能够穿过去就行了。讲课也一样，引导学生实现目标就是你的目标，至于'讲'，能省一点就省一点，还是多留点时间给学生练吧！"

"这就是今天产生的数学组的名言吧！"

科组长周菁菁老师快言快语："数学组名言多着哩！"

"那你们编一本数学教学名言集吧！"

纪实Ⅱ　赞誉出思想

英语科组的一次评课会上，首先听到的都是赞誉：

"流畅，一气呵成，感觉是享受。"

"全英语教学，语音清晰，语调明快，感觉有'范儿'。"

有人问："这个班的基础怎样？"

"一般，而且女生少，男生多。"

"啊，节奏这么快，气氛这么活跃，说明老师教学有方，训练有素。说'范儿'，'范儿'是什么？"

"就是特色吧？"

"应该是成型的风格吧。"

"或许可以叫风采！"

这时，朱振荣老师看了看听课笔记，说道："这节课的课型怎么定？是阅读理解课？还是泛读指导课？还是精读指导课？是不是还应该明确得具体一些？若是定为泛读指导课，我想可以……"接着他阐述了这种课型的教学程序：

阅读分为泛读和精读，阅读课也有泛读课型和精读课型。我感到这节课是一节非常好的泛读指导课型。老师按照泛读课型的教学程序很好地呈现了本堂课的内容，并就如何泛读给学生进行了方法上的指导。其一，老师帮助学生理解了在泛读中将会遇到的生词，给阅读扫清了障碍；其二，老师就泛读的一个重要环节——跳读，进行了说明，就如何让学生尽快找到一些关键词或句子进行了指导，同时设计了相关的问题要求学生用最短的时间回答，包括文中的人物、关系、时间等等；其三，老师设计了和阅读材料有关的问题，希望学生在规定的时间内找到相关的信息，重点是找出每个段落的主题句，然后再根据要求进行匹配；其四，老师根据整篇文章内容特地设计了一道概括题，起到了一箭双雕的作用：一则能很好地检查学生对本篇文章的理解情况，二则其题型刚好也是高考写作的必考题型。

总的说来，这几个环节都是泛读教学的重要步骤，也达到了泛读教学的目的，所以，我觉得这堂课是一节很好的泛读指导课。

紧跟着，另一位老师说明了"精读指导课"的教法。

随后，科组长彭梦德老师就课型问题谈了他的看法，并总结道："今天的评课，从赞誉说到'范儿'，说到'课型'，既评得愉快，又评出了思想，很有研究气氛。"

这时，科研处的老师说：今天，我想起了"三面镜子"之说，当然还是那"老镜子"啰：当年，李世民说："以铜为镜，可以正衣冠；以史为镜，可以知兴替；以人为镜，可以明是非。"我们不妨借此来说评课，弄个"评课三镜观"：以"学"为镜，反观其"教"；以"彼"为镜，反观于"己"；以"此"为镜，反观其"后"。也许这就是评课的"欢乐"之道。只有评出点"真东西"、评出点"成长元素"来，而又能让其"悦纳"、让其"高兴"，才能有"欢乐"可言。

纪实Ⅲ 老少和谐风

地理科组召开评课会。科组长李琼老师说："今天评高一的课《地理环境的整体性和地域分异》，一节是老教师上的，一节是年轻老师上的，我想出一个评课会主题，就是'老少相承，乐在共享'，如何？"会场顿生活跃。

年轻老师首先发言："伍树人老师不愧是地理名师，我看到了优质课的境界。他这样起课：'一只蝴蝶在巴西扇动翅膀，会不会在美国的得克萨斯引起龙卷风？'课堂一片哗然，所有的思维似乎都张开翅膀；然后才在同学们的议论之中点化出'牵一发而动全身'的思维，引入本节课的学习内容；学习过程中间又问同学们'牵一发而动全身的本质是什么'。结课时投影著名的'生物圈2号'实验，并由此提出问题：科学家们模拟的'缩微地球'由哪些要素构成？为什么实验会失败？是什么关键问题导致的？整个过程，老师一方面引导学生在思维建构过程中去建构知识和技能，或者说在知识和技能建构过程中培养和训练学生的思维能力。"

伍老师接话说："课堂教学的最高境界在于引导学生流畅、简洁、准确、快速思维。"

大家七嘴八舌说开了："在伍老师的视野里，知识好比一棵树上的花果，思维则为树系，引导学生快速而简洁地展开思维则是教学的最佳境界。这样上课，不仅会有当堂教学之时效，同时更富有人终生发展的长效。"

这时，伍老师便说："还是说年轻人的课吧，周老师一上课就提出问题：'自然地理环境各组成要素之间存在着怎样的整体效应呢？'在学生进入思考之后，老师又说'啊，先别看书，先别讨论，做几个模拟实验再说'。做了两个模拟实验之后，才进入主体知识的教学。问题在实验之先，结论在实验之后。这是一个创意，年轻人大有潜力啊！"

周老师接着说："伍老师游刃有余，值得我学一辈子。"另一位年轻老师则说："我一生都可能赶不上伍老师。"

这时，另一位老教师即兴说道："要有信心啊！不过，要做好教育资本的积累。一位老师，首先要完成教育资本的原始积累。作为高中教师应有这么几条：一是修完应有的专业，二是经历高一到高三两轮教学，三是至少做班主任三年，四是将有关资料如课案、学案、课件、反思笔记等积累好。这才能算完成了资本的'原始积累'。这个时间大致应在 30 岁前完成。"

"那 30 岁以后呢？孔子说'三十而立'。我个人理解，这里的'三十'不等于'三十岁'，应该理解为'三十年龄段'。作为教师，应该有这样的志向：

"30 成型——35 成熟——40 成范儿 = 教师的'三十而立'

"要是这样去做，那么，40 岁以后就有可能成为研究型的、专家型的、领军型的教师了。"

李老师高兴地说："今天的评课会是不是'老少相承，乐在共享'？"又一片笑声。

二、研究概况

我校的研究课已经形成了循环序列：第一周期（四学年）：个人原生态课—同课异构课—专题研究课—成果汇报课。现在，我们进行到专题突破性研究阶段，完成这一周期尚需一学年半。待这一周期结束后，我们将在新的起点上进入第二周期，循环往复，螺旋递进。按照这样的序列，逐一更换评课表，步步将课例研究引向深入。

在这样的循环课例研究中，以"问题解决"为活的灵魂，绝大多数老师均习养着三个行动：我有问题，研究解决；聚焦专题，集思广益；看着录像，自我反思。

教科研部门做些什么呢？大致三件事：一是汇总听课人的评价意见，做一份研究课反馈表，发给执教老师，老师阅读后写出反馈意见发回；二是经

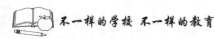

常性写一些听课笔记，发给老师，老师阅读后再反馈回来；三是激励老师们写出研究笔记。

这样的课例研究，基本形成了实践认识论范式下的"反思理性"，其工作模式有两个层面：一是领导和教师植根于生动、具体、完整的教学场景中，研究特定的解决办法和有效策略，开发适合我校学生实际的有效教育智慧，并形成为自我规范性理论。二是教师的有效专业发展推行"实践—反思—开发—推广"模式，即教师投身于实践，反思自己的实践，通过集体研讨，对经验进行提炼，开发出符合自己实践的理论，而后推广到类似的教育教学情境中，不断提高推进有效教学的专业素养。

"激活"方能生出异彩

——《鸿门宴》教学断想

朱丽华

　　我校开展"同课异构"研究活动，我们高二的几位老师选了长篇文言文《鸿门宴》，上第一课时，这真是迎难而上。文言文的上法，通常都是"自古华山一条路"：疏通串讲—内容分析—知识整理。如何"构"出"异"来？思来想去，形成了一个思路：着意"激活"，注重"生成"，适度"异构"。

一、课堂预设要点

（一）"异构"预想

1. 读熟、读懂 1～3 段。

2. 强调有声朗读，突出标注法和对译法。

3. 注重文言情境创设，上出文言味。

（二）教学过程

第一环节：情境创设——走近文本

第二环节：课堂预习——感知文本

1. 自主预习

（1）标注自然段。

（2）移注 1～3 段。

1）通读 1～3 段，对照注释将重要字词的意思及拼音移注到原文中。

2）移注时请用"＝＝"双横线标注人名、地名、官名、时间名、专有名词。

3）疏通大意并勾画出不懂的字词句。

2. 合作学习

（1）组内口译 1～3 段。

（2）组长汇总疑难字词句用纸条提交。

第三环节：课堂导读——解惑答疑

1. 读：齐读正音，形成语感。

2. 析：共同分析提交的疑难。

3. 递：将现代文转换成文言。

4. 结：归纳总结重点的字词句。

5. 译：动笔翻译（做导学案）。

6. 读：强化感语。

第四环节：思考探究——总结提升

1. 归纳各段重要的字词句。

2. 归纳各段的主要内容。

3. 归纳学习文言文的方法及步骤。

4. 诵读 1 ~ 3 段，思考探究下列问题：

（1）如果没有曹无伤告密，事情会怎样？曹无伤告密在故事情节的发展中有何作用？

（2）项伯即使与张良交好，如果不将紧急情况告知张良，那结果又是怎样的呢？项伯夜访在故事情节的发展中起什么作用呢？

（3）如果沛公没有张良又会怎样呢？如果……

二、课堂生成的几个情境及其断想

随着教学过程的推进，课堂上出现了这样几个情境：

其一，在"自主 – 合作"诵读疏通后，各小组将疑难字词句写在纸条上，一时间 6 个小组纷纷将纸条递到了老师手里。而后师生共同释"疑"，一片活跃。

断想：这是学生认知过程中的疑点，这样的"释疑"就把知识的难点激活了，又把学生的疑惑激活了。上到学生的"疑"处，就上到了学生的需要处。

其二，在第二环节"解惑答疑"之后，老师先在屏幕上投影原文，让学生翻译了一遍；继而反过来投影译文，让学生对应着背出原文，学生在略带迟疑和稍显吞吐中完成了半背诵。

断想：先顺译后逆译，这不是第一次，而是我的课堂常态。这样将原文与译文两相对照转换译读，既凸显了"语境翻译"，又有益于背诵，更能够培养学生的"文白转换思维"，其效果很受学生欢迎。

其三，在经过自读之后，老师朗读了一遍，全班学生站起来齐读。那情境真让人荡气回肠，酣畅淋漓。

断想：站立齐读在我的课堂上也并非第一次，而是我的课堂常态。我注重思考性的默读，也注重有声朗读，更注重站立齐读。诵读，这是语文课的第一要素，唯有诵读才能激活知识，又唯有诵读才能激活学生。

其四，在全班站立齐读之后，有一位学生站起来要求歌唱，课堂上响起了掌声。她用《蜗牛与黄鹂鸟》的曲调把原文唱了一遍。全班同学看着原文，凝神静听。这情境，让我有身临"鸿门"之感，更陶醉在司马迁所创造的"史家之绝唱"的韵味之中。

断想：这绝非有什么课前准备和演练，确是即兴发挥。这学生平常很喜爱唱歌，情之所至，金口即开。不过，作为教师，我平常就熟知同学们的特长和爱好，上课时，随时可以利用这份资源，以活跃课堂。

其五，课后，我发现有学生在看《项羽本纪》，很是高兴，便详细询问了他的阅读情况。他对我说：老师，上完《鸿门宴》，我对刘邦和项羽这两个人物有了浓厚的兴趣，我要看看他们的整个人生。放假后，我还打算读读《史记》《三国志》。我进到高中一年半以来，读了《羊脂球》《阿Q正传》《围城》《边城》《活着》《红楼梦》《那些回不去的年少时光》《步步惊心》等书，都是老师上课时提到一些内容，引发了我的兴趣，于是就去买来读。

断想：通过课堂教学，激发学生课外阅读的兴趣，是语文教学的一大目标。我很重视学生的课外阅读，从高一起始，我就重视两个书目，一是《高中生必背古诗文》，二是《高中生必读书目》，不只是希望和强调，而是注重落实。与此同时，每学习节选课文时，我总是要求学生阅读全书，每学期放假前，总要推荐阅读书目。这样一来，读书成了这个班的良好风尚。

三、文言文教学的要招在于"激活"

文言文学习，多数学生没兴趣，而高中教材里5个必修模块就有近30篇文言文。如何将既是难点又是重点而且量多的文言文教好，是摆在语文老师面前的一个重要课题。纯粹文言知识的讲析很枯燥，学生也没有兴趣，会很烦；交给学生自己慢慢去啃，许多文言现象学生不知道，难度会太大，他们就会望而却步，畏葸不前，最后只能回到教师一讲到底的老路上来，否则，课堂是推不动的。如果枯燥地以"死"对"死"地讲文言知识，那真是要人往"死"里走。

因此，文言文教学，必须"激活"。要创设情境，激发趣味，活跃课堂。我喜欢猜谜导入，很快就会将学生的兴趣激活起来。我总是化难为易，使学生能动口、动笔，活跃课堂。标注法，将人名、地名、官名、时间名词标注出来，就已经把拦路虎撵掉了一半；再借助课下注释对关键字词的移注，又撵掉了一大半难题，再提交上来的疑难字词句也就少之又少了，这样，既促使了学生主动学习，同时又给了他学习的方法。渐渐地，学生学习文言的能力就提高了，重点掌握了，难点也突破了，课堂也活了起来。还有，我还喜欢与学生交朋友，总是平等、友爱地对待每一位学生。这样一来，在课堂上，师生之间的互动状态往往超出了我的预期。

重视朗读，激活语感；创设情境，激活情感；深化文义，激活思维：这可以说是文言文教学上出文言味的三个要素。

"教"围绕"学"转

周菁菁

我在高三上数学复习课，内容是"向量的位置关系——平行和垂直"。在"课前热身"环节，我在学案上设计了3道题。复习第一题时，A学生发言后，我不做结论，而是激发学生提不同意见。相继有三位学生发表意见后，我还是不做结论，仍对A学生说："×××，你继续完善！"我点拨后，最后还是回到A学生："×××，还是你来完成！"然后我才归纳。

接下来复习第二道题。一位同学在白板上做完了一道题后，我问："大家看，做对了吗？""对了。"多数学生回应道。

"可还有更简便的方法啊……谁有思路？"我又追问道。

一同学发言后，我面对大家说："啊，这个方法可以不？……你想到了吗？做一下吧！"

这时，我走到同学们中间，观察大家怎样做题，渐渐露出了会心的笑容。

一同学上台展示解题结果后，我稍加点拨便问大家："会了没有？""会了。""我们再思考一下解答这一问题的方法吧！"我再发出新的追问。

同学们进入了思考状态，部分人议论起来，零零碎碎的。我随机启发引路："嗯，再回顾一下，'二次函数'中有些什么要点？"

一同学回应，说着说着有些说不下去了。"再想想…想起来没有？"我耐心地期待着，并加以逐步点拨：

"我们来画个图看看……"

"第一问，涉及什么？"

"这里有点难，你能不能努力一下拿下来？"

这位同学边想边说，有些吞吐，有部分同学便启发他，最终，他说完整了。大家报以掌声。

这是一节课中的两个片段，我有几点体会：

首先，围绕着第一位发言的同学的思路，引导全体同学参与，共同解决问题，最后还让第一位发言的同学来完成，以其"成功的喜悦"为结。我觉

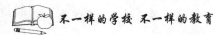

得我在围绕学生的思路"转"。

其次,在围绕学生"转"的过程中我并没有放弃"引导",而是通过启发思考、点拨思路、补偿知识,促进学生的学习思路循序渐进地转动。

再次,我的"引导"中又有一种推力,其间,饱含着"等待""激励""开导"。

因此,我认为,这是"教"围绕"学"转——"教"围绕"学"转的核心在于"教"引领"学"的思路转——唯有学生思路转起来才有效!

45 位学生，你就得有 45 味雨露

艾新怀

学校提出的"有效教学"，咋有效？教学要有效，教师首先要能够适应自己所教的学生，然后引导学生适应老师。我适应了几年，觉得这种适应难就难在要适应各种各样的学生。45 位学生，你就得有 45 味雨露。

这是一群有些特别的孩子。他们的学业不够好，他们的习惯不够好，是让我们老师很头疼的一群。

他们上课会睡觉会打闹，注意力顶多能集中 10 分钟；他们没有预习的习惯，他们没有看书的习惯；他们的作业通常是在第一节课赶出来的；能赶作业的已算好，还有大把的学生拿作业当空气。

可他们毕竟是孩子，他们只有十五六岁，他们也是父母不可替代的宝贝。他们会因为迟到不交作业被罚站，可是他们不会跟老师较劲；他们常挨老师的"骂"，可他们"骂"不还口；被"骂"了之后，下课还会热情地跟老师打招呼；他们偶尔听课答对了问题，会追着老师要表扬，老师如果表扬了会对着全班抱抱拳，道一声"谢谢"！他们不是坏孩子，他们只是学习兴趣不浓，学业比别人落后，说不定他们将来还能成点大器给你看看。

高一（7）班的阿旺是个小胖，平时也是上课睡觉不交作业。期中考试没写完作文，总分 60 多分。他当然没有拿到学分。当时因为要处理另外一个 0 分作文的学生，没有让他叫家长，只是让他写出反思。后来跟他一谈，他说已经知错了。

他就是这样，其他老师也都反映，这孩子可能说啦，油嘴滑舌，你还没开口，他已经把你要说的话说了。而且不管老师咋批评他，始终笑脸以对，诸如"老师，你就是咬我一口，我都要睡""老师，我这次考砸了，我觉得没脸见你，没脸见我爹妈"，弄得大家都没办法。

那现在他既然说已经知错，要说怕也是老生常谈，所以只好等待，以观后效。期中考试后他第一次上课没睡觉，他下完课就求表扬：老师，我没睡觉，是不是有进步？我忙说：有进步，好孩子！他第二次上课没睡觉，我就当即

表扬。后来真的有很长一段时间上课就没睡觉，偶而还能跟着老师的思维说说，课后也能交作业。我自然是喜出望外，又在班上大加表扬。

可以肯定的是：在受教的过程中阿旺还会有反复。像这样的学生在我所教的班级真的不在少数，除非像对苍蝇一样把他们拍死，他们不可能一下子脱胎换骨。对待这样的学生，如果一味地高标准严要求只能让他们在失意中丧失信心，如果一味地批评，只能让他觉得自己一无是处，如果总是急于求成，那他们很可能就破罐子破摔了。

所以，教育在很多时候真的是慢的艺术，也可以说是等待花开的学问。

阿旺，是这个班的四十五分之一，还有那44位，个个都是独一无二的。雨露滋润禾苗长，还存在着一个怎样滋养的问题。他们，才谈得上有效"适应"。

不过，45味雨露也得有一个"总纲"，纲举目张啊！依我之见，这"纲"不妨就叫人文教育。给学生一种关怀，给教育一个缓冲，尤其是我们这样的学生，更要容错——让他们有一个自我认识的过程；给他们一个缓冲地带，让他们认识到他们也有可爱之处。是人文关怀让他们成为自信可爱的人。

这样的人文教育，就是爱心至上，上善若水。

附Ⅷ　听课手记选
《中国教育报》2015 年 5 月 13 日载文

课堂上，时间都去哪儿了

——时间分布背后有"玄机"

王仁甫

近两三年来，我听了很多课，相继写了 100 来篇听课手记。在交流中，我深切地感到，课堂教学诸多问题的肯綮多集中在"时间"上。"时间都去哪儿了？"这是每一位老师都应该思考的问题。于是，就有了其中一次特别的计时听课体验。

这堂英语泛读课怎么上的

我听的是深圳市沪教院福田实验学校林森老师上的一节高一年级的英语课——《叶小刚》。《叶小刚》是一则介绍中国当代著名音乐家叶小刚事迹的短文，全文仅 235 个单词，阅读难度不大。时间上安排为 1 课时，课型定为泛读学习。

课堂上，我边听课，边用手机的计时器准确地记录下每个环节的用时，这里我列了一个表，对整个课堂过程不再赘述，大家可以一目了然地了解整个课堂的时间分布。

英语泛读学习课《叶小刚》课堂时间分布图

流程去向		具体去向		教学价值
导学	2分 30秒	50秒	播放叶小刚创作的交响乐《玉观音》片段	创设情景 激发兴趣 明示目标
		1分	中文介绍叶小刚并激发阅读兴趣	
		40秒	明示学习目标及要求	
单词学习	3分 19秒	投影短文中的10个重点单词，引领学生朗读		扫除阅读障碍 强化基础知识
		1分	自读	
		40秒	齐读	
		30秒	个别展示朗读	
		约9秒	其间老师纠正读音	
		约1分	老师指导	
阅读文本	14分	先快速阅读感受信息，再仔细 阅读提炼信息，并写在导学案上。		阅读训练 泛读感受 提炼信息
		6分	个人阅读	
		6分40秒	小组阅读	
		约1分20秒	阅读中老师互动指导	
概要复述	17分 7秒	按导学案填空题顺序，先由各小组抢答，抢答人 上台讲解；再由其他小组点评；然后老师评讲并评分。		能力训练 信息整合 概述内容 复述记忆
		3分10秒	自主学习	
		2分	小组合作学习	
		5分	小组抢答	
		2分	一小组抢答后其他小组点评	
		约1分	其间老师互动点拨	
		约4分	老师对每道题进行终结讲解及评价	
活动体验	8分 4秒	读了这篇短文有什么感受？将来是否想做个音乐人？ 有什么规划吗？要求全英文交流。		拓展训练 口头表达 激发情感
		2分30秒	小组交流	
		3分30秒	全班活动	
		1分03秒	老师互动引导	
		1分01秒	老师最后激励	

五个维度看时间该用在哪儿

有人说：这些枯燥的数字能说明什么？你这么听课是不是没事找碴儿？先别急，若从教学意义上去观察，我们就会发现它们有着丰厚的内涵与活力，也会明白时间该去哪儿。

1. 从整个教学过程看，基本过程时间要"管够"

这节课教学过程用时45分钟，时间结构为：导学时间2分30秒，约占5.6%——基本过程（单词学习、阅读文本、概要复述）34分26秒，占76.6%——拓展（活动体验）8分04秒，占18.7%。其时间分配，"基本过程"份额最大，"拓展"占到一定比例，"导学"也有微弱份额。如此三分，是一个完整合理的结构，时间去向各得其所。

当然，不同的学科、不同的内容、不同的课型、不同的学情，其过程会有不同的安排，但前两段一般不会变，有变化的应是后段。无论怎么变，基本过程总是主要的，其时间应该用够，后段可能是拓展，也可能是总结、提升、测试、训练什么的，用时比前段多是必要的。本节课由于基本过程中含有训练，不必安排测试，因而用时不多自有道理，在其他情况下，或许还应该多给一些时间才好。

2. 从知识建构过程看，时间分配应渐次增加

这里说的知识建构过程，是指一节课的基本内容、主体知识的教学过程。本节课知识建构过程用时34分26秒，具体为：基础强化（单词学习）3分19秒，占9.2%——基本学习（阅读文本）14分钟，占40.6%——核心任务（概要复述）17分07秒，占49.8%。其过程具有渐进式特征，在时间分配上也渐次增多，第一环节的铺垫用时较少，第二环节的基础学习用时增多，第三环节"核心任务"用时最多。整个时间的推移都在渐次指向"核心任务"的完成。因此，这是围绕"核心任务"完成的时间结构优化。我感觉恰到好处。

3. 从教学方式看，以学生自主学习为主导

这节课"教"与"学"的时间结构为：学生活动（含临时指导）33分50秒，占75.2%；师生互动（平等交流）3分20秒，占7.4%；教师活动（讲解）7分50秒，占17.4%。当然，"教"与"学"的双边活动，难以截然断开，这只是一个大致的统计。从这样的划分可以看出：学生自主学习得到的时间份额最大，教师的指导讲解用去的时间恰到好处，师生互动、生生互动贯穿其间，符合现代教学理念。

教学方式的时间分配问题，是课堂教学改革的关键和焦点。教师的"教"与学生的"学"各自所用的时间达到一个恰到好处的比例，教学效益才有可能最优化。如何能恰到好处？自然应当因内容、因目标、因学情而定，但我认为应当谨守"一个确保""两个杜绝"和"一种方式"：确保学生自主学习的时间、杜绝满堂灌和题海战、建构主导与主体双向互动的教学方式。

4. 从自主学习方式看，三种自学方式要均衡配置

这节课的自主学习用时33分20秒，时间结构大致为：独立学习10分10秒，占30.5%；小组合作学习11分30秒，占34.5%；全班互动交流11分40秒，占35.0%。就课堂教学而言，我以为自主学习的方式就是这三种，操作上一般地说也就是这三种方式并用。这里的"有效"逻辑必然是：先有独立学习的有效，然后才可能有合作学习的有效，再然后才可能有全班互动交流的有效。在这个层面上，这节课三种方式的时间分配几近均衡，相当符合自主学习的规律。

5. 从学生的学习行为看，应充分调动各种感官

这节课学生学习行为的时间结构为："听"10分30秒，约占23.3%；"看、读"10分50秒，约占24.1%；"思"约3分10秒，不存在比例问题；"议"约20分30秒，约占45.6%；"写"（动笔）约3分10秒，约占7%。当然，学生学习行为的类型交叉性很强，这个统计只能做参考，其类型的列举也不是很科学，我只是想以此为例做一点提醒式的说明。这节课"议"的时间很充分，"听"与"看、读"的时间大体相近，基本体现出现代教学的特征，但是"写（动笔）"的时间明显不足，至于"思"也有些薄弱。

学生在课堂上学习，尽管各自的学习行为类型有所不同，但在班级学习环境中，必然是听觉学习、视觉学习、动觉学习、触觉学习、幻觉学习的混合。其中的时间究竟怎样分配更合适？也应当因知识类别、内容特点、难度、课型、学情而异，但其中各有规律，我们应当精心设计和把握，有效地把45分钟合理地分配到各种学习方式上，形成一种和谐的转换时序。

从"瓜分"时间到统筹共享

古今中外，关于课堂教学的种种理论、种种探讨、种种改革、种种争议、种种纠结，在诸多意义上都离不开"时间怎样用"，于是往往演变成"时间瓜分"之争。倘若浏览一下国际国内现阶段的种种教学改革模式，数一数有多少模式是以时间命名或做标志的，就能理解时间的重要意义了。在当下，我们应当刷新课堂教学时间分配观。具体怎样刷新？我想提出如下四个刷新点：

其一，课堂45分钟应该师生共享。属于学生、应该分享的时间就要创造条件让学生充分享受，老师只能用好属于"主导"的时间，千万不要占用"主体"自主学习的时间。

其二，课堂活动时间不妨"三分"。以往，通常都是把课堂教学时间分为两个部分，即教师活动时间和学生活动时间，我认为，三分为好，即：

一节课时间＝教师活动时间＋学生活动时间＋师生互动时间

互动本应该贯穿全过程，何以要单列？我认为，互动可以分为三种状态：

一是以教为主的启发式互动，二是以学为主的点拨式互动，三是教与学或学与学平等交流的互动。基于这样的思考，我以为如此三分，可以确保课堂有真正意义上的互动，也就可以确保师生互动时间的充足与有效。

其三，时间的分配应当综合"五个维度"统筹安排。上述五个视角，可以说是时间分配的"五个维度"。我们的课堂教学应当考虑到每一个维度，把握好每一个时间分配点，从而优化整个时间结构。

其四，时间是有价值规律的。45分钟的时间，同样有其价值规律。粗略说来，有三个基本内容：一是时间的价值量与教学因素的结构优劣成正比发展；二是时间的价值量随学生生理、心理的变化呈曲线趋势；三是时间的价值量总是围绕着学生的学习方式的变换结构成波动状态。遵循学生的生理、心理规律，构成课堂教学的时间"场"，能使45分钟的价值充分体现出来，能使课堂教学处于最佳状态。

总之，课堂教学时间的使用与分配，应从正确的价值取向出发，这个价值取向应该是：能否有效地引导学生自主获得智能；能否实现所有时间的最大价值；能否获得教学效益的最大化。

研究报告（四）

福田区教育科学 2016 年度课题

"主问题"设计
是突破高中语文阅读教学瓶颈的有效策略

——"高中语文阅读教学'主问题'设计及运用研究"之研究报告

潘志伟

一、研究的缘起

近几年来，我校语文学科一直致力于阅读教学"问题教学法"的研究。"问题教学法"已经成为我们学科主要的教学法，并且卓有成效。同时，又不同程度地存在着一些问题，主要有两个：（1）问题缺乏主次。有的教师，特别是初入教坛的年轻教师，所设置的"问题"往往缺乏主次，把握不准教学主线，抓不住文章的重点，突不破文章的难点，品不透文章的妙点，不能"用问题"引导学生深度学习，一些繁杂零碎的问题、随意的连问、简单的追问和习惯性的碎问时有所见。（2）问题缺乏张力。问题设计存在着"教材化"倾向，不能促进学生充分展现自己的心智过程，在教学过程中，也很少有对问题解决的方法、思路进行启发与点拨，更无暇顾及学生在探索问题过程中的情感体验，不能"以问题解决"较好地提升学生的语文素养。

随着《中国学生发展核心素养》的颁布实施，高中语文教学的目标逐渐转向语文核心素养的培育，而阅读能力正是语文核心素养形成和发展的重要表征之一。《普通高中语文课程标准》也用大量篇幅论述阅读能力的培育，突出阐述了"发展独立阅读的能力""注重个性化阅读"等。但在阅读教学实践中我们往往忽视了发展学生解读文本的能力、审美鉴赏与创造的能力，"问题探究""美点赏析"两个环节大多是浮光掠影，浅尝辄止。我们通过学习，感觉到"问题探究""美点赏析"应该是阅读能力培育的关键环节，但是，偏偏被我们有意无意地忽略了。

　　我们意识到：解决上述问题的关键在于设计好"主问题"，以"主问题"建构阅读教学。鉴于上述两方面的思考，我们设计了这一课题，力图能解决好上述两方面的问题，期望能有所突破。

二、研究的应用价值

　　（一）本项目将研究与实践结合进行，着力改变目前浅尝辄止、浮光掠影式的阅读教学弊端，从而优化问题教学法，有助于改变语文教学"少、费、慢、差"的状况，提高阅读教学的有效率，进而提高语文教学的质量。

　　（二）本项目将研究的价值取向指向语文素养的培育上，着力用"主问题"激活学生思维，既能走进文本又能走出文本，发展学生独立阅读的能力，促进学生在主动积极的思维和情感活动中，加深理解和体验，有所感悟和思考，受到情感熏陶，获得思想启迪，享受审美乐趣。这对于目前进行的基于学科核心素养的课程建设或能提供一定的借鉴价值。

三、研究的主要内容

　　1. **研究"主问题"的内涵、要素与关键特征。**在学习课程标准的基础上，在研讨语文核心素养的过程中，围绕"主问题"的概念、内涵、要素、特征、功能、分类进行研究和提炼。

　　2. **研究"主问题"设计的理念。**在对第一项内容研究的基础上，对"主问题"设计的理念、原则、思路进行研究和提炼。

　　3. **研究"主问题"运用的策略。**在上述两项内容研究的基础上，围绕"主问题"运用的价值取向、实施策略、教学流程进行研究，构建"主问题""板块"教学样式。

　　4. **研究"主问题"与"辅问题"配合策略。**在研究"主问题"设计与运用的同时，研究解决"主问题"过程中的"辅问题"，研究好如何按"主问题＋辅问题"构成"问题链"。

　　5. **研究"主问题"设计和运用的案例。**按实用类文本阅读理解、论述类文本阅读理解、文学类文本阅读理解和文言文阅读理解、古诗词阅读鉴赏逐一进行"主问题""板块"教学样式的专题研究，并积累优秀课例。

四、研究的方法

　　1. **文献研究法。**收集国内中学语文阅读教学"主问题"设计及运用的研

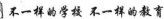

究文献，组织学习研讨，提高认识，更新观念，确保本项目的研究实现应用与创新的统一。

2. 案例研究法。收集近年来国内优秀教师运用"主问题"教学的优秀案例，进行学习研究。案例如，郑桂华、王荣生主编的《语文教育研究大系：中学教学卷》，于漪、刘远主编的《邓彤老师讲语文》等。课题组开展"主问题"阅读教学课例研究。有计划、有步骤地分年级、分文体上研究课，深入进行专题研究。

3. 经验总结法。对每个阶段的研究课例进行反思、评价，总结经验。

五、研究的主要过程

本课题研究经历了三年，大致有三个阶段。

（一）研究准备阶段（2016 年 9 月—2016 年 12 月）

课题组成员阅读《余映潮的中学语文教学主张》《这样教语文——余映潮创新教学设计 40 篇》等书籍，理解"主问题"的概念、内涵、要素、特征、功能等，研究余映潮"主问题"设计的精品课例，把握"主问题"设计的一般原则，通过集体研讨，拟定《高中语文阅读教学"主问题"设计和运用实施纲要》。

（二）行动研究阶段（2017 年 1 月—2018 年 7 月）

课题组根据拟定的《高中语文阅读教学"主问题"设计和运用实施纲要》，分年级、分文体上专题研究课，其中高一年级侧重研究文学作品（小说和散文）阅读教学"主问题"设计和运用策略，高二年级侧重研究古诗文阅读教学"主问题"设计和运用策略，高三年级侧重研究实用类文本和论述类文本阅读教学"主问题"设计和运用策略。研究课主要采用"同课异构"和"异课同构"两种形式。

（三）系统提升阶段（2018 年 9 月—2019 年 5 月）

总结提炼出"主问题"设计的理念、原则、思路及"主问题"运用的策略，撰写研究报告。

六、研究的主要成果

（一）拟定了《高中语文阅读教学"主问题"设计和运用实施纲要》

该纲要对"主问题"设计的一般原则和方法做出了明晰的阐述和规定，具有一定的理论指导性；同时对本课题研究的步骤做出了详细的安排，是一个操作性、实效性比较强的实施方案。对我校的语文教学具有重要的指导作用，对同类学校具有借鉴价值。

（二）总结了"主问题"设计的一般原则和具体策略

课题组通过近三年的实践研究，总结出"主问题"设计的五个原则，即针对性原则、层次性原则、启发性原则、适量性原则、创新性原则。从紧扣教材和贴近学生两个维度，提炼出"主问题"设计的八个具体策略，即深研教材设计主问题、多方整合设计主问题、善于比较设计主问题、推敲细节设计主问题、从"疑惑点"设计主问题、抓"兴奋点"设计主问题、抓"关注点"设计主问题、从留下思维"空白点"设计主问题。

（三）构建出不同文本类型的"主问题"板块教学样式

针对论述类文本、文学类文本、实用类文本、文言文、古典诗歌五大阅读文本，课题组采用"同课异构"和"异课同构"两种形式开展实践研究，摸索出不同类型阅读文本教学的一般流程。具体如下：

论述类文本：新课导入→板块一：自读讨论——辨析文章的基本概念→板块二：导读梳理——把握文章的论证思路→板块三：精读仿练——借鉴文章的论证方式→课堂小结→布置作业。

文学类文本：情境创设→预习环节——走进文本，整体感知→研读环节——融入文本，合作探究→练习环节——跳出文本，迁移应用。

实用类文本（传记）：情境导入（问题式）→第一板块：整体感知——传主的经历→第二板块：分析概括——传主的形象→第三板块：鉴赏评价——刻画传主的方法→第四板块：综合探究——传主的启示→课堂结束语（问题式）。

文言文：新课导入→板块一：自读积累——疏通文意，分类整理文言词语→板块二：导读理解——梳理文脉，概括文章主要内容→板块三：品读鉴赏——揣摩文章的语言特色→课堂小结→布置作业。

古典诗歌：环节一：知人论世，了解背景→环节二：诵读感悟，把握基调→环节三：披文入情，合作质疑→环节四：比较鉴赏，拓展迁移。

（四）积累了30多份"主问题"设计的优秀课例

潘志伟老师的课例：《月夜》《登高》《囚绿记》《过秦论》《拿来主义》《等待散场》《在哈金森工厂》《明史·韩文传》《荷塘月色》《甘地被刺》《定风波》《米洛斯的维纳斯》《高三文言断句》《高三文言文"猜读法"解题指导》

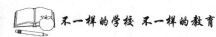

《分析"物象"在小说中的作用》等；

蒙有良老师的课例：《汉语请别让我为你哭泣》《陈情表》《劝学》；

陈红老师的课例：《月夜》和《望月怀远》比较鉴赏，《明史·韩文传》《高三文言断句》；

王鸥老师的课例：《登岳阳楼》《定风波》《明史·韩文传》《高三文言断句》；

李桂华老师的课例：《游褒禅山记》《书愤》；

朱俊华老师的课例：《游褒禅山记》《书愤》。

（五）撰写了三四十篇高质量的研究笔记（研究论文）

潘志伟老师的教学论文：

1.《课堂教学，如何让学生真正动起来？——〈高三文言断句〉同课异构课例研究报告》；

2.《"问题教学法"初探——〈月夜〉课例研究报告》；

3.《于细微处求实效——关于〈甘地被刺〉的教学反思》；

4.《关于实施学校有效教学模式的两点思考——〈等待散场〉教学后记》；

5.《变接受式训练为体验式训练——关于在高三文言阅读训练课中尝试学生自主命题的冷思考》；

6.《传记阅读教学"主问题"板块教学样式实践研究——以〈在哈金森工厂〉为例》；

7.《师生共享"问题之花"的美——以杜甫〈月夜〉为例》；

8.《聚焦逻辑思维，巧设主问题——以〈拿来主义〉为例》；

9.《掌声响起了五次——〈荷塘月色〉教学后记》；

10.《用"主问题"促成学生深度学习的态势——以〈在哈金森工厂〉为例》。

蒙有良老师的论文：

1.《让"主问题"成为解读文本的抓手——以〈劝学〉为例》；

2.《激趣与设疑齐飞　解疑共析文一色——用"主问题"引导学生逐层分析文本》。

陈红老师的论文：

1.《加强踩点得分意识　向高三课堂复习要效率——高三文言文阅读训练课应以训练学生自主命题能力为抓手》；

2.《语文学科古典诗歌阅读理解问题教学法的尝试与思考》。

王鸥老师的论文：

1.《用"主问题"培养学生分析概括文言的能力——以〈明史·韩文传〉为例》；

2.《遵循诗歌理解规律设计"主问题"——以〈定风波〉为例》。

李桂华老师的论文：

1.《用"主问题"引导学生深入解读文本——以〈游褒禅山记〉为例》；

2.《牵一发而动全身——关于〈书愤〉"主问题"设计的一点思考》。

朱俊华老师的论文：

1.《抓住文体特征设计"主问题"——〈游褒禅山记〉课例研究笔记》。

七、研究的实践成果

整体提升了我校高考语文成绩。如表：

届别	高考语文均分
11 届	86.6
12 届	79.28
13 届	86.09
14 届	87.89
15 届	87.80
16 届	84.78
17 届	92.42
广东省 2017 年高考语文均分	91.37

2017 届我校高考语文成绩取得历史性突破，首次超过广东省平均水平。

八、研究的社会影响

1.2017 年 2 月 23 日下午，在梅林中学召开的全区初、高中语文科组长会议上，语文组潘志伟老师做典型发言，介绍了我校语文教学转变教与学方式的具体做法，受到了与会老师的一致好评。

2.2017 年 3 月 23 日下午，福田区高三语文复习研讨及"深一模"质量分析会在我校召开。福田区教科院胡立根教研员、全区各高中语文科组长及高三语文老师共 80 多人参加了此次会议。语文组潘志伟老师执教的《分析"物象"在小说中的作用》，得到了区教研员的高度评价，受到了同行的一致好评，这节课为全区高中语文教学"教与学方式的转变"起到了很好的示范作用。

九、研究的结论与思考

1. "主问题"设计是突破高中语文阅读教学瓶颈的有效策略。

2. "主问题"设计要牢固把握"紧扣文本"和"贴近学生"两个维度。

3. "主问题"是对应"辅问题"而存在的,本课题在研究主、辅间的配合策略方面须加大力度。

4. 高中语文统编教材尚在修订中,针对学习任务群的"主问题"设计将是课题组未来研究的主攻方向,我们的研究尚须持续不断地进行,我们只是在路上。

参考文献

［1］余映潮.中学语文教学主张.中国轻工业出版社,2012.

［2］余映潮.这样教语文.教育科学出版社,2012.

研究报告（五）

深圳市教育科学规划2016年度重点课题

"以学习为中心"的教学样式的有益探索

——"高中语文'主问题 – 板块'教学样式研究"之研究报告

王仲岳

摘要 实现从传统的"教为中心"课堂到"学为中心"课堂的转型是课堂教学的一项革命。阅读教学的"主问题"能够从正面直接指向课堂教学目标的达成，具有"牵一发而动全身"的教学价值，是突破高中语文阅读教学瓶颈的有效策略；"主问题"设计要牢固把握"紧扣文本"和"贴近学生"两个维度；"主问题"是对应"辅问题"而存在的，应该建构"主问题 + 辅问题"链；以"主问题解决"为一个教学"板块"，既具有吸引学生参与的牵引力，具有在教学过程方面形成一个教学板块的支撑力，又具有在课堂活动方面让学生共同参与、广泛交流的凝聚力；"教学样式"比"教学模式"具体，易于教师在一定的教学模式下进行个性化建构，在学习、实践、探索的过程中实现专业成长。

关键词 以学习为中心 主问题 – 板块教学 教学样式

一、研究的缘起

近几年来，我校语文学科一直致力于阅读教学"问题教学法"的研究。"问题教学法"已经成为我们学科主要的教学法，并且卓有成效。同时，又不同程度地存在着一些问题，主要有两个：（1）问题缺乏主次。有的教师，特别是初入教坛的年轻教师，所设置的"问题"往往缺乏主次，把握不准教学主线，抓不住文章的重点，突不破文章的难点，品不透文章的妙点，不能"用问题"引导学生深度学习，一些繁杂零碎的问题、随意的连问、简单的追问和习惯性的碎问时有所见。（2）问题缺乏张力。问题设计存在着"教材化"倾向，不能促进学生充分展现自己的心智过程，在教学过程中，也很少有对问题解决的方法、思路进行启发与点拨，更无暇顾及学生在探索问题过程中的情感体验，不能"以问题解决"较好地提升学生的语文素养。为此，我们一直寻求着语文"问题教学法"的突破。

在寻求过程中，我们注意到了全国著名特级教师余映潮老师提出的"主问题"教学理论及其实践。于是，我们学习了《余映潮的中学语文教学主张》《简说"板块式"教学思路》等论著，还学习了王世发老师的《"主问题"设计角度的多元化》、杨晓梅老师的《"主问题"设计，让课堂熠熠生辉》、邵军老师的《一瓶一钵足也——试谈语文阅读教学中的"主问题"设计》、蒋炜老师的《主问题设计——阅读教学内容预设和生成的关键点》。

在此基础上，我们进一步学习研究国内外一些先进的教学理论及其实践经验，特别关注到课堂教学新样态的研究。美国学者霍尔特和凯斯尔卡在《教学样式：优化学生学习的策略》专著中提出：在课堂中，教学内容经常通过课本和教师建议的样式来组织，教师根据自己组织内容、呈现内容的样式组织课堂，学生也逐渐形成自己思考、组织和学习的样式。教学样式既不同于教学案例，也不同于教学模式，但是又与教学案例和教学模式有着密切的关系。它比教学模式具体，易于教师在一定的教学模式下进行个性化建构，在学习、实践、探索的过程中实现专业成长。在国内，上海教科院杨四耕先生主编的由华东师范大学出版社出版的课堂教学新样态丛书，其中有一部分很有价值的实践案例。张祥老师在《学为中心的课堂实践的三种样态》中指出："学为中心"的课堂，是相信学生的自主学习潜能、充分激发学生学习能动性的课堂。实现从传统的"教为中心"课堂到"学为中心"课堂的转型是课堂教学的一项革命。一般地说，有三种样态，即基于学生问题学习、基于学生协同学习、基于学科本质学习。于蔚华在《东北师范大学》上的硕士论文《富有生命活力的课堂教学样态探究》，从生命哲学的层面上全面论述了富有生命活力的课堂教学样态的创建的相关问题。

通过上述文献的学习，我们有了一个清晰的思路：解决我们在"问题教学法"中遇到的问题和困惑，其关键在于设计好"主问题"，并以"主问题解决"为"教学板块"，建构阅读"教学样式"。鉴于上述两方面的思考，我们设计了这一课题，力图能解决好"问题教学法"中存在的问题，期望能有所突破。

本课题研究的前期起始于 2011 年的"高中语义问题教学法"校内专题研究，到 2014 年进入"主问题的设计与运用"的课题研究，逐步提升到 2016 年启动"主问题－板块教学样式"的课题研究，到 2019 年 11 月完成。

课题研究没有重要变更，只是由于学校正在由普通高中转型为国际学校，课题组成员有所减少。

二、核心概念界定、研究的理论与实践意义研究的学术价值和应用价值

（一）核心概念界定

1. 以学习为中心

准确地说是"以学生学习为中心"或"以学习者为中心"。查阅当前的有关文献，频率最高的词为"以学习为中心"，本课题亦采用"以学习为中心"。本课题拟用这一概念统领课题研究，旨在探索"教为中心"到"学为中心"的课堂转型。

2. 主问题

语文阅读教学中的主问题是按阅读文本在教学情境下的核心知识、完成本阅读教学主要任务而设计的引导学生有效学习并随学习的深入而不断生成的**主线问题**或**主干问题**。

"主问题"从正面直接指向课堂教学目标的达成，具有"牵一发而动全身"的教学价值，既要具有吸引学生参与的牵引力，具有在教学过程方面形成一个教学板块的支撑力，又要具有在课堂活动方面让学生共同参与、广泛交流的凝聚力。

"主问题"是相对课堂教学中那些偏离教学目标的缺乏教学价值的问题以及零散的、短暂的、浅层次的问答式提问而言的。

相对于主问题的次生问题，与"主问题"之间构成辅助关系，本项目中称之为"辅问题"；"主问题＋辅问题"构成"问题链"。

3. 板块教学

主问题板块指教学过程中以"主问题解决"为一个教学"板块"。"主问题""板块"指向：（1）凸显"问题解决"，减少无效提问、无用提问，制约无序的、随意的、零散的问答，形成较为完整的"问题解决"教学板块；（2）凸显"一课一得，得得相连"的教学理念，避免教师什么都教，学生什么都没有学好的状况，形成学生深度学习状态；（3）凸显学生的学，改善教师滔滔不绝泛泛讲解的教学模态，形成"对话"式（与文本对话、生生对话、师生对话）教学样式。

4.教学样式

教学样式是教师在实施教学模式的基础上思考教学预设与课堂生成的一种方法和工具。美国学者霍尔特和凯斯尔卡在《教学样式》专著中提出：在课堂中，教学内容经常通过课本和教师建议的样式来组织，教师根据自己组织内容、呈现内容的样式组织课堂，学生也逐渐形成自己思考、组织和学习的样式。教学样式既不同于教学案例，也不同于教学模式，但是又与教学案例和教学模式有着密切的关系。它比教学模式具体，易于教师在一定的教学模式下进行个性化建构，在学习、实践、探索的过程中实现专业成长。

（二）研究的理论意义

湖北省特级教师余映潮老师在语文教学设计方面，首次提出"'主问题'设计"及其"板块教学"的概念，并在理论研究和实践探索上取得一定进展。

本课题试图在以往"主问题"教学设计实践研究的基础上，立足于问题教学理论，以建构主义学习理论为指导，借鉴以往正反两方面的经验和教训，对"主问题－板块教学"在语文新课改基本理念中的价值意义进行探讨，在我校高一高二两个年级积极开展校本教学研讨、课堂教学实验研究以及课例分析研究，创新基于培育核心素养的课堂教学新样态，能够具体地体现课程标准提出的基本理念，具有一定的理论意义。

（三）研究的学术价值

课堂教学样态（形态）的研究是近几年来一个新的研究范畴。建构"以学习为中心"的课堂教学新样态，好多学校都在做，但是系统的研究成果尚未见到。美国霍尔特和凯斯尔卡在《教学样式》专著中概括出三种教学样式，即以教师为中心的教学样式、以教师－学生互动的教学样式、以学生为中心的教学样式。本课题意图探索"以学生为中心"的教师与学生互动的教学样式，具有一定的学术价值。

（四）研究的应用价值及实践意义

本项目将研究与实践结合进行，着力改变目前浅尝辄止、浮光掠影式的阅读教学弊端，从而优化问题教学法，有助于改变语文教学"少、费、慢、差"的状况，提高阅读教学的有效率，进而提高语文教学的质量。

三、文献研究述评

"主问题－板块教学"研究文献。国外对"问题教学法"的研究由来已久，并且已经形成了较为完整的理论体系。但对于语文阅读教学方面的问题教学法的研究，虽也有很多值得借鉴的研究成果，但系统的研究并不多见，而对于阅读教学"主问题板块教学样式"的研究尚未见到。我们需要学习的有美国教育学家杜威在20世纪初所倡导的"问题教学法"、美国心理学家布鲁纳于20世纪60年代提出的"问题教学法"，还有苏联教学论专家马赫穆托夫的两部著作《问题教学的理论和实践》（1972）、《问题教学基本理论问题》（1975）。

在国内，全国著名特级教师余映潮老师首先提出了"主问题"及其"板块教学"这两个概念，并致力于"主问题"设计的系统研究和推广。他指出："所谓主问题，是相对于课堂上随意的连问、简单的追问和习惯性的碎问而言的。它指的是语文研读教学中能'牵一发而动全身'的重要的提问或问题。"他又说："'板块式思路'，指的是在一节课或一篇课文的教学中，从不同的角度有序地安排几次呈'块'状分布的教学内容或教学活动，即教学的内容、教学的过程呈板块状分布排列。"他的有关主张及其具体办法见于《余映潮的中学语文教学主张》《简说"板块式"教学思路》等著述中。在余映潮老师的倡导下，"主问题"教学得到了广泛的研究和推广。易均在研究实践中提出："阅读教学中的主问题，是指对课文阅读教学过程能起主导作用、起支撑作用，能从整体参与性上引领学生深入阅读文本，引发学生思考、讨论、理解、品析、创造的核心提问或问题。"我们还能见到的有王世发《"主问题"设计角度的多元化》、杨晓梅《"主问题"设计，让课堂熠熠生辉》、邵军《一瓶一钵足也——试谈语文阅读教学中的"主问题"设计》、蒋炜《主问题设计——阅读教学内容预设和生成的关键点》。这些研究为我们提供了很好的资源。有人认为余映潮老师的问题设计仅仅着眼于更好地进行教学"板块"的组织，"工具性"倾向严重，如钟炎曾在"教育在线"论坛上指出："反观余映潮先生的语文课堂教学，学生自始至终都受到教学'板块'的严格控制，学生自己不能去发现问题，提出问题，更不能对教材和教师说半个'不'字。充其量只是'我喜欢……'之类的浅层交流，而听不到'为什么……'等具有怀疑精神和批判意识的声音。"但瑕不掩瑜，余映潮老师在大江南北带动了一大批语文教师在研究教材、找准线索以及考虑如何指导学生阅读，形成生动活泼的立体式双向交流的课堂教学结构，增大课堂教学容量，提高课堂效率，从而在语文阅读教学设计上取得了良好的教学效果。

"以学习为中心的教学样式"研究文献。课堂教学样态（形态）的研究是近几年来一个新的研究范畴，建构"以学习为中心"的课堂教学新样态，好多学校都在做，但是系统的研究成果尚未见到。美国学者霍尔特和凯斯尔卡在《教学样式》专著中概括出三种教学样式，即以教师为中心的教学样式、以教师－学生互动的教学样式、以学生为中心的教学样式。霍尔特和凯斯尔卡在《教学样式：优化学生学习的策略》专著中提出：在课堂中，教学内容经常通过课本和教师建议的样式来组织，教师根据自己组织内容、呈现内容的样式组织课堂，学生也逐渐形成自己思考、组织和学习的样式。教学样式既不同于教学案例，也不同于教学模式，但是又与教学案例和教学模式有着密切的关系。它比教学模式具体，易于教师在一定的教学模式下进行个性化建构，在学习、实践、探索的过程中实现专业成长。在国内，上海教科院杨四耕先生主编的由华东师范大学出版社出版的课堂教学新样态丛书，其中有一部分很有价值的实践案例。张祥老师在《学为中心的课堂实践的三种样态》中指出："学为中心"的课堂，是相信学生的自主学习潜能，充分激发学生学习能动性的课堂。实现从传统的"教为中心"课堂到"学为中心"课堂的转型是课堂教学的一项革命。一般地说，有三种样态，即基于学生问题学习、基于学生协同学习、基于学科本质学习。于蔚华在《东北师范大学》上的硕士论文《富有生命活力的课堂教学样态探究》，从生命哲学的层面上全面论述了富有生命活力的课堂教学样态的创建的相关问题。

四、研究的主要内容

（一）研究内容

1. 研究和进行"主问题"设计。在学习即新修订课程标准的基础上，在研讨语文核心素养培育的过程中，对"主问题"设计的理念、原则、思路进行研究和提炼。

2. 研究"主问题"与"辅问题"配合策略。研究如何按"主问题＋辅问题"构成"问题链"。

3. 研究"主问题"的运用。在"主问题"及其"辅问题"设计的基础上，围绕"主问题"运用的价值取向、实施策略、教学流程进行行动研究，构建"'主问题－板块'教学样式"。

4. 提炼和整理"'主问题－板块'教学样式"优秀课例。按实用类文本阅读理解、论述类文本阅读理解、文学类文本阅读理解和文言文阅读理解、古诗词阅读鉴赏逐一进行"'主问题－板块'教学样式"的专题研究，并积累、提炼和整理优秀课例。

（二）拟解决的问题

1. 拟用"主问题"和"板块教学"去消减阅读教学中的那些无教学价值的零散"问题"，优化语文"问题教学法"。

2. 拟用"主问题"从正面直接指向课堂教学目标的达成，并切入语文"核心素养"，发展学生独立阅读的能力，有效地培育学生的语文素养。

（三）研究的方法

1. 文献研究法

重点学习研究了 [美] 霍尔特和凯斯尔卡的《教学样式：优化学生学习的策略》以及《余映潮的中学语文教学主张》和余映潮《简说"板块式"教学思路》，提高了认识，更新了观念，确保本项目的研究实现应用与创新的统一。

2. 案例研究法

收集了近年来国内优秀教师运用"主问题"教学的优秀案例，进行学习研究，并在实践中借鉴。如，郑桂华、王荣生主编的《语文教育研究大系·中学教学卷》，于漪、刘远主编的《邓彤老师讲语文》等。

3. 课例研究法

课题组开展"'主问题－板块'教学"课例研究。有计划、有步骤地分年级、分文体上研究课，深入进行专题研究。

4. 经验总结法

对教育实践进行反思、评价，总结经验。

（四）研究思路和技术路线

本课题的研究思路为：

学习引领—整体建构—多端切入—全面推进—系统提升。

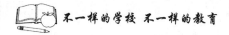

课题展开路线图

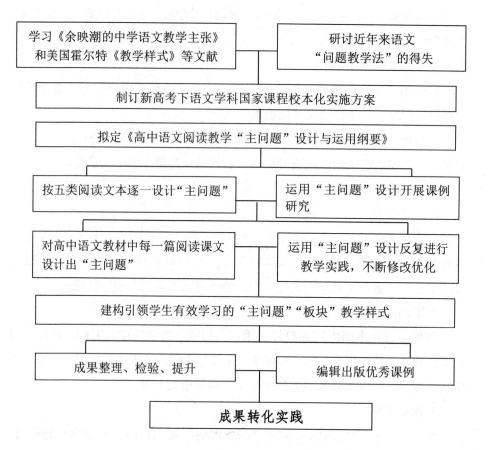

五、研究的主要过程

本课题研究的前期起始于 2011 年的"高中语文问题教学法"校内专题研究，到 2014 年进入"主问题的设计与运用"的课题研究，逐步提升到 2016 年"主问题 – 板块教学样式"的课题研究，到 2019 年 11 月完成。

直接进行"主问题 – 板块教学样式"的课题研究经历了三年，大致有三个阶段：

（一）研究准备阶段（2016 年 9 月—2017 年 2 月）

1.学习阅读[美]霍尔特、凯斯尔卡的《教学样式：优化学生学习的策略》《余映潮的中学语文教学主张》，余映潮《简说"板块式"教学思路》《这样教语文——余映潮创新教学设计 40 篇》等论著，理解"主问题"的概念、内涵、要素、特征、功能等，研究余映潮"主问题"设计的精品课例，把握"主问题"

设计和运用的一般原则，理清建构"'主问题－板块'教学样式"的基本思路。

2.通过集体研讨，拟定《高中语文阅读教学"主问题－板块"教学样式探索纲要》

（二）行动研究阶段（2017年3月—2019年7月）

按照《高中语文阅读教学"主问题－板块"教学样式探索纲要》分年级、分文体上专题研究课，其中高一年级侧重研究文学作品（小说和散文）阅读教学"主问题－板块"教学样式设计和运用策略，高二年级侧重研究古诗文阅读教学"主问题－板块"教学样式设计和运用策略，高三年级侧重研究实用类文本和论述类文本"主问题－板块"教学样式设计和运用策略。研究课主要采用"同课异构"和"异课同构"两种形式。

（三）系统提升阶段（2019年9月—2019年11月）

总结提炼出"主问题－板块"教学样式设计和运用策略，撰写研究报告。

六、研究的主要成果

（一）拟定了《高中语文阅读教学"主问题－板块"教学样式探索纲要》

该纲要对"主问题"和"板块"设计及其运用的一般原则和方法做出了明晰的阐述和规定，具有一定的理论指导性；同时对本课题研究的步骤做出了详细的安排，是一个操作性、实效性比较强的实施方案。对我校的语文教学具有重要的指导作用，对同类学校具有借鉴价值。

（二）总结了"主问题－板块"教学样式设计即运用的一般原则和具体策略

课题组通过近三年的实践研究，总结出"主问题－板块"设计的五个原则，即针对性原则、层次性原则、启发性原则、适量性原则、创新性原则。从紧扣教材和贴近学生两个维度，提炼出"主问题－板块"设计的八个具体策略，即深研教材设计主问题、多方整合设计主问题、善于比较设计主问题、推敲细节设计主问题、从"疑惑点"设计主问题、抓"兴奋点"设计主问题、抓"关注点"设计主问题、从留下思维"空白点"设计主问题。

（三）构建出不同文本类型的"主问题－板块"教学样式

针对论述类文本、文学类文本、实用类文本、文言文、古典诗歌五大阅读文本，课题组采用"同课异构"和"异课同构"两种形式开展实践研究，摸索出不同类型阅读文本教学的一般流程。具体如下：

论述类文本：新课导入→板块一：自读讨论——辨析文章的基本概念→

板块二：导读梳理——把握文章的论证思路→板块三：精读仿练——借鉴文章的论证方式→课堂小结→布置作业。

文学类文本：情境创设→预习环节——走进文本，整体感知→研读环节——融入文本，合作探究→练习环节——跳出文本，迁移应用。

实用类文本（传记）：情境导入（问题式）→第一板块：整体感知——传主的经历→第二板块：分析概括——传主的形象→第三板块：鉴赏评价——刻画传主的方法→第四板块：综合探究——传主的启示→课堂结束语（问题式）。

文言文：新课导入→板块一：自读积累——疏通文意，分类整理文言词语→板块二：导读理解——梳理文脉，概括文章主要内容→板块三：品读鉴赏——揣摩文章的语言特色→课堂小结→布置作业。

古典诗歌：环节一：知人论世，了解背景→环节二：诵读感悟，把握基调→环节三：披文入情，合作质疑→环节四：比较鉴赏，拓展迁移。

（四）积累了30来份"主问题－板块"教学样式的优秀课例

潘志伟老师的课例：《月夜》《登高》《囚绿记》《过秦论》《拿来主义》《等待散场》《在哈金森工厂》《明史·韩文传》《荷塘月色》《甘地被刺》《定风波》《米洛斯的维纳斯》《高三文言断句》《高三文言文"猜读法"解题指导》《分析"物象"在小说中的作用》等。

王仲岳老师的课例：《书愤》《雨巷》。

朱丽华老师的课例：《鸿门宴》《游褒禅山记》。

蒙有良老师的课例：《汉语，请别让我为你哭泣》《陈情表》《劝学》。

陈红老师的课例：《月夜》和《望月怀远》比较鉴赏，《明史·韩文传》《高三文言断句》。

王鸥老师的课例：《登岳阳楼》《定风波》《明史·韩文传》《高三文言断句》。

李桂华老师的课例：《游褒禅山记》《书愤》。

朱俊华老师的课例：《游褒禅山记》《书愤》。

（五）撰写了若干篇高质量的研究笔记（研究论文）

朱丽华老师：

1.《文言文教学中的"主问题"与"板块"要重在落实——〈鸿门宴〉教学断想》（发表于《深圳教学研究》）

王仲岳老师：

2.《语文教学"主问题"设计角度之浅见》

3.《"牵一发而动全身"的教学样式的魅力——〈书愤〉教学思考》

4.《以"主问题"与"板块"翻新教学程序》（发表于《深圳教学研究》）

潘志伟老师：

5.《用"主问题"板块教学，促成学生深度学习的态势——以〈在哈金森工厂〉为例》

6.《世俗的反叛：教学自觉与教学自信——"以学为中心"的教学样式探索一例》

7.《聚焦逻辑思维，巧设主问题——以〈拿来主义〉为例》

8.《师生共享"问题之花"的美》（发表于《深圳教学研究》）

9.《问题导学，以学定教——〈等待散场〉课例研究》

10.《"问题教学法"初探——〈月夜〉课例研究报告》

11.《"问题教学法"再探——以〈咏物诗三首〉为例》

12.《师生共享"问题之花"的美》

13.《自然生成的别样的主问题板块教学样式——〈荷塘月色〉教学一得》

14.《体验式"主问题""板块"教学样式的尝试——高三文言阅读训练课中尝试学生自主命题的冷思考》

15.《按"板块"学文本结构，设"主问题"探究特色——关于〈甘地被刺〉的教学反思》

蒙有良老师：

16.《激趣与设疑齐飞　解疑共析文一色——用"主问题"引导学生逐层分析文本》

17.《让"主问题"成为解读文本的抓手——〈劝学〉研究笔记》

18.《用"主问题"引导学生在读透文本的基础上做出合理选择——《汉语，请别让我为你哭泣〉教学笔记》

陈红老师：

19.《"主问题"板块教学法的尝试与思考——以〈方山子传〉为例》

20.《"主问题"板块教学法的尝试和思考——以杜甫的〈月夜〉和〈望月怀远〉为例》

21.《"解"到"惑"处自会活跃》（发表于《深圳教学研究》）

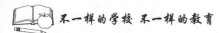

王鸥老师：

22.《用"主问题"培养学生分析概括文言的能力——以〈韩文传〉教学为例》

23.《遵循诗歌理解规律，建构"主问题板块"教学样式——〈定风波〉课例研究笔记》

24.《用"主问题"培养学生古典诗歌阅读理解的能力——〈登岳阳楼〉教学笔记》

李桂华老师：

25.《牵一发而动全身——关于〈书愤〉主问题教学的一点思考》

26.《用问题引导学生深入解读文本》

朱俊华老师：

27.《抓住文体特征设计"主问题"——〈游褒禅山记〉课例研究笔记》

28.《一线串珠学古诗——〈书愤〉主问题教学课例反思》（发表于《深圳教学研究》）

七、研究的实践成果

整体提升了我校高考语文成绩。如表：

届别	高考语文均分
2011 届	86.6
2012 届	79.28
2013 届	86.09
2014 届	87.89
2015 届	87.80
2016 届	84.78
2017 届	92.42
2018 届	92.83

近两届我校高考语文成绩取得历史性突破，首次超过广东省平均水平。

八、研究的社会影响

1. 2017 年 2 月 23 日下午，在梅林中学召开的全区初、高中语文科组长会议上，语文组潘志伟老师做典型发言，介绍了我校语文教学转变教与学方式的具体做法，受到了与会老师的一致好评。

2. 2017年3月23日下午，福田区高三语文复习研讨及"深一模"质量分析会在我校召开。福田区教科院胡立根教研员、全区各高中语文科组长及高三语文老师共80多人参加了此次会议。语文组潘志伟老师执教的《分析"物象"在小说中的作用》，得到了区教研员的高度评价，受到了同行的一致好评，这节课为全区高中语文教学"教与学方式的转变"起到了很好的示范作用。

九、研究的结论与思考

（一）研究的结论

1. 阅读教学的"主问题"能够从正面直接指向课堂教学目标的达成，具有"牵一发而动全身"的教学价值，是突破高中语文阅读教学瓶颈的有效策略。

2. "主问题"设计要牢固把握"紧扣文本"和"贴近学生"两个维度；"主问题"是对应"辅问题"而存在的，应该建构"主问题 + 辅问题"链。

3. 以"主问题解决"为一个教学"板块"，既具有吸引学生参与的牵引力，具有在教学过程方面形成一个教学板块的支撑力，又具有在课堂活动方面让学生共同参与、广泛交流的凝聚力，能够较好地贯彻"以学生学习为中心"的核心理念。

4. "教学样式"比"教学模式"具体，易于教师在一定的教学模式下进行个性化建构，在学习、实践、探索的过程中实现专业成长。

（二）主要创新

1. 本课题将"主问题"的设计和运用结合起来进行实践研究，以"主问题解决"为一个教学"板块"，在课堂教学中着力构建"主问题板块教学样式"。这种教学样式既具有吸引学生参与的牵引力，教学过程层级推进的支撑力，又具有在课堂活动方面让学生共同参与、广泛交流的凝聚力。这是本课题的第一个创新之处。

2. "教学样式"比"教学模式"具体，易于教师在一定的教学模式下进行个性化建构，在学习、实践、探索的过程中实现专业成长。这又是一个创新之处。

十、思考与展望

（一）问题设计如何以学生学习为中心

无论是"主问题"还是"辅问题"都应该"以学生学习为中心"，这样的"问题"该怎样设计？问题的症结何在？那就是处理好两个关系：一是处理好"预设"与"生成"的关系；二是处理好教师"提出问题"与学生"提出问题"的关系。

大量的事实表明，教学中的问题基本上都是教师"预设"出来的，教学过程中"生成"出来的问题真的还不多；更为突出的是"问题"基本上都是教师提出来的，而不是现实提出来的。这个问题该怎么解决？有人说，课堂教学是"双主体"，"问题"也应该是"双主体问题"，即是说，教学"问题"应该是教师提出问题与学生提出问题相结合。这样，教师提出问题，一要切中教材的核心知识及其核心素养，具有"牵一发而动全身"的教学价值，二要撬动学生思维，具有"一石激起千层浪"的思维价值，同时，教师应该激发学生提出问题，并互动解决问题。这样的教学问题方才能够体现"以学生的学习为中心"。

（二）"板块教学"如何以学生为中心

本课题中所谓"主问题－板块"意指以"主问题解决"为"教学板块"，即将每一个"主问题"的解决过程构成一个"板块"。这里的关键是"问题解决"怎样解决？我们一直探索着教师与学生互动解决，但是理念与实际之间，往往存在着诸多意想不到的问题和困惑。这是我们需要长期面对的问题，并考验着我们的教学智慧。我们将因课制宜地表达探索。

（三）"主问题"与"辅问题"关系如何处理

"主问题"是对应"辅问题"而存在的，本课题在研究主、辅间的配合策略方面需加大力度。

（四）下一阶段研究如何推进

本课题研究期间，高中语文统编教材尚在修订中，因此，与新课程标准及其新教材的精神存在着自然的差距。基于"以学习为中心"及其"学习任务群"的"主问题－板块"教学样式的探索将是课题组未来研究的主攻方向。我们的研究尚需持续不断地进行，我们只是在路上。

参考文献

[1][美]霍尔特；凯斯尔卡.教学样式：优化学生学习的策略.华东师范大学出版社，2008.

[2]余映潮.中学语文教学主张.中国轻工业出版社，2012.

[3]余映潮.这样教语文.教育科学出版社，2012.

[4]安桂清.以学习为中心的课例研究模式的构建与实践[J].全球教育展望，2019（10）：100–102.

研究报告（六）

2016 年福田区教育科学规划课题

"微写作"路径及其策略初探

——"高中语文'微写作'研究"之研究报告

朱丽华

一、研究的缘起

随着计算机技术的快速发展，互联网的全面覆盖，以及手机、平板电脑等高智能设备的研发，生活中"微银行""微商""微赢购"等纷至沓来，文化上 QQ 空间、微博、微信接踵而至，便有了"微时代"的提法。至此，人类文化传播由印刷传播为主转型为印刷传播与电子传播并行的新阶段。与此同时，"微型写作"的说法被广泛应用，"微型小说""微型调查""微型剧本"等应运而生，《短论》《短评》《三言两语》等栏目在媒体上广为出现。在中等以上的校园里，学生们每天除了过着"教室—食堂—宿舍"三点一线的现实生活外，还在"微博、微信、QQ 空间"三位一体的虚拟世界中生活着。"微写作"便是他们在虚拟世界"交际共享"的基本方式，并以各种形式存在于学生们的生活之中。"微时代"正在开始改变我们的思维、改变我们的生活，甚至改变我们的写作方式。"微作文"进入了公众的视野，也进入了语文写作教学领域。对学生们这样的"微写作"加以指导，让"微写作"成为写作训练的新常态并纳入写作教学体系，便成为语文教育的题中应有之义。

在这样的背景下，2011 年，新浪微博平台举办"微写作"大赛，抹去了"型"字，"微写作"的名号真正问世。2014 年北京语文高考试卷的作文分为两部分：微写作 + 大作文，"微写作"新题型正式进入高考试卷。随之而来的"微写作"教学的研究便逐渐成为语文教育的一个研究热点。紧随这一形势，我们拟定了这一课题。

二、研究的应用价值

1. 现实的高中语文写作教学，教师有诸多困惑，学生有不少苦恼。2014年江苏省高考语文作文题目《不朽》出来后，网上有人戏称：最永垂不朽的是语文试卷上那句"题目自拟，体裁不限，诗歌除外，不少于800字"。这虽然是戏说之语，但的确也反映出很多学生对这种"不朽"要求的反感情绪。"微写作"以其篇幅短小、形式多样、贴近生活、行文自由等特点，能够消解写作教学中的一些弊端，赢得学生的兴趣。研究出一种有效的教学策略，可以在一定程度上改善语文写作教学"老大难"的状况，提高语文写作教学的质量。

2. 在"微时代"背景下，学生的写作事实上已在纸媒与网媒两个平台上进行，研究如何将"微写作"教学与真实的交际情境共通，如何将高考"微写作"的指导与日常"微写作"的指导双轨并行，如何建构"大作文"与"小作文"相辅相成的教学体系，形成系统的教学策略体系，不仅能够应对高考"双作文"的需要，而且能够适应时代的发展，还有助于学生的精神生长。

3. 当前，"微写作"及其教学的研究已经成为热点，但其角度大都指向"微写作"的概念、命题及其课程建构等宏观或中观的研究，还未来得及具体到教学策略上。而操作层面上的具体策略，是第一线的老师们的普遍需求。因此，本项目的研究贴近教学实践，指向教学需求，对于提高"微写作"的教学效果有一定的应用价值。

三、研究的主要内容

（一）铺设好"微写作"的路径，搭建好平台，为学生"微写作"创设好相关条件及其写作氛围。

（二）探索如何实现"微写作"教学与真实的交际情境共通，建构"微写作"的校本形态。

（三）建构"大作文"与"微文"相辅相成的状态，提升学生的写作水准。

（四）探索并提炼出具体的教学操作策略。

四、研究的方法

1. 文献研究法

搜集现有的与"微写作"有关的资料进行梳理，组织学习研讨，形成新的认知，确立新的理念，形成研究思路。

2. 行动研究法

按计划拟出系列专题，先对专题进行理论建构，然后进行教学实践，总结教学经验。在研究中行动，在行动中研究。

3. 案例研究法

搜集别人的"微写作"教学案例，整理课题组教师的教学案例，为本研究提供现实依据和参照。

4. 经验总结法

对教育实践进行反思、评价，总结经验。

五、研究的主要过程

研究周期：2016 年 11 月—2019 年 4 月

（一）研究准备（2016 年 9 月—2016 年 12 月）

1. 调查研究。

2. 文献搜集学习。

（二）整体建构（2016 年 12 月）

1. 专家指导。

2. 制订规划。

（三）分步推进（2017 年 1 月—2018 年 12 月）

1. 搭建"微写作"的路径及其平台。

2. 逐步营造"微写作"各个平台上的写作氛围。

3. 探索提炼"微写作"具体的教学策略，如语篇交相训练策略、写作样式分类指导策略、阅读和生活凝练表达策略、互动展示评改策略。

（四）系统提升（2019 年 1 月—2019 年 4 月）

1. 对研究成果进行系统化加工。

2. 撰写研究报告。

3. 结题。

六、研究的主要成果

（一）初步形成了"微写作"的五个校本路径及其策略

1. 课内阅读"嵌入式微写作"路径及其策略

在课内阅读教学的过程中，以阅读文本为资源，适当"嵌入"微写作。

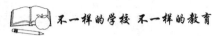

写作形式主要有三种：

1）语段仿构：

选取文本中精美而深刻的文句或文段即兴写作。

2）语段续写：

一是给定上句续写下句；二是续写文章的结尾。

3）命题创写

从课文及诗词当中撷取一两个词，要求以此为主题进行独立创作。

教学环节为：

课堂激趣—课堂推演—限时写作—当堂展示—师生修改。

示例一：仿写语句

题目：请参照下面材料中画线的部分，另选我国两位古代诗人的名句，仿写句子，要求结构一致。

生活是什么？每个人都有不同的理解。<u>陶渊明说，生活是"采菊东篱下，悠然见南山"的恬静</u>。

环节1：预热激趣。抽一生朗读发问（生活是什么？），其他学生齐答（每个人都有不同的理解）；老师读（陶渊明说，生活是"采菊东篱下，悠然见南山"的恬静）。反复两遍，让学生思考或接着回答。

环节2：课堂推演。学生在落笔之前，首先要牢记所填写句子的内容来源于文本，需从上下文中去寻找关键词或提示语，去提炼概括中心语；其次要搞清楚所填句子与上下文的关系，是引领下文，是总结上文，还是上下文中间的过渡衔接等。在认真分析文本的基础上，加以合理推导才能完成。

环节3：相似联想。陶渊明——李白、杜甫、白居易、李商隐、苏东坡、辛弃疾、文天祥等。

环节4：限时仿写、当堂展示：以幻灯片的方式展示、师生共同修改。

　　学生仿习选一：

　　生活是什么？每个人都有不同的理解。陶渊明说：生活是"采菊东篱下，悠然见南山"的恬静；白居易说：生活是"更待菊黄家酿熟，共君一醉一陶然"的闲适；李白说：生活是"天生我材必有用，千金散尽还复来"的自信。

学生仿写选二：

生活是什么？每个人都有不同的理解。辛弃疾说：生活是"最喜小儿无赖，溪头卧剥莲蓬"的闲适；苏东坡说：生活是"人有悲欢离合，月有阴晴圆缺"的豁达。

学生仿写选三：

生活是什么？每个人都有不同的理解。文天祥说：生活是"人生自古谁无死，留取丹心照汗青"的大气；杜少陵说：生活是"安得广厦千万间，大庇天下寒士俱欢颜"的慷慨。

示例二：命题创写

从课文及诗词当中撷取一两个词，要求以此为主题来进行独立创作，字数和文体都不限。通过这样的创作，使课文的内容镶嵌进学生的头脑同时转化为活生生的作文素材，既达到了阅读与写作紧密结合的作用，又活化了教材的内容，吸吐有了渠道，写作也就不在话下了。

如题（1）：学了《青玉案·元夕》，请以"那人"为题写一段含义隽永的文字。

学生创写选：

有谁能在朝不保夕屋漏偏逢连夜雨时还能想安得广厦千万间的百姓呢？唯有那人，杜甫。

有谁能在时代的滚滚洪流中镇定地保持住自己的品德呢？唯有那人，雷锋。

滚滚红尘，熙熙攘攘皆为利来，有谁肯为他人、社会放弃自己的利益呢？唯有那人，孔繁森。

如题（2）：学了《将进酒》，请以"君不见"为题写一段文字。

学生创写选一：高二（4）班　张宇龙

君不见，街喧闹，人过往，切记曾相识，不为少年留。

君不见，风过处，百花残，心有意，爱无伤。

君不见，国有难，千里孤城，英雄泪，只为江山，万里山河。

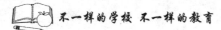

君不见，落黄昏，三更雨，临行密密缝，别离丝丝苦。

君不见，马行处，雪无痕，相见难，别亦难。

君不见，一落红，一枯叶，落红离弦去，从此两难聚。

君不见，碧天阔，白云散，大雁南飞去，众里离她去。

君不见，挽金弓，如满月，将军百战死，壮士十年归。

君不见，人离合，月圆缺，花开花又谢，只愿再相见。

君不见，恨悠悠，几时休，爱轻轻，随风行。

君不见，凝霜夜，幽香梦，枕边人赴烽火，吹起一帘牵挂。

君不见，锁愁眉，哭断肠，待到佳期如梦，梦里寻他而去。

学生创写选二：高二（4）班　周彬灵

君不见，桃花开，画江南春色满；

君不见，桃花红，映篱外故人颜；

君不见，桃花舞，晕纸伞白衣沾；

君不见，桃花酿，踏歌剑挽留年；

君不见，桃花醉，共逍遥江湖远。

君不见，江南春，当飞花迷人眼；

君不见，江南雨，掩楼台湿青衫；

君不见，江南忆，满庭芳提笔难；

君不见，江南梦，执酒饮桃花艳；

君不见，红映红，托起千倾碧水蓝。

如题（3）：借鉴《永遇乐·京口北固亭怀古》中"想当年"的写法，写出 10 个语意连贯的排比句。

学生创写选一：

想当年，我走过杨柳依依，春风雨露，不屑。

想当年，我走过稀疏倩影，荷塘月色，不觉。

想当年，我走过玉泉夜月，金秋时节，不怕。

想当年，我走过白雪皑皑，寒冬蜡梅，不惧。

想当年，我走过了朦胧三年，又叹起了青葱岁月。

想当年，我挥霍了无限春光，又忆起了年少轻狂。

转眼间，你的微笑，你的回眸，你的哀怨。

你的期盼，我的未来，碾碎在我迷惘的眼眸中。

现如今，唯剩朝思暮想忆不尽的悔……

学生创写选二：

想当年，北方的秋，来得清，来得静，来得悲凉。

想当年，北方的秋，在一椽破屋里都表现得淋漓尽致。

想当年，北方的槐树，在清晨铺下满地的落蕊。

想当年，北方的秋，总响着秋蝉衰弱的残声。

想当年，北方的秋雨，下得奇，下得有味，下得像样。

想当年，北方的果树，到秋来，也是一场奇景。

想当年，北方的秋就像白干一样烈，像馍馍一样有味，像骆驼一样跋涉长久。

想当年，对于秋，总是有着别样的深情与萧索。

想当年，秋的色，秋的意境与姿态，总萦绕在我心怀。

想当年，若能留住北国的秋，我愿把寿命的三分之二折去，换得一个三分之一的零头。

而此刻的我，却在南方独等一场北国的秋。

2. 课外阅读"浸润式微写作"路径及其策略

我们把探索课外阅读与写作相结合作为课题研究的一个项目，旨在促进整本阅读和深度阅读。因此，我们布置的阅读后的活动有：读后展示；分享读书笔记；组织写作活动。

例如，在学生阅读完《巴黎圣母院》后，老师上了一堂读写课。

学习任务：再读一遍《巴黎圣母院》中《一滴眼泪换一滴水》（略），完成写作任务。

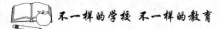

活动一：

阅读思考1：

说出你认为描写精彩或对你触动很深的语段，并试着说一说为什么。

阅读思考2：

通过以上的阅读思考，你觉得哪一个人物形象触动你最深？请结合相关情节谈谈理由。

限时阅读6分钟

活动二：观看视频6分钟（从卡西莫多被押上刑台到被释放）

活动三：写作（8分钟）

题目：下面两题，任选一个写作：

（1）通过以上的阅读和观赏，哪一个人物形象最能触动你？请结合相关情节谈谈理由。（150字左右）

（2）请从作品中选择一个形象，以"赞＿＿＿"或"叹＿＿＿"为题，写一首诗或一段抒情文字。（150字左右）

写作提示：

阅读的过程中做必要的圈点。比如，动作描写、语言描写、神态描写等细节描写，特别是对自己有触动的语句做好圈点批注。

学生习作选：

叹卡西莫多

上帝赐给他最丑的皮囊，却赠给他最美的心灵。他就是真善美的代表，在暗波汹涌的夜空，闪耀着微小而坚强的光芒。

叹，为了一口清泉之恩，从干净纯洁的天堂陷入无尽的深渊，地狱的恶鬼正虎视眈眈；叹，为了一丝缥缈遥远的情愫，奋力劈开污浊的海水，在黑暗的笼罩下，寻找立足在世界的蚌珠；终叹，风逝白骨，两不分离……

钟楼怪人，用自己的方式，向世界传递真善美的讯息，努力把假恶丑的一切融入岩浆。

高一（7）班 罗碧丹

叹埃斯梅拉达

你是那么的善良，当卡西莫多在烈日下受鞭刑时，只有你站出来给他水喝；你是那么的不屈，当克洛德为了得到你，用尽各种手段，哪怕是以死来威胁你，都不能使你屈服；你是那么的美丽，当你用自己动听的歌声、迷人的舞姿，在众人面前出现时，博得了所有人的掌声；你又是那么的天真，当你看到自己所爱的人身旁是另一个人时，你安慰自己看到的不是真的。可惜你这一生却爱错了人，你对他倾尽所有、真诚相待，而他却欺骗了你。我心疼你，却也生气你亲手葬送了自己如恒星般璀璨的青春及生命。

高一（7）班 李家仪

活动四：展示并互动点评。

【点评参考】（1）语言是否精练得体

（2）内容是否集中充实

（3）结构是否完整点题

（4）手法是否娴熟侧重

（5）主题是否突出鲜明

活动五：互动小结

微写作注意事项：

（1）审题：看清楚题目的具体要求。

（2）语言：语言要简洁得体快入题。

（3）结构：前后照应总分总末点题。

（4）表达：叙议抒说描等侧重一种。

（5）主题：积极健康不偏激不牢骚。

（6）创新：写作有创新有个性特点。

（7）经典：结合经典阅读提升写作。

课题组研讨结论：

（1）选择了适合学生成长阶段的经典名著。这次课程，之所以选择《巴黎圣母院》的节选片段《一滴眼泪换一滴水》是因为，除了阅读和写作上的问题之外，高一的学生女生化妆、男生染发等问题比较严重，这样的审美观无可厚非，只是作为学生其深层的心理原因，我想可能还是我们的学生太过浮躁，对于美丑的审视是不是可以更深刻一些。阅读《巴黎圣母院》，从中剖析人性，更好地理解真善美的含义。

（2）这样的微型写作训练有一定的创新和突破。利用"经典阅读"作为提高学生微写作能力的一个平台，说明了微写作不仅可以非常切合信息化的时代特点，也可以来源于跨越时空的具有历史性的经典著作，这在微型写作训练上有一定的创新和突破，并有助于推进学生整本阅读和深度阅读。

3. 生活情境"接地式微写作"路径及其策略

写生活，是微写作训练的重要途径。我们的每一位学生都有一本"微写作本"，有的叫日记、周记，有的随心取名，如《生活微写作》《生活如歌》《生活随笔》《成长之路》《十七岁的天空》等等。文体不限，内容接地，不拘一格，自由表达，感情率真。

对这样的生活微写作，老师一般采取三种方式加以指导：（1）老师评价、点评；（2）在自愿的前提下互动分享；（3）定期课堂展示。

举例如下：

（1）评价点评示例：

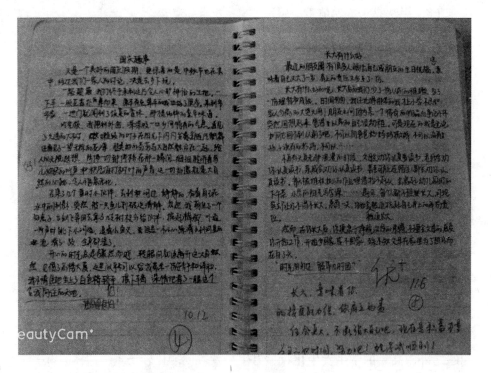

（2）微写作课件展示选文

逗 趣

吴龙雨

饭后，我和弟弟下象棋，弟弟总是不安分，趁我不注意就<u>换棋，或是偷棋或是挪棋</u>。因此我很不开心，在他上厕所时将他的帅移到我的左侧，刚好和我的将对立。当他出来时，却一眼看了出来。"你换我的棋了？""没有！"

我直接回答，但自己还是没忍住，笑了出来。后来经过两分钟的"精彩"大战后，我果断地将了他的军，本以为他会很惊讶地说，不服不服，再来一局。可是他却慢慢抬头，用骄傲的眼光带着点傲慢的微笑看着我，嘴角微微一动，慢慢地说："我帅死了。"之后庆祝的并不是我，而是他，模仿着迈克尔·杰克逊的太空步在地上来回蠕动，直至撞碎一个碗才安分下来。

"甬洗牙"

姚　惜

我奶奶家有个"甬洗牙"，她就是我的表妹彭喜雅。她今年八岁了，看上去就像幼儿园的小朋友。她有一双水灵灵的大眼睛，总是眨巴眨巴的，不管看见谁都是笑眯眯的。她说话总是咬字不清，逗得人捧腹大笑。有一次，老师布置的作业是让她在家里给家长做自我介绍。我们一家刚好回来，所以我们也一起来听她的自我介绍。她睁大眼睛看着纸上的字，高声朗读起来："大虾好，我是二年级一半的学生，我姓甬，叫洗牙，我的名字叫做甬洗牙，我喜欢亲哥小屋（听歌跳舞），还喜欢挂挂（画画），谢谢大虾。"刚说完，大家笑得嘴都合不拢了，我还根据她的自我介绍给她取了个小名——甬洗牙。

文字控

湘　少

我是一个文字控。空下来的时候，就会写一些奇怪的文字勾搭一下粉丝小伙伴什么的。写文是我最喜欢的事情，有一次吧，赶文赶了两天。这两天除了写文就是写文，可以不吃饭不洗澡不睡觉。嗯，"控"确实挺可怕的，但是如果喜欢，怎么可能说放弃就放弃呢？就这么一直"控"下去，也未尝不是一件好事。

音　控

姚　惜

我时常会去听广播剧、看动漫、听音乐等等，只是为了挖掘一些中耳的声音。我很喜欢艾索的声音，很可爱，不会感觉有什么瑕疵，她能很随意地变换自己的声线。我虽是一个音控，但也算是一个音痴，唱歌跑调，配音没法掌握感情。因为我们班很多人都会这样，所以，这也是我们班那时没能做出广播剧的原因，只做出了一个小视频记录了自己班而已。好的声音听了能提神入耳，坏的声音能清醒神志。我邻居每天晚上都在隔壁唱歌，每天晚上耳朵都要受尽折磨，我其实挺心疼自己耳朵的，一个音控去接受完全不在调上而且沙哑到无法形容的声音，真是有苦说不出。你说，我该不该用个棉球真的把耳朵控起来？不，不，人家听我的声音不也一样吗？！

人生惊喜，只剩快递
林凯怡

我清楚地记得昨天晚上和朋友吃烧烤，吃到很晚，回到家又玩游戏，玩到凌晨，澡都没洗就呼呼大睡。

就在早上七点时，一个电话吵醒了我。一开始我并没有接的意思，我转了个身继续睡。可这人却不死心，又打了第二遍。我生气地接通，大吼了一声，对面的小哥可能给吓到了，迟疑了几秒，说让我下去取个快递。"快递？"我有买什么东西吗？我想了想，对了！我新买的鞋子。那可是我求了爸爸好久才给买的，我立马说了声："好！"把电话挂掉，跳下了床。

用3分钟把牙刷了，脸洗了，穿了个外衣就从家往外跑。我飞快地下楼，心里美滋滋的。那个门口看到一个快递小哥站那儿。我走过去跟他说对不起，拿起签收的快递就跑回家。

一到家，我一拆快递，竟然是妈妈买的棉拖鞋。我当时就无语了，往后一扔，继续睡觉。

（3）互动分享示例：

家乡的建筑风格
张 易

我老家的建筑风格，可以用一个词表示——土里装阔。

因为我的老家那边并不算是一个富庶地带，而是一个相对贫穷的地方。而乡里人一般也没什么文化，都是正儿八经的农民。现在好了点，不过也没好到哪儿去，对他们来说，建筑风格什么的，没什么大用，建房子只要大，看起来豪华就足以满足他们的虚荣心。

老家啥没有，就是地多，在自家地上，盖起三四层高的所谓别墅。一家就那么几个人，还住几百甚至几千平方米的"小房子"。当然，对他们来说，房子永远都没人家大，一家接着一家比。有些人倾其一生，只做两件事，准备儿子结婚的彩礼和盖一栋比别人家高的小洋楼。

大门有凯旋门那么大，竖两根大柱子，柱子上刻着各种花纹，进了门，里面富丽堂皇，出了大门，外面黄泥满地。

老家的建筑风格应该就是那种浓浓的乡土味强行加上富有的气息，不免让人觉得尴尬。

评语：批判现实主义。

4. 自媒体"围炉式微写作"路径及其策略

微信、微博、QQ 平台等自媒体，是微写作"围炉""众享"的媒介。运用好自媒体开展微写作指导，是本课题探索的重要内容。课题组成员均在任课班级创建了这三个平台。

示例一："微时代微写作公众号"

示例二：三五煮酒间

三五煮酒间

呼群三五，
且共聚一隅，
煮字试笔，
诗书越年华！

已群发消息

星期二 08:06
发送完毕·

佳作展台|为人工智能正名
👁 12　♡ 4　💬 0

星期一 12:02
发送完毕·

已修改　佳作展台|智"惠"生活
👁 19　♡ 3　💬 2

05月28日
发送完毕·

读写时间关于龙应台的"野火"
👁 30　♡ 3　💬 1

04月24日
发送完毕·

读写时间关于经典传承
👁 54　♡ 7　💬 2

已群发消息

2017年11月29日
发送完毕·

遇见|那些码过的字之五
👁 51　♡ 7

2017年11月28日
发送完毕·

遇见|那些码过的字之四
👁 42　♡ 7

2017年11月26日
发送完毕·

遇见 | 那些码过的字之三
👁 41　♡ 8

2017年11月25日
发送完毕·

遇见|那些码过的字之二
👁 50　♡ 11

推广
广告主
流量主

统计
用户分析
图文分析
菜单分析
消息分析
接口分析
网页分析

设置

示例三：微博微写作截图选

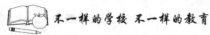

示例四：以老师姓名命名的微写作平台

福实5班蒙有良 ♂ **

鸿雁翔飞苍穹，也有低徊之时，希望在这个小小的空间里，留下我们的心迹！

我的主页　　　　　我的相册　　　　　管理中心

 福实5班蒙有良 🏅

2017-3-3 17:41 来自 微博 weibo.com

"花自飘零水自流，一种相思，两处闲愁。"，易安居士，我想伴你在西楼的冷月光华里，倾听你对你丈夫的无限思念；

　"春风桃李花开日，秋雨梧桐叶落时。"，香山居士，我想伴你走进唐代的华清宫里，体会你对玄宗贵妃爱情悲歌的无限感叹；

　"安能摧眉折腰事权贵，使我不得开心颜！"，青莲居士，我更想伴你飞到神奇瑰丽的天姥山上，读懂你不与权贵同流合污的无限豪情！ 收起全文 ∧

标签：〈 读懂诗人 〉✏

阅读 1281　推广　　｜　　☑ 转发　　　｜　　💬 3　　　｜　　👍 4

 福实5班蒙有良 🏅

2017-2-19 12:00 来自 微博 weibo.com

回复@玻璃的对岸-看不见你："每一屡阳光照射后，总会有阴影相伴而生，每一丝美好的背后，总会有不如人意的地方。"很有哲理的文字！

@福实5班蒙有良
当国外的小孩子准备长筒袜以待圣诞老人给他们送礼物的时候，我们中国的小孩子却在比谁收到的压岁钱多。于是，所有的孩子都对传统节日充满了期待。我想，在这被期待的日子里，国外父母是满满的欢喜，中国父母是沉沉的无奈。每当传统佳节，中国人会以家为圆心，以团聚为圆弧；而外国人则会以个人为圆心，以浪漫为圆弧。传统节日无调孰好孰坏，但风俗的导向却有积极与消极之分。让我们在取长补短之中，传承和汲取中外传统节日里的积极元素。
收起全文 ∧
2017-2-10 08:15 来自 微博 weibo.com　　　阅读 4473　☑ 3　｜　💬 17　｜ 👍 赞

阅读 1078　推广　　｜　　☑ 转发　　　｜　　💬 评论　　　｜　　👍 1

5. 教学运思"积水式微写作"路径及其策略

课题组教学指导的思路着眼于将微写作与大作文融通。以立意谋篇为主旨进行由微而大的训练是微写作的核心路径。每一个微写作路径我们都注意引向大作文，并注意与高考作文对接。这已经成为课题组微写作的教学运思。下面就上述四个路径各举一个案例。

案例1：课内阅读"嵌入式微写作"升华为大作文。

如自读课文《我有一个梦想》，老师先设计了一道微写作训练：仿照"只要……我们就……"的排比句式写一组排比句（原文略）。

学生仿写选一：

只要抬头无法观望到蓝天白云，我们就不会满足；

只要清新空气活动范围只有少部分，我们就不会满足；

只要还有将垃圾随地扔的，我们就不会满足；

只要花朵不能随处伸长，只要小草不能欢乐舞动，我们就不会满足。

不！我们现在并不满足，我们将来也不满足，除非教养和素质犹如江海波涛，汹涌澎湃，滚滚而来。

学生仿写选二：

只要中国古代服装仍然遭到青少年人群的不屑，我们就绝不会满足；

只要中国文物仍躺在国外的展厅里，我们就绝不会满足；

只要戏曲仍被当作老年人才看的艺术，我们就绝不会满足；

只要中国传统艺术仍被当作赚钱不多的行业，我们就绝不会满足。

不！我们现在并不满足，我们将来也不会满足，除非国粹能得到它应有的尊重和地位。

学生仿写选三：

> 只要整个戏曲行业仍然遭受青少年群体的冷眼不屑，我们就绝不会满足；
>
> 只要中国传统民间艺人不能在勤勤恳恳工作后解决温饱和在浮躁娱乐至上的市场找到一方净土，我们就绝不会满足；
>
> 只要传统艺术被冰冷的高科技无一例外地拉进黑名单，只要每一个工艺传承者无法得到平等的就业权和尊重，我们就绝不会满足；
>
> 只要传统工艺只是在考试范围内才得到关注，只有在艺术大师仙逝之后才泛起水花，我们就绝不会满足。
>
> 不，我们现在并不满足，我们将来也不满足，除非国粹得到宣传，关注传承者在青少年市场里有足够的储备。

这一仿写是当堂完成当堂展示的。在展示互动评价中，老师要求抓住一个重点：每一组排比句是否有一个中心思想，有一个好"立意"。然后，老师布置一道课后作文题：以"年轻人的社会担当"为主题，自主命题，写一篇 800 字的作文；要求在将仿写排比句按一个主题或立意修改后融入文章之中。

这一次的写作训练出现了不少颇有深度的好作文。

案例 2：课外阅读"浸润式微写作"升华为大作文

如上所述，老师选择《巴黎圣母院》的节选片段《一滴眼泪换一滴水》作为微写作训练。选这一片段的初衷，除了阅读和写作上需要之外，还考虑到高一女生化妆、男生染发等问题比较严重，这样的审美观无可厚非，只是作为学生其深层的心理原因，可能还是我们的学生太过浮躁，对于美丑的审视是不是可以更深刻一些。阅读《巴黎圣母院》，从中剖析人性，以促使学生更好地理解真善美的含义。基于这样的教学思路，老师设计的两道微写作题，其关键词一是"最能触动你"，二是"赞"与"叹"。很显然，这是触发学生心灵深处的阅读与写作构思。

同样，微写作是当堂完成当堂展示评价的，在这一过程中老师始终扣住"人性"的深处，引导学生反思自我。然后，布置了一道大作文题：以《××触动了我》为题，将微写作加工扩展为 800 字作文。学生写出的作文均在不同程度上触及自我灵魂。

案例3：生活情境"接地式微写作"升华为大作文

鉴于我校高三学生在写作议论文之时，难有逻辑与深度，因此借助微写作，设计分段作文训练，从"挖掘内在关联，明确行文脉络"的角度探索更适合学生提高议论文写作水平的方法，变成为我们的重点之一。

老师首先用当下爆红网络的"六小龄童体"（原材料略）来切入学习主题，引出本节课的复习目标：（1）学写议论性的微作文，逐步沉淀、结构成考场的优秀作文；（2）灵活挖掘关键词、分论点之间的内在逻辑，写出议论文论证分析的思维宽度和深度。

围绕这一目标，在讨论例文议论的逻辑思维的基础上，老师联系前一段时间微写作中存在的逻辑问题，着力让学生理解作文之中形成有机关联的重要性，同时熟悉高考作文评分标准的具体要求，让学生在比较打分中自行体会和理解。在此基础上，进行了一次实战演练：

据近期一项对来深圳大学生的调查，他们较为关注的"深圳关键词"有：邓小平画像、平安大厦、华强北、华为、腾讯、口岸、高交会、文博会、红树林、读书月、红马夹、城中村、深南大道、城市绿道、房价、深圳校服、女士优先车厢。

请从中选择两三个关键词来呈现你所认识的深圳，写一篇文章帮助外地大学生读懂深圳。要求选好关键词，使之形成有机的关联；选好角度，明确文体，自拟标题；不要套作，不得抄袭，不少于800字。

案例4：自媒体"围炉式微写作"升华为大作文

微信群写作平台，一般每期一个话题。像写"××控"的那一期，两班写啥的都有，"萝莉控""丝袜控""潮鞋控""文字控""整齐控""手机控"……老师展示了同学们的文章，并从写作技巧的角度进行了点评。

板书如下：

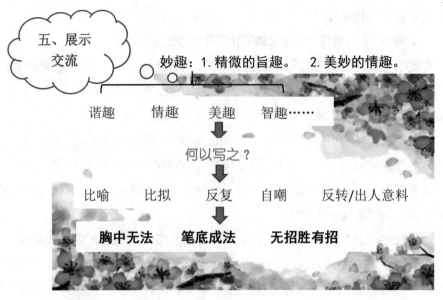

接着，老师提出：你能借鉴这些微文的"砖"，将自己的短文打磨出一块美玉吗？这次要写800字了。

结果，大部分作文都富有生活的真实，运用了一些技法，真的接近于"美玉"了。这样引导微型化写作训练跃升至写作手法、谋篇布局整体层面，从而提升了学生的整体写作水平。

需要说明的是，本课题研究只是一个基础性研究，因此重点是探索微写作与大作文相结合的写作教学新样态，而微写作中的诸如语篇交相训练策略、写作样式分类指导策略、阅读和生活凝练表达策略、互动展示评改策略等也都进行了相关的研究与实践。但非此次研究的重点，本报告不予赘述。

（二）学生积累了大量的微写作短文，总体上提高了写作水平

由于微写作在上述四个路径上铺开，便增加了学生的写作平台，写作的频率自然提高，写作的语段、短文、长文，可以说，大多数学生均可以整理出一个属于自己的文集。

粗略估计，无论拿同一位老师课题启动前后的任课班级进行纵向比较，还是与非微写作实验班做横向比较，学生写作训练的次数大约提高了20%。尽管无法量化，但是学生写作水平可以确定无疑提高了不少。更重要的是，课题研究开展以后，学生的写作兴趣不断增强、写作习惯逐步形成、写作素养不断提高。用学生的话来说，相当一部分同学产生了"文字控"，一有空就手痒地想写写。

（三）作文教学的模式实现了一定程度的转型

传统的作文教学大体上有三个特点：一是"序列化"训练，即有序列、有目标、有计划地指导学生写作；二是"全篇写作"，而且尚未完全做到两周一篇；三是写作媒介单一，只是簿本作文。"微写作"则改变了这样的写作模式，至少有四个转变：

1.写作载体从单一纸媒写作转变为纸媒与网媒两个平台。

2.写作训练从"大作文"转变为"微文"与"大作文"相辅相成的教学体系。

3.写作技巧的指导从高考作文"套路"的训练转变为"生活微写"与"高考作文"相对接的训练模式。

4.写作与评改方式从"学生写老师改"的基本方式转变为"师与生、生与生""围炉煮酒"式。

这样的转变适应了时代的发展，有助于学生的精神生长。

（四）积累了一定量的案例与论文

（略）

七、研究的结论与思考

1.微写作介入语文写作教学是时代的需要，也是改善和提升作文教学的必要路径。

2.纸媒与网媒两个平台相辅相成是突破高中写作教学瓶颈的有效举措。

3.按新修订的《普通高中语文课程标准》精神，其学习任务群必然包含写作任务，如何处理好阅读与写作的关系将成为我们下一步的研究课题。

4.由于课堂和校园禁带手机，自媒体写作受到时空的局限，如何安排和组织好学生休假日的微写作便成为语文教师的一个"两难"性工作。

研究报告（七）

福田区教育科学 2015 年度课题

题案教学法是适应基础薄弱高中生的有效策略

——"薄弱高中数学学科'四题一案反馈补偿'教学策略研究"之研究报告

胡柳军

一、研究的缘起

我校是一所生源基础薄弱的民办普通高中。近些年来中考总平均分仅为：456.25 分，如果折合为百分制同全市中考成绩做比较，我校绝大多数学生的成绩均在不及格的范围内。把我们的学生放在全国、全市范围内考量，就应该属于学习困难生。在学科教学领域内，创造适合这样的学生的有效教学，促进他们在各自的基础和潜力上获得最佳发展，便成为我们的教育责任。

面对这样的学生群体，我们的老师大致有三种困惑：

第一种：面对学生的困惑。大多数老师尽心尽力，精心准备，课堂上力求深入浅出、直观形象地表达数学知识，但学生或听不懂，或似乎听懂了但作业不会做，或作业尚能做出来，但考试却还是不会，或心不在焉，无心向学，厌学弃学。面对这种学情，不少老师对生源的埋怨情绪油然而生。

第二种：面对高考的困惑。我们的老师可以说真的做到了"一年高考三年抓"，但高考成绩虽然总在逐年提高之中，但总是难以突破，不尽如人意。因而，一种职业疲惫感乃至厌倦感或多或少地渐次滋生。

第三种：面对教材的困惑。国家教材是按照高中教育阶段应该达到的水准（即课程标准）编写的，面向的是全国大多数智力较好、基础较好的学生，我们的学生自然难以适应。为了适合我们的学生学习，我们的老师做了大量的整合及设计，但国家教材毕竟有自身的知识体系，"取舍"该怎么把握？"降低难度"该怎么降低？这是我们这样学校的老师天天都面对的一个课题，时时刻刻都困扰着我们，一种无奈感始终伴随着我们的教学生涯。

在上述情况下，我们的学生学得很苦，老师教得很累。在学校开展的全校性有效教学的近8年三轮课题研究中，我们数学科组一直在寻求解决这些问题的途径策略，有了一定的经验积累，已有了比较明晰的思路。因此申报这一课题，进行了三年规范性的深入研究与实践。

二、研究的应用价值

1. 本项目将研究与实践结合进行，构建适合基础薄弱高中生学习的数学学科内容体系和策略体系，创造了适合学生实际的"四题一案"教学，提高了数学教学质量。

2. 类似我校这样的民办高中，数学学科的教学普遍存在着"学生学得苦、老师教得累"的现象，构建教学内容的"校本化"和学习策略的"生本化"成为一个突破口。这一项目的研究成果将有助于为同类学校提供有益的经验。

三、研究的主要内容

1. 按照"课程标准、考试说明、教材体系、学生实际"，将统一的学科内容体系整合为适合基础薄弱学生学习的体系，编制出富有操作性的实施方案，并付诸实践。

2. 以"强化基础，激发动力，习养习惯"为教学主旨，以"以学定教，以练导讲，即时反馈，跟踪补偿"为教学理念，研究出"四题一案反馈补偿"教学策略，并按课型（数学概念课、数学解题课、数学复习课、数学讲评课等）具体构建多课型教学模式，并以此为学科教研活动主题，全面改善数学教学状态。

3. 按基础温习回顾题、新知识构建例题、检测练习题和巩固检测题形成题链，并具体研究题链编制策略，即选题原则、题目特征、题目功能、结构联系、题量控制等，题链应用方法，即课堂训练方法、课外训练途径以及过程调控措施、跟踪反馈机制等，编制出一整套"四题一案"，供其他任课老师结合实际整合修改使用。

四、研究的方法

1. 行动研究法。把研究和行动有机地结合起来，一边探索一边行动，一边行动一边探索。从实际问题出发，通过研究、实践，解决问题，探索新理论，进一步指导实践。

2. 课例研究法。围绕课题植根于课堂的具体教学场景中，研究特定的解决方法和有效策略，开发适合我校学生实际的有效教学智慧及其策略，然后形成自我规范理论。

3. 经验总结法。对每一轮的课例研究和每一阶段的研究工作认真进行经验总结，提炼出成果。

五、研究的主要过程

本课题研究经历了三年，大致有三个阶段。

（一）调查研究阶段

你的上课状态

■ 有兴趣能听懂　■ 随大流应付
■ 基础差听不懂　■ 没兴趣不想听

研究初期，课题组对学生数学学习的现状进行了抽样调查，结果如表：

调查发现，真正能听懂的只有四分之一。但是，另一项调查表明：有高达 85% 的同学是想学好数学的。

根据上述分析，得出了如下结论：

1. 国家课程是面向全体普通高中学生的标准课程，其权威性、纲领性毋庸置疑。但在某些板块，包括课程结构、课程内容、学业质量水平的考试评价，并不完全适应我们的学生。

2. 在达到普通高中数学学科核心素养要求与高考这种选拔性考试之间，要寻求一个平衡与兼顾。

3. 学生在数学学习过程中，并没有发挥其最大主观能动性，课堂教学亟须优化。

（二）内容重组阶段

课题组研制了数学学科国家课程校本化实施方案《数学学科"双向适应"有效教学实施意见》，约 4 万字。这一方案总结了数学科组多年来探索的经验，提炼了适应基础薄弱学生的有效策略，凝聚了全体成员的智慧。

（三）策略建构阶段

1. 按照《实施意见》，课题组每学年开展两轮课例研究，三年共开展了6 轮课例研究；每学年第一轮为科组每人设计一份"四题一案"，上一节研究课，第二轮从中推选优秀课例进行提升性研究。

2. 每人每学年均写出了"四题一案"研究笔记，积累了若干课例，在研究笔记的基础上每人均写出了论文，并发表了一些论文。

3. 经过多年的研究，"题案教学"已成为科组的基本教学策略。

（四）总结提炼阶段

总结提炼出"题案教学"的策略，撰写研究报告。

六、研究的主要成果

（一）适应基础薄弱高中生的数学学科国家课程校本化实施方案

该方案按照"课程标准、考试说明、教材体系、学生实际"，将统一的学科内容体系整合为适合基础薄弱学生学习的体系，是一个操作性、实效性比较强的实施方案。对我校的数学教学具有重要的指导作用，对同类学校具有借鉴价值。

（二）构建出"四题一案反馈补偿"策略

将基础温习题、新知识构建例题、巩固训练题、形成性检测题融为一体的题案（四题可简称为：引题、例题、习题、试题）。这里的题案有别于一般的导学案，其所以采用题案，一方面更切合数学学科的特点，另一方面更符合基础薄弱生的学情。

策略中的"反馈补偿"主要是指当堂反馈补偿，即在教学过程中对学生学习情况即时进行反馈，当即加以补偿，也指课前进行必要的检测补偿和课后根据达标情况进行应有的补偿。这种反馈补偿具有全程跟踪式的特征。

"四题一案反馈补偿策略"是指将上述两种策略结合实施的教学模式，其基本环节如图：

基础温习题——新知识例题. 巩固训练题——形成性检测题
前置性补偿　　　　　　　　过程性补偿　　　　后续性补偿

这个环节图的上一层面是教师"预设"的提供给学生解决的静态"题链"，下一层面是对学生在学习过程中生成的"问题"加以补偿的动态过程。两个层面的有机结合能够较好地遵循"强化基础，激发动力，习养习惯"的教学主旨，贯彻"以学定教，以练导讲，即时反馈，跟踪补偿"的教学理念。这是引领基础薄弱学生有效学习的数学教学模式。

（三）编制出"四题一案反馈补偿"题案系列

按高中数学教材编制了全套"四题一案反馈补偿"题案。

（四）建构了"双向适应"的多课型教学模式

依据知识类别、课型特征和学生实际，初步构建数学概念课、数学解题课、数学复习课、数学讲评课等多课型教学模式。构建的主旨是数学核心素养的培养，体现有效教学的基本理念，适应基础薄弱学生实情。

（五）形成了以"对话"为主的互动教学策略体系

数学科组绝大多数老师基本形成了"题案－对话－互动"教学策略，并结合所教学生实际，创新了适应学生的策略。

（六）帮助学生的数学学习成绩提升。如表：

届别	2011 届	2012 届	2013 届	2014 届	2015 届
文数	40.64	42.47	62.11	62.79	61.54
全市	72.42	79.91	93.82	81.76	80.13
理数	46.74	70.19	75.78	69.6	77.48
全市	86.31	99.75	102.20	97.89	100.44

七、研究后的思考

1. 作为基础薄弱高中，国家课程校本化实施是一种基本的指导思想。

2. 题案教学是数学教学的有效的教学模式。

3. 作为民办学校，教师流动性大，需要强化新入校教师的培训。

4. 适应基础薄弱学生需要有一整套策略体系，我们的研究尚需持续不断地进行。我们只是在路上。

研究报告（八）

广东省教育科研"十三五"规划 2017 年度教育科研项目

在学习真实地发生的情境过程中
培养学生的思维能力

——"聚焦地理思维能力培养的学程设计研究"之研究报告

伍树人

一、研究缘起

（一）基于教学困境的选择

教育实践一直在"减负减压"的呼声中提高学科知识点的难度、增加学生的作业量中前行；教材中的知识点越来越稠密，大有向上游延伸之势。似乎是学生学得的知识越多就越聪明。在这种情势下，我们的教学大都停留在就知识教知识上，学生则往往停留在就题目做题目上，难以深化和拓展。即使是有心学习的学生，大多也是处于机械识记的状态中，高中地理中的很多知识点在他们的知识基础上很难形成体系，达不到课程标准所规定的知识与能力的要求。形成这样的教学困境的因素很多，但其肯綮在于学生地理思维能力的缺失。于是，我们意识到：能够"牵一发而动全身"的策略就在于提升学生的地理思维能力。由此，也就产生了一个假设：地理教学凸显地理思维能力的提升，能够提高学生的核心素养和地理教学的有效性。

（二）基于实施策略的考量

培养学生的地理思维能力应当采取怎样的策略？这是我们一直探索的重要问题。可以这么说，早期我们曾把大量的精力放在"教学设计"上，近些年来我们又实施"导学案"教学，在这样的探索和实践过程中，我们逐渐得出了一种新的认识，这就是："教学设计"基本上停留在"教的程序"上，应该把设计的重心落到"学的程序"上来；"导学案"则往往把课本、教参、同步训练整合为一份学习方案，课本很可能被闲置化，学生学习中的"问题"

也很有可能被边缘化，难以"让学习真实地发生"，思维能力得不到很好的培育。于是，我们考虑应当把教学设计的重心落到"学程设计"上来，并由此将"导学案"转型为"学程设计"。"学程设计"是在师生的交互中动态生成的一种利于学生学习的"学的课程"的设计，是课程开发的一种独特方式，是提升学生地理思维能力、提高教学有效性的重要的实施策略。

鉴于上述两个方面的思考，我们研究这一项目，期望能有所突破。

二、核心概念界定

（一）地理思维能力

陈澄老师在《新编地理教学论》中对地理思维能力定义为："地理思维能力是指分析与综合、抽象与概括、推理与预测等思维形式与地理科学内在逻辑融合的特有的间接反映客观现实的过程。"地理思维主要包括地理形象思维、抽象思维（逻辑、辩证、立体思维和逆向思维等），具体点说，中学地理教学主要培养学生的空间思维能力、逻辑思维能力、创新思维能力和综合思维能力。

（二）地理学程设计

地理学程设计就是设计一个教师引导学生课堂学习的优化过程。这种学程并非一种固定简单的模式，而是一种复杂、动态的过程。本课题的学程设计将体现三个特点：（1）以凸显学生地理思维能力的提升为特质内涵；（2）以凸显情景生活化、知识问题化、重点凸显化、思维外显化的"四化"为特征；（3）以注重尊重学生经验、利用地图语言、提供对话平台、关注动态生成等学习活动为"四大"原则；（4）以学习活动任务、学习活动方式、学习活动情境、"学生在学习活动中的角色"和"教师在学习活动中的角色"为"四大"要素。

三、本项目的研究现状

（一）关于地理思维能力培养的研究

国外对于地理思维能力培养的研究已经卓有成效，无论理论层面的研究还是实践层面的研究都有大量的研究成果。理论层面的研究集中在思维培养策略、思维培养的教学方法和教学模式上。实践层面研究的基本观点是：思维能力的培养一般通过一定的思维活动展开训练，即以一定的实践活动平台训练思维技能；思维技能训练形式多样，归结起来，一种是直接培养，一种是间接培养。这方面，最值得一提的是委内瑞拉国家层面的研究，他们 20 世纪 80 年代开始在全国范围内开展"学会思维"计划和实验，取得了很大成功。其研究经验很值得我们借鉴。

国内的研究起步较晚，在新课程改革的推动下，已逐步取得了相当显著的效果。其研究主要集中在空间思维能力的培养、逻辑思维能力的培养和创新思维能力的培养上，部分研究聚焦在地理综合思维能力的培养上。这些研究大体上停留在简单的提高学生的读图能力、构建学生地理知识体系的层面上，未能上升到一种思维方式的高度。因此，我们根据基础薄弱学生尚无定型的思维方式、知识体系基础差但可塑性强的状况，进行思维能力培养的研究，化浅薄劣势为重塑优势，帮助他们理清思维脉络，为他们将来的持续发展打下良好基础。近几年的高考命题，加大了对地理思维过程的考查，注重考查学生从图文资料中获取信息的能力即形象思维能力，考查学生调用所学知识解决问题的能力即逻辑思维能力。

（二）关于地理学程设计的研究

学程设计作为一种崭新的教学方式和方法，在国外始于 20 世纪中叶，起源于美国。由于学程设计具有较强的实践性和灵活性，深受广大教师的欢迎，很快呈现出蓬勃发展之势。21 世纪初叶，美国教育家乔治·J·波斯纳，艾伦·N·鲁德尼茨基合著的《学程设计》一书的中译本出版发行。书中阐述了学程设计的方法、过程和步骤，推进了学程设计的研究。2006 年山东师范大学硕士研究生撰写了《高中地理教学中的学程设计研究》，对此进行了系统的阐述。文章运用教育学、心理学和教育科学技术等理论结合地理教学实际探寻了地理学程设计的方法、途径和意义。与此相应的是学案、导学案及助学提纲的盛行，而这些学习方案近似学程设计而不等同于学程设计。上海市地理特级教师何美龙指出：教学方法的创新，关键在于教师能够把教材开发设计成为学生的学材。（《创新课堂教学培养地理素养》，载《地理教学》2012 年第 5 期）随着新一轮高考改革的推进，学程设计的前景是相当广阔的。

综上所述，把上述两方面结合起来的研究，应该说还是一个空白。

四、本项目的研究价值

（一）课堂教学革新价值

2017 年版《普通高中地理课程标准》指出："要以学生的基础和需求为

出发点，把握教学内容，设计教学过程，丰富教学活动……在地理情境中，强化学生的思维训练……引导学生在地理学习中学会认知、学会思考、学会行动。"为学生设计一份凸显思维能力培养的"学习程序"，能够较好地体现课程标准的精神，在具体操作实践上也是一种很好的路径、一种有益的突破，具有在新课标下革新课堂教学的实践价值。

（二）教学设计创新价值

本项目的研究有如下创新：（1）探索有别于"教学设计"的"学程设计"。要点有：1）传统的教学设计，基本上以"知识本位"为价值取向，以教学大纲、教科书、教参为基本依据，学生往往被抽象化；本项目的"学程设计"，以"学生本位"为价值取向，注重思维能力的培养，体现动态生成性，使其"学习过程"成为学生生命历程的一部分。2）传统的教学设计基本上是供教师的"教"用的，可以称之为"教程设计"；本项目的"学程设计"，则主要是供学生"学"用的，凸显动态的"学习过程"。（2）探索有别于"导学案"的"学程设计"。要点有：1）近些年时兴的"导学案"是一种较好地体现"学本课堂"的学习方案。而导学案往往把课本、教参、同步训练整合为一份学习方案，课本很可能被闲置化；本项目的"学程设计"则是对课本的动态的生成性训练性的学习程序设计，以实现"教"本与"学"本"双本并用"。2）"导学案"一般都是随学随发，不仅难以保存，而且难免有失系统性；本项目的"学程设计"则编写在每一册课本学习之前，随课本一同下发，便于使用。

着眼于上述两点的"学程设计"是体现新课程理念的一种有益的方式，成为课程开发的一种独特方式。这样的开发运用将会有一定的学术价值。

五、本项目的研究内容

（一）"凸显思维能力提升的学程设计导引"的研究

重新学习普通高中地理课程标准，拟定学程设计标准。主要内容包含：（1）设计依据（如，课程标准、考试说明、教材体系、学生实际）；（2）设计理念（如，以学定教、以练导讲、有效互动、及时反馈）；（3）设计原则（如，尊重学生经验、利用地图语言、提供对话平台、关注动态生成）；（4）设计要素（如，学习活动任务、学习活动方式、学习活动情境、学生在学习活动中的角色及教师在学习活动中的角色）；（5）设计特征（如，情景生活化、知识问题化、重点凸显化、思维外显化）。之所以称之为"导引"而非"标准"，是为了让教师的学程设计在使用中具有自主性和创新性，只是一种导向，不至于囿于千篇一律的套路。

（二）《学程设计》系统开发研究

按《学程设计标准》，分工合作，进行系统的学程设计。

（三）《学程设计》使用与优化研究

1. 采用《学程设计》实施教学，并在教学实践中听取学生反映，检测学习效果，修改和完善《学程设计》。

2. 组织课例研究，积累教学案例，总结经验，构建思维导引问题教学模式。

3. 总结《学程设计》的使用和优化策略。

4. 学程设计使用效果的评估研究。

一方面在教学过程中对每一次测试进行分析，一方面在研究后期进行新的测试分析和问卷调查，写出使用效果的评估研究报告。

六、本项目的研究方法

本课题是立足于课堂教学的实践，故本课题的研究方法及实施情境有：

1. 教学环节以及方法序列：

课堂实践 – 教育实验法；课后总结 – 经验总结法；听课互议 – 观察法；查阅相关论文 – 文献资料法；同课异构 – 比较研究法；示范课研 – 个案研究法。

2. 实施效果评估方法：

作业量的统计和比较 – 统计法、前后不同的教学方法测试成绩的比较 – 测评法、学生的满意程度调查 – 问卷法等等。

3. 不同阶段侧重的研究方法：

第一阶段：以文献资料法、教育实验法、观察法为主。

第二阶段：以比较研究法、经验总结法、个案研究法为主。

第三阶段：以统计法、测评法、问卷法为主。

七、本项目的研究进程

1. 文献学习（2017年3月—2017年5月）

学程设计方面，课题组学习了美国教育家乔治·J·波斯纳，艾伦·N·鲁德尼茨基合著的《学程设计》的中译本，参阅了2006年山东师范大学硕士研究生撰写的《高中地理教学中的学程设计研究》，重点学习和研讨国内外专家运用教育学、心理学和教育科学技术等理论结合地理教学实际所提出的地理学程设计的方法、途径和意义。与此同时，研讨了国内这些年盛行的学案、导学案及助学提纲，重点研讨这些"学习方案"与"学程设计"的异同点。课题组关注到上海市地理特级教师何美龙的观点，即教学方法的创新关键在于教师能够把教材开发设计成为学生的学材。从而进一步明晰了课题研究的思路。

地理思维能力培养方面，课题组特别关注委内瑞拉国家层面的研究，他们 20 世纪 80 年代开始在全国范围内开展"学会思维"计划和实验，取得了很大成功。其研究经验很值得我们借鉴。课题组还学习了陈澄老师的《新编地理教学论》，重点研讨了陈澄老师的有关论述地理思维能力是指分析与综合、抽象与概括、推理与预测等思维形式与地理科学内在逻辑融合的特有的间接反映客观现实的过程的论述。

理论方面，课题组主要学习了创生取向理论。主要学习了《教育科学论坛》2009 年 11 期上，韦冬余先生写的《课程实施的理想与未来——创生取向课程实施：本质与涵义》。创生取向理论认为：课程实施是指在教育情境中，教师与学生根据自己的实际情况与需要，在已有知识、经验、能力、技能、智慧的基础上整合既有的课程变革计划，联合发明、建造、创作并自然形成新的教育经验的过程。创生取向课程实施是教师、学生、课程设计者相互深度对话、深刻理解的过程，是师生关系深化发展的过程，是师生个性成长和完善的过程。这对我们很有启发。

关于课程标准学习方面，我们先是学习了《全日制义务教育地理课程标准（实验稿）》，后来重点学习了 2017 年版《普通高中地理课程标准》。其中，特别研讨了地理核心素养的培养问题。

2.整体建构（2017 年 6 月—2017 年 9 月）

在文献学习的基础上，课题组邀请专家进行了相关指导，其中，上海市教育科学研究院的杨四耕教授先后两次来校对课题研究进行了面对面的指导。杨教授耐心讲解了学程设计的可视法、图表法、栏目法、导图法，特别提出要让学习看得见、让思维看得见。这对本课题的研究起到了很好的指导作用。

随后，课题组拟定了《高中地理思维培养导引》，对设计依据、设计理念、设计原则、设计要素、设计特征拟定了指导性参考意见。

3.多端切入（2017 年 10 月—2019 年 3 月）

（1）编制《学程设计》。课题组编制了《高中地理思维导向创新学习设计（必修）》，由于得知教材将会按 2017 年版《普通高中地理课程标准》新编，便只印了第一册，计划在新版教材发行后重新修订《学程设计》，并印发实施推广。

（2）使用《学程设计》。所有参加课题研究的教师均按新编《学程设计》实施教学，但可以因所教班级的学情进行重组，并完善提升《学程设计》版本。

（3）组织课例研究。按课题研究精神及其计划，科组开展课例研究，其观察点聚焦在"学程设计"的优化设计上和使用策略上；每次研究课后均组织认真的研讨，提出"优化"意见。

（4）案例积累。无论是教师个人的常态课还是科组的研究课，教师均对《学程设计》提出修改意见，并反思实施策略及其效果，写出研究笔记。

4. 系统提升（2019 年 4 月—2019 年 10 月）

（1）总结《学程设计》的使用和优化策略；

（2）《学程设计》使用效果的评估；

（3）撰写研究报告。

八、主要研究成果

（一）修订了《地理学科教学指导意见》。

2017 年版《普通高中地理课程标准》颁发以后，课题组及时对 2014 年编制的《地理学科教学指导意见》进行了必要的修订。《指导意见》包括教学内容重组方案、多课型导向性教学模式、学科教学常规和学程设计导引。（计9296 字，收录于《高中有效教学创新研究》一书，北京燕山出版社。）

（二）编制了《凸显思维能力提升的学程设计导引》，内容如下：

地理学程设计就是设计一个教师引导学生课堂学习的优化过程。这种学程并非一种固定简单的模式，而是一种复杂的动态的过程。本标准仅提供一个参考性指导意见。

★一、学程设计的指导思想

贯彻《普通高中地理课程标准》（2017 年版）精神，充分体现地理学科核心素养的培养，即人地协调观、综合思维、区域认知和地理实践力，促进学生逐步形成正确的价值观念、必备品格和关键能力。

★二、学程设计的基本特质

1. 以凸显学生地理思维能力的提升为特质内涵；

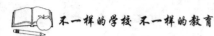
2. 以体现情景生活化、知识问题化、重点凸显化、思维外显化的"四化"为特征;

3. 以尊重学生经验、利用地图语言、提供对话平台、关注动态生成等学习活动为"四大"原则;

4. 以学习活动任务、学习活动方式、学习活动情境、"学生在学习活动中的角色"和"教师在教学活动中的角色"为"四大"要素。

★三、学程设计的流程框架

| 创设情境 启发思维 | ⇒ | 提出问题 引发思考 | ⇒ | 引导探索 破解问题 | ⇒ | 练习检测 评价提升 |

★四、学程设计的基本思路

（一）凸显思维能力培养学程设计的思路模式

……×× 方式……×× 思维……

（二）针对学生普遍欠缺的思维能力的学程设计的具体思路

1. 空间思维能力培养的学程设计思路

（1）基本教学法：读图教学法

（2）基本流程：

第一步：确定读图目的（提取空间信息：方向及地理事物相对方位、图示范围和空间距离、经纬度及风带气压带和海陆位置、符号注记及其表达的地理信息等）;

第二步：提出中心问题（相对方位及影响、地域大小及地理要素构成、气候植被及地理环境、事物名称及相互关系等）;

第三步：讨论发言或辩论;

第四步：解决问题并生成问题;

第五步：演练及提高。

2. 逻辑思维能力的学程设计思路

（1）基本教学法：问题教学法

（2）基本流程：

第一步：提出本节课要解决的问题;

第二步：确定基本思路;

第三步：阅读课本及收集资料;

第四步：分组讨论相互促进；

第五步：推举代表积极发言；

第六步：相互质疑切磋提高；

第七步：解决问题生成问题；

第八步：老师总结理清逻辑关系；

第九步：学生用最简方式回答问题。

3. 创新思维能力培养的学程设计思路

（1）基本教学法：讨论辩论教学法

（2）基本流程：

第一步：确定论题及发言要求；

第二步：收集资料准备论据；

第三步：提出解决方案；

第四步：参与讨论积极献策；

第五步：推选最佳方案；

第六步：征求不同解决方法；

第七步：不同意见同学发言；

第八步：正反双方辩论；

第九步：老师总结或提出更好方案。

（三）学程设计应注重综合思维

1. 新版课程标准指出：综合思维是指人们运用综合的观点认识地理环境的思维方式和能力。人类生存的地理环境是一个综合体，在不同时空组合条件下，地理要素相互作用，综合决定着地理环境的形成和发展。"综合思维"素养有助于人们从整体的角度，全面、系统、动态地分析和认识地理环境，以及它和人类活动的关系。所有的学程设计均应凸显这一要素，并按照不同的内容，凸显其水平层级：

水平1：能够说出简单、熟悉的地理事象所包含的相关要素，并能从两个地理要素相互作用的角度进行分析。

水平2：能够对给定的地理事象，从多个地理要素相互影响、相互制约的角度进行分析；能够结合时空变化，对其发生、发展进行分析，给出简要的地域性分析。

水平3：能够结合给定的地理事象，综合各要素，系统分析其相互影响、

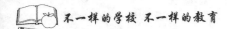

相互制约的关系，从时空综合维度对其发生、发展和演化进行分析，给出合理的地域性分析。

水平4：能够对现实中的地理事象，如自然环境的变化、区域发展、资源环境与国家安全问题等，运用要素综合、时空综合、地方综合的分析思路，对其进行系统性、地域性解释。

（四）学程设计应设计"思维结构评价"环节

把握好思维结构评价操作的关键点：（1）提供给学生开放性问题，让学生回答问题的思维过程可见，形成学习结果；（2）使用结构化评价，通过对学习结果的分层来判断学生的思维发展状态；（3）在测试中有意识安排一两道思维结构测试题。

（五）学程设计应注意"思维导图"的运用

凸显地理思维能力的培养，思维导图是一种有效工具。由于它本身的特性，它在高中地理教学中的应用便可以帮助学生理清地理知识之间的内部联系，理清各大知识点的重点与学习思路。继而可以让学生直观地表达出自身的思维过程，让自身的创造性思维与发散性思维得以充分的发挥。教师在地理教学中一方面要应用思维导图教学，另一方面应指导学生掌握思维导图构建方法，逐步让学生独立绘制，教师给予肯定和指导。

（六）重视问题式学程设计

倡导地理课堂自始至终都必须贯穿"问题驱动"，实现知识问题化、问题情境化（案例化）、思维图示化（各类地理图像，也包含"概念图、思维导图等等"），通常称之为"三化"。在"问题驱动"的课堂结构中，必须设置一连串的问题构成问题链，要注意各问题之间的梯度与逻辑关联，总体上遵循先易后难、先典型后非典型、先具体后抽象再回归到新的具体问题的设置原则。

★五、学程设计的整改

学程设计需要在实践中不断修订完善。其操作要点有：

1.收集所有能收集的数据，如，达到与没有达到预期效果的学生各有多少？各自的思维状况怎样？有哪些共性与个性问题？各自采取怎样的措施？

2.将收集到的数据，作为教学的新的依据和逻辑起点，对学程设计进行整改。

3.反思学程设计实施过程的组织：是否做到引导学生自主获得智能？学

生的学习活动是否真实地发生？"学生在学习活动中的角色"和"教师在教学活动中的角色"是否符合教学规律？并进行相应的改进。

4.检查教学策略的效果：教学策略是否恰当？策略运用是否能激发学生的内驱力？策略实施是否能促进学生思维的发展？并进行相应的改善。

（三）编制了《高中地理思维导向创新学习设计》。

按高中地理必修教材及其学科组编制的《地理学科教学指导意见》编制。由于新版教材正在编制而尚未发行，所以，只印发了必修第一册。待新版教材发行后，即对所编学程设计进行修改并印发实施。（第一册 95816 字，详见材料 12；第二册 52008 字。）

（四）探索出地理思维能力的培养策略。

1.信守一个基本理念

课堂教学的核心理念在于引导学生流畅、简洁、准确、快速思维。地理课堂应以思维立意为基本特质，所有的知识点、能力点、题目以及图表、照片都用地理思维组合起来并进行展开，主旨在于开启、激发、建立地理思维，从而提升思维品质，"把人引向深处"。

2.构建思维导引问题教学模式

要点一：构建思维导引问题教学模式，其"基本流程"为：

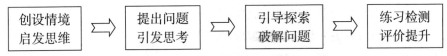

要点二：理清三种思维能力培养的学程设计思路。

其一，空间思维能力培养的学程设计思路。

（1）基本教学法：读图教学法。

（2）基本流程：

第一步：确定读图目的（提取空间信息：方向及地理事物相对方位、图示范围和空间距离、经纬度及风带气压带和海陆位置、符号注记及其表达的地理信息等）；

第二步：提出中心问题（相对方位及影响、地域大小及地理要素：地形、气候、植被、水文、土壤）构成的地理环境、事物名称及相互关系等；

第三步：讨论发言或辩论；

第四步：解决问题并生成问题；

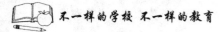

第五步：演练及提高。

其二，逻辑思维能力的学程设计思路：

（1）基本教学法：问题教学法。

（2）基本流程：

第一步：提出本节课要解决的问题；

第二步：确定基本思路；

第三步：阅读课本及收集资料；

第四步：分组讨论相互促进；

第五步：推举代表积极发言；

第六步：相互质疑切磋提高；

第七步：解决问题生成问题；

第八步：老师总结理清逻辑关系；

第九步：学生用最简单的方式回答问题。

其三，创新思维能力培养的学程设计思路：

（1）基本教学法：讨论辩论教学法。

（2）基本流程：

第一步：确定论题及发言要求；

第二步：收集资料准备论据；

第三步：提出解决方案；

第四步：参与讨论积极献策；

第五步：推选最佳方案；

第六步：征求不同解决方法；

第七步：不同意见同学发言；

第八步：正反双方辩论；

第九步：老师总结或提出更好方案。

3. 注重五个关键

（1）注重综合思维

新版课程标准指出：综合思维是指人们运用综合的观点认识地理环境的思维方式和能力。人类生存的地理环境是一个综合体，在不同时空组合条件下，地理要素相互作用，综合决定着地理环境的形成和发展。"综合思维"素养有助于人们从整体的角度，全面、系统、动态地分析和认识地理环境，以及它和人类活动的关系。所有的学程设计均应凸显这一要素，并按照不同的内容，凸显其水平层级：

水平1：能够说出简单、熟悉的地理事象所包含的相关要素，并能从两个地理要素相互作用的角度进行分析。

水平2：能够对给定的地理事象，从多个地理要素相互影响、相互制约的角度进行分析；能够结合时空变化，对其发生、发展进行分析，给出简要的地域性分析。

水平3：能够结合给定的地理事象，综合各要素，系统分析其相互影响、相互制约的关系，从时空综合维度对其发生、发展和演化进行分析，给出合理的地域性分析。

水平4：能够对现实中的地理事象，如自然环境的变化、区域发展、资源环境与国家安全问题等，运用要素综合、时空综合、地方综合的分析思路，对其进行系统性、地域性解释。

（2）注重"思维结构评价"环节

把握好思维结构评价操作的关键点：①提供给学生开放性问题，让学生回答问题的思维过程可见，形成学习结果；②使用结构化评价，通过对学习结果的分层来判断学生的思维发展状态；③在测试中有意识安排一两道思维结构测试题。

（3）学程设计应注意"思维导图"的运用

凸显地理思维能力的培养，思维导图是一种有效工具。由于它本身的特性，它在地理教学中的应用可以帮助学生理清地理知识之间的内部联系，理清各大知识点的重点与学习思路。继而可以让学生直观地表达出自身的思维过程，让自身的创造性思维与发散性思维得以充分的发挥。教师在地理教学中一方面要应用思维导图教学，另一方面应指导学生掌握思维导图构建方法，逐步让学生独立绘制，教师给予肯定和指导。

（4）重视问题式学程设计

倡导地理课堂自始至终贯穿"问题驱动"，实现知识问题化、问题情境化（案例化）、思维图示化（各类地理图像，也包含"概念图、思维导图等等"），通常称之为"三化"。在"问题驱动"的课堂结构中，设置一连串的问题构成问题链，要注意各问题之间的梯度与逻辑关联，总体上遵循先易后难、先典型后非典型、先具体后抽象再回归到新的具体问题的设置原则。

（5）培养学生"诸象在心"的地理思维习惯

诸象在心，即眼睛所见、耳朵所听、口舌所说、下笔所写，都要用心想一想，有逻辑地整理思维脉络，在脑海中留下印痕。让"眼耳鼻舌身"收集到的"色声香味触"等环境信息转化为形象思维，用逻辑思维去寻找答案，掌握思维方法，形成良好的思维品质。

4. 教师实施凸显思维能力培养的"四项修炼"

修炼一：把地图思维渗透到每堂课的教学中。

修炼二：学习掌握 10 种思维法：聚合思维法、逆向思维法、假设思维法、发散思维法、形象思维法、联想思维法、类比思维法、演绎思维法、归纳思维法、选言排除法。

修炼三：掌握"综合思维"与深度教学融合：发散思维与收敛思维的综合，形象思维与抽象思维的综合。

修炼四：使用思维导图，使思维过程可视化，思维脉络清晰化。

案例丨 "综合思维培养"学程一例（伍树人）

教学内容：高一《地理环境的整体性和地域分异》。

课堂实况：老师这样起课："一只蝴蝶在巴西扇动翅膀，会不会在美国的得克萨斯引起龙卷风？"课堂一片哗然，所有的思维似乎都张开翅膀。接下来老师说道：这是美国气象学家洛伦兹的发问。其实，问题的结论并不重要，最重要的是什么呢？是思维。洛伦兹想用这个发问来说明气象系统的复杂性、多变性和各地大气运动的关联性，因而被称为"蝴蝶效应"。是的，一个动态系统中某一因素的微小变化就会引起整个系统发生不可预测的事变。这就叫"牵一发而动全身"。好了，请看今天的课题（板书）。这种思想反映了地理环境的什么？对，整体性。

接下来，老师投影出五个各自独立的三角形，问："这五个三角形是不是一个整体？"学生回答："不是。"

随即，屏幕上五个独立的三角形转换成为一个五角星，问："现在呢？"

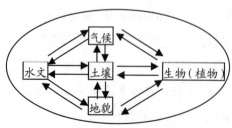

学生笑答："变成一个整体了。"继而，我将"地貌、生物、气候、土壤、水文"分别投影到五个星角上，说道："这是自然环境的五个要素，它们之间相互作用、相互影响，存在着能量

和物质的交换，就形成了相互联系、相互制约的有机整体。"

老师："注意：下面，我关掉五角星图，请大家在学案上填写"自然地理环境各组成要素及之间的关系图"。"

巡查学生填写完毕后，老师将完整的关系图投影到屏幕上，说："现在，我们已经建立起了今天学习内容的地理思维，我们的学习目标就是：理解并运用地理环境要素的相互作用及其地理环境的整体性。"

接下来，有两个活动，两次阅读，填写了两个框图，做了三道文字题；有独立学习，有小组讨论，有全班互动。

在教学过程中，老师特别注重两次活动：

一次是归纳活动：牵一发而动全身的本质是什么？……

一次是探究活动：阅读材料，思考探究：

一败涂地的"生物圈2号"实验：1991年，美国科学家进行了一个耗资巨大规模空前的"生物圈2号"实验。"生物圈2号"是一个巨大的封闭的生态系统，位于美国亚利桑那州，大约有两个足球场大小。从外观看，它很像科幻片里建在月球上的空间站。依照设计，这个封闭生态系统尽可能模拟自然的生态体系，有土壤水空气与动植物，甚至还有森林湖泊河流和海洋。1991年，8个人被送进"生物圈2号"，本来预期他们与世隔绝两年，可以靠吃自己生产的粮食，呼吸植物释放的氧气，饮用生态系统自然净化的水生存。但18个月之后，"生物圈2号"系统严重失去平衡：氧气浓度从21%降至14%，不足以维持研究者的生命，输入氧气加以补救也无济于事；原有的25种小动物，19种灭绝；为植物传播花粉的昆虫全部死亡，植物也无法繁殖。事后的研究发现：细菌在分解土壤中大量有机质的过程中，耗费了大量的氧气；而细菌所释放出的二氧化碳经过化学作用，被"生物圈2号"的混凝土墙所吸收，又打破了循环。一败涂地的"生物圈2号"计划证明：天亦有道，面对大自然，才疏学浅的人类往往自作聪明。（来源：《人民日报》。）

问题：科学家们模拟的"缩微地球"由哪些要素构成？为什么实验会失败？是什么关键问题导致的？

就这一节课，老师简单梳理了一下教学思路，大致有四点：

其一，我们要教知识，但更要教思维。我们要引导学生在思维建构过程中去建构知识和技能，或在知识和技能建构过程中培养和训练学生的思维能力，要把知识看成一棵树上的花果，而将思维看成为树系，引导学生快速而简洁地展开思维。这样，不仅会有当堂教学之时效，同时更富有人终生发展的长效。

其二，用一句"牵一发而动全身的本质是什么？"引导学生展开归纳活动，旨在引导学生找到牵一发而动全身的骨干知识的肯綮，并引导学生理解其本质。我以为这就是在栽"知识树"，要盯住枝叶花果，更要看重树干及根系。

其三，这节课我用世界著名气象学家的发问启课，以影响地理学界的著名实验结课，试图把一个知识点放在世界地理文化的大视野下来学习，这可以说是在引导学生到世界文化的大树上去摘取知识之果实！我的想法是，这样教学，知识和技能、过程和方法、情感态度价值观全有了。

其四，我们备课的正确程序应当是先有教学目标，然后是逻辑主线设计，最后是搜集素材形成教学方案。上课主线要清晰，逻辑要清楚，不间断、不跳跃，并着力引导学生流畅、简洁、准确、快速思维。

案例Ⅱ："思维立意"学程一例（张驰）

这节地理课引发的思考

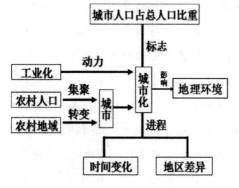

我上地理课《城市化》，我的思路如下：

其一，入课时呈示出 2010 年广东高考题，提请同学们思考，待同学们议论一会思维开启后，我却不做结论就引领同学们进入新课学习；在快结课时才回到这道思考题上，引导大家得出结论。

解题思维开启后，却断了单一的题解思维而进入系统的知识建构，然后再接上先前的思维，得出结论。

这里的思维断线了吗？非也！相反，是在从系统上加深，似断却是联！

其二，舍去开课与结课，基本部分的进程大致为：

◆概念 – 标志 – 进程→概念 – 标志 – 进程→检测反馈 – 拓展训练

再简言之：

◆知识建构—形成思维模型—反馈训练

整节课用了 10 道题、9 幅图表，还展示了自己拍摄的深圳市城市化进程的 5 张照片。这一些符号组合起来，它的内核是什么？是城市化的地理思维！

整个课堂的教学立意又是什么呢？是思维立意！

其三，凸显重心的把握：

在起始部分，在阐释了课程标准及明示学习目标后，我说：这节课的重点是掌握概念，学会从揭露事物的重要特征中加深对基本概念的理解。

在学习完概念、标志、进程后，先进行了三次概念辨析（郊区城市化；逆城市化；再城市化），进而对四个概念（城市化、郊区城市化、逆城市化、再城市化）的变化关系进行图表式阐释和记忆。

"学会从揭露事物的重要特征中加深对基本概念的理解"，一句话揭示了学习的重心及其本质特征，重心思路的清晰如此了然！在对学生进行思维训练中教学的侧重点放在何处呢？显然是辨析思维。

这是一节思维立意的课

很显然，这节课的特征是：思维立意。

所有的知识点、能力点、题目以及图表、照片都是用地理思维组合起来并进行展开的，主旨都在于开启、激发、建立地理思维。

这样的教学既重"学会"，又重"会学"。

这样的教学既有"时效"，又有"长效"。

确立引深课堂的内核

我们的课堂教学过程，应该是逐层引深的过程。怎么引深？真的应该有一个内核。这个内核究竟应该是什么？自然应当因学科、因内容、因学情而定，但是从思维的角度引深应该具有共性。因此，一般地说，"思维的建立、展开及其提升、训练"，应该是引深课堂的内核。

思维品质的提升是"把人引向深处的东西"。

随着现代思维科学研究的发展，教育界越来越多的同人逐渐认识到思维能力是把人引向聪明的东西，把人引向创造的东西，"把人引向深处的东西"（爱因斯坦语），因而越来越重视对学生进行思维能力的培养。

我上"自然地理环境的整体性和地域分异"一课，创新"实验"，创意"演示"，凸显体验教学，引导学生发展思维能力。

案例Ⅲ "以研究性学习情景引导学生学习"学程一例（周长庚）

◆开启学生思维进入核心知识

在本课的"第二学程"中，找出地理环境的5个要素，就是学生自己动手，请代表直接上台填写，不会的，台下的同学提示。以此引发学生思维。

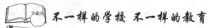

◆创设情境引导学生研究性学习

本课的"第三学程"中，设计了"模拟实验"：

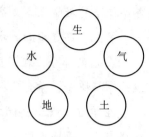

1.将30千克的土壤分为相等的两份，分别置于两个较大的盘子中央，堆成形状相同的两座小山丘，在其中一个小山丘上覆盖一层草皮，分别将200毫升水在距离顶部20厘米的高度上慢慢淋到小山丘上。

请推测比较沉积在小山丘边缘泥土的多少。

2.将30千克的土壤分为相等的两份，分别置于两个较大的盘子中央，堆成坡度不同的两个小山丘，分别将200毫升水在距离顶部20厘米的高度上慢慢淋到小山丘上。

请推测比较沉积在小山丘边缘泥土的多少。

第3个模拟实验，由学生自己设置，更改以上材料中的条件，找到更多的自然地理要素之间的相互联系。

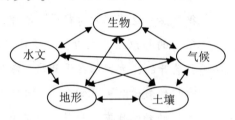

经过几次模拟实验，逐一画出图中的双箭头，基本得出本节的重要结论：地理环境的各要素是相互联系、相互影响的，构成一个有机的整体。

◆学程的思维逻辑

本节课的开始（第一学程）和结束时（第五学程）：以冬虫夏草的故事引入，同时设置悬念；结束时，回头解决这个悬念。首尾呼应，紧密联系实践，让学生所学知识回归到实际应用当中。

第一学程，新课导入，思考为什么采挖小小的冬虫夏草，会导致牧民失去家园。

虫草主要生产在青藏地区，收购价格高达每公斤10万元。于是，大量挖掘人员来到这片脆弱的土地，"虫草经济"应运而生。

然而，挖一棵虫草要破坏30平方厘米草皮，因践踏和汽车碾压而破坏的面积更大。退化的土地寸草不生，河流开始枯竭，最终大片的草地变成了裸露的荒地，不能再满足牧民畜牧生产的需要，他们被迫离开了赖以生存的家园。

在"第三学程"的核心理论产生后，马上联系实际，学以致用，将所学应用到相应的案例研究中。

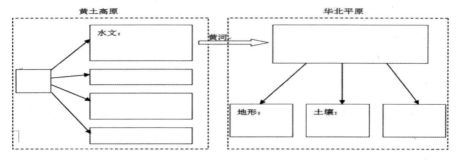

◆ **本学程设计的思路**

本课的"第四学程"合作探究黄土高原的水土流失，是为了活化理论，学以致用，特意设计的，教师先简单引导一下，首先发生变化的要素是植被。植被破坏后会导致哪些要素发生变化？为什么会发生变化？会发生怎样的变化？一个综合性的关系图表就交给学生自己去探究，这里采取了小组合作讨论的方式。根据内容结构和难度，表格分黄土高原和华北平原两次完成。

这个学程用时约 20 分钟，是本节课的重点和难点，学生自主完成，以锻炼和提高学生实践能力、学习能力以及探究能力。讨论结束后，推选学生代表发言，学生对此表现出极大的兴趣和潜能。

再一次体现，在"第四学程"的总结部分，为配合"全球尺度各要素同样具有统一性"这一结论的总结，拿来了不久前学习过的水循环的知识，不仅复习了旧知识，同时对新课的学习非常有帮助，加强了知识的应用。

◆ **用问题引导学生思考**

1. 在课堂之前即拟好理论联系实际分析题或案例分析题，学生自己或以团队合作方式发掘、收集和整理有关信息资料。本案设计了"虫草的故事""模拟实验""黄土高原的水土流失"三个案例，分层引导学生自学。

2. 从多侧面综合地探讨有关问题，适度开放，分层设计，重视问题的启发性，围绕现实问题展开讨论，使学生认识到学以致用的重要性和必要性。例如，在"模拟实验"中，老师不仅设计了两个完整的实验，让学生推测结果，同时给学生发展的空间，更改实验条件，自己设计实验，以便找到更多的要素之间的联系。整个教学过程基本上没有出现"奉送真理"的局面，力求让学生主动探索，学以致用，变学生"学会"为"会学"。

案例Ⅳ："思维导图学程设计"一例（姬广东）

教学内容：人口迁移

学习过程

【思维引入】

课前学生准备的关键词：闯关东、走西口、盲流、农民工、春运、贩卖黑奴、战争、偷渡、移民、西部大开发等等。

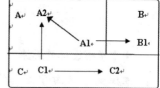

教师提示：上节课学习了人口的增长和分布状况，这种人口的增长和分布在时空上是不均的。而人口的迁移又进一步影响了人口的分布，请思考：什么是人口的迁移，人口迁移的途径和主要原因是什么呢？

先看思维探究示意图（右图），合作探究分析：图中哪几种方式属于人口迁移？——感悟图中字母及箭头的含义。

【国际人口迁移思维导图归纳】由此可见，二战前人口的国际迁移，其目的是资本主义殖民扩张，具有强迫性。

那么随着国际政治、经济格局的变化，战后人口迁移又有何新的特点？指图讲解发达国家和发展中国家经济和人口的差别。投影二战前和二战后人口迁移图，引导学生观察、分析、总结，然后比较二战前后人口迁移的差异。

小组绘制形成知识思维图如下：

二战后各大洲人口流向的变化

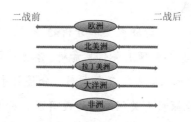

【知识迁移过渡】人口迁移在空间上没有超过国界，属于国内人口迁移，国内人口迁移是一种非常普遍的人口迁移现象。下面以我国为例，了解国内人口迁移的特点。找出新中国成立后的人口迁入区和迁出区。举一反三：构建一图一表一例的思维导图。

【思维导图情境活动】记者采访。（学生读图看书，理解课文内容，完成活动。）

要求：班长扮演主持人，学生甲扮演记者，学生乙、丙、丁扮演移民。

主持人：据统计，我市近年来迁入了不少的移民，那么他们是出于什么目的移民到我市的呢？下面我们一起看看有关记者的采访。

记者：你是从哪里迁来我市的？

乙：我是从四川来的。

记者：一个人来的吗？

乙：不，我全家人都来了。

记者：为什么千里迢迢跑到我们这里来呢？

乙：我们那里农村人多地少，收入不高，所以跑到广东来打工。

记者：你来这里找到工作了吗？收入还好吧？

乙：我在这里的新区企业里工作，一年收入比我们四川好多了。

记者（转向丙）：你为什么移民到这里呢？

丙：（哭泣）我是贵州人，去年我们村子被滑坡冲毁了，我们只好随老乡来这里安身。

记者：（拍拍丙的肩膀）别哭，别哭，这里就是你的家。

记者：（转向丁）你呢？

丁：我是湖北人，因为三峡水库的修建，把我们的田地都淹没了，所以政府组织安排我分流到这儿。

记者：啊，原来这样，你来这里习不习惯？

丁：这里跟湖北的气候等各方面总体相差不大，我早就习惯了！

主持人：从刚才的采访当中，我们可以看出，造成人口迁移的原因有经济因素、政治因素、生态环境因素，此外还有社会文化因素等其他一些因素。在学习过程中自主形成思维导图如下：

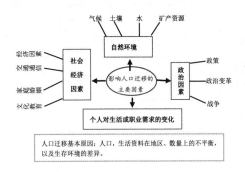

【师生共同归纳总结】让同学们再回顾课文，然后由学生自己总结本节课所学的主要内容——人口迁移的概念、分类、国际人口迁移和我国人口迁

移的特点、原因。

【思维导图的延伸意义】

从古今中外的人口迁移现象中可以知道：在影响人口迁移的许多因素中，经济因素往往起着重要作用。为了寻求更多的改善物质生活条件的"机会"，获得更好的经济待遇，改善个人及家庭生活。此外，战争、宗教、社会变革、国家政策、生态环境变化，以及个人动机和需求等，也能影响人口的迁移。在某种特定的时空条件下，任何一种因素都可能成为促使人们迁移的决定性因素。

【制作学习简明知识结构】

（一）人口迁移

1.概念——人们出于某种目的，移动到一定距离之外，改变其定居地的行为。

2.形式。

（二）国际人口迁移

	原因	特点	流向
二战前	资本主义的殖民扩张	具强迫性	由旧大陆向新大陆
二战后	世界各国生产发展不平衡	自愿、主动	由发展中国家向发达国家

（三）国内人口迁移（中国为例）

	历史上我国人口的迁移	新中国成立后到20世纪80年代我国人口的迁移	20世纪80年代以来（改革开放后）我国人口的迁移
原因	支边、战争、自然灾害	国家开发内地和边疆	主要为务工、经商
方式	被动的迁移	有组织的迁移	自发的迁移
流向	黄河中下游向长江流域、珠江流域	由东部向东北、西北	由农村向城市；由内地向沿海、工矿区

（四）影响人口迁移的因素

1.经济因素；

2.政治因素；

3.社会文化因素；

4. 生态环境因素；

5. 其他因素，如，婚姻家庭、投亲靠友。

（五）研究的实践效果

在研究过程中，课题组在三个平行班中设立了一个实验班，实验班按照思维导引问题教学模式实施教学，并以新编的《高中地理思维导向创新学习设计》为学习载体，经过一定的时间，课堂教学形态有了改观，无论是上课发言、回答问题的积极性都要高一些，学习思维的速度和深度均表现得较好，地理学习逐步进入良好的状态。高考前的模拟考试成绩与高考成绩，实验班均明显高于非实验班。

（六）撰写研究论文 31 篇

1.《课堂教学的最高境界在于引导学生流畅、简洁、准确、快速思维》

伍树人

2.《用思维引领课堂》 伍树人

3.《地理空间思维能力培养教学尝试——以〈地球的运动〉为例》 李 琼

4.《运用"学程设计"培养学生的地理思维能力》 姬广东

5.《从物理视角分析自然地理——以〈地球自转〉为例》 郑一翔

6.《物理视角下浅析地球公转对地理学习的影响》 何俊松

7.《聚焦地理思维能力培养的探索与尝试》 张宝先

8.《用简要故事化歌诀促进学生空间思维的学程设计》 易周民

9.《思维立意：引申课堂的重要内核》 张 驰

10.《寓重要的原理于生动的案例 营造生动活泼的思维课堂》 李 琼

11.《三个案例，分层引导学生自学思考》 周长庚

12.《在区域地理教学中培养学生的综合思维》 杜文正

13.《有序沟通互动 构建逻辑（有效）联系——以"欧洲西部乳畜业发达的原因"为例浅析其逻辑关系》 马 蔚

14.《"同课异构"提高地理教学思维课堂》 陈志富

15.《题图并重 注重思维能力培养》 陈志富

16.《聚焦地理思维能力提升学程设计研究课撷谈》 张宝先

17.《地理思维课题同课异构体会——如何激活学生思维》 许建明

18.《教学进程要有双重路向》 李 琼

19.《课堂教学还应该有一个"立意"》 陈志富

20.《六化一美：学程设计的思维导图》　　　　　　　　姬新宇

21.《教学要为学生的学程导航——〈大气的水平运动——风〉研究笔记》　　　　　　　　　　　　　　　　　　　　　　　魏彦敏

22.《培养学生学会思考掌握思考的方法——〈水循环〉研究课笔记》　　　　　　　　　　　　　　　　　　　　　　　　余健芳

23.《学程导航一例——德国鲁尔区的探索课堂实录片段》　张宝先

24.《关于地理有效教学的一些反思与领悟——〈城市化〉同课异构教学研究笔记》　　　　　　　　　　　　　　　　　　张驰　李琼

25.《"同课异构"提高地理教学思维课堂》　　　　　　　陈志富

26.《问题出在哪儿——教学故事》　　　　　　　　　　李　琼

27.《答错题的学生也需要尊严——教学故事》　　　　　周长庚

28.《让学生思考起来，学地理有效起来——教学故事》　许建明

29.《真该画一个学科教学元素图——地理听课笔记》　　王仁甫

30.《让人能听到学生思维活动的声音——地理听课笔记》　王仁甫

31.《教师的"资本积累"与"三十而立"——评课手记》　王仁甫

九、本研究主要创新之处

（一）本项目的"学程设计"，既有别于"教学设计"，又有别于"导学案"，更不同于"同步训练"，初步探索出课程开发的一种独特方式。

（二）本项目提出了"诸象在心"的学习习惯的培育有一定的借鉴价值。"诸象在心"即眼睛所见、耳朵所听、口舌所说、下笔所写，都要用心想一想，有逻辑地整理思维脉络，在脑海中留下印痕。让"眼耳鼻舌身"收集到的"色声香味触"等环境信息转化为形象思维，用逻辑思维去寻找答案，掌握思维方法，形成良好的思维品质。

（三）本课题的研究，实行跨学校、跨学科的研究。课题组以地理教师为主，吸收了物理学科的两位老师，他们对地理学科中天体运动方面的课程进行研究，结果都证明了对学生进行思维能力的提高是有益的。

十、研究成果的社会影响

课题组老师在不同场合宣讲"凸显地理思维能力培养"的心得和方法，深爱老师们的欢迎。

在深圳市教科院组织的地理教师新课程全员培训中，课题主持人伍树人

老师先后 5 次（每次 12 个课时）开讲课题研究的实践和心得，深受好评。

2015 年 8 月 15—16 日，北师大继续教育与教师培训学院邀请伍树人老师在广州为参加广东省高考备考研讨会的老师们讲授"以思维贯穿教学"的课程。

2017 年 9 月 9 日伍树人老师在珠海市初中地理教师暑期全员培训会上，做《引导学生积极有效思维是教学的根本》的专题报告。

2017 年 9 月 25 日伍树人老师在广东省第二师范学院为初中地理教师培训班做"思维才是教学的中心"的专题报告。

2017 年 10 月 14 日，广东韶关学院邀请伍树人老师为"韶关市 2017 年地理骨干教师研学培训"开展专题讲座。

2017 年 11 月 14—15 日，广东韶关学院邀请伍树人老师为韶关市高中地理骨干教师开展专题讲座。

2017 年 11 月 21—22 日，广东韶关学院邀请伍树人老师为"韶关市 2017 年初中地理骨干教师培训"开展专题讲座。

广东省教育研究院邀请伍树人老师编写《广东地理》。

十一、研究结论

（一）思维能力是在学习真实地发生的情境过程中培养出来的。

（二）地理思维能力的培育是落实地理学科核心素养的具有"牵一发而动全身"的主旨。

（三）学程设计及其使用是提升地理教学的品质及其效果的重要途径。

十二、研究存在的主要问题

由于学校管理以及课程安排，原本计划中的野外考察还不能以班级为单位成行，对于自然环境的观察方面的训练一直不能实现，好在已经有文件规定安排"研学"，算是有了一些希望。

卷　二

以培育学生价值观为核心的
人文德育实践探索

　　教育精神的特质之一是导引性。即指导受教育者的价值与道德的向善，引领学生的自主发展和理性成熟。

——吴刚《教育家与教育精神》

研究报告（九）

福田区教育科研项目

"人文"养正　立德树人

——"生源薄弱高中人文德育的实践研究"之研究报告

黄孔辰　陈晓莹

一、研究概述

（一）选题缘由与研究意义

1.选题缘由

（1）切合当代教育的核心价值取向

进入本世纪以来，我国践行科学发展观，其核心是"以人为本"；在这种新的时代背景之下，很快兴起了新一轮的基础教育课程改革，其核心理念凸显"以学生的发展为本"的价值观，人文精神成为新课程的一个关键词；到2012年，党的十八大报告提出"把立德树人作为教育的根本任务"，则抓住了教育的本质要求，明确了教育的根本使命；与此同时，24字社会主义核心价值观虽则富有广博的范畴，但也昭示出立德树人教育的深刻内涵。我们理解，上述精神所形成的思想体系，彰显了当代教育的核心价值取向。

具体到教育实践中，我们必须坚持德育为先。这种思想体系下的学校德育应当凸显"人文"，回归"人文"，用"人文关怀"的态势，涵养"人文精神"、建设"人文班级"，引导学生树立正确的价值观，养蓄自我立德树人的正能量，为终生发展打好应有的"人文"基础。对这样一种教育思想，我们用"人文德育"予以概括，并以此拟题"人文德育"，以探索实践如何丰富和提升德育的深刻内涵，体现"立德树人"的基本价值取向，实现"让每个孩子都能成为有用之才"的教育理想。

（2）探索学校德育的转型

用上述时代精神的视野来审视我国基础教育的德育，我们认识到，具体到一所学校的德育实践，应当从四个层面致力于"转型"。

一是在德育目标上，传统的德育总或多或少趋高偏空，总不能恰切地落到青少年成长着的心灵上。如何把富有时代精神的德育目标化作具体的、富有针对性的情感品质和思想道德要求，内化为"成为有用之才"的成长素质，这是我们必须探索的第一个"转型"层面。

二是在德育内容上，传统的德育往往与"应试教育"相适应，而形成"应时德育"，习惯于在现实的思维框架中思考和审视，难以在教育的本质意义上来建构我们的德育，因而德育内容往往泛化、浅化、随意化，以致学校"人文教育"缺失，学生的人文精神也就必然缺失。因此，如何重构"人文教育"，培育学生的人文精神便成为我们必须探索的第二个"转型"层面。

三是在德育的价值取向上，传统德育较多追求应时功利，追求轰动效应，追求立竿见影，对整体而言，重形式胜于重实质，重"时效"多于重"长效"，对个体而言，较多地以"听话服从""尊师守纪"等行为表象来评定效果，很少关注学生心灵，难以潜移默化，缺乏培育学生终生发展的基本素质的高度。如何把德育的价值取向定位到养育青少年心灵的健康成长、促进学生自我"立德树人"的优良品性的养成上，这是我们必须探索的第三个"转型"层面。

四是在德育的态势上，传统的德育一直以"权威"态势开展，主要采用"灌输""说教"的方式，其效果虽然也能显见一时，但内在效果微乎其微。如何引导学生思想道德品质的走向，规范、匡正学生的行为习惯，变学生被动地接受教育为主动地去涵养自身的主观世界，潜移默化，逐步形成一种追求积极、进步、健康、文明的良好风尚，并逐步形成正确的世界观、人生观、价值观、审美观、劳动观、择业观，这是我们必须探索的第四个"转型"层面。

基于这样的思考，我们对自己提出了这样的要求：致力于推进"权威德育"向"人文德育"的转型。

（3）促进基础薄弱高中生发展

我校是一所生源基础薄弱的民办高中。我们的教育对象是有着大量学习困难生和问题学生的新课程体系下的基础薄弱学生群体。对这样的学生群体，我们从四个维度去认识他们：

第一是生理维度。高中生大都是从 15 岁进校到 18 岁毕业，这是他们由少年步入青年的发育高峰期。其基本特点就是生理渐趋成熟而心理滞后成熟。这就决定了我们的教育取向的第一层次在于唤起学生主体性的逐步觉醒，从而萌生追求生命价值的意识和行动。

第二是时代维度。近几年的高中生均属于独生子女的 90 后，成长在改革开放深入发展的社会转型期。作为信息时代的优先体验者，其基本特点就是他们的成长过程不同程度地打上了时代的正面和负面双重影响的烙印。这就决定了我们的教育取向的第二层次在于培育其追求生命价值的主导价值观。

第三是基础维度。我校的生源都是进不了公立学校的学生，其间有着大量学习困难生和问题学生。其主要特点就是失意、焦虑和渴求、期望交织于心、纠结在怀。这就决定了我们的教育取向的第三层次在于激发其"天生我材必有用"的成才信念。

第四是学业维度。作为基础薄弱学生群体，面对高中的课业负担、升学压力和父母的期许、老师的管教，承受着原本难以承受的"最累的高中"生活。其主要特点就是背负着想学好却又学不太懂、想快乐学习却往往快乐不起来的心态度日。这就决定了我们的教育取向的第四层次在于为他们构建"学习快乐一生"的"幸福教育"体系。

本着对学生这样的认识，学校确立了"教育幸福人生，学习快乐一生"的教育理念，把实现"幸福教育"作为发展愿景。在这一理念视野下，学校把德育定位到"三个关注"上：关注基础薄弱学生作为具有生命属性的人的生存状况和成长态势，关注学生失意中饱含期待的精神支撑，关注学生的终生发展和幸福人生在步入成年阶段的实现进程。对这"三个关注"，在德育上我们选用"人文德育"来概括。

基于上述三点，我们经过认真探讨，确定了"人文德育"作为我们的研究课题。

2. 研究意义

（1）我校学生基础薄弱，其中有大量学困生及问题学生，他们在低迷之中渴望着被理解、被尊重、被认可，他们在压力之下寻求着校园的关怀和精神的支撑，他们在彷徨之中追求着自我价值和人生理想。对于这样的学生群体，最需要"人文关怀"，最需要"人文精神"的滋养，最需要贴近心灵的"人文德育"，以唤起学生主体性的逐步觉醒，萌生追求生命价值的意识和行动，培育其追求生命价值的主导价值观，激发其"天生我材必有用"的成才信念，从而较好地促使其健康成长。同时，这也是同类学校面临的共同难题及其共同追求，因此本课题的研究，不仅对我校的德育具有现实与深远的意义，而且对同类学校也具有借鉴意义。

（2）本课题探讨在"立德树人"的新的时代精神下，如何校正学校德育的价值取向，如何摆脱学校德育中一直普遍存在的"权威"态势及其"灌输""说教"的方式，致力于德育的改革和创新，努力建构能够有效地促进学生健康成长的新德育体系，从而提高德育的实效性。这种研究及实践对改革开放深入发展的社会转型期的学校德育应该具有普遍性的实际应用价值。

（3）本课题在人文精神的视野下展开研究，从"人本德育"的核心维度上进行探索，围绕"人文德育"的内涵、范畴及其策略进行学术性的理论建树。作为一个新的研究范畴，这种学术性理论会在一定层面、一定程度上有所创新和突破，或将对"人本德育"学术建构形成一个支撑点。国内外对"人文德育"的研究虽然有其丰厚的理论基础，但具体的研究仍处于起步阶段。本课题的研究将会在一定程度上填补、丰富和补充"人本德育"理论。

（二）核心概念的界定及国内外研究现状

1.核心概念

（1）人文：人文概念具有广博的内涵及动态性。本课题中的"人文"概念，可以这样认为，人文就是人类文化中的先进部分和核心部分，即先进的价值观及其规范。其集中体现是：重视人，尊重人，关心人，爱护人。简言之，本课题中的"人文"，即重视人的发展的文化。

（2）人文关怀：简言之，一般意义上的"人文关怀"就是关注人的生存与发展，就是关心人、爱护人、尊重人；教育意义上的"人文关怀"，就是关注学生的情感、需要、权利、发展，从而促进学生身心健康和素质全面发展的思想和行为；本课题中的"人文关怀"，是指关爱式教育，即以关爱心灵、引导心灵，关爱成长、引领成长，关爱生命、引领生命为德育的宗旨。

（3）人文德育："人文德育"是运用人文方法培育受教育者人文精神的德育模态。"人文德育"以"人"和"人的发展"为中心，以完善人的心性、心智和灵魂为最高目标，强调人的身心及人格的全面发展，强调以个人与社会、个人与自然、个人与自我协调发展的教育价值观与人生价值观来塑造人的道德情操和人生价值观，强调自主体验、生活积累、心性领悟。本课题的"人文德育"是以学生发展为本的人文关怀德育，具体来说，是指用人文关怀的态度，将人类优秀文化成果和时代精神通过自主体验、环境熏陶、文化濡染、学科渗透、活动历练等渠道，滋养学生的人文精神，逐渐使之内化为人格、气质、修养，成为学生相对稳定的内在品格，形成现代人优良的基本素质，为幸福人生奠定坚实的人文基础。

2. 本课题中"人文德育"与"常规德育"的联系和不同点

（1）本课题在常规德育的基础上进行提升性研究，在德育内容上凸显"人文精神"的培育。

（2）本课题在国家有关德育工作的文件精神指导下进行创新性研究，其德育基点定位在"'人文'养正，立德树人"的视野下为学生的终生发展奠定应有的人文基础。

（3）本课题的研究将致力于推进常规德育的"权威"态势向"人文关怀"态势的转变。

（4）本课题的研究将在现实生活背景下，实现科学精神培育与人文精神培育的统一。

3. 国内外研究现状

（1）国内关于人文德育的实验研究相对较少，只能见到一些零星的资料，且研究指向均比较单一。

课题方面：有基于学校文化与德育结合研究的，如"十一五"教育部规划课题《文化德育的校本实践与研究》（浙江省上虞市春晖中学）、"十五"教育部重点课题《中国先进文化与校园文化建设理论与实践研究》；有基于德育且侧重于德育实效性研究的，如"十五"教育部重点课题《德育课程实效性研究》；比较接近本课题的研究要数安庆二中的《人文德育的校本实验研究》。

学术论文方面：有从人文德育路径上进行研究的，如郑晓丽的《人文德育路径探析》（《教育探索》，2008 年第 9 期）；有从人文德育价值取向上进行研究的，如侯文华的《论人文德育的价值取向》（《学校党建与思想教育（高教版）》，2007 年第 10 期）。

（2）国外关于人文德育的相关研究的大致情况是：20 世纪初澳大利亚教育史学家康纳尔提出教育要转向"人文关怀"；20 世纪 70 年代初联合国教科文组织提出"学会生存"；20 世纪 80 年代末国际社会提出"学会关心"。这些教育思想都蕴含着"人文关怀"的理念，是人文德育的思想基础。

由此可见，全面意义上"人文德育"的研究尚处于起步阶段。

二、研究内容、研究目标、研究方法、技术路线及支撑理论

（一）研究内容及研究目标

1. 研究内容

①生源薄弱高中"人文关怀"的实施策略；

②生源薄弱高中"人文精神"的培育策略；

③生源薄弱高中"人文班级"的创建策略。

2. 研究目标

①通过研究及实践，形成富有人文关怀特质的德育态势，实现由"权威态势"向"人文关怀态势"的转型。

②通过研究及实践，深化德育的"人文"内涵，以培育学生懂得尊重、善于合作、讲究诚信、承担责任的人文精神为重点，以形成正确的主导价值观及其正能量为取向，初步实现"功利取向"向"正确价值观取向"的转型。

③通过研究及实践，创建富有人文特色的班级，促进学生健康、快乐、幸福地生活和成长，初步实现由"灌输"向"自我发展"的转型。

本课题的研究仅处于我校德育创新的初期，我们的起步目标就是以上述三个层面的研究及实践为切入点，初步实现"范本德育"向"人文德育"的转型。至于完整意义上的"人文德育"的研究还将是一个系统的长时间的工程。

（二）研究方法及技术路线

1. 研究方法

①运用调查研究法以及访谈法、观察法，充分了解学生，掌握学生人文精神的形成状况、特点及其焦虑、困惑，有针对性地开展教育活动。

②运用行动研究法、经验总结法、叙事研究法研究在人文德育环境与课程化德育体系下，如何提高德育的有效性。

③运用个案研究法、心理辅导法，对不同类型家庭、不同成长背景、不同性格特征的学生进行关爱性跟踪研究，验证研究假设及阶段性研究成果形成的德育理念与策略，反思并提炼人文德育的校本理论与实践策略。

2. 技术路线

①遵循实践认识论范式开展研究，研究实践者置身于生动、具体、完整的德育场景及其过程中，研究特定的解决办法和有效策略，开启教育智慧，经历"实践—认识—再实践—提炼"的循环过程，提升出行之有效的校本人

文德育理论与实践策略。

②实践层面和研究层面结合推进。研究层面按"专家指导组—课题主持人—课题工作小组—各子课题组"的人员机制开展研究；实践层面按"学校—德育处—年级组—班级"的行政机制推进研究。

（三）支撑理论

1. 人文主义（humanism）：人文主义没有统一的定义。一般地说，是指社会价值取向倾向于对人的个性的关怀，注重强调维护人性尊严，提倡宽容，反对暴力，主张自由平等和自我价值体现的一种哲学思潮与世界观。

2. 内化理论：理想信念内化是社会化主体——人经过一定方式接受社会教化，将社会正确的价值观念、道德规范转化为自身稳定的理想信念的过程，包括形成道德人格和道德信仰。

3. 道德认知发展理论：美国道德心理学家科尔伯格创立了道德认知发展理论，他把德育的目标看作是经过各阶段的道德发展。其主要观点有：①德性发展总是遵循一定的阶段进行；②德性发展与认知发展有密切关系；③自我发展的本质动机在于寻求社会接受和自我实现，是在社会激发下原有认知力发展的结果；④德性发展是受其现实文化作用而发展起来的，有赖于个体对社会文化活动的参与程度。

4. 新课程核心理念：新课程的核心理念就是关注人，它在中学教学中具体表现为"一切为了每一位学生的发展"，这就要求关注每一位学生，关注学生的情绪生活和情感体验，关注学生的道德生活和人格养成。通过人才培养方式的变革，实现学生全面而有个性的发展。

5. "立德树人"的思想体系：科学发展观的"以人为本"思想，党的十八大报告提出的"把立德树人作为教育的根本任务"的方针，24字社会主义核心价值观所组成的教育思想体系。

三、研究过程

（一）启动阶段（2012年11月—2013年2月）

1. 收集并整理有关文献资料，组织学习，明确思路。

2. 成立课题组，进行课题论证，制订《实施方案》。

3. 召开开题会。

4. 召开课题组会议，宣讲并讨论《实施方案》，明确分工。

（二）**实施阶段**（2013年3月——2014年6月）

第一学期（2013年3—6月）

1. 召开全校教职员工会议，贯彻《实施方案》，部署研究工作。

2. 召开班主任会议，落实《实施方案》中的相关工作。

3. 课题组按照"人文德育"研究思路修订完善德育制度：

（1）成长导师制实施意见。

（2）校长助理制实施意见。

（3）值日班长制实施意见。

（4）学生辅导员制实施意见。

（5）"人文班级"创建指导意见。

4. 召开德育工作会议，讨论上述各项制度。

5. 全面进入实质性研究。

6. 围绕"人文关怀"，开展富有"人文关怀"特质的师生关系的创建活动。

7. 围绕"人文精神"的培育，开展丰富多彩的主题教育活动。

第二学期（2013年9月—2014年1月）

1. 组织"人文德育论坛"。

2. 召开课题研究工作会议，进行阶段性检查总结。

3. 全面重点推进"人文班级"创建活动。

4. 全面检查落实《成长导师制》《校长助理制》《值日班长制》。

5. 组织"人文德育"感受性征文活动。

6. 整理征文中的学生感受，课题组开展阅读谈心活动。

7. 班主任撰写"人文德育"研究专题总结。

第三学期（2014年3月—2014年6月）

1. 全校深入开展"人文关怀""人文精神培育""人文班级创建"活动。

2. 全面深入推进《成长导师制》《校长助理制》《值日班长制》。

3. 组织"人文德育论坛"。

4. 组织全校教职员撰写"人文德育"案例。

5. 组织班主任撰写"人文德育"专题总结。

6. 汇集整理研究成果。

（三）**总结阶段**（2014年6月—2014年10月）

1. 完成课题研究报告。

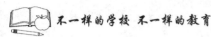

2. 整理研究成果。

3. 汇编研究成果集。

4. 结题。

四、研究成果

（一）总结出"人文德育"的三项校本策略

根据我校实际及两年来的研究实践，我们将重点落在三个项目上，一是人文关怀实施，二是人文精神培育，三是人文班级建设，并初步形成了三项校本策略。

第一项策略：人文关怀实施策略

1."人本"情感策略

主旨：以"以人为本"的情感作为"人文关怀"的前提和主旨。

要点一：人文情感渗透：摈弃"权威"态势，形成教师与学生情感交流与渗透的育德模态。一要以关爱、信任、合作建立德育关系，实施情感化教育；二要以情感为中介，使求知过程成为情意并举与精神完善的过程；三要发挥人文学科特色，通过情感体验实现真、善、美的融合。

要点二：人文情感体验：摈弃"灌输"态势，形成促使学生情感体验的自我育德过程。一要通过人文教育实践，促使学生感悟、体验并提升；二要创设学科教育的"人文"情境，激活学生情感，实现"知、情、意"的融合。

要点三：人文情感转移：摈弃"说教"态势，形成感同身受的"同理心"育德模态。一要分析、理解、分享学生的情感，并对它做移情理解，再实施推心置腹的教育；二要促使学生能理解和接受教师的情感，能产生与教师相同的情感体验。

2.生存关怀策略

主旨：关怀学生的生存状况，维护学生生命的尊严。

策略要点：

要点一：了解与发现。学生进校后，德育的第一件事就是了解每一位学生个体的生存状况。了解与发现的要素有6个：一是身体健康状况，二是心理健康状况，三是家庭生存环境，三是15年生命成长过程，四是目前的心理期待，五是性格特征，六是发展优势与潜力；重点了解：学生的苦恼与期待，学生的优势与弱势。

要点二：形成关怀个案。根据了解到的学生个体状况，形成对学生个体生命成长的关怀方案。根据每一位学生前15年的生存状况，拟定高中三年的关怀目标，形成"三年成人"关怀，并把幸福人生作为对人的终极关怀的着眼点。

要点三：开展关怀行动。要素有二：

其一，把握关怀的核心指向：对学生的生存状态、生命价值以及根本前途的全面关照和整体呵护，维护其生命的尊严，唤醒其生命的活力，激发其追求生命价值以及根本前途的正能量。

其二，把握关怀的个性化特征。对基础薄弱学生的个性化关怀宜细化为四个层面：一般层面：偏爱后进生，厚爱特殊生，博爱中间生，严爱学优生；特殊层面：呵护家庭破损学生，呵护身患残疾学生，呵护心理障碍学生，呵护童年坎坷学生；重点层面：解除学生的消极情绪，解除学生的自卑心理，解除学生的苦恼，解除学生的忧虑；成长层面：引导学生发展优势，激发学生发掘潜力，激活学生的期待心理，引导学生树立"天生我材必有用"的人生价值观。

3. 心灵沟通策略

主旨：走进学生心灵，实施贴心关怀，在沟通中育德。

要点一：放低姿态，沟通育德。在态度上要放低身段，淡化身份，拉近距离，平等交流；克服高高在上、居高临下、盛气凌人的姿态。

要点二：润物无声，对话润德。在内容上要放低调子，贴近生活，切近可接受程度，注重"大题小做""以小见大""由低到高"，克服"高大空""短平快"的教育心理；在方式上要多促膝谈心，以心述理，以理明德，润物无声，春风化雨；克服一训了之、一压了之的简单粗暴。

要点三：良师益友，交流养德。在关系上要平心静气，微笑相对，注重倾听，注重化解，听到个体的内心需要，听出个体"问题"的症结，听明个体成长的烦恼与期待；克服"我讲你听""只训不导"的方式。

要点四：特殊学生，疏导训导。一方面，设立心理咨询室，对有心理障碍的学生常年开展心理服务活动；对有破坏性行为的问题学生，实行三级训导＋特级训导。一级：班主任、德育导师——谈话、指正、提出要求。二级：年级主任（训导组长、副组长）——静思室（心理辅导室）谈话，促使其反思、提高认识、承诺限期改正。三级：训导主任——约谈（学生、家长），签保证书。特级训导：校长、副校长——通过三级训导后仍不悔改者，由校长特级训导。

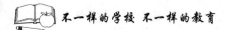

4. 导师关怀策略

建立成长导师制，对行为有偏差、心理有障碍、学习有困难、家庭教育环境不良等特殊学生安排导师进行特别关怀；导学关系的确定由师生双向选择；从领导到老师，每人负责 1 ~ 2 位学生，做学生的良师益友，手拉手、心连心地给予思想引导、心理疏导、生活指导、学业辅导，并认真履行学生成长档案（电子）制度、谈心辅导与汇报制度、家长联系制度、个案分析制度、考核评估制度。

5. 同伴关怀策略

设立校长助理制，形成校长与学生的沟通桥梁，促进学校领导更好地关怀到学生的实际需求；设立学生辅导员制，学生干部与特殊学生结对，帮助后进生不断进步；建立同伴互助制，由团委统筹，开展"一帮一，对对红"活动，在互帮过程中，建立跟踪记录，每周总结一次，团支部每周至少跟踪一次，团委进行检查并表彰，有效地促进同学之间互相帮助、携手同行风气的形成。

6. 促进学生自我教育策略

将关怀的重点从关怀学生的表象转移到关怀学生的理想、信念和情感世界，努力创造让每个学生实现美好心愿、展现才智和开发潜能的平台，促进学生优良品德、健全人格及其正确价值观、人生正能量的自我习养、自我完善、自我发展。在具体的操作上，引导学生进行"三年成人"以及终生发展的规划，促进学生生成"人生梦"，并进行阶段性的自我反思、自我激励。

7. 师生关系重构策略

首先，创设充满人文关怀特征的师生关系，以民主、平等、公平、正义、和谐为师生关系的核心，从"尊重"入手，尊重学生的人格、尊重学生的个性、尊重学生的差异、尊重学生的生理缺陷，尤其要尊重学生成长过程中的各种"遭遇"，对他们的幼稚、调皮、逆反，要顺应其生理心理规律进行尊重性的疏导，对他们的挫折、失利、错误也要"不失尊重"地进行朋友式的教育。这样做并不排斥严格教育，而是说严格教育也要把尊重贯彻其中，切忌伤害学生。其次，创设"快乐学习"的课堂氛围，教师要带着好心情进入课堂，感染学生也有一个好心情上课，一开始就能进入快乐学习状态。其次，教师要用微笑开启学生的心灵，用微笑活跃气氛，用微笑让学生放开思维，用微笑化解矛盾，实现快乐学习，营造生动活泼的快乐课堂活动。

8.全员关怀策略

一方面校内形成"全员关怀、全面关怀、全程关怀"德育态势；另一方面，学校把每位家长当作共同育人的"战略合作伙伴"，形成家校合作的教育模式，同时与社区、派出所建立具有人文关怀特征的密切的合作关系。

第二项策略：人文精神培育策略

1.文化熏陶策略

主旨：以"文""化"人，用先进的学校文化引领"人文德育"，滋养学生的人文底蕴。

要点一：编写文化丛书，入学和开学初开展文化学习月活动，重点培育"天生我材必有用"的人生价值观，生成"三年成人"的校园梦。

要点二：开展常年文化活动，促使学生在展现个人风采和感受校园生活的丰富多彩的学校文化活动中，不断滋养富有青春气息的人文精神。

要点三：营构学校文化氛围，潜移默化地熏陶学生的人文素养。

要点四：倡导自我阅读感悟，促进学生在健康阅读中涵养人文素质。

2.学科渗透策略

主旨：贯彻好新课程标准的核心理念，在学科教学中自然融入人文精神的培育。

要点一：把握好四个维度：①较好地实现科学精神和人文精神培育的统一；②贯彻好课堂教学的"三维目标"，即形成"知识和技能，过程和方法，情感、态度、价值观"三个因素相辅相成的教学目标体系；③较好地把握好"以人为本"的三个层面：以人的发展为本、以人的终生发展为本、以人的综合素质提升为本。基本做到"以促进学生生命整体发展为核心，培养完整的人，建构学生完满的精神世界"（张天宝：《普通高中新课程课堂改革》）；④把握好智力因素与非智力因素的两相开发与发展。

要点二：把握好三个渗透原则：①有意渗透原则：牢固树立在每一学科的教学中都要渗透"人文德育"的思想。在教学中充分吃透教材，针对中学生认识水平与心理特征，确立本学科德育目标体系，实行德育目标控制，有意识对学生进行思想品德和人文精神的培育。做到总体目标一以贯之；学科目标，具体明确；课时目标，落实到位。②有序渗透原则：根据中学生认知规律和德育内容结构的序列性和完整性，对教学中的德育内容进行系列组合，以求得良好的整体效应。做到德育进程有条不紊，层次清楚；德育内容由浅

入深，循序渐进。③有机渗透原则：找准渗透点，选择教学的某一环节、某一知识点或训练点作为突破口，适当、适时、适量地进行德育，做到知识与德育水乳交融，避免穿靴戴帽，牵强附会。

要点三：把握好三类课程的渗透：①主修课程"人文德育"渗透，遵循学校第一套文化丛书的第二本"明明白白做老师"之《传道授业解惑》的精神，教师要做到"传道、授业、解惑"，且以"传道"为先、为灵魂，充分挖掘教材中知识与技能的人文内涵，积极挖掘知识、技能背后的具有人文思想的成分对学生进行人文教育，丰富学生人文知识，增强人文意识。②校本课程重视"人文德育"，学校开设的校本课程，应注重"人文德育"，使其成为主修课程的补充，形成较为完整的课程文化建构，用先进文化滋养学生的心灵，促使其逐步建树"真、善、美"的幸福观和高尚的境界，促进自己的人生获得美好的发展。③研究性学习课程贯穿"人文德育"，研究性学习课程，要注意引导学生将"人文德育"内容的研究纳入研究性学习课题范畴，基本形成"人与自然、人与社会、人与自我"的引导学生"自我教育"的课题体系。

3.目标层级推进策略

主旨：依学生3年成人的生理心理规律，构建人文精神培育目标的层级序列。

要点：

高一年级：以"生命、信念"为主线，规范、匡正学生的行为习惯，唤醒其追求生命价值的意识和行动，激发"天生我材必有用"的成才信念，规划幸福人生的初步进程，形成思想道德品质及人文素养的正确发展方向。

高二年级：以"人格、价值"为主线，促成学生基本形成积极、进步、健康、文明的优良风尚及其懂得尊重、善于合作、讲究诚信、承担责任的人文精神，初步建立起正确的主导价值观，基本形成健康、快乐、幸福地生活和成长的状态。

高三年级：以"成人、使命"为主线，促进学生健康地步入成人期，逐步构建自我价值与社会价值相统一的人生发展方向，基本形成具有责任感和使命感并富有中国情怀与世界眼光的合格的现代公民。

4.主题培育策略

主旨：我校的校风是尊重、合作、诚信、责任，这也是我校"学生素质培养目标"，即培养学生懂得尊重、善于合作、讲究诚信、承担责任，养成幸福人生的四大人文精神支柱，以此立身处世。

因此，我们的主题培育的含义不是停留在简单的"主题班会"之类的意义上，而是对学生素质要素的整体养育，在一种文化氛围之中培育。

要点一：在"尊重"的环境之中培育"尊重"品行。在内容上强调五个方面："尊重自己"，强调"自立"；"尊重他人"，强调"平等"；"尊重社会"，强调"规则"；"尊重自然"，强调"和谐"；"尊重科学"，强调"探索"。在教师态度上，强调四个方面：尊重学生的个性和人格、尊重学生的基础智能差异、尊重学生的不同意见和幼稚见解、尊重学生的差错和缺陷。在目标上，强调三个维度：一是以"尊重"为核心，弘扬人文关怀，建立和谐的师生关系和生生关系；二是从"尊重"入手，构建人文和谐课堂，关怀学生、倾听学生、赏识学生；三是以"尊重"为纽带，营造亲和的生活氛围，教师亦师亦友，学生亦生亦友，相亲相爱。

要点二：以诚信态度培养诚信品质。在内容上侧重于四个方面：一是诚信待人，言必信；二是诚信处事，行必果；三是诚信学习，学必真；四是诚信立身，身必正。在活动上强调五项工作：一是宣传认知。利用网站、条幅、橱窗、板报、广播、主题班会、知识抢答赛、辩论赛、征文比赛、文艺演出以及观看"信用行天下"专题教育片等多种形式，开展"呼唤诚信、共筑诚信"的专题宣传活动，营造"讲诚信光荣，不讲诚信可耻；讲诚信得益，不讲诚信受损"的校园氛围，使诚信观念深入人心。二是拟定《班级诚信文明公约》，促进诚信自律互律，逐步养成习惯。三是召开诚信故事会，让学生从故事中感悟诚信的高尚和美好。四是诚信格言记诵，促使学生将诚信的内涵内化为品质。五是试行"无人监考"，习养考试诚信。

要点三：在合作的环境中培育合作精神。在活动内容上注重五个方面：在乐于"互助"中体验合作的快乐，在学会"沟通"中领悟合作的奥妙，在学会"交往"中感悟合作的要领，在学会"谦让"中享受合作的幸福，在学会"做事"中感受合作的力量；在认知上，注意引导学生分清四个关系：自主与合作的关系、分工与合作的关系、竞争与合作的关系、规则与合作的关系；在形式上，注重三种主要形式：一是课堂合作学习是"合作"教育的有效形式，二是各种活动是"合作"教育的重要阵地，三是综合实践课程是"合作"教育的重要途径。

要点四：以责任态度培养责任精神。在内容上要侧重四个层级：培养学生对自己的责任心，强化"少壮不努力，老大徒伤悲"的自我责任意识；培养学生对家庭的责任心，强化"感恩的心，伴我一生"的伦理责任情怀；培养对班集体的责任心，强化"人人为我，我为人人"的集体责任感；培养对社会的责任心，强化"天下兴亡，匹夫有责"的担当精神。在方法上注重五种：任务分配法，在"人人有责"中强化责任心；集体活动法，在"班荣我荣，班辱我辱"中体验责任感；主题班会法，提升人生责任角色认知；情境创设法，升华责任情感；榜样示范法，深化责任意识；自然惩罚法，感受生命必须承受之重的责任精神。

5. 活动历练策略

活动是德育的主要载体，大体上要形成五个方面的活动系列：一是综合实践活动系列，按国家《普通高中课程方案（实验）》精神，开设综合实践活动课程；二是主题教育活动系列，根据高中生的成长需要，有计划地开展富含人文精神的丰富多彩的专题教育活动；三是社团活动系列，由团委、学生会自行组建丰富多彩的学生社团，为学生的个性特长拓宽发展的空间；四是竞赛活动系列，组织富有人文内涵的竞赛活动，激活学生青春的活力；五是节日活动系列，一方面利用传统节日和纪念日举办庆祝活动，另一方面设立校本"人文"性节日，开展丰富多彩的活动。在各种各样的丰富多彩的活动中，促使学生历练美好的思想品德，习养高尚的人文精神。

第三项策略：人文班级创建策略

要点一：总体目标：①具有班级文化氛围，让同学们得到一定程度的先进文化的潜移默化的熏陶。②凸显"人文素养"的培育，促使学生逐步修养"尊重、合作、诚信、责任"等现代人的基本人文精神。③注重"人文关怀"，尽可能形成师生之间、生生之间、家长与师生之间互相"尊重、合作"的富有亲和力和凝聚力的班集体。④富有自我特色，尽可能形成能促进每一位学生都能得到最佳发展的班级环境。⑤体现学生的主体地位，努力培养学生的"诚信"意识和"责任"心，以及自我管理、自我服务、自我教育能力。

要点二：确立创建主题。如创建一个充满人文关怀的班级、创建一个富有人文素养的班级、创建一个充满"四风"的班级、创建一个相互尊重的班级、创建一个富有合作精神的班级、创建一个诚信班级、创建一个具有责任感的班级、创建一个快乐成长的班级、创建一个富有青春梦想的班级；创建一间幸福的课室、创建一间温馨和谐的课室、创建一间书香课室等。

要点三：建设好富有个性特色的班级文化。①拟定或修订富有特色的班级精神、班训、班名，最好有班歌。②建立健全班级制度，包括班级公约、奖惩制度、值日班长制度、值日生制度等。③规划班级文化环境，合理布置现有空间，办好黑板报，有条件也可以办墙报（如"芳草地""青春心语""班务栏"等），形成班级文化氛围。④规划班级文化特色理念，如"阅读文化""书香文化""感恩文化""青春文化""宏志文化"等。⑤建立富有号召力、执行力和组织能力的班级领导团队。

要点四：召开好主题班会。①在常规主题之中加进"人文素养"培育和班级文化理念方面的主题。②根据学校德育工作计划中拟定的主题，融入"人文德育"精神，结合班级实际，提出本班主题班会的具体纲目；以后每学期初规划一次；最后形成三年基本规划。③按规划召开好每一次主题班会；在班主任指导下，由学生主持、学生广泛参与；必要时邀请部分家长乃至全体家长参与。

要点五：组织好"人文"活动。①在学校统一安排的各种活动中，凸显本班的"人文"特色。②在社团活动、研究性学习等活动中体现本班的特色。③在有条件的情况下，开展有特色的班级活动，如"生日许愿""成长悄悄话""新年心愿""感恩师长""家长寄语""特长展示""荣誉窗""放飞希望""读书会""励志故事会""文学社""赛歌会""感动班级"等丰富多彩的小活动。④实事求是地组织适当的展示奖励活动。如，"助人为乐奖""最大进步奖""最佳自信奖""特长发展奖""尊重品格奖""合作风格奖""诚信优秀奖""责任精神奖"等。

要点六：建立"人文班级"评比制度。每学期进行一次评比，基本项目有："×星级班级""最佳'人文'环境班级""最富凝聚力班级""最富亲和力班级""进步最大班级""和谐班级""书香文化班级""'尊重'风尚优秀班""'合作'氛围优秀班""'诚信'风尚优秀班""'责任'风尚优秀班"等等。

要点七：建立值日班长制。各班每天按学号由一名学生担任值日班长，配合常务班长行使班级管理的职权，负责维持班级纪律，处理班级事务，并按班级公约和目标进行相关的教育。这就让学生站上一个岗位，扮演一个角色，获得一种感受，找到一份自信，贡献一份力量，懂得一个道理，体现一份价值，从而感受到自我独特的价值，在内心形成良好的自我道德形象。

（二）初步实现了"人文德育""三个转型"的研究目标

本课题的研究仅处于我校德育创新的初期，我们的起步目标就是以上述三个层面的研究及实践为切入点。通过研究及实践，已初步实现了"范本德育"向"人文德育"的转型。这种"转型"主要有三个层面：

第一个"转型"：初步实现了由"权威态势"向"人文关怀态势"的转型。

总体上，我校德育已经形成了富有人文关怀特质的德育态势。主要表现在四个层面：

领导层面：学校每学年聘任三名"学生校长助理"。黄孔辰校长经常与他们一起谈心，并每周一次带领相关领导与几位助理在饭堂自己打来饭菜共进工作午餐，边吃边聊工作，了解学生的困难和想法，帮助他们解决困难，采取有针对性的措施实施教育活动。黄校长十分乐于与学生沟通，学生有事喜欢找校长反映，校长也经常与学生谈心，常常还有书信交流。近三年多来，校长与学生的书信往来达 30 来封。

2012 年元旦，高二（7）班的同学们送了一张新年贺卡给黄校长，黄校长随即写了一封回信。信中写道："很高兴，在新年上班的第一天，就收到了同学们送给我的贺卡……这是我新年中收到的最珍贵的礼物，也是令我最高兴不过的事了……你们的一切都牵引着我的目光、牵挂着我的心，让我欢喜让我忧！你们的健康成长就是我最大的愿望和追求……愿你们的明天五光十色，绚烂多彩！……"这封信引来了部分同学的回信，其中一位同学在回信中写道："我是高二（4）班的苟玉婷，也许您并不认识我，也许在您眼中我只是颗无名的星星，每天伴随着轻声的问候与您微笑着擦肩而过。读了您给同学们的回信，不禁有所感慨。在信中，我感受到了您对同学们的希冀、对同学们的包容，还有对同学们成绩不理想的焦虑。字里行间，满满的都是您对我们——每一个学生的爱……两年前，我带着对中考成绩的失落与苦涩踏入'福实'校门，中考的失利使我深受打击并浑浑噩噩地度过了高一。还记得您刚担任校长时，每每经过我们班都会进来看看，笑着和同学们打招呼，询问大家近期的学习状况。您和蔼可亲的态度深深地打动着每一位同学。您总是不断地鼓励着我们，深入同学们中间，用平和的方式给予我们建议，赋予我们希望，让同学们都感到一种'啊……原来我们并没有被放弃'的感觉。谢谢您每一次平淡中又带着丝丝热血的激励……"

同样是新年伊始，高三（1）班的同学给黄校长写了一封信，信中写道：

"作为一群中考的失败者，我们总是以难受及自卑的心态来学习，总认为自己是没用的人，但您的一本《天生我材必有用》让我们恍然大悟，让我们在自己的伤痛中清醒，让我们再一次对自己充满信心，感到面对高考又有无数的冲劲……在许多人对我们都不抱任何希望的时候，您没有，您毅然选择了站在我们的身边……记忆中每次您开口声音总是那样平稳，语气平和，有时您不像是一个校长，倒像是一个知心的朋友，也因此您获得了我们的爱戴。"黄校长同样写了一封回信："成年意味着什么？成年，意味着成熟，意味着责任；成年，更多地意味着内心的成长——曾经的痛过、乐过、哭过、笑过、跌倒过又爬起……一点点蜕变，一点点长大，一点点成熟。成年的生活会多了份责任，少了份放纵；多了份小心，少了份随意；多了份稳重，少了份轻率。18载的光阴催化着你们不得不长大——你们只能学着成熟，你们一定要成熟，别无选择……记住，高考路上，校长与你们同行！"

学校设立了校长信箱和电子邮箱、团委学生会信箱，多渠道地了解掌握学生意见并及时反馈，实现了学生信息反馈渠道畅通。各处室、各年级组定期召开学生座谈会，及时了解学生对学校工作的意见和建议，营造了"民主、开放"的学校文化。

德育机构层面：我校构建了完善的"全员育人、全面育人、全程育人"的德育机构，按照"人文德育"精神实现了德育机制的创新，并逐步形成了人文关怀的态势。分管副校长陈晓莹淡化身份、放低姿态，经常与学生平等交流，成为学生的良师益友。主管德育的学生处人数由原来的5人精减到2人，职能由"管理型"转变为"育人型"，工作态势由"训诫式"转变为"关怀式"。机构重心下落到年级组和班主任，重点建构年级组德育系统和班主任德育模式，创建了高立意、近距离、低姿态的运作机制，较好地实现了"人文关怀"的具体落实。与此同时，学校还建立了家长委员会，建立了家校联系电子信息平台，建立家长学校，成立"家长义工讲师团"，并与社区、派出所建立了教育合作，形成了对学生的全方位的关怀态势。

教师层面：在课题研究过程中，我校教师与学生之间基本上形成了富有人文特质的和谐关系，广大教师及其员工都富有人文关怀的情怀，做到以情育德、以心润德、以爱养德、以理明德。我们基本上做到了班主任每学期与每位同学谈心若干次，任课老师每学期与所教每位学生谈心不少于1次，成长导师对受导学生则是随时随地谈心。同时，学校设立了心理咨询室，开设心理健康教育课程；进行团体心理辅导和个别心理辅导；设立了心理信箱，开展信件回访、信件咨询宣传服务；广播台每周一次《心灵相约》节目；还有心理社团活动。这些心理服务活动，不断地滋润着学生成长中的心灵。对每届新生，我们均采用华东师范大学周步成等人编制的《学习适应性测试》（AAT）对学生进行测试，然后通过心理辅导课、主题班会课、心理剧目、心理社团、心理宣传和个别辅导，学生的心理健康得到了较好的改善。就是这些谈心创造了无数奇迹。有位同学对英语学习"心死"而逃避、放弃、绝望，英语老师用"谈心＋辅导"的方式促使她一月之内背熟了 3500 个单词，英语成绩不断提高，其间，单是手机短信往来就达上千次。一些心理有障碍而"破罐子破摔"的同学，正是老师们用"不信春风唤不回"的信念与其谈心述理而引导他们实现了自己的梦想。2012 年 2 月，学校在高一全体学生中进行了一次问卷调查，其中一项是"你对现在的学习生活是否感到快乐"，结果有将近 90% 的学生感到快乐。在我们这样的基础薄弱的学生群体中，这一比例让人欣慰、令人振奋！有学生说："老师能关心我们，我们就感到快乐。"有学生说："学校不放弃我们，就快乐。"有学生说："克服学习困难，做好难题，我就快乐。"有学生说："该学时认真学，该玩时就玩，就快乐。"有学生说："老师笑着走进教室，笑着上课，笑着离开，就让我们快乐。"这个数据和这些学生的说法表明我校的德育已经实现了由"权威态势"向"人文关怀态势"的转型。

第二个转型：初步实现了由"功利取向"向"正确价值观培育取向"的转型。

总体上，我校的德育步入了"'人文'养正，立德树人"的人文德育轨道。具体表现在五个层面上：

以"文""化"人层面。学校"十二五"规划的主题是以先进文化引领学校的内涵发展。秉承这一主题，学校编印了第一套文化丛书，其中第一本是"明明白白做学生"之《天生我材必有用》。学校将该书发送到每一位学生手里。内容有《校长致高一新生的祝贺信》《校长给你的 20 条忠告》《跨好高中第一步——写给高一新生》《天道酬勤——写给高二学生》《披挂上阵，拼搏高三——写给高三学生》《习惯左右你的命运》《现代中学生的"十个学会"》《高中生必读的 15 个故事》等以及常规制度。开学之初，用一个月的时间开展一系列学习教育活动。校长在给同学们的信中如是说：

"也许你昨天并不十分优秀，但并不妨碍你进入人生新的航程。在这段航程中，挑战与机遇共存，汗水与收获同在；而成功的机会永远只属于那些不甘失败、敢于拼搏的勇者。昨天已经过去，未来尚不可知，只有珍惜和把握好今天，才可能有成功的明天！

"也许你不需要十分优秀，但是你必须拥有属于自己的梦想，必须发掘自己的闪光点，必须认真规划自己未来的路，并能坚持不懈地付出自己的努力，你就一定会如愿以偿，走进成功者的行列！"

学习活动月的核心目标是以"教育幸福人生，学习快乐一生"的教育理念来培育学生应有的人生观和学习观，促使学生在不断获得学习成功的过程中，体验到学习的快乐，在丰富多彩的校园生活中感受到学生时代的幸福。这对于这些绝大多数几乎十来年均被视为"差生"的孩子，必然会产生"山穷水尽疑无路，柳暗花明又一村"的感觉，渐渐萌生起"天生我材必有用"的价值观，从而感受到我们的校园是他们梦想起飞的地方。

常年文化活动层面。活动项目如，国歌、校歌比赛，红歌会，读书节，歌唱比赛，舞蹈比赛，绘画书法比赛，摄影比赛，科技制作比赛，科普知识竞赛，理化生实验展示，电影艺术欣赏，文艺演出等。特色项目如，"桃李杯"学生梦想秀才艺大赛，包括K歌达人、舞蹈达人、英语达人、器乐达人、曲艺达人、魔术达人、武术达人、口技达人、戏曲达人、球艺达人、魔方达人、魔尺达人等才艺的展示；"三杯"绘画书法摄影展览，一是"桃李杯"，展出学生作品，二是"园丁杯"，展出教职工作品，三是"春晖杯"，展出家长作品。这些活动，促使学生在展现个人风采和感受校园生活的丰富多彩中，日渐强化"天生我材必有用"的价值观和"快乐学习"的学习观，不断滋养富有青春气息的人文精神，比枯燥的说教更有效果。

文化环境层面。校园内建有"天时园""地利园""人和园"等三个错落有致、和谐优美的花园。花园中矗立着数位名人塑像，竖立着"方圆相济，天地人和"的文化石，彰显出一派祥和气象；门楼上高挂着三块巨幅画屏，每一阶段更换一次内容，下面则是"学习改变命运，习惯决定人生"的校训；门厅则以实现"青春梦"为主题，阶段性地更换内容；教学楼的廊墙上悬挂"学习篇""习惯篇""勤奋篇""人格篇""命运篇"等励志警语；教室的后墙上高悬"尊重、合作、诚信、责任"八个大字，各班均围绕着这一精神建设班级文化。富有内涵的学校文化潜移默化地熏陶着学生的人文素养。

比如高二（9）班自我约定的班训是"做最好的自己"；全班同学集体创

作了班歌《我们》："因为理想我们相聚这里，踏着相同的脚步向前迈进。我们信念坚定，团结一心，慢慢达成完美的默契。可以画出绚烂的世界，编织出动听的旋律，奋力奔向终点，永不放弃，创造出我们自己的奇迹。我们携手打造一片天地，无时无刻不充满欢声笑语，付出努力离梦想就更靠近，我们携手擦亮未来天际，不怕前方多少崎岖，只要努力，未知的明天会很美丽。"这是一个特长班，就在这样一种班级文化氛围中，同学们努力发展着自己。

学科渗透层面： 学校第一套文化丛书的第二本是"明明白白做老师"之《传道授业解惑》。开宗明义，传道、授业、解惑三者密不可分，且"传道"为先，为灵魂。基于这种认识，学校制订了《关于加强学科德育渗透在深层次上实施素质教育的实施方案》，各个学科均拟定了本学科德育渗透的实施意见，全体教师都撰写过德育渗透的论稿或案例。绝大多数的课都能在传授知识、培养技能、激发学生情感的过程中对学生进行科学人生观、价值观的教育，体现智育与德育水乳交融，科学精神与人文精神的培养相得益彰，做到"情感随风潜入夜，德'雨'润物细无声"。

学校开设了多门校本课程。其中，我们制订了《高中生国学课程规划》，以"开启人生幸福"为主题，开设了《〈论语〉与人生幸福》《〈庄子〉与人生境界》《〈三字经〉与人的发展》课程。以"活动·诵读·感悟"为基本教学方式，以在活动和诵读中感悟、熏陶为教育宗旨，用传统文化滋养学生的心灵，促使其逐步建树"真、善、美"的幸福观和高尚的境界，促进自己的人生获得美好的发展。

学校重视研究性学习课程，注意引导学生将德育内容的研究纳入研究性学习课题范畴。比如，关于《弟子规》中礼仪规范的研究、关于《道德经》的修身养性思想的研究、关于《孝经》的研究、关于中学生法制意识的研究、关于中学生消费观念的调查研究、关于中学生使用手机的利弊研究、关于中学生吸烟的调查研究、关于中学生考试作弊心理的研究、关于高中生如何保持积极心态的研究、关于中学生人际关系改善的研究、关于中西文化的比较研究、关于《哈利·波特》对中学生影响的研究、关于卡耐基人际关系的研究等大量的课题，每一届都有众多的学生参与研究。这些研究有效地促进了学生先进价值观的形成。

主题培育层面： 我校的校风是：尊重、合作、诚信、责任；这也是我校"学生素质培养目标"，即培养学生懂得尊重、善于合作、讲究诚信、承担责任，养成幸福人生的四大人文精神支柱，以此立身处世。因此，我们的主题培育的含义不是停留在简单的"主题班会"之类的意义上，而是对学生素质要素的整体养育，在一种文化氛围之中培育。

两年来，学校在部分班级第一次试行"无人监考"，结果个别学生控制不住自己，还是偷偷作弊了。我们并没有因噎废食，而是把此事作为"诚信教育"的活材料，召开了主题班会，就要不要实施无人监考组织学生展开讨论。事后，同学们都写下了自己的感受。高一（1）班学生黄裕平同学在《一次不同寻常的考试》中写道："'无人监考'，在我心里是一个陌生而新鲜的概念……一道简单的题目难住了我，我的手心开始冒汗，耳朵因为大脑的急速运转而发热……怎么办？看还是不看？也许只要我用脚尖轻轻地碰一下坐在前排的同学，难题就会迎刃而解！也许只要我直起脖子往前面伸一伸，一切都会神不知鬼不觉。可马上我又为这个想法感到羞耻，我觉得愧对学校的信任，玷污了'无人监考'的神圣光辉……看看周围的同学，他们依然专心致志地答着题。也许他们和我一样，内心正经历着无比严峻的考问，但没有人躁动不安，没有人交头接耳。也许是同学们的情绪感染了我，直到考试结束我再也没有抬头四处张望。我知道那道3分的填空题此刻不属于我，我庆幸自己战胜了虚荣心……走出考场，我感觉格外轻松，就连本是晃眼的阳光此刻也觉得清新怡人。我想这次不同寻常的考试经历必将影响我的整个人生。它告诉我，一个诚实的人才配拥有成功，一个诚实的人才会受到别人的尊重！我支持将'无人监考'这种制度实行下去，因为这是检验我们人格的试金石！"

这就是德育！在教育者设置的特定环境中学生的自我教育。

无人监考！应该说对这些学习习惯差的学生而言，可能要求高了点，但我们充满信心地说，只要坚持努力，一定能够实现全校无人监考的最终目标。"习惯决定终身"，不改变学生的陋习，就不可能改变学生的人生。

上学年，学校开展"星级班级"创建活动，得到了不少班级的热烈响应。他们召开主题班会，制订创建方案。尽管还处于起步阶段，但是已经在一定程度上显示出了我们德育的效果。

上述事例表明，我们的校风有了相当的改观。2011年，在福田区教工委、区政府组织的第十届精神文明建设评选表彰活动中，我校获得"福田区文明单位"称号，也是区属民办学校唯一获此表彰的单位；在大运会期间，我校荣获大运会志愿者工作先进单位和优秀志愿团体，近30名学生和老师获表彰。

2011 年我校被评为深圳市教育系统先进单位；2012 年我校顺利通过了福田区禁毒教育示范学校评估，同年获得福田区"创先争优"主题活动创新优秀案例优秀奖；2013 年，我校顺利通过了福田区德育示范学校的评估；2012、2013、2014 三个学年，校团委两次获评福田区优秀团委，先后有 9 个团支部获评福田区教育系统优秀团支部，10 个班获评 2012 年、2013 年、2014 年福田区教育系统文明班。

近三学年来，我校有一批学生向党组织递交了入党申请书；现有共青团员 794 人；学生操行评定优良率一直在 90% 以上，合格率在 100%；没有出现在校学生犯罪记录。获得区级以上表彰的学生相继有 186 人次；同时，学校还评选出 80 名校园明星、940 人次单项奖。

这些事例表明，积极向上已经成为绝大多数学生的核心价值取向，也表明我校的德育初步实现了由"功利取向"向"正确价值观培育取向"的转型。

第三个"转型"：实现了由"外在灌输"向"自主发展"的转型。

我校德育特别注重由强制性"外在灌输"转向促进学生"自主发展"，以探索"自主德育"的模式。

校长助理制引领自主发展。 每学年，高一、高二、高三年级各推选出一名校长助理，通过竞聘演讲，老师和学生代表投票选举产生。校长助理的设立，拉近了校长和学生的距离，更好地实现了心灵的沟通。实践下来，校长助理经常与校长交流，每次交流或会议都有记录，不是仅仅停留在参与管理的层面上，而且还能对学生成长中的困惑和纠结与校长进行沟通，并且回到学生中做些相应的舒解工作，事实上就形成了一种自主德育层次。

值日班长制历练自主发展。 各班每天按学号由一名学生担任值日班长，配合常务班长行使班级管理的职权，负责维持班级纪律，处理班级事务，并按班级公约和目标进行相关的教育。这就让学生站上一个岗位，扮演一个角色，获得一种感受，找到一份自信，贡献一份力量，懂得一个道理，体现一份价值，从而感受到自我独特的价值，在内心形成良好的自我道德形象。

同伴互助制提升自主发展。 由团委统筹，开展"一帮一，对对红"活动。每个班的学生结成对子，然后制订出"一帮一，对对红"计划，在互帮过程中，建立跟踪记录，每周总结一次，团支部每周至少跟踪一次，团委进行检查并表彰，有效地促进了同学之间互相帮助、携手同行风气的形成。

值周班制助推自主发展。 每周安排一个班进行全校性值周。值周成员由学生会、共青团、班干和责任心较强的同学组成，对每天进出学校、仪容仪表、早操、眼保健操、课间秩序、午餐午休、卫生等常规进行固定岗位和流动检查评估，并对违规现象进行批评纠正。

人文班级建设推动自主发展。在人文班级建设中，各班经过民主讨论拟定了班级"公德"，这种公德就是合作共赢的班级价值共识。每个班在校园文化学习月中都拟定了班级目标、制定了班级公约、确立了班训。这就形成了一种"一荣俱荣、一耻俱耻"的班级价值认同，并形成一种共同价值认同下的利益共同体。这是自主德育的核心价值。与班级公约同步，学生订立自我发展规划。内容上突出自我培育"人格自尊、行为自律、学习自主、生活自理"，习养积极健康的成长状态，促使每个学生获得真正成长。

自我阅读促进自主发展。我校倡导学生健康阅读。在阅读校本课程中，引导学生阅读青少年修养等内容的书籍，要求写出感悟；在国学校本课程中组织学生诵读经典，并在社团活动节上进行经典诵读表演竞赛；每年11月与"深圳读书月"同步开展读书活动；同时发放有关阅读资料，如学校编印的文化丛书、区教研中心开发的高中心理教材，让学生自己品读感悟。

高三（8）班谢宇琴同学在毕业前夕，写了一封信给自己，题目是《纵使昨日再不堪》。信中写道：

"人们说，干涸的河床不会感谢曾经的自己。但我仍然感谢你。

"你依旧在我记忆里，你那狂妄不羁的笑声依旧会在耳边响起，该闯的时候我也可以勇如超人，无人可挡；如今的我懂得了三思而行，因为满身的伤痕、隐隐的痛感在告诉我，要对未来的我负责。

"现在的我，十分平静。平静地走过城市、街道，见证相遇、离别，体味欢笑、泪水。走得十分缓慢，但从不后退。有坚持，有信仰。明白生活总有黑暗，就算身陷其中也相信光明，享受生活。

"因为你，才有今天的我，因为我想对你有存在的痕迹，所以我必须改变，所以成为了我。

"纵使昨日再不堪，我追逐着光明，诚心希望浩然如月，你放心。"

类似这样的心声，表明我校人文德育的重心已经基本上转向促进学生自我发展的新模式。

（三）初步实现了三个创新

第一个创新：探索出在文化视野下实施"人文"养正的基本思路。

经过研究与实践，我们找到了"人文德育"在内容方面的一个关键词，即"人文"养正。《易经·蒙卦》提到"蒙以养正，圣功也"。启蒙阶段，端正孩子的行为品德，促进全面素养的提升，有利于一生的成长，这是功德无量的。"养"是"涵养"，是教育的过程，"正"是"正本"，是教育的目的。我们发现，有的学校秉承这一理念，提出以"健体养正、修行养正、怡情养正、遵规养正"为德育的基本理念，以"养德行，育正心；养习惯，育正行；养学力，育正智；养体魄，育正身"为教育目标，最终，使每一位学生具有正直的心灵、正确的认知、正派的行为。而我们学校则根据生源薄弱高中生的实际结合现代德育的时代精神，将德育植根于先进文化的视野之下，抓住"'人文'养正"这一核心内容，建构新的德育模态，这是我们课题研究的第一个创新点。

第二个创新：探索出在"立德树人"目标下学校德育的基本定位。

在研究与实践中，我们认真学习思考了党和国家近些年来关于德育的目标及内容的文献，意识到在德育内容的政治教育、思想教育、品德教育范畴下各种各样的教育目标内涵为"立德树人"，而在错综复杂的内容之中的基本取向应该是围绕"立德树人"的目标培养学生正确的主导价值观，习养学生终生发展的人文底蕴及其自我发展的正能量。"立德树人"这一概念一方面要求教师树立美好的师德，确立"树人"的目标，更重要的方面是要促进学生"立德"自主"树人"，二者的融合应该是学校德育的真正定位。

第三个创新：探索出促进学生"自我发展"的德育制度。

在研究与实践中，我们建立和完善了学生方面的《学生校长助理制》《值日班长制》《学生辅导员制》《同伴互助制》，辅以教师方面的《成长导师制》，这几项富有人文德育特质的制度，构成了促进学生"自主发展"的有效的制度体系。

五、研究后的思考

1. "人文德育"的探索还处于起步阶段，无论在理念上还是操作上都有待进一步探索和实践。我们将继续不断努力，逐步建构比较完善的富有创新价值的德育体系，进而形成独具特色的德育文化。

2. "自主德育"的探索力度还不够，遇到的实际问题还很多，有些要求还没有得到认真的贯彻和落实；部分教师在班级管理和学科教学中还不敢放开手脚，把主动权交给学生，部分学生还缺乏参与管理和自主育德的意识。这是我们今后要解决好的重点课题。

3. 我们的德育，面对着大量的问题学生和学困生，我们遇到的问题复杂得多尖锐得多，需要一种使命感和坚守精神。这个严峻的问题正在并继续考验着我们。但是我们将谨守"大道在天，唯有前行"的信条，充满信心，矢志不渝，创造适合我校学生发展的德育，为他们的幸福人生奠定坚实的人文基础。

主要参考文献

［1］李康平．德育发展论．中国社会科学出版社，2004.

［2］卢风．人类的家园——现代文化矛盾的哲学反思．湖南大学出版社，1996：94.

［3］戴木才．论德性养成教育．江西师范大学学报·哲学社会科学版，2000（3）．

［4］自凌逾．面向21世纪的自我管理教育．青年探索，1999（2）．

［5］金生．德性教化乃是心灵转向．湖南师范大学教育科学学报，2002(2).

［6］郑少华．徐州市教育科学研究所，关于"学校教育中学生人文精神缺失与重构研究"课题资料，2008.

［7］普通高中课程标准．2003版．

［8］党和国家关于"立德树人"的有关文献。

以人为本，以文化人

黄孔辰

"人文德育"是为提高基础薄弱高中学生的人文素养而提出的研究课题。

"人文德育"中的核心概念"人文"，它包含了"人"与"文"两个方面，体现了对人的关怀和对文化影响力的关切。

人文的主题首先关注的是"人"，体现的是人文精神。人文精神就是要以人为本，以人的发展和幸福为本。就学校教育而言，关注的是学生的情感、态度、价值观等人文素养以及健康成长。

人文另一个重要的主题是"文化"。人文德育强调以文化人，体现了文化的育人功能。这里的文化，除了大文化外，主要是指学校文化。我校"人文德育"的课题，就是在重构学校文化的基础上开展研究的。其中"教育幸福人生，学习快乐一生"的教育理念，体现了学校教育所追求的核心价值；"尊重、合作、诚信、责任"的校风，对学生人文素养的培养提出了核心要求；"学习改变命运，习惯决定人生"的校训，不仅重在激发学生的学习动机，更重在改变影响学生一生发展的各种不良习惯。

"人文德育"的研究，不仅仅体现在对学校德育的使命、内容和途径等改革层面上，同时也体现在与学校教学、管理等工作的有机整合，从而对提高学校的教育质量产生了巨大的影响，可谓牵一发而动全身。

附Ⅱ 《广东教育》2015 年第 3 期载文

"三个转型"：步入"立德树人"的德育路向

——深圳市沪教院福田实验学校德育创新纪略

王仁甫

"成年意味着什么？成年，意味着成熟，意味着责任；成年，更多地意味着内心的成长——曾经的痛过、乐过、哭过、笑过、跌倒过又爬起……一点点蜕变，一点点长大，一点点成熟。成年的生活会多了份责任，少了份放纵；多了份小心，少了份随意；多了份稳重，少了份轻率。18 载的光阴催化着你们不得不长大——你们只能学着成熟，你们一定要成熟，别无选择……三年成长路上，校长与你们同行！"这是 2012 年，黄孔辰校长给 18 岁同学们的生日寄语。寥寥数语道出了高中学生成长的特点以及教育者的责任。

与此相应，2014 届高三（4）班曾锦华同学回顾高中 3 年的生活这样写道："高中，从 16 岁到 18 岁，走向'成人'，走向青春！面对终将逝去的三年，经过许多有哭有笑的日子之后，我们那悲伤的、真挚的、不安的庆典，一切都源于青春，是青春路上的悲鸣，是悲鸣的幸福。16 岁的高一，我带着失落的哭泣，唱着《命硬》之歌走进高一（2）班，决心'转生'……我在这里学会很多很多，让我明白青春才正在开始。17 岁的高二，转入（4）班，梦想在进行，学会唱《淋雨一直走》，'人都应该有梦，有梦就别怕痛'。用耳朵听自己的心灵，唱着我的青春梦想。18 岁的高三，我唱响《倔强》，'我，如果对自己妥协，如果对自己说谎，即使别人原谅，我也不能原谅'。高中三年，眨眼间飞逝，心里开始依依不舍……所有孤独，所有伤痛，都是青春路上幸福的悲鸣……"这一番毕业前夕的倾诉是我校绝大多数学生高中三年的生活与心态的真实写照。

我校是一所生源薄弱的民办高中，我们的教育对象中有着大量的学习困难生和问题学生。针对这样一个学生群体，我们用心做着富有实效的德育。

在党和国家有关精神的引领下，我们在目不暇接的德育内容中寻找到两个关键词，即"立德树人"和"核心价值观"，将德育的基本取向定为围绕"立德树人"的目标培养学生正确的主导价值观，习养学生终生发展的人文底蕴及其自我发展的正能量。为着步入这一路向，我们努力实现着"三个转型"。

第一个"转型"：初步实现了由"权威态势"向"人文关怀态势"的转型。

总体上，我校德育已经形成了富有人文关怀特质的德育态势。主要表现在三个层面上：

领导层面：学校每学年聘任三名"学生校长助理"。黄孔辰校长经常与他们一起谈心，并每周一次带领相关领导与几位助理在饭堂自己打来饭菜共进工作午餐，边吃边聊工作，了解学生的困难和想法，帮助他们解决困难，采取有针对性的措施实施教育活动。黄校长十分乐于与学生沟通，学生有事喜欢找校长反映，校长也经常与学生谈心，常常还有书信交流。近三年多来，校长与学生的书信往来达 30 多封。

德育机构层面：我校构建了完善的"全员育人、全面育人、全程育人"的德育机构，按照"人文德育"精神实现了德育机制的创新，并逐步形成了人文关怀的态势。分管副校长陈晓莹淡化身份、放低姿态，经常与学生平等交流，成为学生的良师益友。德育处人数由原来的 5 人精减到 2 人。有人问赵立平主任："这样你是不是更累了？"他回答说："不然，我们的职能由'管理型'转变为'育人型'，工作态势由'训诫式'转变为'关怀式'。机构重心下落到年级组和班主任，重点建构年级组德育系统和班主任德育模式，创建了高立意、近距离、低姿态的运作机制，较好地实现了'人文关怀'的具体落实。应该说是反而更有效了。"

教师层面：我校教师与学生之间基本上形成了富有人文特质的和谐关系，广大教师及其员工都富有人文关怀的情怀，做到以情育德、以心润德、以爱养德、以理明德。我们基本上做到了班主任每学期与每位同学谈心若干次，任课老师每学期与所教每位学生谈心不少于一次，成长导师对受导学生则是随时随地谈心。同时，学校设立了心理咨询室，开设心理健康教育课程；进行团体心理辅导和个别心理辅导；设立了心理信箱，开展信件回访、信件咨询宣传服务；组建了心理社团活动。这些心理服务活动，不断地滋润着学生成长中的心灵。有位同学对英语学习"心死"而逃避、放弃、绝望，英语老师林森用"谈心＋辅导"的方式促使她一月之内背熟了 3500 个单词，英语成绩不断提高，其间，单是手机短信往来就达上千次。一些心理有障碍而"破罐子破摔"的同学，正是老师们用"不信春风唤不回"的信念与其谈心述理而引导他们实现了自己的梦想。

第二个转型：初步实现了由"功利取向"向"正确价值观培育取向"的转型。

总体上，我校的德育步入了"'人文'养正，立德树人"的人文德育轨道。具体表现在五个层面上：

以"文""化"人层面：学校"十二五"规划的主题是以先进文化引领学校的内涵发展。秉承这一主题，学校编印了第一套文化丛书，其中第一本是"明明白白做学生"之《天生我材必有用》。学校将该书发送到每一位学生手里。内容有《校长致高一新生的祝贺信》《校长给你的20条忠告》《跨好高中第一步——写给高一新生》《天道酬勤——写给高二学生》《披挂上阵，拼搏高三——写给高三学生》《习惯左右你的命运》《现代中学生的"十个学会"》《高中生必读的15个故事》等以及常规制度。开学之初，用一个月的时间开展一系列学习教育活动。

学习活动月的核心目标是以"教育幸福人生，学习快乐一生"的教育理念来培育学生应有的人生观和学习观，促使学生在不断获得学习成功的过程中，体验到学习的快乐，在丰富多彩的校园生活中感受到学生时代的幸福。这对于这些绝大多数几乎十来年均被视为"差生"的孩子，必然会产生"山穷水尽疑无路，柳暗花明又一村"的感觉，渐渐萌生起"天生我材必有用"的价值观，从而感受到我们的校园是他们梦想起飞的地方。

常年文化活动层面。活动项目如，国歌、校歌比赛，梦想歌会，读书节，歌唱比赛，舞蹈比赛，绘画书法比赛，摄影比赛，科技制作比赛，科普知识竞赛，理化生实验展示，电影艺术欣赏，文艺演出等。特色项目如，"桃李杯"学生梦想秀才艺大赛，包括K歌达人、舞蹈达人、英语达人、器乐达人、曲艺达人、魔术达人、武术达人、口技达人、戏曲达人、球艺达人、魔方达人、魔尺达人等才艺的展示；"三杯"绘画书法摄影展览，一是"桃李杯"，展出学生作品，二是"园丁杯"，展出教职工作品，三是"春晖杯"，展出家长作品。这些活动，促使学生在展现个人风采和感受校园生活的丰富多彩中，日渐强化"天生我材必有用"的价值观和"快乐学习"的学习观，不断滋养富有青春气息的人文精神，比枯燥的说教更有效果。

文化环境层面。校园内建有"天时园""地利园""人和园"等三个错落有致、和谐优美的花园。花园中矗立着数位名人塑像，竖立着"方圆相济，天地人和"

的文化石，彰显出一派祥和气象；门楼上高挂着三块巨幅画屏，每一阶段更换一次内容，下面则是"学习改变命运，习惯决定人生"的校训；门厅则以实现"青春梦"为主题，阶段性地更换内容；教学楼的廊墙上悬挂"学习篇""习惯篇""勤奋篇""人格篇""命运篇"等励志警语；教室的后墙上高悬"尊重、合作、诚信、责任"八个大字，各班均围绕着这一精神建设班级文化。富有内涵的学校文化潜移默化地熏陶着学生的人文素养。

学科渗透层面：学校第一套文化丛书的第二本是"明明白白做老师"之《传道授业解惑》。开宗明义，传道、授业、解惑三者密不可分，且"传道"为先，为灵魂。基于这种认识，学校制订了《关于加强学科德育渗透在深层次上实施素质教育的实施方案》，各个学科均拟定了本学科德育渗透的实施意见，全体教师都撰写过德育渗透的论稿或案例。绝大多数的课都能在传授知识、培养技能、激发学生情感的过程中对学生进行科学人生观、价值观的教育，体现智育与德育水乳交融，科学精神与人文精神的培养相得益彰，做到"情感随风潜入夜，德'雨'润物细无声"。

主题培育层面：我校的校风是：尊重、合作、诚信、责任；这也是我校"学生素质培养目标"，即培养学生懂得尊重、善于合作、讲究诚信、承担责任，养成幸福人生的四大人文精神支柱，以此立身处世。因此，我们的主题培育的含义不是停留在简单的"主题班会"之类的意义上，而是对学生素质要素的整体养育，在一种文化氛围之中培育。

第三个"转型"：实现了由"外在灌输"向"自主发展"的转型。

我校德育特别注重由强制性"外在灌输"转向促进学生"自主发展"，以探索"自主德育"模式。

校长助理制引领自主发展。每学年，高一、高二、高三年级各推选出一名校长助理，通过竞聘演讲，老师和学生代表投票选举产生。校长助理的设立，拉近了校长和学生的距离，更好地实现了心灵的沟通。实践下来，校长助理经常与校长交流，每次交流或会议都有记录，不是仅仅停留在参与管理的层面上，而且还能对学生成长中的困惑和纠结与校长进行沟通，并且回到学生中做些相应的舒解工作，事实上就形成了一种自主德育层次。

值日班长制历练自主发展。各班每天按学号由一名学生担任值日班长，配合常务班长行使班级管理的职权，负责维持班级纪律，处理班级事务，并按班级公约和目标进行相关的教育。这就让学生站上一个岗位，扮演一个角色，获得一种感受，找到一份自信，贡献一份力量，懂得一个道理，体现一份价值，从而感受到自我独特的价值，在内心形成良好的自我道德形象。

同伴互助制提升自主发展。由团委统筹，开展"一帮一，对对红"活动。每个班的学生结成对子，然后制订出"一帮一，对对红"计划，在互帮过程中，建立跟踪记录，每周总结一次，团支部每周至少跟踪一次，团委进行检查并表彰，有效地促进了同学之间互相帮助、携手同行风气的形成。

值周班制助推自主发展。每周安排一个班进行全校性值周。值周成员由学生会、共青团、班干和责任心较强的同学组成，对每天进出学校、仪容仪表、早操、眼保健操、课间秩序、午餐午休、卫生等常规进行固定岗位和流动检查评估，并对违规现象进行批评纠正。

人文班级建设推动自主发展。在人文班级建设中，各班经过民主讨论拟定了班级"公德"，这种公德就是合作共赢的班级价值共识。每个班在校园文化学习月中都拟定了班级目标、制定了班级公约、确立了班训。这就形成了一种"一荣俱荣、一耻俱耻"的班级价值认同，并形成一种共同价值认同下的利益共同体。这是自主德育的核心价值。与班级公约同步，学生订立自我发展规划。内容上突出自我培育"人格自尊、行为自律、学习自主、生活自理"，习养积极健康的成长状态，促使每个学生获得真正成长。高二（8）班班主任胡德海老师用文化经营班级，构建思想和灵魂家园。他引导同学们根据学校新校规 30 条共同拟定一个非常独特的班级行为公约：友谊，从用心倾听开始；自信，从大声回答开始；文明，从对人微笑开始；感恩，从问候师长开始；勤奋，从课前预习开始；朴素，从爱穿校服开始；节俭，从拒绝零食开始；成功，从有错必改开始。

不一样的学校 不一样的教育

以人文德育幸福学生的人生

——深圳市沪教院福田实验学校德育绩效评估自评报告

2012 年 9 月

王仁甫

一、学校概况

深圳市沪教院福田实验学校是一所民办普通高级中学，是深圳市唯一只办高中且高中规模最大的不求经济回报的民办学校，是上海市教育科学研究院的实验基地。学校创办于 2002 年；2010 年获评"深圳市普通高中教学水平优秀学校""广东省一级学校"；2011 年获"深圳市民办中小学规范优质办学专项奖"，并获评"2011 年深圳市教育系统先进单位"；2012 年被评为"福田区文明单位"及区"创先争优"主题活动创新优秀案例优秀奖。

学校坐落在深圳中心城区的黄金地段，占地面积 33248.8m²，建筑面积 34910.52m²，绿化面积 12480.50m²；学校现有 31 个教学班、学生 1260 人、教职工 126 人。

资深教育专家、原福田区教育局副局长黄孔辰接任校长后，确立并践行"教育幸福人生，学习快乐一生"的教育理念，朝着"为学生提供成功机会、为教师搭建发展平台、为家庭营造学习氛围"的办学目标，带领全校师生努力打造"幸福教育"，倾情促进学生"告别昨天、把握今天、创造明天"，为幸福人生奠定坚实的基础，开创了学校发展的新局面。

二、德育综述

（一）总体框架

德育目标：以人文精神奠基学生的幸福人生

德育维度：

1.内容上：**人文德育**

人文要素

　▲尊重

　▲合作

　▲诚信

　▲责任

文化熏陶

学科渗透

主题培育

活动历验

2. 实施上：**贴心德育**

贴心要素

　▲动情

　▲知心

　▲益友

　▲晓理

以情育德

以心润德

以爱养德

以理明德

3. 方式上：**全员德育**

全员要素

　▲自我

　▲学校

　▲家庭

　▲社会

自我习养

健全队伍

家校合作

社会联合

（二）为学生幸福人生奠基的人文德育

1. 我们的思路

德育，换一种说法，就是育德。就我校高中生而言，育德的主要指向应该怎样确立呢？一位教授的教育演示启迪了我们：他拿出一个广口瓶，先放入若干拳头大小的鹅卵石，然后装入碎石，继而装入沙子，再后又倒入清水。每装入一物，都问学生"满没满"，前三次学生自然回答"没满"，倒入清水后学生说"满了"。最后他问学生："这个现象说明了什么？"教授最后说："我想告诉你们的是，如果不先把大石块放进瓶子里，也许你就永远也没有机会把它们放进去了。请你们想一想，你的生命中应该首先放进什么样的大石块呢？"我们的思考就从这儿开始，青少年在成长过程中首先要奠定生命的基石，树立起精神支柱，然后才能不断地充实和丰富自己。我们的德育应该往学生的生命瓶中装入怎样的大石块呢？在这里，我们认为，"大石块"的喻义就是人文精神，而人文精神的因素是广博的，具体到我校学生身上，我们的德育应该主要培育学生的哪些人文因素呢？

我们从学生的四个维度去寻求答案：

第一是生理维度。高中生大都是从 15 岁进校到 18 岁毕业，这是他们由少年步入青年的发育高峰期。其基本特点就是生理渐趋成熟而心理滞后成熟。这就决定了我们的教育取向的第一层次在于唤起学生主体性的逐步觉醒，从而萌生追求生命价值的意识和行动。

第二是时代维度。近几年的高中生均属于独生子女的 90 后，成长在改革开放深入发展的社会转型期。作为信息时代的优先体验者，其基本特点就是他们的成长过程不同程度地打上了时代的正面和负面双重影响的烙印。这就决定了我们的教育取向的第二层次在于培育其追求生命价值的主导价值观。

第三是基础维度。我校的生源都是进不了公立学校的学生，是由大量学习困难生和问题学生组成的新课程体系下的基础薄弱学生群体。其主要特点就是失意、焦虑和渴求、期望交织于心、纠结在怀。这就决定了我们的教育取向的第三层次在于激发其"天生我材必有用"的成才信念。

第四是学业维度。作为基础薄弱学生群体，面对高中的课业负担、升学压力和父母的期许、老师的管教，承受着原本难以承受的"最累的高中"生活。其主要特点就是背负着想学好却又学不太懂、想快乐学习却往往快乐不起来的心态度日。这就决定了我们的教育取向的第四层次在于为他们构建"学习快乐一生”的"幸福教育"体系。

本着这样的认识，黄孔辰校长根据长期研究的积淀，确立了"教育幸福人生，学习快乐一生"的教育理念，把实现"幸福教育"作为发展愿景。在这一理念视野下，学校把德育定位到"三个关注"上：关注基础薄弱学生作为具有生命属性的人的生存状况和成长态势，关注学生失意中饱含期待的精神支撑，关注学生的终生发展和幸福人生在步入成年阶段的实现进程。

在这种理念下，学校确立了首先要装入学生生命瓶中的大石块，那就是以上述教育取向为核心的人文精神。其基本点有二：

（1）基本人文精神：**具有时代精神和个性特征的人生价值观。**

（2）人文精神的四大要素：**尊重、合作、诚信、责任。**

2. 我们的实践

（1）文化熏陶

文化熏陶是我校德育滋养学生人文底蕴的基本维度。

1）入学及开学第一课：文化学习活动月

学校"十二五"规划的主题是以先进文化引领学校的内涵发展。秉承这一主题，学校编印了第一套文化丛书，其中第一本是"明明白白做学生"之《天生我材必有用》。学校将该书发送到每一位学生手里。内容有《校长致高一新生的祝贺信》《校长给你的20条忠告》《跨好高中第一步——写给高一新生》《天道酬勤——写给高二学生》《披挂上阵，拼搏高三——写给高三学生》《习惯左右你的命运》《现代中学生的"十个学会"》《高中生必读的15个故事》等以及常规制度。开学之初，用一个月的时间开展一系列学习教育活动。校长在给同学们的信中如是说：

"也许你昨天并不十分优秀，但并不妨碍你进入人生新的航程。在这段航程中，挑战与机遇共存，汗水与收获同在；而成功的机会永远只属于那些不甘失败、敢于拼搏的勇者。昨天已经过去，未来尚不可知，只有珍惜和把握好今天，才可能有成功的明天！

"也许你不需要十分优秀，但是你必须拥有属于自己的梦想，必须发掘自己的闪光点，必须认真规划自己未来的路，并能坚持不懈地付出自己的努力，你就一定会如愿以偿，走进成功者的行列！"

学习活动月的核心目标是以"教育幸福人生，学习快乐一生"的教育理念来培育学生应有的人生观和学习观，促使学生在不断获得学习成功的过程中，体验到学习的快乐，在丰富多彩的校园生活中感受到学生时代的幸福。这对于这些绝大多数几乎十来年均被视为"差生"的孩子，必然会产生"山穷水尽疑无路，柳暗花明又一村"的感觉，渐渐萌生起"天生我材必有用"的价值观，从而感受到我们的校园是他们梦想起飞的地方。

2）常年文化活动

学校常年有序地举办文化活动。活动项目有：国歌、校歌比赛，红歌会，读书节，歌唱比赛，舞蹈比赛，绘画书法比赛，摄影比赛，科技制作比赛，科普知识竞赛，理化生实验展示，电影艺术欣赏，文艺演出等。其中比较有特色的有三项：一是"桃李杯"学生梦想秀才艺大赛，包括K歌达人、舞蹈达人、英语达人、器乐达人、曲艺达人、魔术达人、武术达人、口技达人、戏曲达人、球艺达人、魔方达人、魔尺达人等才艺的展示。二是"三杯"绘画书法摄影展览。展览《前言》中写道："丹青吐秀，墨彩飘香。此次绘画书法摄影展览，冠名'三杯'，一曰'桃李杯'，展出学生作品123件；二曰'园丁杯'，展出教职工作品56件。三曰'春晖杯'，展出家长作品50件。学生作品如春之小花，含苞待放，记录着莘莘学子用灵感点燃的青春激情，闪烁着稚嫩与梦想交织的艺术灵光，你或许能从中触摸到青春跳动的音符，聆听出生命开花的声音。教职工的作品如秋之硕果，灼灼其华，凝聚着教育者的智慧之光，彰显出作者深厚的艺术功力，你或许能从中闻到园丁身旁的桃李芬芳，看到他们胸中那片繁星闪烁的天空。家长的作品如夏之园林，精彩纷呈，绽放出他们五彩缤纷的艺术风华，寄寓着他们对教育的殷切期待，或许你能从中领悟到'真、善、美'的真谛，聆听出长辈对后代的拳拳细语。"三是校庆10周年文艺演出，其中《千手观音》《我像雪花天上来》《大地飞歌》等节目几近专业水平，深得与会的台湾钱复先生以及市区有关领导的赞许。

这些活动，促使学生在展现个人风采和感受校园生活的丰富多彩中，日渐强化"天生我材必有用"的价值观和"快乐学习"的学习观，不断滋养富有青春气息的人文精神，比枯燥的说教更有效果。

3）校园文化氛围

校园内建有"天时园""地利园""人和园"等三个错落有致、和谐优美的花园。花园中矗立着数位名人塑像，竖立着"方圆相济，天地人和"的文化石，彰显出一派祥和气象。

门楼上高挂着三块巨幅画屏，分别是感念师恩、感恩父母、感谢同窗的图画和寄语，下面则是"学习改变命运，习惯决定人生"的校训。醒目的文化标牌日日滋养着莘莘学子"感恩的心，感谢有你，伴我一生，让我有勇气做我自己"的人生情怀，激励学生习养良好习惯，努力学习，为幸福人生打好基础。

教学楼的廊墙上挂着励志画图，大都是历届校园之星的照片及成长亮点，还有学生绘画书法作品以及学生活动图片。这些校友们的青春风采激励和牵引着学生前进的脚步。

教室的后墙上高悬"尊重、合作、诚信、责任"八个大字，各班均围绕着这一精神建设班级文化。比如2010届高二（9）班自我约定的班训是"做最好的自己"；全班同学集体创作了班歌《我们》："因为理想我们相聚这里，踏着相同的脚步向前迈进。我们信念坚定，团结一心，慢慢达成完美的默契。可以画出绚烂的世界，编织出动听的旋律，奋力奔向终点，永不放弃，创造出我们自己的奇迹。我们携手打造一片天地，无时无刻不充满欢声笑语，付出努力离梦想就更靠近，我们携手擦亮未来天际，不怕前方多少崎岖，只要努力，未知的明天会很美丽。"这是一个特长班，就在这样一种班级文化氛围中，同学们努力发展着自己。

（2）学科渗透

学科渗透是我校德育滋养学生人文精神的主要渠道。

1）主修课程德育渗透

学校第一套文化丛书的第二本是"明明白白做老师"之《传道授业解惑》。开宗明义，传道、授业、解惑三者密不可分，且"传道"为先，为灵魂。基于这种认识，学校制订了《关于加强学科德育渗透在深层次上实施素质教育的实施方案》，各个学科均拟定了本学科德育渗透的实施意见，全体教师都撰写过德育渗透的论稿或案例。绝大多数的课都能在传授知识、培养技能、激发学生情感的过程中对学生进行科学人生观、价值观的教育，体现智育与德育水乳交融，科学精神与人文精神的培养相得益彰，做到"情感随风潜入夜，德'雨'润物细无声"。

2）校本课程重视德育

学校开设了多门校本课程。其中，我们制订了《高中生国学课程规划》，以"开启人生幸福"为主题，开设了《〈论语〉与人生幸福》《〈庄子〉与人生境界》《〈三字经〉与人的发展》课程。以"活动·诵读·感悟"为基本教学方式，以在活动和诵读中感悟、熏陶为教育宗旨，用传统文化滋养学生的心灵，促使其逐步建树"真、善、美"的幸福观和高尚的境界，促进自己的人生获得美好的发展。

3）研究性学习课程贯穿德育

学校重视研究性学习课程，注意引导学生将德育内容的研究纳入研究性学习课题范畴。比如，关于《弟子规》中礼仪规范的研究、关于《道德经》的修身养性思想的研究、关于《孝经》的研究、关于中学生法制意识的研究、关于中学生消费观念的调查研究、关于中学生使用手机的利弊研究、关于中学生吸烟的调查研究、关于中学生考试作弊心理的研究、关于高中生如何保持积极心态的研究、关于中学生人际关系改善的研究、关于中西文化的比较研究、关于《哈利·波特》对中学生影响的研究、关于卡耐基人际关系的研究等大量的课题，每一届都有众多的学生参与研究。这些研究有效地促进了学生先进价值观的形成。

（3）主题培育

1）主题教育序列

我们认真贯彻《中共中央关于进一步加强和改进未成年人思想道德建设的若干意见》，按《中学德育大纲》，结合我校学情，形成了专题教育序列。

①国民公德主题教育序列

Ⅰ.生命与健康教育主题

——珍爱生命教育；安全教育；禁毒教育。

Ⅱ.行为习惯养成教育主题

——行为规范教育；习惯养成教育；文明礼仪教育。

Ⅲ.政治思想教育主题

——爱国主义教育；法纪教育；理想信念教育；人生价值观教育。

Ⅳ.道德品质教育主题

——公民素养教育；品格修养教育；感恩教育。

Ⅴ.个性心理素质教育主题

——心理健康教育；人格塑造教育；幸福人生教育；和谐人生教育。

②人文精神主题教育序列

Ⅰ."尊重"教育专题。

Ⅱ."合作"教育专题。

Ⅲ．"诚信"教育专题。

Ⅳ．"责任"教育专题。

2）人文精神主题培育

我校的校风是：尊重、合作、诚信、责任；这也是我校"学生素质培养目标"，即培养学生懂得尊重、善于合作、讲究诚信、承担责任，养成幸福人生的四大人文精神支柱，以此立身处世。

因此，我们的主题培育的含义不是停留在简单的"主题班会"之类的意义上，而是对学生素质要素的整体养育，在一种文化氛围之中培育。

①在"尊重"的环境之中培育"尊重"品行

"尊重"品行是一个人立身处世最基础的人文精神，"尊重"的态度也是德育的最佳切入点。

我们的"尊重"教育活动的内容强调五个方面："尊重自己"强调"自立"，"尊重他人"强调"平等"，"尊重社会"强调"规则"，"尊重自然"强调"和谐"，"尊重科学"强调"探索"。

我们的"尊重"教育从老师对学生的尊重做起，强调四个方面：尊重学生的个性和人格、尊重学生的基础智能差异、尊重学生的不同意见和幼稚见解、尊重学生的差错和缺陷。

我们的"尊重"教育努力形成三个维度：一是以"尊重"为核心，弘扬人文关怀，建立和谐的师生关系和生生关系；二是从"尊重"入手，构建人文和谐课堂，关怀学生、倾听学生、赏识学生；三是以"尊重"为纽带，营造亲和的生活氛围，教师亦师亦友，学生亦生亦友，相亲相爱。

我们的"尊重"教育努力做好三件事：一是开好"尊重"主题班会，二是以"尊重"为核心制定班级公约，三是在各种活动中融入"尊重"教育内容。

②在合作的环境中培育合作精神

"合作"品行是现代人适应社会的最重要的人文精神。

我们的"合作"教育活动的内容注重五个方面：在乐于"互助"中体验合作的快乐，在学会"沟通"中领悟合作的奥妙，在学会"交往"中感悟合作的要领，在学会"谦让"中享受合作的幸福，在学会"做事"中感受合作的力量。

我们的"合作"教育活动注意引导学生分清四个关系：自主与合作的关系、分工与合作的关系、竞争与合作的关系、规则与合作的关系。

我们着力建构"合作"教育活动的三种主要形式：

一是课堂合作学习是"合作"教育的有效形式。合作学习是我校"有效教学"的重要策略之一，老师们都能够建立学习小组，形成小组内合作学习及小组间合作与竞争学习状态，营造愉快和谐的课堂学习氛围，运用合理的激励措施来控制与支持学生的有效合作，有效地培养学生的合作意识、团队精神和集体观念。

二是各种活动是"合作"教育的重要阵地。班级活动、节日活动、专题活动、竞赛活动，特别是社团活动，我们都十分注意点燃学生的合作激情，增强团队的凝聚力，培养其合作意识和精神。

三是综合实践课程是"合作"教育的重要途径。我校重视社会实践、社区服务、研究性学习、军训，有效地培养学生的合作精神。

③以诚信态度培养诚信品质

诚信是一个人为人处世的道德基石。

我们的"诚信"教育活动侧重于四个方面：一是诚信待人，言必信；二是诚信处事，行必果；三是诚信学习，学必真；四是诚信立身，身必正。

我们的"诚信"教育主要做了如下五种工作：

首先是做好宣传认知。利用网站、条幅、橱窗、板报、广播、主题班会、知识抢答赛、辩论赛、征文比赛、文艺演出以及观看"信用行天下"专题教育片等多种形式，开展"呼唤诚信、共筑诚信"的专题宣传活动，营造"讲诚信光荣，不讲诚信可耻；讲诚信得益，不讲诚信受损"的校园氛围，使诚信观念深入人心。

其次是拟定《班级诚信文明公约》，促进诚信自律互律，逐步养成习惯。

再次是召开诚信故事会，让学生从故事中感悟诚信的高尚和美好。

再其次是诚信格言记诵，促使学生将诚信的内涵内化为品质。

最后是试行"无人监考"，习养考试诚信。

④以责任态度培养责任精神

责任感是现代人最重要的品质。

我校的"责任"教育侧重四个层级：培养学生对自己的责任心，强化"少壮不努力，老大徒伤悲"的自我责任意识；培养学生对家庭的责任心，强化"感恩的心，伴我一生"的伦理责任情怀；培养对班集体的责任心，强化"人人为我，我为人人"的集体责任感；培养对社会的责任心，强化"天下兴亡，匹夫有责”的担当精神。

我校的“责任”教育重视贴近学生的生活实际，采用六种方法：任务分配法，在“人人有责”中强化责任心；集体活动法，在“班荣我荣，班辱我辱”中体验责任感；主题班会法，提升人生责任角色认知；情境创设法，升华责任情感；榜样示范法，深化责任意识；自然惩罚法，感受生命必须承受之重的责任精神。

我校的“责任”教育强调教师的责任心，引领教师以强烈的责任感来展现自身的人格魅力，在潜移默化中感染学生、激励学生。

⑤活动历练

活动是我校德育的主要载体，大体上形成了五个方面的活动系列：

一是综合实践活动系列。我校按国家《普通高中课程方案（实验）》精神，开设综合实践活动课程。我们认真开展社会实践活动，定期组织学生到区中学生社会实践基地、市青少年国旗教育联合会、园山红心社会实践教育基地、光明农场、南沙科普馆、澳门环岛、广州大学城、虎门教育基地、滨河污水处理厂、广州航天城、中山大学、中山故居、莲花山等德育基地开展社会实践调查活动，并按统一安排参加了军训。我们认真组织社区服务，集中组织学生到福田区敬老院、新沙街道、新洲街道、红树林、莲花山等处开展社区服务活动；分散组织学生利用休假时间，到敬老院、街道、企业开展社会服务；同时，组织经常性校内服务活动。我们认真开设研究性学习课程，按照“人与自我发展”“人与自然”“人与社会”三个领域相继开发了三十几个适合我校学生实际的课题，在老师指导下，从开题到研究、到结题、到成果展示均由学生自行组织。

二是主题教育活动系列。我们根据高中生的成长需要，有计划地开展专题教育活动，如“天生我材必有用”价值观滋养活动、行为规范养成教育活动、良好习惯习养活动、“尊重”培育活动、“合作”培育活动、“诚信”培育活动、“责任”培育活动、感恩教育活动、十八岁“成人”教育活动等。

三是社团活动系列。团委、学生会自行组建了丰富多彩的学生社团，为学生的个性特长拓宽发展的空间。如，国学研究会、花开有声文学社、木棉花影视评论社、七彩摄影艺术社、英语沙龙、日语沙龙、海虹英语文学社、天下大事论坛、演讲与辩论台、心韵坊等等。

四是竞赛活动系列。学校组织演讲比赛、辩论比赛、征文比赛、演唱比赛、

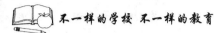

体育竞赛等。

五是节日活动系列。一方面利用传统节日和纪念日，组织文艺演出、组办各种展览、举办庆祝活动；另一方面设立校本节日，如体育、科技、艺术、读书节，开展丰富多彩的活动。

在各种各样的丰富多彩的活动中，促使学生历练美好的思想品德，习养高尚的人文精神。

（三）走进学生心灵的贴心德育

1.我们的思路

学校"十一五"规划的基本主题是以先进文化引领学校的内涵发展，为此，黄孔辰校长撰文阐释了这一思想。其中写道：我们认为教育的终极目标是实现人的幸福，教育过程应该是人对幸福的体验过程。这里既包含着学生学习的快乐体验、成长的幸福体验，也包含着教师付出的快乐体验、收获的幸福体验。为此，我们应该大力倡导人文关怀、人性化教育，促使学生在不断获得学习成功的过程中，体验到学习的快乐，在丰富多彩的校园生活中感受到学生时代的幸福。

遵循这一精神，我们不断改进德育的思维方式和工作套路，尽可能克服空洞的说教、简单的告知、枯燥的训诫，而以情感投入为先导，以走进学生心灵为主旨，实施贴心德育。其贴心要素有四个：一是动情，二是知心，三是益友，四是晓理。

2.我们的实践

（1）放低姿态，以情育德

我们的领导和老师都能够放低姿态，投入感情。学校聘请了三名"学生校长助理"。黄孔辰校长经常与他们一起谈心，还常常在每周一跟几位助理在饭堂自己打来饭菜共进工作午餐，边吃边聊工作，了解学生的困难和想法，帮助他们解决困难，采取有针对性的措施实施教育活动。黄校长十分乐于与学生沟通，学生有事喜欢找校长反映，校长也经常与学生谈心，常常还有书信交流。近一年多来，校长与学生的书信往来达 30 来封。

2012 年元旦，高二（7）班的同学们送了一张新年贺卡给黄校长，黄校长随即写了一封回信。信中写道："很高兴，在新年上班的第一天，就收到了同学们送给我的贺卡……这是我新年中收到的最珍贵的礼物，也是令我最高兴不过的事了……你们的一切都牵引着我的目光、牵挂着我的心，让我欢喜让我忧！你们的健康成长就是我最大的愿望和追求……愿你们的明天五光十色，绚烂多彩！……"这封信引来了部分同学的回信，其中一位同学在回信中写道："我是高二（4）班的苟玉婷，也许您并不认识我，也许在您眼中我只是颗无名的星星，每天伴随着轻声的问候与您微笑着擦肩而过。读了您给同学们的回信，不禁有所感慨。在信中，我感受到了您对同学们的希冀、对同学们的包容，还有对同学们成绩不理想的焦虑。字里行间，满满的都是您对我们——每一个学生的爱……两年前，我带着对中考成绩的失落与苦涩踏入'福实'校门，中考的失利使我深受打击并浑浑噩噩的度过了高一。还记得您刚担任校长时，每每经过我们班都会进来看看，笑着和同学们打招呼，询问大家近期的学习状况。您和蔼可亲的态度深深地打动着每一位同学。您总是不断地鼓励着我们，深入同学们中间，用平和的方式给予我们建议，赋予我们希望，让同学们都感到一种'啊……原来我们并没有被放弃'的感觉。谢谢您每一次平淡中又带着丝丝热血的激励……"

同样是新年伊始，高三（1）班的同学给黄校长写了一封信，信中写道："作为一群中考的失败者，我们总是以难受及自卑的心态来学习，总认为自己是没用的人，但您的一本《天生我材必有用》让我们恍然大悟，让我们在自己的伤痛中清醒，让我们再一次对自己充满信心，感到面对高考又有无数的冲劲……在许多人对我们都不抱任何希望的时候，您没有，您毅然选择了站在我们的身边……记忆中每次您开口声音总是那样平稳，语气平和，有时您不像是一个校长，倒像是一个知心的朋友，也因此您获得了我们的爱戴。"黄校长同样写了一封回信："成年意味着什么？成年，意味着成熟，意味着责任；成年，更多地意味着内心的成长——曾经的痛过、乐过、哭过、笑过、跌倒过又爬起……一点点蜕变，一点点长大，一点点成熟。成年的生活会多了份责任，少了份放纵；多了份小心，少了份随意；多了份稳重，少了份轻率。18载的光阴催化着你们不得不长大——你们只能学着成熟，你们一定要成熟，别无选择……记住，高考路上，校长与你们同行！"

校长的情感德育理念深深地感染着老师们，广大教师纷纷调整心态，逐步建立了师生心心相印的和谐关系。

学校设立了校长信箱和电子邮箱、团委学生会信箱，多渠道地了解掌握学生意见并及时反馈，实现了学生信息反馈渠道畅通。各处室、各年级组定期召开学生座谈会，及时了解学生对学校工作的意见和建议，营造了"民主、

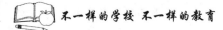

开放"的校园文化。

（2）润物无声，以心润德

学校重视心理健康教育，设立了心理咨询室，聘有两名专职心理教师。主要工作有：开设心理健康教育课程；进行团体心理辅导和个别心理辅导；设立了心理信箱，开展信件回访、信件咨询宣传服务；广播台每周一次《心灵相约》节目；还有心理社团活动。这些心理服务活动，不断地滋润着学生成长中的心灵。

2009 年，学校启动了为期两年的省级课题"基础薄弱高中学生学习适应性培养策略研究"。2009 年 10 月和 2011 年 6 月，课题组采用华东师范大学周步成等人编制的《学习适应性测试》（AAT）对五个班级进行了对照性测试。通过心理辅导课、主题班会课、心理剧目、心理社团、心理宣传和个别辅导，学生的心理健康得到了较好的改善。

与此同时，班主任、任课教师、生活指导老师、校医、后勤人员、学生会、团委均注意遵循青春期学生的心理发展规律，了解所教学生的心理状态，提高教育教学艺术，帮助学生改变由心理上的彷徨引起的各种不适应症状，较好地适应高中的学习生活，提高其学业水平，促进其健康发展。

（3）良师益友，以爱养德

我校建立了德育导师制。根据学校制订的《德育导师制实施方案》，第一步是确定受导学生，主要是行为有偏差、心理有障碍、学习有困难、家庭教育环境不良等特殊学生。第二步是各年级向学生公布导师名单、简介和指导特长；同时向导师提供受导学生的兴趣爱好、学习优势、学习风格、学习弱势、同伴关系、个性特点、家庭背景等材料。第三步是师生进行双向选择，确定导学关系。然后就是开展"一对一"的深入细致的引导工作，并认真履行学生成长档案（电子）制度、谈心辅导与汇报制度、家长联系制度、个案分析制度、考核评估制度。全校从领导到老师，每人负责 1～2 位学生，做学生的良师益友，手拉手、心连心地给予思想引导、心理疏导、生活指导、学业辅导。实施效果十分显著，很多问题学生和学习困难生获得了显著的进步。

（4）促膝谈心，以理明德

"明德"方能"至善"，而"明德"的主要途径还是"晓之以理"。"晓之以理"的方式是丰富多彩的，但对我们的学生而言，最有效的还是促膝谈心，以心述理。

我们基本上做到了班主任每学期与每位同学谈心若干次，任课老师每学期与所教学生谈心每位不少于一次，德育导师则是苦口婆心随时随地地谈心。就是这些谈心创造了无数奇迹。有位同学对英语学习"心死"而逃避、放弃、绝望，英语老师用"谈心＋辅导"的方式促使她一月之内背熟了3500个单词，英语成绩不断提高，其间，单是手机短信往来就达上千次。一些心理有障碍而"破罐子破摔"的同学，正是老师们用"不信春风唤不回"的信念与其谈心述理而引导他们实现了自己的梦想。这些事迹记录在《德育导师手册》和《学生成长个案记录》之中，编印在《我们的教育教学故事》《基础薄弱学生转化案例》《后进生转化经验和案例》之中。

对于少数"春风"也难以"唤回"的特殊学生，学校不是放弃了事，也不是简单地处分完事，而是设立训导室反复约谈。我们制定了耐心劝诫、强化教育的训导机制，实行三级训导＋特级训导。一级：班主任、德育导师——谈话、指正、提出要求。二级：年级主任（训导组长、副组长）——静思室（心理辅导室）谈话，促使其反思、提高认识、承诺限期改正。三级：训导主任——约谈（学生、家长），签保证书。特级训导：校长、副校长——通过三级训导后仍不悔改者，由校长特级训导。通过这样反复的约谈，一些让人"头痛"的特殊学生也都有了相应的进步。

（四）促进学生自主发展的全员德育

1. 我们的思路

黄孔辰校长认为，高中德育就是要用人文精神为学生的人生幸福奠定坚实的道德基础。在这种"教育幸福人生"的理念下，幸福德育的本质就应该是：人的主体发展意识的形成和主体幸福精神的培养。教育者的责任则是遵循学生道德形成和发展的规律，引导学生自我建构，并形成学校、家庭、社会的关爱群和保障体。正是在这种意义上，我校建立了以学生自主育德为本的全员德育体系。

2. 我们的实践

（1）自主育德

1）设立校长助理

高一、高二、高三年级各选举一名校长助理。通过竞聘演讲，老师和学生代表投票选举产生。校长助理的设立，拉近了校长和学生的距离，更好地实现了心灵的沟通。实践下来，校长助理经常与校长交流，每次交流或会议

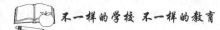

都有记录，不是仅仅停留在参与管理的层面上，而且还能对学生成长中的困惑和纠结与校长进行沟通，并且回到学生中做些相应的舒解工作，事实上就形成了一种自主德育层次。

2）建立值日班长制

各班每天按学号由一名学生担任值日班长，配合常务班长行使班级管理的职权，负责维持班级纪律，处理班级事务，并按班级公约和目标进行相关的教育。这就让学生站上一个岗位，扮演一个角色，获得一种感受，找到一份自信，贡献一份力量，懂得一个道理，体现一份价值，从而感受到自我独特的价值，在内心形成良好的自我道德形象。

3）实行值周班制

每周安排一个班进行全校性值周。值周成员由学生会、共青团、班干和责任心较强的同学组成，对每天进出学校、仪容仪表、早操、眼保健操、课间秩序、午餐午休、卫生等常规进行固定岗位和流动检查评估，并对违规现象进行批评纠正。

4）培育班级之"公德"

班级应该有"公德"，这种公德就是合作共赢的班级价值共识。每个班在校园文化学习月中都拟定了班级目标、制定了班级公约、确立了班训。这就形成了一种"一荣俱荣、一耻俱耻"的班级价值认同，并形成一种共同价值认同下的利益共同体。这是自主德育的核心价值。

5）订立自我发展规划

与班级公约同步，学生订立自我发展规划。内容上突出自我培育"人格自尊、行为自律、学习自主、生活自理"，习养积极健康的成长状态，促使每个学生获得真正成长。

6）倡导自我阅读感悟

我校倡导学生健康阅读。在阅读校本课程中，引导学生阅读青少年修养等内容的书籍，要求写出感悟；在国学校本课程中组织学生诵读经典，并在社团活动节上进行经典诵读表演竞赛；每年11月与"深圳读书月"同步开展读书活动；同时发放有关阅读资料，如学校编印的文化丛书、区教研中心开发的高中心理教材，让学生自己品读感悟。

7）建立同伴相帮机制

由团委统筹，开展"一帮一，对对红"活动。每个班的学生结成对子，然后制订出"一帮一，对对红"计划，在互帮过程中，建立跟踪记录，每周总结一次，团支部每周至少跟踪一次，团委进行检查并表彰，有效地促进了同学之间互相帮助、携手同行风气的形成。

（2）全员保障

1）学校：全员育人

我校构建了完善的"全员育人、全面育人、全程育人"德育机构。黄孔辰校长担任德育工作领导小组负责人，抓好班主任队伍的建设和年级组德育系统的建设。

2）社会：密切合作

学校与派出所建立了密切的合作关系。

3）家庭：合作伙伴

把每位家长当作共同育人的"战略合作伙伴"，积极探索家校合作的新模式，推出新举措，进一步深化家校合作关系……

Ⅰ 成立家长委员会。设学校家长委员会和年级家长委员会两级。家长委员会代表全校学生家长，参与学校的民主管理，支持学校的教育、教学改革，督促学校全面贯彻教育方针。家长委员会每学期召开一至两次会议，每次会议必须有三分之二以上代表出席；遇有重大事项，经学校提议可临时召开会议。

Ⅱ 建立家校联系电子信息平台。家长通过校园网络，可以直接了解到自己的孩子在学校内的学习和成长情况；家长和教师可以进行网络沟通；学校领导通过网络邮箱可以听到来自各方最真切、最直接的声音。

Ⅲ 建立家长评教机制。学校在每个学期结束前，都要向家长们进行对学校工作和教师工作满意度的抽样调查，作为评价、改进学校工作和教师教育教学工作的重要依据。近年社区和家长对教师师德、班主任工作和学生品德表现的满意率一直保持在90%以上。

Ⅳ 建立家长学校。校长亲自为家长学校做家庭教育的讲座，并聘请专家进行亲子教育培训。如香港著名亲子教育专家庄荣辉教授在我校进行了为期两天的培训，主讲"掌握亲子智慧，轻松教育孩子"。近200名家长和授课专家在互动中玩着学习"教子之道"，提高了家长们教育子女的水平。

Ⅴ 成立"家长义工讲师团"。学校聘请有一技之长的家长作为学校选修课程的讲师，或兴趣小组活动课程的指导教师，开创了家校合作育人新途径。如高二学生家长张鸣先生向家长们做了题为"让我们和孩子一起迎接挑战"

的讲座，引起了强烈的反响。

三、德育成效

通过上述带有探索性的实践，我校德育取得了一定的成效。

（一）人文德育正在绽放幸福之花

2012 年 2 月，学校在高一全体学生中进行了一次问卷调查，其中一项是"你对现在的学习生活是否感到快乐"，结果有将近 90% 的学生感到快乐。在我们这样的基础薄弱的学生群体中，这一比例让人欣慰、令人振奋！有学生说："老师能关心我们，我们就感到快乐。"有学生说："学校不放弃我们，就快乐。"有学生说："克服学习困难，做好难题，我就快乐。"有学生说："该学时认真学，该玩时就玩，就快乐。"有学生说："老师笑着走进教室，笑着上课，笑着离开，就让我们快乐。"这个数据和这些学生的说法表明幸福德育的理念和实践正在校园内开花，至于能够结出怎样的果实，还有待时日，不过，我们充满信心和希望。

今年高三毕业的学生离校之际，给黄孔辰校长写了一封题为《惜别母校，感恩校长》的信。信中写道："在您的领导下，我们学校日益融入书香的气息，校园变得生机勃勃，同学们学习兴趣浓厚……我们感受到了学校每天的变化、同学们每天的进步……这春风化雨的环境是校长您所付出的真诚和耐心；是您在我们心中播种了希望的种子，才结出今天香甜的果实！……今年学校举办的校运动会让我们感受到了校长与我们同行，也让我感受到高中生活是这么的幸福！"这让我们感到我们的校园正在成为这些基础薄弱学生梦想起飞的地方！

（二）"尊重、合作、诚信、责任"的校风正在形成

还是 2012 年 2 月，学校在高一全体学生中进行的问卷调查中，对"人文关怀，和谐课堂"的状况，大多数学生给予了肯定，他们感受到了老师们对他们的尊重，也同时感受到了同学之间合作的愉快。

上学期，学校在部分班级第一次试行"无人监考"，结果个别学生控制不住自己，还是偷偷作弊。我们并没有因噎废食，而是把此事作为"诚信教育"的活材料，召开了主题班会，就要不要实施无人监考组织学生展开讨论。事后，同学们都写下了自己的感受。高一（1）班学生黄裕平同学在《一次不同寻常的考试》中写道："'无人监考'，在我心里是一个陌生而新鲜的概念……

一道简单的题目难住了我，我的手心开始冒汗，耳朵因为大脑的急速运转而发热……怎么办？看还是不看？也许只要我用脚尖轻轻地碰一下坐在前排的同学，难题就会迎刃而解！也许只要我直起脖子往前面伸一伸，一切都会神不知鬼不觉。可马上我又为这个想法感到羞耻，我觉得愧对学校的信任，玷污了'无人监考'的神圣光辉……看看周围的同学，他们依然专心致志地答着题。也许他们和我一样，内心正经历着无比严峻的考问，但没有人躁动不安，没有人交头接耳。也许是同学们的情绪感染了我，直到考试结束我再也没有抬头四处张望。我知道那道3分的填空题此刻不属于我，我庆幸自己战胜了虚荣心……走出考场，我感觉格外轻松，就连本是晃眼的阳光此刻也觉得清新怡人。我想这次不同寻常的考试经历必将影响我的整个人生。它告诉我，一个诚实的人才配拥有成功，一个诚实的人才会受到别人的尊重！我支持将'无人监考'这种制度实行下去，因为这是检验我们人格的试金石！"

这就是德育！在教育者设置的特定环境中学生的自我教育。

无人监考！应该说对这些学习习惯差的学生而言，可能要求高了点，但我们充满信心地说，只要坚持努力，一定能够实现全校无人监考的最终目标。"习惯决定终身"，不改变学生的陋习，就不可能改变学生的人生。

还是上学期，学校开展"星级班级"创建活动，得到了不少班级的热烈响应。他们召开主题班会，制订创建方案。尽管还处于起步阶段，但是已经在一定程度上显示出了我们德育的效果。

上述事例表明，我们的校风有了相当的改观。2011年，在福田区教工委、区政府组织的第十届精神文明建设评选表彰活动中，我校获得"福田区文明单位"称号，也是区属民办学校唯一获此表彰的单位。在大运会期间，我校荣获大运会志愿者工作先进单位和优秀志愿团体，近30名学生和老师获表彰。2011年我校被评为深圳市教育系统先进单位；2012年我校顺利通过了福田区禁毒教育示范学校评估，同年获得福田区"创先争优"主题活动创新优秀案例优秀奖。

（三）积极向上已经成为绝大多数学生的核心价值取向

近三学年来，我校有28名师生向党组织递交了入党申请书，其中1位教师已经成为入党积极分子；现有共产党员35人、共青团员849人。学生操行评定优良率一直在85%以上，合格率在98%以上。没有出现在校学生犯罪记录。学生获得区级以上表彰的相继有161人次；先后有9个团支部获评区优秀团支部、9个班获评区文明班；我校团委曾两次被评为"福田区教育系统先进团委"。同时，学校还表彰了121名标兵、75名校园明星。

四、存在问题和努力方向

我校的德育工作取得了可喜的成绩，但还不可避免地存在着一些需要认真解决的问题：

1. "人文德育"的探索还处于起步阶段，无论在理念上还是操作上都有待进一步探索和实践。我们将继续不断努力，逐步建构比较完善的富有创新价值的德育体系，进而形成独具特色的德育文化。

2. "自主德育"的探索力度还不够，遇到的实际问题还很多，有些要求还没有得到认真的贯彻和落实；部分教师在班级管理和学科教学中还不敢放开手脚，把主动权交给学生，部分学生还缺乏参与管理和自主育德的意识。这是我们今后要解决好的重点课题。

3. 我们的德育，面对着大量的问题学生和学困生，我们遇到的问题复杂得多尖锐得多，需要一种使命感和坚守精神。这个严峻的问题正在并继续考验着我们。但是我们将谨守"大道在天，唯有前行"的信条，充满信心，矢志不渝，创造适合我校学生发展的德育，为他们的幸福人生奠定坚实的人文基础。

五、自评结果

（略）

附Ⅳ《南方都市报》载文

学生做校助当班长　在自主管理中成长

《南方都市报》　欧伟

我国著名的教育家叶圣陶说过："教是为了不教。"言下之意，是指教育的目的是为了让学生成为自我教育的主体。在深圳市沪教院福田实验学校，就践行着这样的教育理念。该校推行以学生为主体的自主管理、自我教育、自主发展的模式，每个学生都有机会当值日班长，还有学生当校长助理、学生辅导员等，参与学校管理。通过让学生自主管理，培养他们成为会关心、会负责、能管理、能创新、具有健全人格的人。

在深圳市沪教院福田实验学校，就践行着这样的教育理念。该校推行以学生为主体的自主管理、自我教育、自主发展的模式，每个学生都有机会当值日班长，还有学生当校长助理、学生辅导员等，参与学校管理。

每个学生都是"班干部"

走进沪教院福田实验学校大门，"学习改变命运，习惯决定人生"12字校训清晰可见。创办于2002年的沪教院福田实验学校，是一所非营利性质的民办高中。在发展过程中，学校不可避免地遇到民办学校普遍面临的问题，那就是学生的学习基础薄弱和行为习惯较差。对于这部分学生，帮助他们养成好的学习、行为习惯，可能比提升知识能力来得更为迫切。

"成绩的提高，不是抓升学率就能好。如果学生学习没有动力，只会变成'强按牛头不喝水'。"沪教院福田实验学校校长黄孔辰说。为此，在黄孔辰的推动下，学校建立了学生校长助理制、学生全员值日班长制、值周班级制和学生辅导员制，每个班级自行制订自主管理实施方案，还成立了学生自主管理委员会，把学生的学习、管理权利交还给学生自己。

学生校长助理由全校推选产生，经过全校公开演讲和师生投票后，各个年级、学部产生1名，一共5人。高二年级的葛雨同学，去年10月参加了学生校长助理竞选并如愿当上，任期一年。每周五，他会把同学比较集中反映

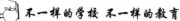

的问题、意见，通过校长午餐会的形式汇总到校长那里，再商议解决方案。有一段时间，好几位同学反映对班上一名老师的上课方式不理解，他把这个问题反馈给校长后，校长立马找到这名教师，和同学们一起坐下来沟通，问题很快就解决好了。至今当选校助已有大半年，他对此深有感触："当学生校长助理，是老师和同学对我的信任和认可，也是我的一份责任与荣誉。"

学生校长助理为学生和学校之间嫁接了沟通的桥梁，但参与的人数毕竟不多，值日班长制则让每个学生都有机会来参与班级管理。值日班长的工作职责，要负责考勤、卫生监督，还要记录好同学们早读、早操、眼操、课间的表现情况，填写值日班长工作记录等。今年2月14日，值日班长龙罗军同学一天工作结束后，在记录本上写道："虽然有些不习惯，但感觉还是不错的，站在讲台上看同学们准备上课情况，更能发现哪里做得不好，然后自己才能更好地避免去犯。"

学生学习、行为习惯大大改善

让学生自主管理，学生能管好吗？事实证明，学生不仅从中获得了个人提升，也使得同学之间相互促进，行为习惯、学习习惯得到大大改善，形成了良好的作风、学风、校风。高一（2）班班长余梓琰说："入学时，老师推荐我当班长，那时内心还是有点抗拒，因为觉得当班长责任很大。现在觉得对自己的提升很大，班长要以身作则，要比其他同学做得更好，才有底气管理好这个班级，别人也会以你为榜样。"

对此，黄孔辰表示，如今校园里教师、学生的精神面貌良好，正好说明了校园文化建设所带来的重要作用。学校打造"一平台三支柱"，一平台指的是校园文化建设，三支柱分别是有效教学、人文德育、教师专业自主发展。如今，学校里一景一物，处处是文化，处处是教育，学生身在其中，通过渗透式的教育，慢慢养成良好的情感、态度、价值观，这对孩子健康成长至关重要。

在学生的行为习惯、学习习惯得到改善的同时，针对生源基础薄弱的情况，学校提出有效教学策略，极大优化了师生教与学的方式，使课堂教学更能适应同学们的学习基础，有力促进了同学们学风和学习习惯的转变。学校对教材也做了适当的删繁就简，从校本化和人本化两个途径来改革课程，越来越多的同学"好学、善问、多思、勤练"，积极主动参与教学活动，教学质量大幅度提高。2011年，沪教院福田实验学校高考上线率仅为24.4%，到2016年，这一数字已经是95.1%，创历史新高。今年，高三（2）班丁洙彬同学已被清华大学自主招生提前录取，显示学校的2017年高考又将是一个丰收年。

让每一位学生的生命之舟都充满阳光

——高三（8）班创建"阳光 zhi 舟"班级综述

班主任 潘志伟

高三（8）班从高二开始创建"人文班级"，至今已有一年半，整个班级面目一新。

一、"人文班级"的观念体系

班名：阳光 zhi 舟

班徽：（见班牌）

班级口号：凤舞鹰扬，八班最强

班歌：《和你一样》（The Same To You）

班训：快乐学习，端正做人

班风：自律、合作、阳光、文明

学风：乐学、善思、互助、竞争

班级誓词：十年磨一剑，只为高考战；志同心相连，我辈必冲天。我用青春的名义宣誓：铭记自己的追求和理想，用最响亮的声音迎接朝阳，用最积极的心态走向课堂。不做怯懦的退缩，不做无益的彷徨，带着顽强的微笑，去赢得我志在必得的辉煌。凤舞鹰扬，八班最强。

二、具体的创建工作

（一）构建"自律、合作、阳光、文明"的班级文化氛围，让班级的每一位同学在"青春梦"中快乐前行。

进入高三，学生的学习压力空前增大，面对枯燥乏味的高强度训练，学生很容易产生倦怠情绪。为此，9月份我班相继召开了"高三，我来了""我的大学梦""向哈佛致敬""高三，我们该如何学习"等主题班会，通过开展系列化的班级主题教育活动，学生认清了高三学习的规律，释放了学习压力，提升了学习动力，明确了高考目标，营造了"紧而有序，忙而有趣"的学习氛围。主题教育活动结束后，我要求班级每位同学结合自身实际制订一份详细的高考备考计划。倪思敏同学在她的备考计划中这样写道："距离高考只剩240天了，我要时刻提醒自己，把接下来的每一天当作高考的最后一天来使用。"与此同时，为了配合"圆梦教育"和营造浓郁的班级文化氛围，9—12月份，我班相继出版了四期黑板报，主题分别为："养成良好的文明习惯""我的大学梦""永不放弃""积跬步，至千里"。通过这些图文并茂、主题鲜明的黑板报来配合宣传"尊重、微笑、民主、包容"等人文精神，规范了学生的文明习惯，激发了学生的斗志。

（二）凸显"爱心、民主、包容、和谐"等人文素养的培育，让学生逐步习养"尊重、合作、诚信、责任"等现代人必备的人文品格。

"阳光 zhi 舟"班级创建的核心是培育学生的人文素养，塑造学生的阳光心态，让学生学会阳光做人。本学期我班人文素养培育的重点为"包容"和"爱心"。10月28日我班召开了以"宽容的魅力"为主题的班会课，同学们积极发言，争相回忆高中生活那些不愉快的经历，真诚地向同班同学道歉，短短几分钟的心语倾诉就让往日的误会和隔阂涣然冰释。刘静冰同学满怀深情地这样说道："回想一起走过的两年时光，我觉得自己做错了很多事，得罪了很多同学，我这人从小就比较任性，平时大大咧咧惯了，不太注意自己的言行，往往在无意之间就伤害了同学。有时候我觉得自己很失败，处理不好人际关系，总觉得同学们有意针对我，不愿意和我说话。现在想想我们就是一家人，缘分让我们聚集在一起，我们应该懂得珍惜，懂得感恩，在此，我想对那些曾经被我伤害过的同学真诚地说一声：对不起！"通过这次班会课，同学们进一步增进了了解和信任，同学关系越发地融洽。11月18日我班组织了为高二（5）班许宝琳同学（身患白血病）捐款的爱心慈善活动，全班同学踊跃捐款，共筹集善款948元，钱虽然不多，但通过此项活动，同学们收获了爱心，懂得了"一方有难八方支援"的道理。同学们在捐款信封上这样写道："无私的爱是人生困境中最迷人的良药，宝琳，加油，祝你早日康复！"

（三）倡导"人文关怀"，形成"团结、友爱、和谐"的同学关系和"平等、尊重、虚心"的师生关系，增强班级的亲和力和凝聚力。

为了进一步提升班级凝聚力，本学期第3周和第13周我班分别开展了与兄弟班级的足球对抗赛和篮球友谊赛活动。赛场下全班集思广益、出谋划策，赛场上运动员不惜体力、奋勇拼抢，赛场边呐喊加油的声音不绝于耳。每个人都觉得自己是班集体的一分子，都应该为班级贡献自己的一份力量，班级荣誉感在这些活动中得到了升华，同学关系也因为这些活动而更加团结、友爱、和谐。师生关系也是班级凝聚力的重要指标。本学期我班利用召开"感谢师恩"班会课和家长会的时机，让老师和学生及家长面对面地交谈，极大地优化了师生关系。在第 29 个教师节来临之际，全班同学为 6 位任课老师每人制作了一张精美的贺卡，在给叶明老师的贺卡中同学们这样写道："您的笑是阳春三月的风，驱散了我们心头的阴云；您的严是北国腊月的冰，凝固了我们心中的浮躁；您用辛勤的汗水，浇灌未萌芽的种子；您用洁白的粉笔，写下一个个希望。老师，教师节快乐！"浓浓的师生情由此可见一斑。本学年评教评学，全班同学给 6 位任课老师都打出了 90 以上的高分。

（四）深入持久地推行值日班长制度和小组合作学习制度，充分体现学生的主体地位，着力培养学生自我管理、自我服务、自我教育的能力。

本学期值日班长以学习小组为单位采取三天轮流制。值日班长值日期间，全面负责班级的各项事务，包括班级考勤、教室卫生、桌面整洁、课堂纪律、午休秩序、节能节电、课间操、晚自习等。班委会每天派出一人监督和协助值日班长开展工作。每天下午放学值日班长用 5 分钟总结当天班级情况，班主任进行点评并给予指导。通过推行这项制度，学生的责任感增强了，自我管理和换位思考的能力提高了。陈盛佳同学在值日记录中这样写道："以前总觉得班干部管理班级很轻松，现在自己做了值日班长才发现要管好一个班级真不容易，方方面面的事情都要自己去协调，虽然感觉很累，但提高了自身的沟通能力和管理能力。"与此同时，我班以学习小组为纽带，全面倡导互帮互学的良好风气，确保班级整体成绩的全面提高。在充分尊重学生意愿的基础上，将学生进行优化组合，分为 8 个小组，每组 6 人，两名组长，一个负责学习，一个负责课堂纪律。学段初各小组都要根据上学段考试情况制定具体的学习目标，然后打印出来张贴到后面的黑板上。组长每两周汇报一次小组成员的学习情况和课堂表现。班级管理实行学习小组积分制，小组成员的表现直接纳入小组积分。每周各小组原始积分为 100 分，班委会依据值日班长的记录对各小组进行考核，并于下周班会课上公布各小组积分情况。小组的总积分将作为学期末各项评优的主要依据。这项举措大大地调动了学生的学习积极性，强化了学生的配合意识和竞争意识。林晓聪同学在周记中这样写道："我的数学基础比较薄弱，通过小组互帮互学，数学成绩得到明显提升。期末考试，希望我们组能够进步最大。"

（五）优化班级民主管理，加强班级常规建设，开展特色鲜明的班级活动，提升班级"正能量"和影响力，创建积极、健康、阳光、向上的优秀班集体。

本学期为了进一步给班级注入"正能量"，提升班级影响力，我班相继开展了一些特色鲜明的班级活动。9 月初我班组织学生深入学习校规"十个必须、十个不准、十个多一点"，通过学习加强了班级常规建设。11 月 25 日我班召开了"高考倒计时 200 天"动员大会，11 月 30 日全班同学赴广州大学城和广州科技馆参观，这两项活动大大地提升了学生的士气和斗志。林进忠同学在参观大学城时这样感慨："广州大学城很大，感觉比家乡的县城还要大，尽管天空艳阳高照，我们挥汗如雨，可是几乎游遍了整个大学城，依然不觉得累，因为心中有梦想激荡。这里是我梦寐以求的学习殿堂，也是我放飞理想的地方，我一定会努力而成功！"12 月份配合校园文化艺术节我班开展了经典美文朗诵、"我的大学梦"演讲比赛、阳光阅读知识竞赛、书法摄影比赛、学习方法讲座等班级文化活动。通过开展这些特色鲜明的班级活动，"阳光 zhi 舟"在校园的影响力与日俱增。

总之，回顾一学期以来"阳光 zhi 舟"班级创建过程，有辛酸，有失落，但主要是成功的喜悦。在新的学期我们将一如既往地高扬人文旗帜，让"阳光 zhi 舟"驶向胜利的彼岸，让每一位阳光学子的生命之舟都充满阳光。

做校长助理，让我学会了什么叫责任

高三（5）班 黄 妍

伴随着同学们热烈的掌声，我顺利当上了校长助理。从同学们的掌声中，我听到了自豪，顿时感觉"一人之下，万人之上"，当然那只是错觉。

刚上任，我就想在这个职位上有一番成就，不想让大家误认为我是花瓶。趁着自习，我跑了好几个班级了解情况，但收集的都只是小问题和一些非常可爱的问题，例如食堂辣椒不够辣，晚上汤粉要有葱……这让我哭笑不得又有点小失望。

我一直以高标准来约束自己，加上自己随和开朗的性格，渐渐地赢得了许多同学的认可，当然其中也夹杂着许多的不认可。走在路上常常会有同学拉住我，向我提意见或者问问这问问那，我并不觉得烦，反而觉得十分自豪。

但偶尔我也会想，怎么没大事，都是小问题呢？

终于有一天，一群同学围着我说他们希望冬至回家过节。可冬至不应该放假呀，怎么能回家？我哪能反映这个问题呢？我看着他们那一双双眼睛，我看到了期盼与信任，于是，我脑子一热就对大家说："大家写一份联名信给我吧！我去帮大家求求情。"当我拿着信去到校长办公室时，校长语重心长地批评了我："校长助理是桥梁，但不能只在乎学生的想法。"我立刻陷入两难的境地，心里忐忑不安。还好，同学没怪我，校长也没有责怪我。这事，让我明白当好校长助理也不容易啊！

慢慢地，我对这个职位熟练起来，认识的同学越来越多，压力也就越来越大。由于害怕大家认为我没干出什么成绩，曾经一度想放弃，是校长老师们的鼓励、同学们的信任让我一直坚持下来。

回想着当校长助理的点点滴滴，我发现我学会了很多，学会了什么叫责任，学会了什么叫沟通，学会了什么叫协调，还学会了许许多多平时学不到的。感谢校长、老师、同学们给我这样一个特殊的机会，让我得到磨炼，学会成长。

做"官"一日，受益一生

高二（10）班　傅方远

按规定，值日班长一人值三天，但真是太巧了，在军训前一天轮到我，我仅值了一天，但却让我印象深刻。

值日班长的早上是空闲的，没有什么任务，一切都到第一节课后开始。每节课下课都要主动去找老师签字，因为至少老师是不会主动来找你的，由此我仅一天就漏了好几次。这让我真正体会到班干部的职责和使命感，是不能有一点马虎的。为此在以后的生活学习中，每当纪律需要整顿的时候，我总会想起自己当班长的那一天，然后第一个安静下来。

当然值日班长也有些趣事。那天做眼保健操时，我在班上巡视着，发现左边的人放下手偷写作业，于是我上前管理，这时右边的人又开始讲小话，我又走去右边，结果右边安静了，左边又开始了。去左不行去右也不行，于是我干脆就待在右边，看着左边，背对右边虽看不到但听得到是否在讲话，结果还真的安静下来，感觉一片认真。这一招虽然有点戏剧感，但确实管用、好用。

值日班长的职责不光体现在这些琐碎的事情上，还要担起自习课管理的大任。自习课可能是最吵的课，但也有可能成为安静、最有效率的一节课，所以渲染气氛尤为重要，这伟大而又艰巨的使命便砸在了值日班长的头上。但想要使全班安静并不容易，班上总有一些捣蛋鬼，讲话能把周围的人也带起来，并且气氛还很嗨，所以首要任务是抓源头。A同学和周围的人聊得很嗨，我忍无可忍便上前制止，但她却把我的警告当作玩笑，甚至还和我开玩笑，完全不把我当回事。我只好上"刑具"——"记录本"和笔，将她的大名写在上面，让她光荣上榜，这下她很不服气地安静了。她不怕我，怕的是给老师看到她的名字会惩罚她，但不管怎样，止住就好，安静就好。一种成就感让我暗暗微笑起来。

随着最后一节课的任课老师笔头在"工作记录本"上画出优美的曲线，我的一天班长也结束了。这一天的经历让我有了许多感想："首先干部要以

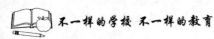

身作则，并做好表率作用；还有处理事情要三思而行，要权衡好干部、同学、朋友之间的关系，不能使同学关系因管理而受影响，也不能让管理受关系影响……"

总之，做"官"一日，受益匪浅。

研究报告（十）
深圳市教育科学规划 2014 年度重大招标课题

建构培育和践行社会主义核心
价值观的序列化与课程化

——"中学生社会主义核心价值观教育
活动课程开发研究"课题研究报告

黄孔辰

一、研究背景与研究价值

1. 2014 年 10 月 17 日，中共教育部党组、共青团中央颁发了《关于在各级各类学校推动培育和践行社会主义核心价值观长效机制建设的意见》。拟定这一课题是为了贯彻落实《意见》的精神，在学校教育中积极培育和践行社会主义核心价值观，实现立德树人的根本任务。

2. 中学生正处于人生观、价值观形成的关键时期，他们的思想观念有着较大的可塑性而处于形成、发展和成型阶段。他们接受新鲜事物的能力很强，但鉴别力明显欠缺。尤其是在特区多元化的文化背景下，面对更加复杂的社会现实和多重价值观念的碰撞，青少年的价值取向迫切需要用社会主义核心价值体系来指引，把社会主义核心价值观的要求日常化、具体化、生活化，使之能够内化于心、外现于行，这具有鲜明的时代意义和现实意义，并成为学校教育必须直面的重要课题。

3. 市教育局确定我校与深圳实验学校为公民办"结对帮扶"学校，拟定这一课题作为帮扶的一个项目，或可为"结对帮扶"活动提供一个有益的案例。

二、国内外研究概况

1. 国内研究动态

党的十八大以来，理论界、学术界就对培育社会主义核心观展开了广泛深入的学术理论研究。其研究成果为我们在十八大后着力培育和践行社会主

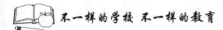

义核心价值观提供了重要的理论基础和逻辑铺垫。

在教育领域里，培育和践行社会主义核心价值观的研究，总体正处于起步阶段。在学校教育领域里，作为一种课题研究正在进行中，研究的途径与方法主要集中在依托载体多样化、教学内容课堂化、活动内容系列化、活动形式贴近化。至于有关"中学社会主义核心价值观教育"从课程建设的角度进行研究，未曾发现，至少从研究成果来看，目前还是一个空白。

2. 国外青少年核心价值观教育研究动态

2.1 国外核心价值观教育路径。

西方国家的教育途径首先是通过课程来教授价值观，其次以情境熏染的方式来开展教育，再次通过课外活动进行核心价值观体验教育，最后利用学校与家庭、社区协作进行核心价值观教育。

2.2 国外核心价值观教育的特点。

西方国家的教育重点放在学校，即重视学校各种辅助性活动实施价值观教育，同时也不忘却正式课堂的作用。如美国的教育课程具有渗透性，教育方法具有综合性与可操作性，注重价值判断和价值实践能力的培养，美国价值观教育的载体具有一定的多样性。

三、研究的主要目的和研究内容

1. 研究目的

开发普通中学开展社会主义核心价值观教育的活动课程，在两校试用，并推广到其他学校。

2. 主要研究内容

2.1 开展特区中学生社会主义核心价值观认知现状调查研究。

采取抽样问卷调查的方法，了解分析当代特区中学生的价值取向，对社会主义价值观体系了解、认识的程度，以及践行社会主义价值观的现状。

2.2 编制普通中学社会主义核心价值观教育活动课程的课程纲要。

开展中学社会主义核心价值观教育的目的和意义；

开展中学社会主义核心价值观教育的原则；

中学生社会主义核心价值观教育活动课程的目标、内容及其框架结构；

中学生社会主义核心价值观教育活动课程的实施；

中学生社会主义核心价值观教育活动课程实施的评价。

2.3 设计中学社会主义核心价值观教育活动课程方案。

社会主义核心价值观教育活动课程属综合实践活动课程，在设计与编写上按照课程目标涉及多方面的发展领域，其中以态度、情感、价值观和能力的获得为最主要的目标。

2.4 普通中学社会主义核心价值观活动课实施研究。

由学校学生处、教学处按照社会主义核心价值观教育活动课程纲要，负责课程的实施，并通过年级组和班主任建立相应的管理机制。各年级组应按照"中学社会主义核心价值观教育活动课程纲要"的要求，制订并落实课程实施计划，具体推进课程的实施。

四、研究方法

1. 文献研究法

收集、检索相关理论成果，为课题研究提供必要的理论学习和研究基础。

2. 问卷调查法

通过问卷调查，为研究提供可靠依据。

3. 行动研究法

3.1 组织教师开发、编制活动方案。

3.2 开设培育和践行中学生社会主义核心价值观活动课。

五、研究的主要过程和活动

（一）课程研讨（2015 年 4—6 月）

1. 组织研讨：2015 年前后，两所实验学校先后召开了两次研讨会，并对研究实施进行了部署。

2. 调查研究：开展特区中学生社会主义核心价值观认知现状调查研究。

采取抽样问卷调查的方法，了解分析当代特区中学生的价值取向，对社会主义核心价值观体系了解、认识的程度，以及践行社会主义核心价值观的现状。

（二）课程开发（2015 年 9 月—2016 年 2 月）

1. 编制普通中学社会主义核心价值观教育活动课程纲要：（1）课程总目标与分年级目标；（2）课程内容框架结构；（3）关于教材编写；（4）课程实施途径与方式；（5）课程管理与课程评价。

2. 活动设计及教材编写：设计中学社会主义核心价值观教育活动教材编

写方案及编写教材。

（三）课程实施（2016年3月—2018年2月）

1. 课程实施主要途径

（1）教育活动进入课堂，学习、培育核心价值观。本课程采用以学生主体性活动为主的灵活、生动的教学方式，即强调学生在教师指导下成为学习活动的主体、实践活动的主体、体验活动的主体、评价活动的主体，促使学生在自主活动中认同核心价值观、体验核心价值观、培育核心价值观、践行核心价值观。

（2）教育活动拓展课外，践行、体验核心价值观。实践感悟是打开中学生心灵、培养优良品质的钥匙。把掌握核心价值观知识同实践体验活动紧密结合起来，寓道德教育于生活实践之中，开展内容丰富、形式多样的实践活动，有力地提升中学生对核心价值观的深层次感悟。

2. 课程实施方式

（1）活动课每周1课时，每个主题3课时。基本运用分组合作的小组学习模式，组织学生对每一主题进行谈论交流，并形成学习感受。

（2）主题班会：每个主题安排1课时的主题班会，形式以班级讨论、辩论、情景模拟为主。

（3）开展各种社会实践活动：井冈山红色之旅、敬老院"敬老祝寿生日会""继承先辈遗志，弘扬民族精神"清明徒步活动、"雷锋精神我传承"社区服务活动等。

（4）其他活动，如国旗下讲话，学习体会、学习成果展示活动，以及交流大会等。

（5）两校联动（沪教院福田实验学校与深圳实验学校），进行成果汇报展示，如活动课程的同课异构、班会课展示、主题辩论赛、座谈会总结等。

3. 课程管理

由学校教学处、学生处按照《社会主义核心价值观教育活动课程纲要》，负责课程的实施与推广，并通过年级组和备课组、班主任建立相应的管理机制。

年级组按照《中学社会主义核心价值观教育活动课程纲要》的要求，制订并落实课程实施计划，具体推进课程的实施。制订课程实施计划时，要充分考虑整合家庭教育、社会教育的资源，结合家庭教育和社区活动，全面落实课程目标。

4. 课程评价

（1）评价内容

①课程对象是否感受到本课程学习的快乐，增强了继续学习的兴趣，以及对学习生活满意度的正向变化。

②是否为课程对象提供多种学习经历与途径，并能学以致用，使课程对象逐步形成和提升自我发展的动力、意识和能力。

③是否注意发挥课程教师的积极性和创造性，促进课程教师专业水平的提高。

④学校是否能统筹安排，保障实施，是否能整合各方资源，形成有效合力。

（2）评价过程与方法

①通过检查《中学社会主义核心价值观教育活动课程纲要》实施计划、实施过程的记录、课程教师教学的相关档案材料（教学设计、课堂实录、教学反思等）、反映学生学习状况和目标实现度的各项资料，评价学校开设课程的情况。

②课程教师通过对课程对象学习过程的观察交流及情况记录、各种形式的问卷、多种形式的作业，以及个人学习体会等对课程对象进行评价。

③学校通过听课、听取课程对象的反馈意见、参与教学交流和教学比赛等多种方法，根据课程实施和开发状况及课程目标实现度等情况对课程教师进行评价，以及通过撰写教学反思进行自我评价。

（四）总结提升（2018 年 3—5 月）

1. 撰写结题报告。

2. 成果汇编。

六、主要创新

本课程以建立长效机制为目标，建构培育和践行社会主义核心价值观的序列化与课程化，能够逐步促进活动课程与认识性课程、隐性课程构成中等学校价值观培育与践行的课程体系。

七、研究成果及其实践效果

（一）编印《中学生社会主义核心价值观教育活动课程》（约 13 万字）。

（二）编印《中学生社会主义核心价值观教育活动课程》研究资料汇编。

（三）课程开设效果。

本课程两校共同实践，形成合力。由学校教学处、学生处按照社会主义核心价值观教育活动课程纲要，负责课程的实施与推广，并通过年级组和备课组、班主任建立相应的管理机制。年级组按照"中学社会主义核心价值观教育活动课程纲要"的要求，制订并落实课程实施计划，具体推进课程的实施。制订课程实施计划时，要充分考虑整合家庭教育、社会教育的资源，结合家庭教育和社区活动，全面落实课程目标。

本课程实践坚持整合教育资源，协调教育力量的原则。社会主义核心价值观涉及国家层面的价值目标、社会层面的价值取向和公民个人层面的价值准则。因此中学社会主义核心价值观教育活动课程，是一门综合性极强的课程。它要系统整合到学校教育相关的各种教育资源，有机整合教育方式、教育手段、教育途径等，还要有效整合学校、家庭和社会的教育力量，才能全面实现培育中学生社会主义核心价值观校本课程的多维目标。

通过课程实施，有效提升了学生对社会主义核心价值观的认知水平。调查数据对比如下：

问卷调查题	前期结果	后期结果
你对"任何社会、任何国家都应有自身的核心价值观，没有价值引领的社会发展必然是盲目和不科学的"这句话非常赞同	22.71%	61.28%
你认为中央提出培育和践行社会主义核心价值观很有必要	66.73%	84.73
你对社会主义核心价值观非常了解和基本了解	47.02%	95.83%
你认为践行社会主义核心价值观同中学生直接相关	15.6%	65.28%
你认为自己已经树立了正确的社会主义核心价值观	15.6%	72.22%
你认为学校开设的社会主义核心价值观活动课程对你的帮助很大或较大	49.2%	94.45%

从上述对比数据中，我们可以发现，学校社会主义核心价值观活动课程的开设，对于提升学生对社会主义核心价值观的认识，以及促进他们自觉地践行，产生了较大的影响，提供了教育的正能量。

附 I

中学社会主义核心价值观教育活动课程纲要

黄孔辰

　　党的十八大提出了倡导"富强、民主、文明、和谐、自由、平等、公正、法治、爱国、敬业、诚信、友善"的24字社会主义核心价值观。为落实中央宣传部、中央文明办近日印发的《培育和践行社会主义核心价值观行动方案》，通过开发与开设《中学社会主义核心价值观教育活动课程》，推动社会主义核心价值观进教材、进课堂、进学生头脑，促进中学生树立并践行社会主义核心价值观，特制定本课程纲要。

一、开展中学社会主义核心价值观教育的目的和意义

　　中共中央办公厅印发的《关于培育和践行社会主义核心价值观的意见》中明确指出：培育和践行社会主义核心价值观，是推进中国特色社会主义伟大事业、实现中华民族伟大复兴中国梦的战略任务。积极培育和践行社会主义核心价值观，对于促进人的全面发展、引领社会全面进步，对于集聚全面建成小康社会、实现中华民族伟大复兴中国梦的强大正能量，具有重要现实意义和深远历史意义。

　　当代中学生是我国未来建设的生力军，是社会主义事业的接班人和建设者，他们正处于人生观、价值观形成的关键时期，他们的思想观念有着较大的可塑性而处于形成、发展和成型阶段。他们接受新鲜事物的能力很强，但鉴别力明显欠缺。尤其是在特区多元化的文化背景下，面对更加复杂的社会现实和多重价值观念的碰撞，青少年的价值取向迫切需要用社会主义核心价值体系来指引。国家的思想政治教育和社会主义核心价值体系教育的主要人群理应是当代青少年，因此按照习近平总书记关于社会主义核心价值观"要从娃娃抓起、从学校抓起，做到进教材、进课堂、进头脑"讲话的精神，加强对当代中学生价值观的正确引导和培育，把社会主义核心价值观的要求日常化、具体化、生活化，实现中学生对社会主义核心价值观的内化于心、外

现于行，具有鲜明的时代意义和现实意义，并成为学校教育必须直面的重要课题。

二、开展中学社会主义核心价值观教育的原则

1. 坚持以人为本、立德树人的原则

培育中学生认同社会主义核心价值观，要从中学生认知活动的特点出发，避免抽象、空洞的说教和形式主义的做法。要坚持以人为本，立德树人的原则，通过广泛而深入的调查研究，充分了解中学生对社会主义核心价值观的认识现状以及认识误区，从而使教育更有针对性。从而把社会主义核心价值观的要求日常化、具体化、生活化，对中学生进行更有效的宣传教育和示范引导，让社会主义核心价值观真正融入中学生的精神世界，为把他们培养成讲文明法纪的人、有爱国情操的人、有理想信仰的人，奠定最坚实的基础。

2. 重视生活实践、自主体验的原则。

中学社会主义核心价值观教育活动课程，是一门实践性、体验性很强的课程。因此在教育过程中要注重贴近学生的生活实际，引导学生主动体察、思考校园生活和社会生活，促进学生在学习和生活实践中，发自内心认识、认同和体验社会主义核心价值观对于国家富强、社会文明、个人发展的重大意义，从而能自觉宣传和践行社会主义核心价值观，成为社会主义一代新人。

3. 面向全体学生、尊重个体差异的原则。

人的差异是客观存在的，不仅是不同年龄段的学生，即使相同年龄段的学生也存在着个体之间的各种差异。因此，培育社会主义核心价值观，应该坚持面向全体学生，并从学生的个体差异出发，结合学生不同的生活经验和发展水平，有针对性、多层次地开展教育活动，促使每个学生都能在原有认识的基础上，有所提高，有所发展。

4. 整合教育资源、协调教育力量的原则。

社会主义核心价值观涉及国家层面的价值目标、社会层面的价值取向和公民个人层面的价值准则。因此中学社会主义核心价值观教育活动课程，是一门综合性极强的课程。它要系统整合到学校教育相关的各种教育资源，有机整合教育方式、教育手段、教育途径等，还要有效整合学校、家庭和社会的教育力量，才能全面实现培育中学生社会主义核心价值观校本课程的多维目标。

三、中学社会主义核心价值观教育活动课程目标、内容及其框架结构

研究、开发、实施本活动课程，积极构建各年级进行社会主义核心价值观教育的目标与内容体系，对学生全面开展社会主义价值观的教育，引导学生在认识培育社会主义核心价值观对国家发展、社会发展和个人发展的意义和价值的基础上，高度认同、接受"富强、民主、文明、和谐、自由、平等、公正、法治、爱国、敬业、诚信、友善"的社会主义核心价值观，并在自觉践行的过程中，培养学生热爱祖国、热爱生活、热爱学习、积极向上的人生观，促进学生的全面发展和终身发展，以形成与教育实际相结合的社会主义核心价值观教育工作的新格局。

《中学社会主义核心价值观教育活动课程》框架结构

课程主题	主题目标	主题 主要内容
富强	告别贫困与落后，改革开放见成效；民富国强中国梦，社会主义是保障。	理解社会主义富强观即人民生活共同富裕、社会发展持续良好、国家综合实力强大。 开展"中国梦"教育活动。结合历史课内容，说说我们国家落后就要挨打的史实；说说改革开放以来国家的变化、深圳的变化、家乡的变化；说说我们国家地位的改变靠的是什么；怎样才能实现国家富强；作为中学生如何为国家的富强做贡献；中国梦－我的梦。
民主	国家领导民主选举，国家大事民主决策；国家人民当家做主，国家命运人民关心。	理解社会主义民主是绝大多数人的民主，它的本质是人民当家做主。它体现为党的领导、人民当家做主和依法治国三者的有机统一，它意味着我们必须健全国家权力运行、制约和监督机制；学会把民主转化为每个公民的生活方式，具有主人翁意识、家园意识，关心、参与国家、城市的建设和社会的发展，维护公民民主权利。
文明	建设文明城市，争做文明市民；打造文明校园，争做文明学生。	理解文明是指人类所创造的财富的总和，它包括物质文明、精神文明、社会文明、政治文明、生态文明。学校主要开展民族精神、时代精神、现代品格、道德品质、现代社会礼仪规范和社会主义核心价值观教育。 了解什么是城市文明，晒晒城市不文明现象，说说我做得怎样，城市文明的意义，如何让城市更文明。积极参与社区文明建设，深圳四次荣膺全国文明城市专题宣传。 开展文明校园创建活动。了解什么是校园文明，校园文明的意义，晒晒校园不文明现象，说说我做得怎样，如何让校园更文明。

课程主题	主题目标	主题　主要内容
和谐	人与自然和谐，人与社会和谐；人自身的和谐，和谐才能发展。	了解中外贤哲的和谐观（孔子、孟子、康有为、孙中山、毕达哥拉斯、柏拉图、赫拉克利特、傅立叶等）；中国共产党十六大报告明确把社会更加和谐列为全面建设小康社会的一个重要目标，即民主法治、公平正义、诚信友爱、充满活力、安定有序、人与自然和谐相处的社会。 了解生态环境遭到破坏对人类生存造成的危机；了解家庭和谐、校园和谐、社区和谐对构建和谐社会的重大意义；了解人的身心和谐发展的价值所在；说说怎样才能实现三种"和谐"。
自由	人类追求自由，人人需要自由；自由需要基础，规则保障自由。	理解自由是人类与生俱来的天性；人的自由全面发展是社会主义的终极价值和根本指向；冲破专制，实现从必然王国到自由王国的飞跃是人类共同的理想追求；理解自由与责任、义务，自由与道德、法纪的有机统一；理解和正确处理少数人自由与多数人自由的关系；理解规则、纪律、法律是自由的保证和基础。了解联合国《世界人权宣言》里阐述的"四大自由"。捍卫宪法赋予的公民自由权。
平等	人类要求平等，政治权利平等，法律面前平等，社会地位平等。	理解平等意味着公民的权利平等、人格平等、机会平等；平等是维护社会公平正义的基础，是社会发展的动力，是实施依法治国的必要条件，是人际交往的前提；理解平等是历史的、具体的、发展的；正确贯彻平等观，既要反对特权主义，也要反对平均主义。了解建立健全社会保障制度的意义；了解当今社会有哪些在城乡、教育、户籍、性别、收入分配等方面不平等的现象，原因何在，如何才能消除这种不平等的现象。
公正	人类共同的信念，社会进步的标志，社会稳定的保障，社会和谐的基础。	公正是人类社会存在的首要原则，理解公正主要是指权利公正、机会公正、规则公正；理解公正包括的四大原则：权利保障原则，机会公平原则，按照贡献分配原则，弱者关怀原则；了解实现社会公正的重要举措：努力营造维护权利公平的制度环境，高度重视收入分配差距过大的问题，切实解决基层群众的实际困难，不断完善社会保障制度。理解教育公平的具体表现。
法治	增强法律意识，尊重法律权威，知法明法守法，维护公共秩序。	理解法治就是强调依法治国、法律至上，没有任何人或者机构可以凌驾于法律之上。理解法治内容主要有：法律至上；良法治理；人权保护；司法公正；法治政府。 开展法制教育活动。了解我国公民常用法律；如何做到远离违法犯罪，做懂法、守法的好公民；懂得如何运用法律武器保护自己的人身安全和合法权益。

课程主题	主题目标	主题　主要内容
爱国	维护国家利益，维护祖国统一；发扬爱国传统，立志报效祖国。	理解爱国就是爱祖国的大好河山，爱自己的骨肉同胞，爱祖国的灿烂文化，爱自己的国家。具体包括对祖国的依恋感、亲切感、自豪感、自信感、自尊感、责任感、义务感等等。在当代，我们更提倡开放、包容和理性的爱国主义，并且把爱祖国与爱人民、爱社会主义、维护祖国统一、兼具国际主义有机统一起来，凝聚民族精神，同时摒弃盲目排外和大国沙文主义。 了解我国历史上的爱国英雄人物及其事迹、中华民族的爱国主义传统和民族精神在当代的体现。作为当代中学生，如何才能做到"报效祖国"。
敬业	立志忠于职守，努力克己奉公，全力服务人民，全心奉献社会。	理解敬业意味着对职业价值和意义的高度认同，干一行爱一行的职业情感，忠于职守的工作态度，勤业、精业的业务素养。了解在当代社会敬业的重要意义：是促进社会经济发展的重要力量；是社会主义文化建设的重要内容；有利于社会的和谐发展。 了解社会各行各业敬业的模范；晒晒各行各业不敬业的现象；如何理解敬业精神要从小培养；中学生应该如何培养自己的敬业精神。
诚信	以守诚信为本，以讲诚信为荣；坚守诚信道德，杜绝失信行为。	了解古今中外先哲对诚信的真知灼见，理解诚信是"立国之本、立业之本、立身之本"。诚信缺失成为当代中国最严重的道德缺陷，诚信建设应该从小做起、从我做起、从师做起、从政府官员做起、从现在做起，这点极为重要、极为紧迫。开展诚信教育活动。历数社会生活中和校园生活中不讲诚信的行为表现及其危害性；说说社会生活中和校园生活中不讲诚信的行为表现及其危害性；反思自己有没有过不讲诚信的行为；中学生培养诚信如何从小事做起，持之以恒，成为美德。
友善	懂友善讲尊重，有爱心肯奉献；关心集体他人，服务社会大众。	理解友善就是以宽广的胸怀关爱他人，有助于他人。友善是最重要的中华民族传统美德之一。在当代，我们赋予友善新的内涵：相互尊重；理解宽容；协调合作。理解友善的重要意义：有助于人与人之间的和谐；人与自然的和谐；社会信任的增加。 开展友善专题活动。友善从尊重做起，学会换位思考；友善从助人为乐做起，理解"赠人玫瑰，手有余香"。

四、《中学生社会主义核心价值观教育活动课程》的实施

（一）实施途径

1. 开设"中学社会主义核心价值观主题教育活动课"，作为学校培育中学生社会主义核心价值观的主渠道。

2. 把中学社会主义核心价值观教育渗透进学校教育教学活动之中，作为培育中学生社会主义核心价值观的拓展渠道。要注重同爱国主义教育、品德教育、心理教育、健康教育、安全教育、民主与法制教育、环境教育等教育活动，以及相关学科的教学活动有机结合，充分发掘其中的教育资源，并起到相辅相成的作用。

3. 争取家庭、社会的重视和参与，作为中学社会主义核心价值观教育的延伸渠道。要积极引导家庭和社会对培育青少年社会主义核心价值观的关注，开发家庭与社会中培育中学生社会主义核心价值观的资源，为孩子们的健康成长和发展，创造良好的家庭教育和社会教育的环境。

（二）实施方式

1. 主题教育活动课，每周 1 课时，每个主题 2～3 课时。

2. 主题班会，每个主题 1 课时，形式以班级讨论、辩论、情景模拟为主。

3. 社会实践活动，每学期组织一次。

4. 其他活动，如国旗下讲话，学习体会、学习成果的年级或学校展示活动，交流大会等。

（三）主题教育活动课设计及实施

1. 成立主题教育活动课设计小组。

由深圳实验学校和深圳市沪教院福田实验学校联合组成中学社会主义核心价值观主题教育活动课设计小组，通过培训后按照课程纲要以及设计体例的要求，参与主题活动课的设计工作。

2. 主题活动课设计的要求。

2.1 社会主义核心价值观教育活动课程属综合实践活动课程，主题活动课在设计上按照课程目标涉及多方面的发展领域，其中以情感、态度、价值观和能力的获得为最主要的目标。

2.2 主题活动课的设计不以某一学科的知识为中心，也不受学科界限的限制。活动内容的选择围绕课程目标，以学生的发展需求、生活经验以及综合

性的知识为基础，强调知识间的联系和综合运用，以及综合能力的培养。

3. 主题活动课的实施。

3.1 主题活动课设计完成后，在这两所学校内试用，根据试用结果做进一步的修改完善，并正式推广使用。

3.2 中学社会主义核心价值观主题教育活动课的实施，建议采用以学生主体性活动为主的灵活、生动的教学方式，即强调学生在教师指导下成为学习活动的主体、实践活动的主体、体验活动的主体、评价活动的主体，促使学生在活动中获取知识、掌握方法、获得体验。

（四）课程管理

1. 由学校学生处、教学处按照社会主义核心价值观教育活动课程纲要，负责课程的实施，并通过年级组和班主任建立相应的管理机制。

2. 各年级组应按照"中学社会主义核心价值观教育活动课程纲要"的要求，制订并落实课程实施计划，具体推进课程的实施。制订课程实施计划时，要充分考虑整合家庭教育、社会教育的资源，结合家庭教育和社区活动，全面落实课程目标。

（五）师资建设

师资队伍的素质是实施中学生社会主义核心价值观教育活动课程的重要保障。要建立一支以班主任教师为主体的培育中学生社会主义核心价值观的骨干队伍，并建立全体教师参与培育中学生社会主义核心价值观的工作机制。学校应通过开展校本培训活动，增强教师队伍实施中学生社会主义核心价值观教育活动课程的意识，提高实施能力。

五、课程评价

1. 评价内容

1.1 本课程的设置是否符合本课程纲要中提出的"坚持以人为本、立德树人""重视生活实践、自主体验""面向全体学生、尊重个体差异""整合教育资源、协调教育力量"等原则。

1.2 本课程在实施过程中，课程对象是否感受到本课程学习的快乐，增强了继续学习的兴趣，以及对学习生活满意度的正向变化。

1.3 本课程在实施过程中，是否为课程对象提供多种学习经历与途径，并能学以致用，使课程对象逐步形成和提升自我发展的动力、意识和能力。

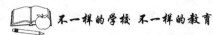

1.4 学校在开发和实施本课程的过程中，是否发动教师参与，是否注意发挥课程教师的积极性和创造性，促进课程教师专业水平的提高。

1.5 本课程实施过程中，教师对课程理念、内容的理解水平和课程目标的实现度是否有正向提高。

1.6 学校是否已形成与实施、建设本课程相适应的各种必要的机制和规章制度。

2. 评价主体

学校领导、学生处、教学处、科研处、课程教师、学生、家长。

3. 评价过程与方法

3.1 通过检查"中学社会主义核心价值观教育活动课程纲要"实施计划、实施过程的记录、课程教师教学的相关档案材料、反映学生学习状况和目标实现度的各项资料，以及问卷、座谈等多种形式听取学生、学科教师、家长的反映等方法，评价学校开设活动课程的情况。

3.2 课程教师通过对课程对象学习过程的观察交流及情况记录、各种形式的问卷、多种形式的作业，来自家长、同伴、社会等有关的过程证明、记录，以及个人成长记录等对课程对象进行评价。

3.3 学校通过听课、听取课程对象的反馈意见、参与教学交流和教学比赛等多种方法，根据课程实施和开发状况及课程目标实现度等情况对课程教师进行评价，以及通过撰写学期工作小结和课堂教学后的教学反思进行自我评价。

青春应有价值（代跋）

《中学社会主义核心价值观教育活动课程》书序

黄孔辰

青春，词典里的解释是青年时代壮丽的时光。没错，青春犹如朝阳越过海面，瑰丽壮美；犹如春笋破土层，生机盎然；犹如鲜花迎风怒放，绚烂芬芳……青春如诗，如梦，如火，它是一个人的黄金时代，我们每个人都应该珍惜它，让短暂而宝贵的青春时光充分发挥它那伟大的价值！

有一句名言是这样说的："少年强则中国强，少年进步则中国进步。"正处于青春期的中学生，是祖国的未来，祖国的希望。青春的你们有着朝阳般的活力，烈火般的热情。在这特殊而重要的时期，你们必须树立良好的青春价值观，来实现青春的价值……

那处于青春期的你们应该建立怎样的价值观呢？

党的十八大提出了倡导"富强、民主、文明、和谐、自由、平等、公正、法治、爱国、敬业、诚信、友善"的 24 字社会主义核心价值观。这是中华民族共同的价值观，特别应该成为青少年的价值观。这是因为，当代中学生是我国未来建设的生力军，是社会主义事业的接班人，你们正处于人生观、价值观形成的关键时期，你们的思想观念有较大的可塑性而处于形成、发展和成型阶段。你们接受新鲜事物的能力很强，但鉴别力明显欠缺。尤其是在特区多元化的文化背景下，面对更加复杂的社会现实和多重价值观念的碰撞，青少年的价值取向迫切需要用社会主义核心价值体系来指引。这对于促进你们的全面发展，激发实现中华民族伟大复兴中国梦的正能量，具有重要现实意义和深远历史意义。

《中学社会主义核心价值观教育活动课程》，是按照习近平总书记关于社会主义核心价值观"要从娃娃抓起、从学校抓起，做到进教材、进课堂、进头脑"指示的精神，为培养中学生的价值观而开发的。本课程按照"以人为本、立德树人；重视生活实践和自主体验；面向全体学生、尊重个体差异；整合教育资源、协调教育力量"等原则设计、编写，目的在于把社会主义核心价值观通过日常化、具体化、生活化的教育内容和教育途径，实现中学生对社会主义核心价值观内化于心、外现于行的课程目标。

人活得要有价值，青春更应有价值。期望这门课程使中学生们懂得，怎样生活才能让青春无悔！

黄孔辰校长获评"南都教育改革创新
大奖 2015 年度民办教育风云人物"

黄孔辰校长与学生
校长助理商讨工作

课间亲切交谈

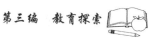

黄孔辰校长
在课堂上

黄孔辰校长在
"校长杯"
篮球赛开球

放飞梦想——
又一届学生毕业了